〈동아시아연구총서 제1권〉

동아시아 교류와 문화변용

―사회·문화·번역으로 본 동아시아 근대상―

동의대학교 인문사회연구소 편

박문사

동아시아연구총서 발간에 즈음하여

　우리들이 통상적으로 생각하는 「동아시아」의 지리적 범주는 한반도를 비롯하여 중국대륙과 일본열도를 포함하는 「동북아시아」를 일컫는다고 할 수 있다. 하지만 혹자에 따라 중앙아시아 지역의 일부와 동남아시아 지역의 일부를 포함하는 보다 광범위한 지역을 일컫는 경우도 있다. 동아시아의 범위를 어떻게 보느냐는 각기 연구자의 입장이나 관심에 따라 다르게 나타날 수 있을 것이다. 이 책에서 지역적 범위로 삼고 있는 「동아시아」는 정확한 지역적 한계를 뜻하는 것이 아니라 각 연구들이 공통적으로 속해 있는 막연한 카테고리에 지나지 않는다. 즉 동아시아의 범위를 어떻게 정의하느냐의 문제보다는, 이와 같은 견해의 다양성을 인식하고 보다 다양한 시점에서 동아시아의 사회와 문화를 바라보는 인식의 전환이 필요한 것이다. 이러한 인식을 토대로 하여 동아시아 지역 간에 있어서 유형·무형의 「교류」와 이를 통한 「변용」이 동아시아 각 지역의 사회와 문화를 형성하고 움직이게 하는 원동력이 되었음을 검증

3

하고자 한 시도가 이 책을 발간하게 된 가장 큰 배경이 되었다.

이 책은 〈제1부〉 사회문화 편(동아시아 근대 사회의 문화교류)과 〈제2부〉 어문학 편(한·중·일 근대문학과 번역)으로 나누어 구성하였다.

〈제1부〉 사회문화 편(동아시아 근대 사회의 문화교류)

동아시아의 내부는 일정한 개성을 가지는 여러 개의 지역으로 구분할 수 있다. 그것은 자연환경이나 이에 따른 경제적 기반과의 관계를 통해서 역사적으로 형성되고, 그 과정에서 각 지역의 사회에 자기와 타자에 대한 인식의 차가 생겨나고 그들 상호간에 영향을 끼쳐왔다. 이러한 지역성은 결코 독자적으로 완결된 사회를 형성한 것이 아니다. 오히려 지역을 초월한 부단한 지역 간의 상호 교류가 지역 내부에 새로운 변화를 일으켰다. 이러한 상호 교류는 근대국가를 통해서 구획된 국경에 의해 현재까지도 계속되고 있다. 〈제1부〉에서는 국가와 민족의 틀을 넘어 전개되는 인간 활동의 문화교류 네크워크와 그것이 동아시아 각 지역 사회에 끼친 영양에 대해 주목하고자 하였다.

〈제2부〉 어문학 편(한·중·일 근대문학과 번역)

동아시아인의 활동 네트워크는 각 지역을 초월한 부단한 상호 교류를 통해서 다양한 문물이 왕래하게 하였으며, 교류 지역의 사회에 다양한 자극을 유발하게 하였다. 이러한 국가와 민족의 틀을 넘어 이동하는 문물에는 유형의 물질만이 아니라 무형의 언어와 문학도 함께 이동한다. 그리고 특정 사회에서 사용되어온 언어와 문학도 그 향유자가 이동함에 따라서 독자적인 변화를 맞이하게 된다. 이러한 변화의 중심에 번역이 존재한다. 〈제2부〉에서는 동아시아의 각 지역을 넘어 이동하는 언어와 문학의 교류는 어떻게 이루어졌고, 번역은 그 지역 사회와 문화에 어떠한 변화를 불러 일으켰는지를 조망하고자 하였다.

이 책은 동의대학교 인문사회연구소가 최근 2년간 개최한 동아시아 관련 국제학술심포지엄 주제에 관련된 글을 모아『동아시아 교류와 문화변용』(동아시아연구총서 제1권)이라는 주제로 엮은 것이다. 이번 동아시아연구총서를 발간함에 있어 흔쾌히 총서 출판에 동의해 주시고 원고를 집필해주신 집필진 교수님들과, 총서 기획에서 원고 편집에 이르기까지 적극적으로 협조를 아끼지 않으신 총서간행준비위원회 위원님들의 노고에 깊이 감사드린다. 그리고 이번 총서 출판에 이르기까지 물심양면으로 후원해주신 도서출판 박문사에도 진심으로 감사를 드린다.

2013년 2월
동의대학교 인문사회연구소
소장 이경규

목차

총서 발간에 즈음하여 · 003

제1부 : 사회문화 편

 동아시아 근대 사회의 문화교류

011 동아시아의 지속가능한 사회 실현을 위하여 ⋯ 마키노 에이지
　　－아시아 문화교류 조건에 관한 철학적 고찰－

033 일본과 동아시아와의 문화 교류와 변용 ⋯ 김찬회
　　－침몰한 섬 「우류지마(瓜生島)섬 전설」을 통해서－

081 일본 괴담물에 나타나는 이류(異類)교류의 흐름과
　　요괴(妖怪)문화의 형성 ⋯ 박희영

107 근대 일본 내셔널리즘과 「구번(舊藩)」의 의의 ⋯ 스즈키 히로타카

137 산동 근대도시의 서구문화 수용과 교육환경 ⋯ 김형열
　　－칭다오(靑島), 지난(濟南)에서의 문화식민주의 성격을 중심으로－

193 야마가타현 지역의 「동아시아」 ⋯ 고길희
　　－지역에 자리 잡은 동아시아 시민교육을 모색하며－

제2부 : 어문학 편

 한·중·일 근대문학과 번역

233 마오둔(茅盾) 소설론 … 고레나가 슌

283 한·중 현대 가족사 소설의 비교 … 강경구

　　　－염상섭과 바진(巴金), 그리고 채만식과 라오서(老舍)의 소설을 중심으로－

311 한·일 근대문학에 묘사된 기차 안 승객의 근대화 인식 비교 … 권혁건

337 근대일본의 번역전통과 문화변용 … 양호성

373 한중번역과정에서 나타난 문제 … 이영희

393 일본어는 어떻게 우리말을 잠식하였나? … 이경규·오경순

　　　－일본어 (번역)투의 과잉 양상과 극복 방안－

참고문헌·428

찾아보기·446

7

제1부 : 사회문화 편

동아시아 근대 사회의 문화교류

동아시아연구총서 제1권
동아시아 교류와 문화변용

동아시아의 지속가능한 사회 실현을 위하여

－아시아 문화교류 조건에 관한 철학적 고찰－

마키노 에이지(牧野 英二)

일본 호세이대학 대학원에서 문학박사 학위를 받았으며 현재 호세이대학 철학과 및 대학원 철학전공 교수로 재직 중이다. 일본칸트협회 회장, 일본딜타이협회 회장 등을 역임했고 호세이대학 서스테이너빌리티 연구교육기구 연구원으로도 활동하고 있다. 안중근의 동양평화론에 지대한 관심을 가지고 있으며 동일본 대지진 및 후쿠시마 원전 사고의 수습 및 복구에 대한 인문사회학적 해결 방법을 제안하고 있다. 『칸트의 순수이성비판 연구』, 『칸트읽기 －포스트모더니즘 이후의 비판철학－』, 『숭고의 철학』을 비롯한 다수의 저역서가 있다.

번역 : 양호성 (대구외국어대학교 일본어통번역학부 조교수)

 **1** 머리말

　본 연구의 목적은 2011년 3월 11일에 일어난 동일본 대지진과 후쿠시마 제1원전 사고를 경험하며 동아시아에 있어서 「지속가능한 사회」실현과 아시아 문화교류 촉진을 위하여 오늘날 직면한 과제를 고찰하는 데 있다. 이러한 목적을 달성하기 위해 본 연구에서는 철학적, 윤리적 관점에서 상기의 과제를 고찰하기로 한다. 본 연구에서는 사항의 성격상 특히 문화 철학적 고찰 방법 및 과학기술 윤리의 연구 방법을 채용하기로 한다.1)

　본 연구는 다음의 순서로 고찰하기로 한다. 첫째, 「지속가능성」(Sustainability) 및 지속가능한 사회(Sustainable Society)의 소재를 해명한다. 둘째, 과학기술 윤리학(Technology Ethics)의 관점에서 동일본 대지진과 후쿠시마 제1원전 사고 이후의 일본에 있어서 지속가능한 사회 실현을 위한 과제를 고찰한다. 셋째, 동아시아에 있어서 지속가능한 사회 실현을 위해 지향해야 할 과제를 고찰한다. 넷째, 이문화간 철학(Intercultural Philosophy)의 관점에서 동아시아에 있어서 지속가능한 사회 실현의 전제가 되는 아시아 문화교류의 조건을 고찰한다.

　상기 고찰에 의해 본 논문에서는 동아시아에 있어서 지속가능한 사회 실현을 위한 문화교류의 의의와 주요 과제를 제시하기로 한다.

---

1) 본 연구는 牧野英二(2012)「ポスト3.11と＜持続可能性＞のコペルニクス的転換」『持続可能性の危機』(お茶の水書房, pp.5−32) 및 牧野英二(2013)『持続可能性の哲学への道ポストコロニアル理性批判と生の地平』(法政大学出版局, pp.1−323.)의 기술을 참고하였다. 또한 후쿠시마 원전사고 이후 鈴木・伊藤訳(2011)『リスク化する日本社会』(岩波書店, pp.1−12.)에서도 필자와 같은 인식을 하고 있다.

2 「지속가능성」의 역사적 이해와
기존의 「지속가능한 사회」의 소재

현대사회는 과학기술에서 눈부신 진보를 이루었다. 이 시대에 원자력 에너지와 원자력 발전소는 자원의 고갈 및 지구온난화 대책으로서 인류의 밝은 미래를 열기 위하여 유효한 역할을 담당할 최첨단 재생 에너지로서 화려하게 등장하였다. 일본에서는 지구온난화 문제해결과 원자력 발전의 지속가능성과의 관계에 대하여 이산화탄소 절감과 지구온난화 대책의 해결책으로서 정부 관료, 전력회사, 산업계, 연구자, 언론계에서 안전하고 저렴한 재생 에너지라는 이유로 원자력 발전 사업이 추진되어 왔다.

일본의 어느 저명한 원자력 공학자는 『그린&그린에너지 혁명 지속가능한 저탄소 사회 실현을 위하여』에서 다음과 같이 주장하고 있다. 원자력에 대해서는 찬성 반대 양극단의 논의가 있는데 저는 여기서 원자력 에너지는 과연 지속 가능한가 라는 관점에서 과학적, 객관적, 총체적인 평가를 할 필요가 있다고 생각한다.[2] 이 주장의 배경에는 지구온난화 문제해결은 에너지 절약, 신에너지, 원자력의 조합이 열쇠를 쥐고 있는데 그 중에서는 원자력은 불가결하며 원자력 발전소 건설을 일정량 추진함으로써 세계적인 관점에서 지구 온난화 방지에 이바지할 것으로 생각한다(전게서, p.149)는 강한 확신이 있었다. 또한 원자력 발전소가 지속가능하기 위해서는 다음과 같은 조건이 필요하다고 그는 주

---

2) 東京大学サステイナビリティ学連携研究機構編(2010)『クリーン&グリーンエネルギー革命 サステイナブルな低炭素社会の実現に向けて』(ダイヤモンド社, p.138. 田中知・東京大学大学院教授執筆箇所)

장하고 있다.

그의 주요 논점을 열거하면 다음과 같다. (1) 기술적인 뒷받침(고속 증식로 사이클을 포함), (2) 종합적인 경제성, (3) 넓은 의미에서의 안전성(핵확산을 포함), (4) 자원적 문제가 없음(장래, 고속증식로 도입), (5) 폐기물의 안전한 처분, (6) 인재육성 유지, 기술력 유지, (7) 차세대에 큰 부담을 남기지 않음(방사성 폐기물), (8) 사회적 수용, (9) 기술적 과제의 제어, (10) 인문사회학적 과제의 이해 및 합의 등과 함께 원자력의 필요성, 코스트와 리스크 관리 등의 면에서 인문사회학적 과제가 이해되고 공유되어야만 비로소 지속가능한 원자력 사회가 구축될 수 있는 것이다(전게서, p.153)라고 덧붙이고 있다. 이러한 견해는 일본사회뿐만 아니라 아시아 제국의 정치가, 관료, 연구자의 사이에서도 대부분 공유되어 왔다고 생각된다.

필자는 이들 10개 항목의 조건 중, 마지막 조건에 특히 주의할 필요가 있다고 생각한다. 이 조건은 「지속가능한 원자력 사회」의 실현을 위해 가장 중요하며 동시에 곤란한 과제이기 때문이다. 그러면 개발자, 추진자, 일반시민 간의 인문사회학적 과제가 이해되고 공유되어야 한다고 하는 것은 어떤 사태를 의미하는 것인가. 이 원자력 공학자에 의한 추가 설명은 없다. 하지만 필자의 견해로는 그 취지는 개발자, 추진자, 일반시민 사이에서 원자력 사회의 중요성에 대하여 가치관을 공유할 수 있고 원자력 발전의 추진에 대해서 사회적인 공감대가 실현될 수 있는 사태를 상정하고 있다. 이러한 견해는 지진피해, 원전사고 이후 여전히 대부분의 일본 자연과학자들의 변함없는 확신이다.

다음으로 본 연구에서는 이러한 견해가 메이지 이후 근대화를 추진하고 부국강병 정책을 지지해왔던 지속가능성 및 지속가능한 사회의 견해와 관련되어 있다는 점을 밝히기로 한다.

우선 「지속가능성」 개념의 기원과 유래로 거슬러 올라가 이 개념의 원래 함의를 확인해 보기로 한다. 대다수의 학자나 연구자는 오늘날에도 「지속가능성」 또는 「유지가능성」이라고 번역되는 「서스테이너빌리티(sustainability)」 개념의 유래와 그 원래의 의미에 거의 무관심하다. 그러나 이 개념의 근본적인 재검토가 필요한 오늘날 그러한 무관심은 더 이상 허용될 수 없다. 그러므로 여기서는 지속가능성의 개념사적 고찰을 시도한다.

첫째, 필자는 「지속가능성」과 일본어로 번역되는 영어(sustainability)가 독일어(Nachhaltigkeit)에서 유래한다는 역사적 사실을 확인하였다. 독일 기원의 이 개념이 영국사회에 도입된 이유는 18세기 초기의 독일 임학, 삼림관리 사상이 19세기 중반에 영국에 도입되었기 때문이다. 종교전쟁 이후의 붕괴된 중부유럽의 삼림을 재생하고 영속적인 유지를 위한 연구와 실천 가운데, 독일 임학이 탄생하게 되었다. 유럽의 후진국인 독일에서는 『임학경제학』에 의해 국가 존속에 불가결한 삼림의 「끊임없는 지속적 이용(nachhaltende Nutzung)」이 가능하도록 「산림의 보전과 육성 기술」을 고찰하기 위해 역사적 사회적 요청에 부응하는 것이 급선무였기 때문이다. 유럽의 전란의 결과, 괴멸상태가 된 독일의 국토재생에는 자연 재생, 특히 삼림의 재생이 특히 불가결했던 것이다.[3] 이러한 역사적 사실은 지진과 원전사고 이후의 피해지역인 일본의 국토와 자연의 재생에 있어서 시사하는 바가 크다.

---

3) Vgl. Regina Maria Wallner, Philosophieder Nachhaltigkeit. Wissenschaftsphilosophische Grunglagenfuereinintegraleres Verstaendnisvon Nachhaltigkeit. Berlin 2010, S.3f. Hans Carlvon Carlowitz, Sylviculturaoeconomica, 1713.

둘째, 메이지 초기 이후 일본의 임학과 임업은 독일 임학에서 결정적인 영향을 받았다. 메이지 유신 이후의 근대화 과정에서 입회권이 복잡하게 얽힌 일본의 삼림관리와 그 법제화에는 많은 어려움이 있었다. 그러한 상황에서 국유림의 경영방침을 내건 메이지 24년(1891)이후 전후의 삼림법 제정에 이르기까지 삼림의 「보속(保續)」「보속성(保續性)」(독일어 Nachhaltigkeit의 일본어 번역)의 필요성이 주장되어 왔다. 이러한 사실에서 삼림의 지속가능성 수행을 위한 국가학적·국책적인 사상이 배경에 있다는 것을 쉽게 알 수 있다. 이러한 사상은 후술하는 바와 같이 21세기 초기에 도쿄대학이 주도한 「지속가능학(Sustainability Science)」의 구상으로 계승되었다.

셋째, 「지속가능성」 개념의 의의와 사용은 글로벌 규모에서 근대화의 진전으로 삼림학의 영역에서 타 영역으로 서서히 확대되었다. 상술한 바와 같이 영국에 「지속가능성」의 도입이 급선무였던 것은 산업혁명의 선진국임과 동시에 환경파괴의 선진국이기도 한 사정을 설명하고 있다. 20세기에 접어들어 인간에 의한 자연의 무질서한 수탈과 파괴, 대규모의 환경오염에 의해 이러한 개념의 중요성이 다시 확인되었다. 유엔 주도에 의해 1972년 6월의 스톡홀름 회의와 1992년 6월의 지구 서밋의 리오 선언은 이러한 사태에 대한 위기의식의 표출이었다. 인간의 모든 활동이 지구규모로 자연환경에 지속 불가능한 사태를 맞이한 결과, 인류의 존속마저 위기로 내몰고 있다는 자각이 「지속가능성」 개념의 의의와 사용의 재인식으로 이어졌다. 일본에서는 「지속가능성」에 대한 관심은 국외의 환경문제의 고양과 국외의 자원문제, 재생 에너지 문제, 공해 문제에 대한 반성 등에 의해 정부, 학회, 대학, 기업을 중심으로 확산되었다. 한편, 일본기업이 아시아 제국에 공업 제품뿐만 아니라,

공해까지 수출해왔던 사실에 대한 반성은 반드시 충분하다고는 할 수 없다. 예를 들면, 후쿠시마 원전사고 이후, 방사성 물질의 방출이 수습되는 단계에서 일본 정부가 베트남 원전 건설에 협력하고 있다는 사실을 보더라도 이 점은 분명하다.

3 대지진, 후쿠시마 원전사고 이후의 「지속가능한 사회」를 위한 과제

일본에서는 대지진, 후쿠시마 원전사고 이후 종래의 「지속가능성」 및 「지속가능한 사회」를 실현하기 위한 주장은 설득력을 가지는가? 이 질문에 답하기 위해서 필자는 상술의 원자력 발전이 「지속가능하기 위한 조건」 10개 항목에 대하여 이전에 검토를 한 적이 있기 때문에 본 연구에서는 새로운 견해를 더해 결론을 열거한다.[4]

(1) 일본의 원자력 발전에 관해서는 1999년 9월 30일에 도카이무라(東海村)의 JCO 우라늄 가공공장에서 임계사고로 2명의 사망자를 내고 각지의 원전에서도 방사능 누출 사고가 빈발하였다. 후쿠시마 제1원전 사고에 대해서도 당초부터 격납용기의 결함이 지적되어 왔으며 그 안전성이 의심된 바 있다. 도쿄전력은 이들 지적을 무시하고 사고 은폐를 계속해왔다.[5] 그 결과 체르노빌 사고와 같은 수준의 대형사고가 발

---

4) 본문에서 열거한 10개 항목의 논점에 대해서 자세한 비판적 견해에 대해서는 이하의 졸론을 참조해주기 바란다. 단, 그 이후 1년간의 상황 변화를 근거로 본 논고에서의 기술 내용은 크게 다르지 않다. (Eiji Makino, *Studies on Asian Culture and Accounts of the Nuclear Disaster in Fukusima : Toward Peace and Stability in East Asia*, Asian Cultural Studies. pp.32−36, pp.56−60. Vol.25, Mar.2012. Gachon University.)
5) Asahi Shinbun Weekly AERA, 2011.4.18. p.10.

생하였다. 이는 과학기술 윤리에도 위배되는 결과이다.

(2) 종합적 경제성은 국가적인 규모의 손실을 냈다. 방사성 물질에 오염된 토양의 오염제거 비용은 천문학적인 액수로 불어났다. 또한 방사능 오염의 영향은 차세대에도 미친다는 점을 감안한다면 세대 간 윤리에 반하는 사태를 낳았다. 더욱이 차세대에 대한 재정적인 부채도 엄청나고 지구규모의 환경오염이나 자원의 손실은 거액의 배상을 국제사회로부터 요구당할 가능성이 있다. 이것은 세대 간의 정의에 반한다.

(3) 넓은 의미에서의 원전의 안전성이라는 주장은 후쿠시마 원전사고에 의해 부정되었다. 이 사고는 「레벨7」의 체르노빌 원전사고에 필적하는 대형 사고를 일으켰다. 후쿠시마 원전은 사고발생으로부터 약 2년이 경과되었음에도 불구하고 지금까지도 방사성 물질을 계속 방출하고 있다. 이 사고에 의해 후쿠시마현 이외 동북 관동지방의 각지에서 고준위 핫 스팟이 지금도 발견되고 있다. 이는 환경적 정의에도 위배된다.

(4) 자원적인 문제가 없다는 견해는 더 이상 옹호하기 힘들다. 독일과 이탈리아에서는 탈원전에 의한 자연 재생에너지 중심의 지속가능한 사회로 전환되었다. 일본에서도 자연에너지 정책에 대한 근본적인 재검토를 서둘러야 한다. 특히 일본에서는 원전 건설지 지하나 주변에 지진을 일으키는 활성단층이 다수 확인되고 있다. 일본은 지구에서 발생하는 지진의 약 20%가 집중되는 지진 다발국이며, 3.11 이후 일본의 국토 주변은 지곡변동기를 맞이했다고 주장하는 지진학자도 적지 않다. 일본의 원전은 유럽제국보다 훨씬 위험한 자원이다.

(5) 폐기물을 안전하게 처분할 수 없다는 사실이 확실해졌다. 안전성보다 이익을 우선하는 생각은 성립되지 않는다. 그러한 산정기준도 잘못됐다. 후쿠시마 제1원전의 폐로까지의 기간은 정부가 내놓은 전망을

보더라도 30년을 필요로 하며 막대한 오염이나 오염물질의 최종처리장 확보는 엄두도 못내는 상태이다. 이것은 기초적인 정의에 반한다.[6]

(6) 인재육성 유지, 기술력 유지 대책에 대해서도 과거의 교훈을 살리지 못하고 있다. 일본 정부, 관료, 기업, 전문가 모두가 원전사고에 의해 위기관리 능력에 무력함을 노출시켰다. 복구 작업을 담당하는 현장 작업원의 피폭선량도 한계에 가까워지고 새로운 현장 작업원을 확보하는 데도 어려움을 겪고 있다. 원전 현장에서는 생명윤리에 반하는 행위가 지금도 계속되고 있다.

(7) 차세대에 커다란 부담을 남기지 않는다는 보장은 부정되었다. 오랜 기간에 걸친 방사능 오염은 일본 국내외의 광범위한 지역의 토양, 물, 대기까지 미치고 있다. 후쿠시마 원전에 의한 방사성 물질의 방출량은 히로시마에 투하된 원폭의 수백 배에 이르며 방사능 물질이 동아시아의 토양, 물, 대기를 오염시키고 있다. 이것은 국제적인 정의에 반하는 사태이다.

(8) 후쿠시마 제1원전 사고는 사회적으로 수용할 수 있는 범위를 넘어선 대재앙이 되었다. 국제사회도 일본정부의 대응에 불신감이 높아졌고 일본에서 도피하는 외국인도 급증했다. 일본제품의 수입금지, 방사능 오염물이 해양으로 대량방류에 대해 국제사회의 비판을 받음으로써 일본의 체면을 구겼다. 최근 미국 서해안에는 150만 톤이 넘는 부유물이 발견되고 그 중에는 방사능에 오염된 것도 있었다.

(9) 후쿠시마 제1원전 사고 수습을 위한 일정표는 여러 차례 수정을 거쳐 끝내 수습 선언에 이르렀다. 하지만 방사성 물질의 방출이나 오염

---

6) Lawrence C. Becker, *Habilitation, Health, and Agency. A Framework for Basic Justice*, Oxford/New York, 2012, pp.3—11.

은 지금도 진행 중이며 후쿠시마 원전 사고 수습은 기술적 과제로 해결할 수 있는 수준을 넘어섰다. 사고 발생 후 약 2년이 지났음에도 후쿠시마 제1원전 사고는 제어 불능 사태에서 벗어나지 못하고 있다. 이로써 그 동안의 과학신앙, 안전신화는 무너졌다.

(10) 원전에 대해서 인문사회학적 과제의 이해와 합의는 불가능하다. 연구자 윤리, 과학기술 윤리, 기업윤리, 정보윤리에 어긋난 행동의 결과 관계자에 대한 국민의 불신과 불만에 의한 분노는 수그러들지 않고 있다. 특히 모든 일본국민의 합의를 필요로 하는 과제로 예상되는 관동대지진과 도카이대지진(東海沖地震)에 대한 방재 경감대책의 비용뿐만 아니라 일본 각지에 산재되어 있는 원전사고 방지와 폐로, 방사성 폐기물 처분에 드는 막대한 비용부담 문제가 있다. 대형 재해나 원전 사고에 대한 안전 대책과 그 비용에는 국민의 합의가 불가결하다. 이러한 사태에 대하여 누가 어떻게 책임을 질 것인가. 일본의 경우, 국가가 세금을 퍼부어 도쿄전력이라는 기업을 구제하는 정책이 과연 타당한지 여부 등도 오늘날 논란을 불러일으키고 있으며 도쿄전력을 법원에 형사고발하는 사람조차 나타난다.

일본사회에서는 이번 「복합재해」를 계기로 「안심」「안전」「신뢰」의 중요성이 재확인되었다. 이러한 과제는 재해나 원전 사고뿐만 아니라 영토 문제나 역사인식 문제 등을 둘러싼 일본 한국 중국 간의 국제관계에도 같은 사정에 있다. 3.11 이후 일본사회에서는 종래 제창되어 온 「지속가능성」의 근본적 재검토가 요구되고 「지속가능한 사회」의 새로운 모델이 요구되고 있다. 이러한 과제는 동아시아에 있어서 국제사회의 공통과제이다.

따라서 필자는 「지속가능성」에 대하여 「무엇을」「어떻게」「왜」 지속시킬 것인가 라는 주제로 재검토하고자 한다. 필자는 아래 (1)~(7)의 중층적인 관련에 의해 상기 3가지 문제에 답하는 견해를 피력함으로서 과제를 다음과 같이 분절화하기로 한다. (1) 이념(세대간 정의, 세대간 정의이론), (2) 개념구상(「강한」 지속가능성 또는 「약한」 지속가능성, 중간형적인 제구상)과 기본규칙, (3) 규범(복원성, 충분성 효율성), (4) 우선적인 행위영역의 확정, (5) 여러가지 영역을 위한 규칙과 목표체계, (6) 특수한 개념과 모델 지시형성, (7) 실시, 모니터링 등이다.[7] 특히 상기 (1)(2)(3)까지는 이론적인 기초수준을 형성하고 있으며 철학적 논의가 크게 요구된다.[8]

4 동아시아 「지속가능한 사회」의 실현을 위한 주요과제

「지속가능성」을 둘러싼 논의는 남북문제 발전도상국과 선진국 간의 이해가 충돌하는 가장 큰 과제이다. 환경과 경제발전 그리고 개발의 조정은 선진국의 에고이즘 강요라는 비판을 개발도상국으로부터 받게 되었다. 이 문제는 동아시아의 한자문화권에서도 예외는 아니다. 특히 중국은 유럽과 미국의 「지속가능한 사회」 모델에 항상 비판적이었다. 필자는 다문화주의 시대에 다른 문화 사이에 철학적인 면에서 서양적 규범이나 「지속가능한 사회」 구상을 반성 없이 아시아 제국이 도입하는

---

7) Vgl. Konrad Ott/Ralf Doering, *Theorieund Praxisstarker Nachhaltigkeit*, 2.Aufl. Marburg 2008, S.41.
8) 이 2개의 역사적 사실에 대해서는 다음의 문헌에서 참조하였다. 丸山德次 (2011) 「持続可能社会と森林コミュニティ」『哲学』62, 日本哲学会, p.122., pp.131-132.

것이 바람직할지 의문이다. 하지만 그렇다고 해도 몇 가지 윤리 규범에 대해서는 동서를 불문하고 보편적인 과제가 존재한다.

여기서는 앞서 지적한 (1)이념(세대간 정의, 세대간 정의 이론), (2)개념구상(「강한」 지속가능성 또는 「약한」 지속가능성의 중간형적인 여러 가지 구상)과 기본 규칙이라는 2개의 논점을 중심으로 「지속가능성」개념의 변천을 고찰한다. 이에 필자는 「지속가능 연구」에 대한 학자들의 접근방식의 차이에 주목하고 「지속가능성」의 과제에 대하여 논하기로 한다.

필자는 앞서 「지속가능성」에 대해서 새삼 「무엇이」「어떻게」「왜」 지속되는 것인가 라는 의문점을 제시했다. 「지속가능성」에 대한 이러한 의문은 지속 가능해야 하는 대상, 방법, 원리를 재검토하는 것을 의미한다. 「지속가능성」에 관한 연구는 어떤 해석의 입장에서든 경제활동과 환경보호의 조화에 관한 인간의 생존에 불가피하다. 종래의 견해는 문화 특히 경제활동 중시 입장을 취하거나 그렇지 않으면 자연 혹은 자연환경 중시 입장을 취함으로써 첨예하게 대립하는 입장으로 나뉜다. 또 역사적으로 보는 한 「지속가능성」을 둘러싼 견해는 전자로부터 후자로 점점 이행되어 왔다.

경제학자가 해석하는 지속가능성은 베카만(역자주: 독일산 시스템키친)으로 대표되듯이 대부분 프로젝트나 발전경로의 순전히 「기술적인 특색」으로 해석되었다. 이것은 「사회가 후생의 극대화를 추구하는 한 지속가능성이라는 조건은 여분의 것」[9]이라는 주장으로 나타난다. 21세기에 들어서면서 이러한 주장은 서서히 작아져 일본에서는 「지속가

---

9) Cf. Wilfred Beckerman, *Sustainable Development: Is it a Useful Concept?*, Environmental Values 3(1994), p.205.

능한 사회」의 구상은 2개의 그룹으로 구분된다. 제1그룹은 도쿄대학이 주관하는 「지속가능학」의 구상으로 대표된다. 이 학문의 과제와 의의는 지구사회의 지속가능성을 추구하는 학술적 체계를 구성하는 3개의 시스템 재구축과 상호관계의 복원에 있다. 인간의 생존기반이 되는 자원 에너지 생태계 등으로 이루어진 지구시스템, 국가고유의 특징을 살리는 경제제도, 정치제도, 산업구조, 기술체계로 이루어진 사회 시스템, 개인의 생활양식, 건강, 안전, 안심, 가격규범 등으로 이루어진 인간 시스템이다.[10] 지구 시스템과 사회 시스템의 상호작용은 지구 온난화 문제이며 사회 시스템과 인간 시스템의 상호작용은 순환형 사회구축이라는 과제이며, 「지속가능학은 이러한 시스템의 지속가능성에 관련된 여러 과제를 포괄적으로 규명하여 미래의 비전과 시나리오를 그리는 학술체계이며, 그 유지 향상에 공헌하는 것을 궁극적인 목적으로 한다」(전게서, p.6). 따라서 「사회구축」,「지구형성」,「교육·사회연계」를 기본축으로 「전체를 구성하고 일본만의 초학(超學)으로서 지속가능학을 제창하고」(전게서, p.3), 탐구하는 것이 연구자의 사명이다. 「지속가능한 사회」는 복잡한 현실 전체를 조망하고 실현해야 할 미래과제이며, 그 실현을 위해 자연과학이 주요 역할을 담당한다. 『지속가능학에 대한 도전』의 집필자는 기본적으로 「약한 지속성」의 입장을 취하는 학자 연구자 집단이다.

필자는 원자력공학 전문가가 원자력 발전에 따른 「지속가능한 사회」 실현을 위해서는 10항목의 조건이 필요하며, 특히 (10)의 인문사회학적 과제가 이해되고 합의되는 것의 중요성을 지적했다. 「지속가능한 사회」의 실현을 위해서는 인문사회과학적인 과제야말로 중요한 역할을 담당

---

10) 小宮山宏(2007) 『サステイナビリティ学への挑戦』岩波書店, pp.4−5.

해야 한다. 『지속가능학에 대한 도전』의 필자에게는 야곱스와 같이 윤리적 정치적 목표로 해석된 지속가능성의 관점이 결여되어, 정의나 민주주의와 함께 「사회가 어떻게 통치되어야 하는가?」하는 논점도 없다.[11] 1980년대에 독일에서 논의된 윤리적 특징의 현저한 견해도 찾아볼 수 없다. 한스 요나스는 「지속가능한 사회」에는 「생의 영속성」을 담지 않으면 안 된다고 주장했다. 그는 이 견해에 의거해서 「자신의 행위의 여러 결과가 지상에 있어서 진정 인간적인 생의 영속성(Permanenz echten menschlichen Lebens)과 일치되도록 하라」는 정언명법(Cate- gorical Imperative)을 제창하였다. 요나스는 이 명법에 집합적으로 따르는 사회야말로 「지속가능한 사회」라는 구상을 전개했다.[12] 필자는 일본을 포함하는 동아시아의 지속가능한 사회의 실현에 있어서, 이와 같은 견해는 중요한 의의를 가진다고 생각한다.

「지속가능학에 대한 도전」을 목표로 하는 연구자들은 「온난화 등의 지구환경문제, 인구문제와 물·식량문제, 자원·에너지문제, 빈곤극복, 경제의 글로벌화」보다 「환경부하 증대나 자원쟁탈 경쟁이 확대되어 마침내 지구사회가 멈추어 설 수 있다는 우려」[13]를 표명했다. 「지속가능학」이 연구해야 할 「인공물의 포화」,「지구온난화」,「자원의 결핍」의 3가지 문제를 해결하기 위해서는 2050년까지 「에너지 효율 3배」의 실현, 「물질 순환시스템」의 구축, 「재생가능 에너지의 이용을 2배」로 한다는 것을 동시에 달성해야 한다고 그들은 주장한다.

이 견해에 의하면 「지속가능한 사회」는 「더 풍요로운 사회 구상」,

---

11) Cf. Michael Jacobs, Sustainable Development, Capital Substitution and Economic Humility: A response to Beckerman, Environmental Values 4 (1995), p.65.
12) Hans Jonas, *Das Prinzip Verantwortung*, Berlin, 1984, S.36.
13) 三村信男(2008)『サステイナビリティ学をつくる』新曜社, p.1.

「국제경쟁력 고양」이라는 국가전략과도 불가분의 현실적 이념적 과제이며 국내외, 지구 전체의 자연이나 사회가 직면하는 복잡한 문제들이기도 하다. 이 사상은 이미 지적한 바와 같이 19세기 후반의 메이지시대에 「지속가능성」이 일본에 도입된 당시의 사상과 같은 맥락의 구상이다. 이렇게 보면 메이지 시대에 독일에서 유입된 「지속가능성」은 21세기에 이르러 최근의 「지속가능학」에도 계승되고 있는 것이다.

한편 「지속가능학」에는 확실히 현실에 직면한 여러 과제에 대한 공통인식과 위기의식이 존재한다. 하지만 이 학문에 대한 필자의 첫 번째 의문은 「지속가능한 사회」의 알맹이의 모호성에 있다. 필자의 두 번째 의문은 과학기술의 발달이 일정한 문제해결을 제시하면서 반대로 점점 문제의 복잡성이 확실해지는 것은 아닐까 하는 점이다. 그들에게는 문제의 복잡성, 문제해결을 위해 자료의 불확실성, 해결책과 합의형성 요소의 다양성에 대한 자각이 없다. 세 번째는 글로벌 시대의 다문화주의 현실과 지역적인 레벨에 이르기까지 여러 가치와 대립·대치되는 현재 상태, 과학기술의 진보발전이 낳은 역설에 대한 인식도 부족하다. 이러한 문제는 3.11 이후 한층 더 분명해졌다. 이 점에 관한 그들의 인식 공유는 불충분하다. 따라서 본 연구에서는 다음으로 제2의 그룹의 견해를 고찰하고자 한다.

5 동아시아에 있어서 「지속가능한 사회」 실현과 문화교류의 의의와 과제

동아시아 제국에 있어서 문화교류의 의의와 주요 과제는 지속가능한 사회의 실현과 어떻게 관련되는가? 글로벌하게 고찰할 경우, 앞서 고찰한 「지속가능학」의 입장은 완만한 지속 성장을 주장하는 점에서 「소프트 서스테이너빌리티」의 입장이다. 한편 정상화설(定常化說)을 제창하는 견해는 「하드 서스테이너빌리티」의 입장으로서 이해할 수 있다. 일본에 있어서 제2그룹은 이 입장에 속한다. 이 입장에서 「소프트 서스테이너빌리티」입장을 좀 더 비판적으로 검토하기로 한다. 「소프트 서스테이너빌리티」입장에는 다음과 같은 제한과 문제점이 있다. 첫째, 자연재해나 복합재해의 유효한 위기관리 의식이 취약하다. 둘째, 복잡해져 가는 국제사회가 안고 있는 과제의 근본적 이해가 부족하다. 셋째, 지구·사회·인간의 3가지 시스템의 유기적 연관의 유효성에 문제가 있다. 넷째, 인생관·사회관·세계관·종교관과 관련된 도덕·윤리 공동체나 국가·국제사회에 있어서 규범을 경시한다. 다섯째, 이들 복잡한 문제와 파라독스 해결을 포괄적으로 취급하는 학문적인 시점이 결여되어 있다. 그 주된 이유에는 그들의 과학기술 중시와 인문사회과학 경시 풍조와 관련이 깊다.

이상의 과제를 다른 각도에서 재검토해 보자. 첫째, 누구를 위한 「지속가능성」이며, 「지속가능한 사회」인가 이다. 환언하면 그러한 사회주체는 누구인가 하는 문제이다. 이 과제를 해결하기 위해서는 개인이나 지역의 공동체·국가·국제사회·인류전체에 걸친 주체 및 자연과의 유기적인 전체론적 관계의 시점이 필요하다. 일본과 동아시아의 현실을 생각하면 당면 정치적 주체가 환경정책의 강력한 추진역할을 담당해야 한다. 그렇게 하기 위해서라도 시민의 제언이나 활동, 더욱이 국민의 정치에 대한 직접적 영향력을 발휘하는 것이 반드시 필요하다.

둘째, 「지속가능학」이 주장하는 「우리」란 누구인가? 이 경우의 「국제적 함의」라고 하는 것은 어떤 내용을 가리키는가? 「환경적 정의」는 절차적으로나 배분적으로나 어떻게 보증할 수 있는가? 이 설에 동의하지 않는 사람들은 「우리」가 아닐 수도 있으며 「국제적 함의」로부터 배제될 위험성이 높다. 근년 현재화(顯在化)되어 있는 국내외의 남북문제나 약자와 강자의 대립은 점점 첨예화될 가능성이 크다. 필자는 「소프트 서스테인너빌리티」입장에서 「지속가능학」이 철학·윤리학과 자연과학과의 유기적인 관련성을 실현하지 않고 그 주요한 원인은 이 점에 있다고 해석한다.

셋째, 「지속가능학」에 종사하는 연구자에게는 「지속가능이 바람직하다」는 암묵적인 전제가 깔려 있다. 현실사회에는 지속가능하지 않아야 할 측면도 존재한다. 대부분의 연구자는 암묵적으로 「지속가능성」 개념이 플러스 가치를 갖는다고 생각한다. 현실을 직시하면 증대되는 강자와 약자의 격차, 차별 확대, 남북문제 등의 시정이 우선 문제해결의 전제가 되며 필요한 조건은 아닐까? 「지속가능성」을 무전제로 주장하는 것은 불공평·정의에 반하는 현실을 긍정하고 고정화하고 확대시킬 위험성이 높다. 또한 누가 「바람직한 지속가능 사회」실현과 추진을 담당하고 그 책임을 질 것인가? 과학기술의 경이적인 발달에 의해 인간의 책임이 「지구 생물권 전체」에 미치고 「인류의 생존」에까지 확대되어야 한다. 이러한 견해는 3.11 이후 현실적인 과제가 되었다. 「책임이라는 원리」는 불가피한 필요조건이다. 「바람직한 예측보다 바람직하지 않은 예측을 우선해야 한다」는 과학기술의 진보와 사회발전에 대한 부정적인 측면을 중시하는 「예방원칙(precautionary principle)」도 필요하다. 더욱이 인간 욕구의 긍정적인 가치나 무의식의 욕구확대 발상이나 시스템의 전환이 요구된다. 재화의 소비에서 지식의 소비시대에는 소비의 대상과 주체는 바람직하고 지속가능한 사회모델을 제공할 수 있을까?

21세기를 사는 인간은 새로운 「바람직한 지속가능 사회」의 모델을 추구해야 한다. 이 경우 지속가능한 요소는 무엇인가를 생각해 보아야 한다. 동시에 과학기술과 정치, 윤리나 정의, 공평성 등의 여러 규범과의 불가분의 관계를 고려하는 것이 필요하다. 예를 들면 인간게놈 해독계획으로부터 밝혀진 바와 같이 연구개발 과제와 성과에는 윤리적, 법적, 환경적, 사회적 문제를 다루는 연구와 관련되어 있다. 또한 대규모의 연구개발은 사회제도나 참된 인간상, 인간관 등에 영향을 미친다는 것은 분명하다. 「세대 간 윤리」에 위배되는 개발이나 사회, 과학기술의 발전에는 신중해야 한다. 리스크의 불공평과 정의에 반하는 인간적, 사회적, 자연적 요인을 가능한 한 배제된 「지속가능한 사회」를 추구해야 한다. 더불어 리스크의 예측 불가능성과 무한책임, 환경적 정의 문제가 나타나고 있다. 사회가 자원 의존형 사회로부터 기술 의존형으로 옮겨가면 이 문제는 불가피해진다.

그러면 일본과 한국, 중국에 있어서 지속가능한 사회에 불가결한 조건이라 함은 무엇인가? 이는 자원문제로부터 본 지속가능성에 필요한 정책제언이며 환경문제의 배후에 있는 자원문제의 중요성을 인식하는 일이다. 구체적으로 말하면 첫째, 소비억제라고 할 수 있다. 이를 위해서는 과잉소비의 기준과 최저 필요소비의 기준을 명확하게 정해둘 필요가 있다. 둘째, 자원이용의 효율화와 에너지 절약을 위한 노력이다.

이를 위해서 기술개발을 위한 투자가 필요하다. 셋째, 철저하게 자원 재활용을 생활화함으로써 완전 순환형 사회의 실현이다. 이를 위해서는 생산자와 소비자의 책임을 보다 강조할 필요가 있다. 넷째, 신기술 개발에 의한 고갈형 자원사용을 배제하는데 있다. 그렇게 하기 위해서는 기술개발을 위한 투자가 필요하며 다섯째, 지속가능성을 유지하는 주체가 될 수 있는 인재육성이 중요하다.[14] 여섯째, 이를 위해서는 동아시아의 긴장관계를 해소하고 「신뢰」에 바탕을 둔 국제적인 협력과 연계가 불가결하다.

그러므로 필자는 상기 과제에 대한 해결의 단서가 되는 문제를 제기하고자 한다. 첫째, 소비억제에는 무의식화된 인간의 욕망과 사회 시스템을 어떻게 통제할 것인가가 최대 과제이다. 이를 위해서는 가치관이나 생활양식의 전환이 필요하다. 둘째, 자원이용의 효율화를 위하여 국가 간의 자원 내셔널리즘의 극복도 요구된다. 셋째, 완전 순환형 사회실현에는 글로벌한 규범이 불가결하다. 하지만 소득격차가 늘어나는 중국과 한국, 일본에서는 어떻게 하면 글로벌한 규범을 구축할 수 있고 유효하게 기능하게 할 수 있을 것인가? 넷째, 신기술 개발에 의한 고갈형 자원사용 회피를 위해서는 공급에 수요를 맞추는 합리적 시스템을 구축할 수 있을까? 다섯째, 지속가능성을 유지하는 주체가 될 수 있는 것은 인재뿐인가? 인간 이외의 존재자, 자연 생태계나 지구환경 전체와의 관련, 시스템 자체는 주체로 볼 수는 없는가? 여섯째, 신뢰라는 「공공적 재산」의 공유도 필요하다. 인간상호의 공공적인 신뢰를 확보하기 위해 전문가만이 아니라 시민도 참가하는 기술평가 유효성에 대해 재

---

14) 加藤尚武(2008)『資源クライシス —だれがその持続可能性を維持するのか？—』丸善

검토해야 한다. 그러나 그것만으로 문제가 해결되는 것은 아니다. 참가와 합의가 절차적 정의 실현에 그쳐 배분적 정의 실현과 관련되지 않는 문제가 생길 가능성은 항상 생긴다. 과학기술의 진보발전은 눈부신 성과와 함께 예측을 뛰어넘는 새로운 과제를 만든다. 인류, 국제사회, 국가, 공동체, 개인은 이「눈부신 비참」을 공유하고 공통의 문제의식을 가지고 시스템을 구축하는 것이 불가결하다. 참가 시스템에서 배제된 사람, 의사결정의 반대자, 소수자임에도 같은 정도의 책임과 리스크를 안는 경우, 그것은 정의인가? 시민 참가나 민주주의를 배경으로 태어난「하이프(Hype)」라고 하는 새로운 타입의 과장과 과대선전에 따른「신뢰상실」에 어떻게 대응할 것인가?

오늘날 일본은 영토문제나 종군위안부 문제, 역사인식 문제 등에서도 한국, 중국과「신뢰상실」에 빠져 있다. 이들 국민 사이에서 환경이나 사회의 지속가능성에 대하여 참가와 합의에 의한 절차적 정의실현은 어떻게 하면 가능할 것인가?

6 맺음말

오늘날 동아시아에 요구되는 진정한「지속가능한 사회」는 어떤 모습이어야 하는가? 3.11 이후 일본사회에서는 그 이전의 상태를 유보 없이 지속가능한 자연적, 사회적 조건에 커다란 손상을 입었다. 자연적인 조건은 방사성 물질의 오염과는 상관없는 지역과 그 영향으로부터 걱정 없이 살 수 있는 공간을 말한다. 하지만 일본 국내에서는 그런 곳은 거의 존재하지 않는다. 동아시아 제국에서도 마찬가지로 사회적 조건은 「건강불안」과 「끝없는 불신」을 불식시키는 「신뢰회복」, 즉 국민이 안심하고 살 수 있는 안전망이 구축되고 제대로 기능하는 것이 중요하다. 하지만 이러한 조건이 아직까지 충분하게 구축되어 있지 않다. 현재 요구되는 「지속가능성」은 이러한 조건을 충족시켜야 한다.

동일본 대지진과 후쿠시마 원전사고로부터 배운 교훈은 과학기술의 경이적인 발달이라는 사태의 의미가 변질되어 인간의 책임이 지구 생물권과 인류의 생존에 영향을 미치는 현실에 눈뜨게 된 것이다. 과학기술의 진보는 인간의 「건강」「안심」「안전」 등 사회생활 전체를 보장해줄 수 있는가?

일본은 위험이 높은 사회가 되었고 국민이 「인간답게 사는 조건」을 유지하기보다는 오히려 위협당하고 있다. 헌법이 보장하는 국민의 생활권, 건강권 등의 기본권이 점점 침해당하고 있다. 또한 향후 예상되는 국내외적인 거액의 보상금, 국가적인 재정파탄의 방지책과 건강에 대한 피해구제가 국민의 부담 증세 등으로 메울 수밖에 없어 사회 정의에 반하는 정책이 펼쳐지고 있다. 지금까지 제대로 기능하지 못했던 정치와 사회시스템, 매체에 대한 불신은 시민들 사이에서 분노를 불러 일으켰고 절망감마저 확산되고 있다. 게다가 이와 함께 많은 과학자들과 연구자들의 언행과 당사자들의 능력, 판단력 부족에 대한 주민들의 불신감과 무력감은 과거에 찾아볼 수 없을 정도로 깊어졌다. 이 문제는 학자, 연구자의 사회적 역할과 책임, 종래의 학문·과학기술·대학의 위상에 대해 근본적으로 재정립을 강요하고 있다.

위의 제 문제를 정확히 인식하고 문제의 소재를 공유하는 것이 절대적으로 필요한 것이다. 종래의 「지속가능성」이나 「지속가능한 사회」의 구상과는 다르며 오늘날 요구되고 있는 진정한 「지속가능한 사회」는 경제와 환경의 조화에 머무르지 않고, 정치 · 경제 · 금융 · 군사 · 환경 등이 복잡하게 관련되는 여러 과제의 해결과 불가분의 관계가 있다. 이러한 인식이 공유됨으로써 비로소 동아시아에 있어서 실효적인 「지속가능한 사회」가 실현 가능하며 「동아시아 공동체」를 위한 길이 열릴 것이다.15)

---

15) 지면 제약상, 동아시아에 있어서 「지속가능한 사회」와 「동아시아 공동체」 구상에 대하여 간단히 언급한다. 21세기 초에 일본에서 제창된 「동아시아 공동체」의 구상에 대해서는 정치적인 슬로건에 그쳐 구체적인 「구상의 알맹이」가 나타나 있지 않다. 2012년 12월 16일에 실시된 중의원 선거 결과, 민주당 정권에서 보수적인 자유민주당으로 정권교체를 위해 이러한 구상을 논의하는 공간조차 소멸되고 있다. 또한 근년의 「동아시아 공동체」를 둘러싼 논의는 주로 「경제위기 극복」이라는 과제에 주목하여 그 바탕에 있는 정치적, 문화적, 도덕적, 종교적인 과제가 주목받지 못하는 점이 큰 문제가 되고 있다. (『別冊世界経済危機と東アジア』岩波書店, 2009년 4월호 수록 논고를 참조). 이 제안과 관련하여 「동아시아 공동체」 구상을 「시민네트워크」와의 관계에서 구축하고자 하는 주장이 있다.(東アジア共生研究会編『東アジアの中の日本-環境・経済・文化の共生を求めて-』富山大学出版会, 2008). 이 연구에서는 「동북아시아의 지역적 공통가치와 환경기술이전 메커니즘」에도 심층고찰이 이루어져 경제통합에 한정하지 않는 폭넓은 관점에서 「동아시아 공동체 공생공간과 시민사회」와의 적극적인 관계가 미래지향적으로 논의되고 있다. 어쨌든 경제적인 이익추구만을 목적으로 한 상호의존관계는 과거 미일관계에서 생긴 무역마찰과 같이 아시아 제국간의 신뢰관계를 무너뜨리고 악화시킬 가능성이 있다. 동일본 대지진, 후쿠시마 제1원전 사고 이후, 정치, 경제, 금융, 환경, 종교, 교육 등을 포함하여 포괄적인 공동체적 구상과 관련된 「동아시아 공동체」 구상은 동아시아에 있어서 「지속가능한 사회」 실현과 불가분의 관계에 있다.

일본과 동아시아와의 문화 교류와 변용

-침몰한 섬 「우류지마(瓜生島)섬 전설」을 통해서-

김찬회

일본 리쓰메이칸대학 대학원 문학연구과에서 문학박사 학위를 받았고, 현재 리쓰메이칸아시아태평양대학(APU) 교수 겸 학생처장을 맡고 있다. 일본 옛날이야기학회 이사, 대한일어일문학회 이사를 역임했으며, 현재 한국일본근대학회 부회장, 일본전승문학연구회 동인, 마나노장자전설연구회 고문 등으로 활동하고 있다. 『本地物語の比較研究-日本と韓国の伝承から-』, 『鉄文化を拓く炭焼長者』(共編), 「東アジア文化とお伽草子-韓国の語り物との関連-」, 「本地物語「戒言・富士山の本地」と韓国の「七星本解」」, 「韓国済州島の「七星本解」考-日本の本地物語「筑波富士の本地」とかかわって-」를 비롯한 다수의 논저가 있다.

1 머리말

근무처인 일본 리쓰메이칸아시아태평양대학(APU) 동아시아 문화론 관련 교과목 강의에서 학생들에게 리포트를 부과하면 주로 오이타현 (大分縣) 학생을 중심으로 매년 제출되는 것이, 옛날 벳부만(別府湾)에 존재했던 섬인데 어느 날 돌연히 침몰해 버렸다고 전해지는 「우류지마 (瓜生島)섬 전설」이야기이다.

일본 민속학의 창시자 야나기타 구니오(柳田国男)는 「우류지마섬 전설」과 관련되는 이야기로서 나가사키현(長崎縣) 고토(五島)열도의 오지카지마(小値賀島)섬에서 가미고토(上五島)섬으로 향하는 배 안에서 고려섬(高麗島)[1]에 관한 이야기를 듣고 「고려섬 전설」을 채록해 놓았다.

이 전설은 나중에 자세하게 소개하기로 하지만, 지장보살이 신앙이 깊은 사람들에게 자신의 얼굴이 붉어지면 빨리 도망치라고 예언했는데, 이것을 믿지 않고 장난삼아 그림물감으로 지장의 얼굴을 붉게 칠한 악한들이 모두 해저에 침몰해버렸다는 내용이다. 이에 대해 야나기타 구니오는 「그런 존재하지도 않는 고려섬 이야기를 등에 지고 다니며 사람들을 재미삼아 현혹시킨」인물, 즉 「고려섬 전설」의 전파자로서 해상을 왕래한 규슈지방의 맹승을 상정하고 있다.

이 「고려섬 전설」과 유사한 이야기가 일본 오이타현에서는 벳부만에 가라앉은 「우류지마섬 전설」로서 전승되고 있다. 「우류지마섬 전설」에 대해서는 일찌기 이치바나 오지로(市場直次郎)에 의해 「침몰한 섬의 이야기」[2]로서 자료의 소개와 함께 상세한 고찰이 이루어져 있고, 전파의

---

1) 柳田国男(1987)「島の人生」『定本柳田国男集』第1卷, 筑摩書房

경로에 대해서도 「남양→지나→일본」이라고 단정하고 있다.

이에 대해 이와세 히로시(岩瀬博)는 「침몰한 섬－오이타현 우류지마섬 전설을 중심으로－」[3]를 통해서 일본 전국에 전해지는 침몰한 섬 전설을 소개하고 상세하게 논하고 있다. 그리고 이 「우류지마섬 전설」에 대해 야나기타 설을 소개하면서 「맹인·맹승의 문예」로서 간주하면서, 침몰의 예언을 문헌설화에서는 「불사리 탑에서 피가 흐르면」으로 되어 있는데, 전국 각지의 전설에서는 「눈이 붉어지면」이라고 되어 있다며, 눈에 구애되어 전승되고 있다는 점이 맹승이 전파한 흔적일 것이라고 추측하고 있다. 또한 「침몰 징조전설의 구조를 해일에 의해 마을이 침몰할 때, 신의 가호를 받은 인간만이 그 위기를 벗어났다고 하는 이야기로서 여기면 홍수시조 신화와 관련된다」며, 홍수시조 신화로부터 파생된 전설일 가능성에 대해서도 조심스럽게 언급하고 있다.

이상의 연구를 보면, 야나기타 설과 이치바 설은 공히 「고려섬 전설」과 「우류지마섬 전설」이 중국에서 직접 전래한 것으로 논하고 있지만, 만약 그렇다면 왜 한반도에 존재한 고려라는 나라의 이야기로서 전승되고 있는 것에 관한 설명은 밝혀지지 않았을까?

그런데 맹인이 기우 행사에 관여하는 등, 물과 관련이 깊은 사실로부터 보면, 이와세의 지적대로 「우류지마섬 전설」의 전파자로서 민간종교자인 맹승을 상정하는 것도 납득이 간다. 하지만 그 증거의 하나로서 「각지의 전설에서 눈이 붉어지면 이라고 눈에 구애되어 전승되는 점도 맹승이 전파한 흔적」이라고 주장하고 있지만, 필자가 조사한 바에 의하

---

2) 市場直次郎(1932)『郷土趣味雑話』金洋堂書店
3) 岩瀬博(2007)「伝説と歴史 沈んだ島」『シリーズことばの世界 第3巻 はなす』三弥井書店

면 일본의 전승에서 눈에 구애되어 전승되는 전설은 거의 눈에 띄지 않고 「단지 신상의 얼굴이 붉어지면 침몰한다」고 언급되어 있어, 눈에 그다지 구애되지 않는 전설이 주류를 이루고 있다. 그러므로 이것을 근거로 해서 침몰한 섬 「우류지마섬 전설」의 전파자로서 「맹인・맹승」을 상정하는 것은 다소 무리가 있다고 볼 수 있다.

본고에서는 지금까지 구체적인 비교 연구가 없었던 한국의 「돌부처 눈 붉어지면 침몰하는 마을」과 일본의 침몰한 섬 「우류지마섬 전설」, 중국의 침몰 전설을 들어 각국의 특징과 전승 양상을 밝히고 전설을 통한 동아시아의 문화교류에 대해서 논해 보고자 한다.

〈사진 1〉 침몰한 섬 「우류지마섬 전설」이 전해지는 벳부만

2 한국의 「돌부처 눈 붉어지면 침몰하는 마을」

민속학자 손진태는 일찍이 일본의 「우류지마섬 전설형」 침몰 전설로서 「광포전설」[4]을 소개하고 있다. 「광포전설」은 나중에 언급하겠지만

---

4) 손진태(1981) 『한국민족설화의 연구』을유문화사

옛날 광포는 대도시였다고 하는데 「돌부처 눈으로부터 피가 흐르면 높은 산으로 피난하도록」이라고 도승이 예언을 했지만, 마을의 나쁜 청년들은 그것을 신용하지 않고 빨간 염료를 석상에 칠하고 그것이 원인이 되어 도시가 침몰하고 선량한 노파만이 살아남았다는 내용이다.

광포는 북한의 함경남도 지방의 지명인데 그곳에 전해지는 전설이라는 이유로 「광포전설」이라는 이름이 붙었다. 「광포전설」에 대한 명칭을 둘러싸고 한국의 연구자는 침몰섬 전설로서의 이름에 어울리지 않는다고 해서 한국 민간설화의 집대성이라고도 말할 수 있는 『한국 구비문학 대계』[5] 등에서는 「돌부처 눈 붉어지면 침몰하는 마을」이라고 명명하고 있다.

민속학자 권태효는 한국의 홍수설화의 특징은 「노아의 방주」를 비롯한 세계 각국의 홍수신화에 비해 홍수의 원인이 설명되어 있지 않은 점이 큰 특징이라고 지적하고, 홍수의 원인이 확실히 설명되어 있는 예로서는 「장자못 설화」와 「돌부처 눈 붉어지면 침몰하는 마을」을 그 사례로서 들고 있다[6]. 침몰섬 전설인 「돌부처 눈 붉어지면 침몰하는 마을」의 내용을 소개하면 다음과 같다.

> I 지금의 광포는 작은 일개 농촌에 불과하지만, 500년 전까지만 해도 광포는 큰 도시였다. 그 때 광포에는 부랑 방탕한 청년들이 많이 살고 있었다. (악인 거주)
>
> II 그 광포에는 한 노파가 혼자서 작은 술집을 경영하고 있었다. 어느 날 초라한 복장을 한 도승이 노파의 술집을 찾아 왔는데, 기갈을

5) 韓國精神文化研究院(1989)『韓國口碑文學大系 別冊 附錄 1卷 －韓國說話類型分類集－』
6) 권태효(1998)「〈돌부처 눈 붉어지면 침몰하는 마을〉담의 홍수설화적 성격과 위상」『구비문학연구』6, 한국구비문학회

호소하면서 음식을 청해왔다. 노파는 원래 선량한 사람이었으므로 굶주림에 허덕이는 도승을 맞이하여 정성을 다해 대접했다. 도승은 식사를 끝마친 후 소지한 돈이 없어서 음식 값을 지불할 수 없다고 말하면서 사과를 했다. 그러나 노파는 원래부터 음식 값을 받을 생각이 없었다고 말하고, 「굶주린 사람에게 밥을 한턱 대접한 것에 불과한데 무슨 대가가 필요하겠습니까?」라고 말하며 도리어 거절의 말을 전했다. (도승방문과 노파의 환대)

Ⅲ 도승은 잠시 동안 선 채로 뭔가를 생각하고 나서 이렇게 말했다. 「지금부터 3일간의 양식을 준비해 두고, 저 산 위의 묘 앞에 서있는 동자석상의 눈으로부터 피가 흘러내리면 준비해놓은 양식을 가지고 신속히 높은 산 위로 피난하세요」라고 말하고, 아무도 모르게 어딘가 떠나버렸다. (도승의 답례로서의 침몰 예언)

Ⅳ 노파는 도승이 말하는 대로 바로 양식을 준비해서 두고 아침 저녁으로 동자석상의 눈으로부터 피가 흐르는지를 관찰하러 갔다. 그리고 부랑한 청년들을 만날 때마다 도승의 이야기를 하면서 「당신들도 피난의 준비를 하세요」라고 충고했다. (침몰 예언의 확인)

Ⅴ 그러나 부랑한 청년들은 노파의 이야기를 듣기는커녕 오히려 노파를 골려주려고 밤에 살며시 산에 올라가 노파가 말한 석상의 눈에 빨간 염료를 칠해서 피눈물과 같이 치장하고 다음날 노파에게 이 사실을 말했다. (악인의 장난삼은 피칠하기)

Ⅵ 노파는 안면이 창백해지면서 당황하면서 양식을 가지고 바로 산 위에 피난한 덕에 살아남을 수 있었다. (선인의 피난과 생존)

Ⅶ 부랑한 청년들은 자기들의 계략의 훌륭함을 자찬하면서 노파의 술통을 멋대로 반출해서 난음 대취했다. 그 때 해일이 덮쳐 일순간에 광포는 바다로 변하고 이러하여 대도시였던 광포는 바다 속으로 침몰해 버렸다. (섬 침몰과 악인의 징벌)

Ⅷ 지금의 광포 대하구는 옛날의 광포의 침몰에 의해 생긴 것이며, 현재의 광포 마을은 침몰한 후에 새롭게 세워진 것이라고 한다. (섬마을 재건)

이상은 옛날 대도시였던 광포에는 나쁜 청년들이 많이 살고 있었다. 어느 날 한 도승이 그곳을 방문했는데 선량한 노파에게 환대를 받고 「석상의 눈으로부터 피가 흐르면 높은 산으로 피난하세요」라고 예언을 했다. 그러나 광포의 나쁜 청년들은 이것을 믿지 않고 게다가 석상에 빨간 염료를 칠해, 그 결과 도시는 침몰하고 선량한 노파만이 살아남았다는 것이다.

이 전승은 구약 성서의 「노아의 방주」[7]와 같이 처음부터 광포는 젊은 청년들에 의한 악이 가득 찬 도시로서 그려져 있고, 그곳에 신이나 부처님의 존재로서의 도사가 방문하게 된다. 도사의 방문과 선인을 통한 도시침몰의 예언은 그 악을 확인하기 위해서이며 그래도 그 예언을 믿지 않는 악인들은 죽음이라고 하는 결말을 맞이하고 있고 도시도 침몰한다. 그리고 살아남은 선량한 노파와 자손들에 의해 도시가 새롭게 재건되는 것을 주장하고자 한 전승이라고 생각한다. 지금까지 채록된 「돌부처 눈 붉어지면 침몰하는 마을」의 제 전승을 보면 다음과 같다.

지 역	제 목	채록자	수록문헌	채록일
① 咸南·咸興	廣浦傳說	孫晉泰	韓國民族說話의 硏究	1923.8.17
② 咸北·名川	長淵湖	崔常壽	韓國民間傳說集	1940.9
③ 京畿·議政府	돌부처의 피는물	曺喜雄, 김연실, 유지현	韓國口碑文學大系 1-4	1980.8.28
④ 京畿·江華	천지포 놋다리	성기열, 임성수	韓國口碑文學大系 1-7	1981.4.24
⑤ 京畿·江華	놋다리 이야기 〈청주펄〉	성기열, 임성수	韓國口碑文學大系 1-7	1981.5.3
⑥ 京畿·江華	장지포 이야기	성기열, 장지호	韓國口碑文學大系 1-7	1981.7.17

---

7) 月本昭男(1997)『舊約聖書Ⅰ 創世記』岩波書店

⑦ 京畿・江華	청주펄 청동다리	성기열, 김세훈	韓國口碑文學大系 1-7	1981.8.6
⑧ 京畿・江華	신판 노아의 방주	성기열, 김세훈	韓國口碑文學大系 1-7	1981.8.11
⑨ 京畿・江華	청지풀 전설	조동일, 장원철, 서영숙, 신은경, 이종주	韓國口碑文學大系 1-7	1981.10.8
⑩ 忠南・瑞山	牙山湾	任晢宰	韓國口傳說話6	1973.8.27
⑪ 全北・益山	七山바다	任晢宰	韓國口傳說話7	1969.8.23
⑫ 全北・扶安	界火島	任晢宰	韓國口傳說話7	1966.5.27
⑬ 全北・扶安	界火島의 유래	최내옥, 김형주	韓國口碑文學大系 5-3	1982.2.6
⑭ 全北・全州	界火島의 함몰내력	최내옥	韓國口碑文學大系 5-2	1980.1.31
⑮ 全南・新安	개비석 눈에 피가나 섬이 망하다	최덕원	韓國口碑文學大系 6-6	1984.5.19
⑯ 慶南・晋陽	도사가 가르쳐준 우물	류종목, 빈재황	韓國口碑文學大系 8-3	1980.8.9

다음은 위의 침몰한 섬 「돌부처 눈 붉어지면 침몰하는 마을」의 제
전승의 상이점과 특징에 대해서 검토해 보기로 하자.

I 악인거주는 마을의 침몰의 원인을 제공하는 부분이다. ①~⑧의
전승은 선량한 노파 이외의 인물에 대해서 「마을사람이 모두가 악인」
「마을의 방탕한 청년들」「마을의 심술꾸러기」「부부 중 아내는 상냥하
지만 남편은 인색함」「부자지만 낭비가 많음」「화려한 생활을 하지만 그
셈치고는 인색하고 인정이 모자라다」등으로 표현하며, 마을사람들을
어디까지나 악인으로서 설정하고 있는 것이 대부분이다. ⑧「신판 노아
의 방주」에서는 마을의 침몰의 원인이 신에 의한 물의 심판으로서 이야
기되고 있어, 「돌부처 눈 붉어지면 침몰하는 마을」이 홍수신화와도 관
련되어 있는 것을 보여준다.

Ⅱ 도승방문과 노파의 환대는 Ⅳ의 「도승의 답례로서의 침몰 예언」과 관련되는 것이다. 여기서 도승은 예언을 내리고 그것을 믿지 않는 사람들을 징벌하는 신이나 부처님의 화신적 존재로서 등장하고 있다. 이것이 보다 분명히 나타나 있는 전승이 ⑤⑥인데, 여기에서는 도승이 하늘로부터 내려온 신으로서 나타나고 있다. 침몰의 예언을 하는 것은 도승이 우세하지만, 지사(地師), 풍수사, 도사, 과객 등도 있다. 필자는 이처럼 지나가는 도승이 침몰 예언을 하는 전승을 ① 「여승예언형(旅僧 豫言型)」이라고 명명하기로 하기로 한다. 한국의 대부분의 전승이 「여승예언형」에 속한다고 말할 수 있다. 이에 대하여 「여승예언형」을 취하지 않고, ③⑩⑮의 전승은 옛날부터 마을이나 사람들 사이에 전해 내려오는 것으로 되어 있는데 필자는 이러한 패턴을 ② 「전언예언형(傳言 豫言型)」이라고 명명하기로 한다. 또한 ⑧만이 꿈에서 계시하는 곳으로 되어 있는데, 필자는 이러한 형태를 ③ 「신·몽예언형(神·夢豫言型)」이라고 부르기로 한다.

Ⅲ 도승의 답례로서의 침몰 예언은 대부분의 전승에 보이고 있는데, 피가 흐르는 대상물로서는 석상, 석불, 석비, 망부석 등 각양각색이지만, 미륵으로 되어 있는 전승도 많이 보인다. 또 석상에 피가 흐르는 부분으로서는, 눈과 코 부분으로 크게 두 종류로 나눌 수 있는데, 대부분의 전승이 눈(②⑮⑯)보다는 미륵이나 석불의 코로 나타나고 있어, 코로 되어 있는 전승이 우세하다. 그러나 ⑪의 전승과 같이 귀로 나타나는 전승도 존재한다.

Ⅳ 노파의 침몰 예언 확인은 선량하고 신앙심 깊은 노파가 매일 미륵과 석상의 얼굴 눈으로부터 피가 흐르고 있는지 어떤지를 확인하러 가는 전승이 많다. 더욱이 침몰 예언을 깊게 믿고 피난 준비를 하게 되는

데, ④⑧의 전승은 배를 만들기도 한다. 이에 대해 악인들은 침몰 예언을 믿으려 하지 않고 도리어 비웃음으로 조롱하는 것이 특징이다.

Ⅴ 악인의 장난삼은 피 칠하기는 개, 소, 닭 등 동물의 피를 코에 칠하는 전승이 다수를 차지한다. 그러나 ①②⑮는 붉은색(그림물감)을 칠하는 「붉은색(그림물감) 칠하기 형」이라 할 수 있다. 그 밖의 모든 전승은 동물의 코에 피를 칠하는 「피 칠하기 형」으로서 전승되고 있다. 이것으로 보아 한국에서는 「붉은색(그림물감) 칠하기 형」 보다 「피 칠하기 형」이 우세함을 알 수 있다. 또한 섬사람들이 선량하고 신앙심 깊은 사람으로서 그려져 있음에 대해, 외부에서 들어온 사람들은 악인으로서 취급하고 있는데, 재산에 욕심을 내 장난삼아 피를 칠하는 전승(⑮)도 있다. 필자는 석불이나 미륵의 코에 피를 칠하는 전승이 붉은색 그림물감을 칠하는 전승보다 고형을 간직한 전승이라고 보고 있다. 비를 기원하는 기우제에서는 피가 묻은 동물의 생목을 석불이나 신상에 바치거나 강에 던지거나 한다. 이 행위는 신성한 신상이나 강을 더럽혀 신이 화를 내면 비를 뿌린다고 인식된 것이다. 홍수나 해일에 의해 마을이나 도시가 침몰했다고 하는 것은 아마 이러한 피 묻히는 행위와 관련된 것이라 할 수 있을 것이다.

Ⅵ 선인의 피난과 생존에 있어서 피난하는 사람은 도승에게 선택된 노파로 한정되는 전승이 많지만, 노파와 손자가 함께 피난하는 전승도 다수를 차지한다. 이것에는 선인인 노파와 혈연관계에 있는 손자에게 그 생명을 잇게 하려는 의식이 심어져 있다고 할 수 있다. 예를 들면, ⑬의 전승에서 노파의 손자가 해남에 가서 시조가 되었다고 하는 전승이 그러하다.

Ⅶ 섬 침몰과 악인징벌에 대해 살펴보면 섬이나 마을이 침몰하는 것

은 쓰나미에 의한 것(⑪~⑮)과 호우에 의한 것 두 가지로 나눌 수 있는데, 한국의 전승은 어느 쪽인가 하면 호우에 의해 수몰하는 전승이 우세하다.

Ⅷ 섬의 재건은 Ⅵ 「선인의 피난과 생존」과 관련되는데, 섬과 육지를 맺는 다리의 유래를 이야기하는 전승(④ ⑤ ⑫ ⑬ ⑭)과 생존자인 노파가 죽고 나서 사당을 세워 제사 지냈다고 하는 전승(⑮ ⑯)도 있어 시조 탄생과 시조제의 유래를 이야기하는 것으로서의 성격이 강하게 나타나 있다. 또한 ⑬의 전승과 같이 손자가 해남에 가서 그 시조가 되었다고 하는 전승도 존재하는 것을 보면, 일본의 「우류지마섬 전설」과 한국의 「돌부처 눈 붉어지면 침몰하는 마을」은 홍수시조 전설과도 깊이 관련되어 있는 것을 알 수 있는데, 직접 시조탄생의 사실에 대해 언급하는 전승은 거의 존재하지 않는다.

3 한국의 「돌부처 눈 붉어지면 침몰하는 마을」의 전승 양상

이상과 같이 한국의 침몰한 섬 전설인 「돌부처 눈 붉어지면 침몰하는 마을」은 서해안을 따라 북쪽에서 남쪽으로 광범위하게 전승되고 있으며 해양문학으로서의 성격을 갖는다. 또한 전승자도 여성이 아니고 남성인 특징을 가진다. 그리고 예언의 방식에 따라 분류하면, ① 「여승예언형」 ② 「전언예언형」 ③ 「신·몽예언형」으로 분류할 수 있다. 다음에서는 한국의 침몰 전설을 소개하면서 그 전승 양상이나 일본의 전승과의 관계에 대해 자세하게 논해 보기로 한다. 우선 「여승예언형」에 속하는 것으로 북한의 함경북도 지역에는 「장연호」[8]의 유래 전설이 전해지고 있다.

옛날에 명천에는 장연호가 존재하지 않고 큰 마을이 있었다고 한다. 어느 날 도사가 여행 도중 매우 배가 고파서 한 식당에 들어가 식사를 대접받고 고맙다는 인사와 함께 돈을 치르려고 했다. 그러나 가게의 노파는 「배가 고픈 사람에게 밥을 대접한 것에 불과한데 어찌 돈을 받을 수 있겠습니까? 나는 당신을 도운 것만으로도 매우 기쁘게 생각합니다」라고 말하고 돈을 받으려고 하지 않았다. 그러자 도사는 노파에게 「당신에게 부디 고하고 싶은 것이 있습니다. 이 마을 뒷산에 돌부처가 있는데 그 돌부처의 눈으로부터 피가 흐르면 바로 이 마을을 떠나십시오. 돌부처의 눈으로부터 피가 흐르면 이 마을은 침몰하고 큰 호수가 될 것입니다」라고 말하고 나서 어디론가 사라졌다. 이 이야기를 들은 노파는 도사가 보통 사람이 아닐 거라고 판단하고 다음 날부터 매일같이 뒷산에 있는 돌부처를 방문하여 조심스럽게 관찰하고 나서, 집으로 돌아오는 날이 계속되었다. 더욱이 노파는 마을의 젊은이들에게도 도사의 예언을 전하면서 「돌부처의 눈을 잘 관찰하라」고 말했다. 이 이야기를 들은 마을의 장난꾸러기 젊은이들은 「돌부처의 눈으로부터 피가 흐르다니 그런 바보스러운 짓이 어디 있나? 또한 이 마을이 침몰해서 호수가 되다니 제정신이 아닌가 보다」라고 말하며 노파를 비웃었다. 그리고 그 중의 한 젊은이가 「저 노파를 한번 골탕 먹이자」라고 말하고, 피 색깔의 그림물감을 가져가 돌부처의 눈을 빨갛게 칠했다. 다음날 노파가 돌부처 있는 곳에 가 보니 눈으로부터 피가 흐르고 있었다. 노파는 깜짝 놀라면서 「큰일 났다. 석불의 눈으로부터 피가 흐르고 있다. 빨리 피난하지 않으면 안 된다」라고 말하며 곧 바로 뒷산으로 올라갔다. 그 모습을 숨어서 지켜보고 있던 젊은이들은 배꼽을 잡고 손뼉을 치면서 웃었다. 그 순간 갑자기 하늘이 무너지는 것 같은 큰 소리가 들리면서 일순식간에 마을은 호수가 되어버렸다. 그 호수

8) 최상수(1984) 『한국민간전설집』통문관

가 현재의 장연호라고 한다.

이것은 북한의 함경북도 지역에 전승되는 것으로, 장연호의 지명 유래담이다. 도사가 여행 도중에 침몰 예언을 하는 것으로, 앞에서 말한 「여승예언형」에 속한다. 또한 돌부처의 눈에 피처럼 빨간 그림물감을 칠하는 것으로 되어 있어, 필자는 앞에서 이와 같은 형태를 「붉은색(그림물감) 칠하기 형」이라고 명명했다. 이와 같은 형은 나중에 구체적으로 논할 일본의 침몰 전승에 가까운 전승이라고 말할 수 있다.

다음은 전라북도 지역에 전승되는 것으로, 「여승예언형」에 속하는 「칠산(七山)바다」9)를 소개한다. 이것은 서씨의 시조 유래를 말하고 있다.

칠산바다는 원래 육지로 7개 마을이 있었다고 한다. 그곳에는 서씨라고 하는 노옹이 살고 있었고, 어느 날 한 지사(地師)가 찾아왔는데 극진하게 대접을 했다. 그 지사는 답례로서 「이 곳은 머지않아 바다가 되므로 빨리 피하는 편이 좋다」라고 알렸다. 「그 때가 언제인가?」라고 묻자 「큰부처의 귀에서 피가 흐르면 바다가 된다」고 대답했다. 노옹은 매일 아침 큰부처 귀로부터 피가 흐르는지 확인하러 갔다. 마을사람은 노옹이 매우 지성을 다해서 부처님을 참배하자 그 이유를 물었다. 노옹은 「큰부처 귀에서 피가 흐르면 바다가 된다는 지사의 예언이 있었다」고 대답했다. 그 이야기를 들은 마을사람들은 「노옹이 어떻게 된 게 아니냐」고 비웃었다. 그 중에 개를 도살하는 백정이 있었는데, 손에 묻은 개 피를 부처님 귀에 칠해놓고 돌아왔다. 다음날 아침 큰부처의 코로부터 피가 흐르는 것을 본 노옹은 마을사람에게, 「여기는 곧 바다가 되니 빨리 피난해라」고 큰 소리로 외치며 산으로 올라갔다. 그러나 노옹을 따라 가는 사람은 아무도 없었는데, 마을의 현감만은 노옹의 말을 믿고 부하들을 데리고 산으로 피난했다. 노옹은 도중, 소금장수를 만났는데 「여기까지는 해일이 오지 않

9) 임석재(1990) 『한국구전설화 전라북도편 I』평민사

으므로 더 이상은 오를 필요가 없다」고 말해 그곳에서 머물렀다. 그러자 큰 천둥소리가 들리고, 소금장수가 말한 곳까지 해일이 몰려왔다. 칠산바다에서 살아남은 사람은 서씨 노옹과 그 가족, 현감가족과 그 부하, 소금장수뿐으로 다른 사람은 모두 물에 빠져 죽었다. 살아남은 서씨의 자손이 지금도 충청도에 많이 살고 있다고 한다.

이상과 같이 칠산바다는 원래 육지로 7개의 마을이 있었고, 그 곳에는 서 노옹이 살고 있었다. 그는 지사의 예언을 충실히 믿은 사람이었다. 쓰나미가 몰려와도 서씨의 가족은 살아남을 수 있었고, 지금의 충청도 지역에는 그들의 자손이 많이 살고 있고, 서씨 이외의 사람들은 거의가 죽음을 맞이했다고 전한다. 이것은 서씨의 시조유래를 함께 이야기하고 있는 것으로서 주목된다. 또한 큰 부처의 귀에 개의 피를 칠했다는 것은 앞에서 말한 「피 칠하기 형」에 속하지만, 「큰부처의 귀로부터 피가 흐르면 침몰」한다고 하는 것은 매우 드문 전승이다. 나중에 논할 일본의 우류지마형 침몰전설의 제 전승 중에는 우류씨의 시조 유래를 이야기하는 쓰나미 전설이 존재하는데, 이것과 관련되는 것으로 주목해야 할 전승이다. 또한 동물의 도살업을 하는 백정을 악인으로서 위치를 부여하고 있는 것도 이 전승의 특징이다. 백정은 고려시대에는 광범위하게 존재하고 있었던 농민을 가리키는 말이었다. 이것이 조선시대에 들어오면 천민 신분의 하나로서 가축을 도살하는 도살업자를 의미하는 말로서 사용되었으며, 그들은 가혹한 차별을 받았다. 조선시대의 신분제도는 세분화되어, 고려시대보다도 복잡하였다. 크게 국왕, 양반, 중인, 상인, 천민으로 나누어졌는데, 그 중에서 백정은 무당과 함께 최하위인 천민에 속해 있었다. 또한 백정은 갑오개혁(1894년)에 의해 법률상으로는 백정의 신분으로부터는 해방되었지만, 그 차별이 바로 사라진 것이 아니었다. 백정은 당시 40여만 명이 존재했다고 하며, 집단으로 마을을 형성하고 있었다. 그리고 일반인과의 교류도 피하고, 계급내혼을 했다.[10] 한국이 침몰 섬 전설에 있어서 백정이 등장하고, 그를 악인으로서 그려져 있는 것은 이와 같은 당시의 신분제도의 반영이라 말할 수 있다.

상기의 「칠산바다」전설은 마을에 쓰나미가 몰려들어서 마을이 침몰하는 것으로 되어 있지만, 다음에 소개하는 경기 지역의 「돌부처의 피눈물」[11]은 해일에 의한 침몰이 아니고, 큰 비로 인한 홍수에 의해 마을이 침몰하고 있다.

> 경주에 은진미륵이 있었는데, 그 미륵의 코 구멍으로부터 피가 나오면 재난이 일어난다고 하는 전언이 있었다. 그 마을의 노옹이 이 이야기를 믿고 매일 확인하러 갔다. 너무도 열심히 다니므로 마을의 청년들이 「노옹을 혼줄 내주자」고 말하고, 죽인 소피를 가져와 미륵의 코에 칠했다. 노옹은 아들들을 모아놓고 「이젠 올 것이 왔다. 은진 미륵의 코 구멍으로부터 피가 흐르면 재난이 일어난다고 하는 전언이 있는데, 이미 그 시기가 왔으므로 농기구를 전부 팔고 어딘가로 피난하자」고 말했다. 그러자 아들들은 비웃으면서, 「아버지는 그것을 믿고 있습니까? 누군가가 아버지를 놀리려고 소 피를 칠해 놓은 거예요」라고 말하며 믿으려 하지 않았다. 더욱이 아버지가 치매에 걸렸다고까지 말했다. 그러자 노옹은, 「너희들이 만약 가고 싶지 않으면 나 한사람이라도 피난하겠다」고 말하고 산을 오르기 시작했다. 도중 길을 잃자 산신이 나타나 길 안내를 해주어 무사히 산 정상에 도착할 수 있었다. 노옹은 거기에서 자고 있었는데, 잠시 후 노아의 방주에서의 홍수처럼 큰비가 내리기 시작했고, 그 마을은 바다가 되어 모두 떠내려갔다. 노옹 한사람만이 살아 남고, 모두가 익사했다.

---

10) 福田晃・金賛會・百田弥栄子(2011)『鉄文化を拓く炭焼長者』三弥井書店
11) 『韓國口碑文學大系』1-4, 韓國精神文化研究院

위에서 은진 미륵의 코 구멍으로부터 피가 나오면 재난이 일어난다고 하는 것이 옛부터 전해내려 오고 있다고 되어 있어, 구전형태로 보면 앞에서 말한 「전언예언형」에 속한다. 또한 미륵의 코에 소피를 칠하므로 「피 칠하기 형」에 속한다. 더욱이 침몰 예언을 마을 청년들뿐만 아니라, 노옹의 아들들도 믿지 않았다고 되어 있다. 노아의 방주에서의 홍수처럼 큰비가 계속 내려, 마을이 바다가 되어 버렸다. 그래서 쓰나미가 아닌 큰비에 의한 침몰을 전하는 홍수설화가 되었으며, 노아의 방주 전승과 같은 전설로 인식되어 전승되고 있는 것이 흥미롭다. 신앙심 깊은 노옹 한 사람만이 남고, 믿지 않은 사람은 모두는 익사했다고 되어 있어, 홍수시조 신화로서의 성격을 보유하고 있는 전승이라고 말할 수 있다. 한국의 전승은 쓰나미에 의한 도시 침몰의 전승도 있지만, 홍수에 의한 침몰 전설이 주류를 이루고 있다. 이 점은 나중에 논할 쓰나미나 지진에 의해 섬이 침몰하는 일본의 전승과 다른 양상이다.

다음은 전북 지역에 전승되는 「개 비석 눈에 피가 나 섬이 망하다」[12]인데, 섬 침몰의 원인이 마을 이외의 타관 사람으로 되어 있는 점에서 주목되는 전승이다.

옛날 어떤 작은 섬에 70~80호의 인구가 살고 있었다. 그 섬에는 신사당이 있고 그 안에 개 비석을 모시고 있었다. 섬사람들은 모두 그 신사당에 와서 개에게 기원을 하고 개 비석을 보고 내려오곤 했다. 어떤 사람이 그 이유를 묻자 「이 섬에는 옛날부터 개의 눈에서 피가 흐르면 섬이 침몰하고, 모두 피난하라」고 하는 말이 전해내려 오고 있다고 말했다. 어느 날 섬 바다를 지나는 배가 전복되었는데, 섬사람들은 물에 빠진 외부의 도둑들을 살려냈다. 그 도둑들은 섬사람들이 신사당 개를 깊이 신앙하며

---

12) 『韓國口碑文學大系』6-6, 韓國精神文化硏究院

매일 참배하는 것을 보고「개의 눈에 빨간 그림물감을 칠하면, 모두 섬에서 도망칠 것이다. 그 때 섬의 식량이나 섬사람들의 재산을 갖기로 하자」고 협의했다. 그리고 섬사람이 잘 때, 신사의 개를 그림물감으로 빨갛게 칠했다. 다음날 아침 빨간 개 눈을 본 섬사람들은 모두 도망쳤다. 도둑들은 섬의 부잣집으로부터 술을 꺼내서 마시거나 춤을 추며 이젠 도둑질은 하지 않아도 된다며 매우 기뻐했다. 그 때 해일이 섬을 덮쳐 도둑들은 모두 물에 빠져 죽었다.

위의 전승에서는 옛날부터 섬에 전래되는 이야기로서, 신사의 개 비석을 깊이 신앙하는 섬사람들을 선량한 사람들로서 그리고 있다. 그러나 외부에서 들어온 도둑들이 도둑질할 목적에서 개의 눈을 빨갛게 칠했기 때문에 섬은 침몰하고 악인들도 모두 죽어 버렸다. 이처럼 외부에서 도래한 사람들을 악인으로 설정하는 취향은 나중에 논할『분고 전설집(豊後傳說集)』에 수록되어 있는 오이타현의 우류지마섬 전설에서도 도래인 료사이(良齋)라는 사람이 신상을 그림물감으로 빨갛게 칠한 것이 원인이 되어 섬이 침몰했다는 서술과 비슷하다. 이는 외부에서 도래한 사람을 악인으로 설정하면서, 섬의 전래 신앙을 지키고자 하는 자세를 엿볼 수 있다.

경기도 지방에는 섬 침몰 전설이 홍수신화에 속하는 것을 추측할 수 있는「심판 노아의 방주」[13]가 전승되고 있다.

노아의 방주 이야기를 들은 적이 있는데, 그것에 대해서 이야기하기로 하자. 어떤 양반이「미륵의 코로부터 피가 흐르면 물에 의한 심판의 날이다」고 하는 꿈을 꾸었다. 양반은 그 이후로 산의 정상에서 3년을 걸쳐 배를 만들기 시작했다. 그리고 가재도구를 모두 그쪽으로 옮겼다. 그것을

---

13)『韓國口碑文學大系』1-7, 韓國精神文化研究院

본 사람들은 「저 사람, 이상한 것은 아니니? 산 정상에 왜 배를 만들어 두는 거야」라고 말하며 양반의 행위를 비웃었다. 그날 밤 많은 사람이 모여서 양반을 골탕 먹이려고 「미륵의 코로부터 피가 흐르면, 물에 의한 심판이라고 양반이 굳게 믿고 있으니, 우리들 다 같이 미륵의 코에 닭 피를 칠하기로 하자」고 하며 그대로 실행했다. 그러자 갑자기 비가 내리기 시작했고, 양반은 배를 띄워 피난했다. 최후에 날린 새가 돌아오지 않았으므로 「이젠 육지엔 물이 다 빠졌다」라고 양반은 안심을 했다.

이상은 미륵의 코에 새 피를 칠하는 것으로 되어 있으므로 「피 칠하기 형」에 속하는데, 「미륵의 코로부터 피가 흐르면 물에 의한 심판의 날」이란 꿈을 꾸었다고 하는 「노아의 방주」 이야기를 들으면서 전승자가 이야기하고 있는 점이 주목된다. 노아의 방주에서는 지상에 인간이 많아지면서 악이 만연한 것을 참지 못한 신 야훼가 인간을 창조한 것을 후회하며 대홍수로 전멸시키기로 한다. 그러나 선인인 노아만은 살려주기로 하고, 배를 만들어 노아와 그 가족, 동물들을 각각 암컷과 수컷 2마리씩 배에 싣고 대홍수로부터 구조한다. 살아남은 노아의 아들들에게 아이가 태어나 그들이 인류의 시조가 되었다는 것이다.

한국의 침몰 전설은 이러한 홍수신화에 속하는 것임을 추측할 수 있고, 시조신화로서의 성격이 농후하다. 실제로 한국의 침몰 전설이 이러한 노아의 방주 전설로서 인식되어 전승되고 있는 것은 침몰 전설이 홍수시조신화와 깊이 관련되어 있다고 볼 수 있을 것이다. 더욱이 「새를 날려서 육지로부터 물이 없어진 것을 확인」하는 것도 노아의 방주에 보이는 모티브인데, 이 설화의 홍수신화로서의 성격이 잘 반영된 것이라고 말할 수 있다.

이상과 같이 한국의 「돌부처 눈 붉어지면 침몰하는 마을」은 다양한 양상을 가지고 전승되고 있는데, 예언 방식으로부터 보면, ① 여승예언형, ② 전언예언형, ③ 신·몽예언형 등의 3가지 형태로 분류할 수 있다. 또한 신상이나 돌부처에 무언가를 칠하는 형식으로 분류한다면, ① 피칠하기형, ② 붉은색(그림물감) 칠하기형이 존재하며, 이들은 다음에서 논할 중국의 침몰 전설과 일본의 「우류지마섬 전설」과도 깊이 관련되어 있다고 할 수 있다.

4 중국의 침몰 전설

중국으로 시선을 돌리면, 일본의 「우류지마섬 전설」과, 한국의 「돌부처 눈 붉어지면 침몰하는 마을」과 지극히 유사한 침몰 전설이 4세기 중엽의 성립으로 여겨지는 『수신기(搜神記)』[14]에 실려 있다.

① 由拳縣(浙江省)은 秦代의 長水縣이다. 시황제 때의 일인데, 이 지방에 「성문이 피로 인해 더럽혀지면 성이 침몰하여 호수가 되어버린다」고 하는 노래가 세상에 유행했다.   (동가 예언)
② 한 노파가 이 이야기를 듣고, 매일 아침 성문의 모양을 살피러 갔다.
                                                        (침몰 예언 확인)
③ 성문의 수위대장이 수상히 여겨서 묶으려고 하자, 노파는 그 까닭을 이야기했다. 그 말을 들은 수위대장은 개피를 성문에 발라놓았다.
                                                    (수위대장의 피칠하기)
④ 노파는 그 피를 보자마자 도망쳐 멀리 떠났다.   (노파의 피난)

14) 竹田晃訳(1964) 『搜神記 東洋文庫10』平凡社

⑤ 그러자 갑자기 홍수가 나, 성은 물에 잠겨버릴 것 같아졌다. 이 때 主簿인 幹이라는 사람이 지사에게 보고하자, 지사는 다음과 같이 말했다. 「그대는 왜 물고기가 되어버렸나?」. 그러자 幹도 「지사각하도 물고기가 되어 있으십니다」라고 말했는데, 도시는 그대로 침몰하여 호수가 되어 버렸다.   (현성침몰과 악인징벌)

이것은 「성문이 피에 의해 더럽혀지면 성이 침몰하여 호수가 되어버린다」고 하는 전래 동가(童歌)가 유행했다고 되어 있다. 이 침몰 전설은 조금 전에 검토한 「전언예언형」에 속한다. 동가로서 언제 누구에 의해 만들어졌는지도 모르는데, 세상에 유행했다는 것이 흥미롭다. 그러나 한국의 샤먼의 신이나 오이타현에 위치한 국보 우사신궁의 제신이 팔만신과 같이, 신은 어린 동자의 모습으로 자주 그 모습을 나타내며, 그러한 의미로 볼 때 동자가 부르는 동요는 성스러운 것이며, 일본의 침몰섬 전승에 있어서 옛부터 구전되는 이야기 형태인 「전언예언형」과는 그 취향이 다소 다를 지도 모른다. 또한 「수위대장이 개피를 성문에 발라 놓았다」고 되어 있어 동물의 「피 칠하기 형」에 속한다. 더욱이 「수위대장이 개피를 성문에 발라 놓았다」고 되어 있을 뿐, 다른 나라 전승에서 보이는 노파 등을 골려주려고 장난삼아 동물의 피를 칠했는지 어떤지에 대해서는 명기되어 있지 않다. 또한 눈이 아니고, 개피를 성문에 발라 놓았다고 되어 있어, 특히 눈이나 코에는 구애되지 않고 전승되는 것이 특징이다.

이와 같은 「전언예언형」에 대하여, 여행하는 서생이 예언을 하는 전승이 『회남홍열해(淮南鴻烈解)』15) 권2에 실려 있다.

---

15) 劉安 撰(1915) 『淮南鴻烈解』掃葉山房

① 歷陽(현재의 安徽省和縣)의 노파가 여행하는 서생을 극진하게 대접
했다.   (여행하는 서생방문과 노파의 환대)
② 그 서생은 「이 현 성문의 문지방돌에 만약 피가 묻어 있으면 급히
산에 오르시오. 이곳은 침몰하여 호수가 될 것입니다」라고 가르쳐
주었다.   (서생의 답례의 침몰 예언)
③ 예언을 믿고 노파는 돌 문지방을 관찰했다.   (침몰 예언 확인)
④ 까닭을 들은 문지기가 장난삼아 닭의 피를 발라 놓았다.
                                        (문지기의 장난삼은 피칠하기)
⑤ 그러자 정말로 나라가 침몰해서 호수가 되어버렸다. (도시침몰)
⑥ 노파는 산으로 도망쳐서 무사했다고 한다.   (노파의 생존)

이 전승은 여행하는 서생이 예언하므로 「여승예언형」에 속하며, 문
지기가 장난삼아 닭 피를 칠해 놓았다고 되어 있어 「피칠하기형」에 속
한다. 그러나 문지기는 장난삼아 피를 칠한 것으로 되어 있을 뿐, 그가
악인인지 어떤지에 대해서는 아무런 언급이 없는 것도 특징이다. 여기
서 피를 칠하는 장소는 얼굴이나 눈이 아니고 「성문(城門)」으로 되어
있어 앞에서 서술한 『수신기』권13-8의 「성문의 피」에 가깝다. 이것과
유사한 전승이 제(齊)의 『術異記上』에도 보인다.

상기의 전승은 두 가지 모두 피를 칠하는 장소가 「성문」이며, 한국이
나 일본에 자주 보이는 코나 신상 얼굴이 아니지만, 다음의 전승은 아이
가 노파를 속이려고 거북이의 눈동자에 주홍색을 칠했다고 되어 있어,
눈에 구애되는 전승도 존재하고 있음을 알 수 있다.[16]

① 옛날 巢縣(安徽省)에 양자강(揚子江)의 제방이 무너져 강물이 흘러
든 적이 있었다. 드디어 물이 빠지고 마을은 원래의 모습으로 되돌
아왔는데, 물이 빠진 후, 구덩이 물속에 무게가 1만근 정도로 추측되

---

16) 竹田晃訳(1964) 『捜神記 東洋文庫10』平凡社

는 거대한 물고기가 있었고, 3일이 지났는데 죽어버렸다. 군민 모두
가 이 물고기를 먹었지만, 한 노파만은 먹으려고 하지 않았다.

(巢縣의 홍수와 노파의 용신신앙)

② 그러자 어디선가 노인이 나타나 노파를 향해, 「이 물고기는 나의
아들이었다. 운이 없어 이런 재난을 당했지만, 너만은 먹으려 하지
않았다. 너에게 충분히 답례를 하고 싶다. 잘 들어라. 만약에 도시의
동쪽 문에 있는 거북이 석상의 눈이 붉어지면, 이 도시는 반드시
침몰될 것이다」라고 말했다.　　　 (노인의 답례로서의 침몰 예언)

③ 노파는 그 이후, 매일 문 있는 데까지 가서 관찰을 했다.

(노파의 침몰 예언확인)

④ 마을의 어린아이가 노파의 모습을 보고 이상하게 생각하여 그 까닭
을 물으니, 노파는 숨기지 않고 사실을 이야기했다. 그러자 어린이
는 노파를 골탕 먹이려고, 거북이 눈동자에 붉은색을 칠해놓았다.

(어린아이의 장난삼은 붉은색 칠하기)

⑤ 노파는 그것을 보자마자 당황해서 마을에서 도망쳤는데, 거기에 푸
른 옷을 입은 어린아이가 나타나, 「나는 용의 자식이다」라고 고하
고, 노파의 손을 끌며 산에 올랐다.　　　 (용의 도움과 노파의 피난)

⑥ 드디어 마을은 함몰해서 호수가 되어버렸다.　　　 (마을침몰)

이 전승은, 「신·몽예언형」「붉은색 칠하기형」에 속하는 것으로, 이
「붉은색 칠하기형」은 일본의 「우류지마섬 전설」에 많이 나타나는 것으
로 그 관련이 주목된다. 또한 붉은 색을 칠하는 장소도 눈이다. 그러나
한 노인이 자신의 자식인 물고기를 먹지 않았다는 답례로서 침몰 예언
을 하는 것으로 되어 있는데, 이 요소를 중시하면 「여승예언형」에 가깝
다고 말할 수 있다. 아마 「신·몽예언형」으로부터 「여승예언형」으로
변화되어 가는 과도기적인 전승인 것이라고 생각된다. 또한 어린아이
가 노파를 골탕 먹이려고 붉은색을 칠하는데도 불구하고, 최종적으로

는 「마을이 침몰하고 호수가 되어버렸다」고 서술되어 있을 뿐, 어린아이에 대한 징벌은 내려지지 않는 것이 특징이다. 아마도 어린아이의 장난을 관대한 마음으로 용서하고자 하는 심리가 작용하고 있다고 말할 수 있을 것이다. 또한 노파의 피난을 돕는 사람으로서 푸른색 옷차림의 용의 자식이 등장하고 있는 것도 이 전승의 특징이라고 말할 수 있다. 이처럼 중국이나 한국의 전승은 다음에 다루는 일본의 침몰한 섬 「우류지마섬 전설」과 그 원류를 같이하고 있음은 틀림이 없을 것이다.

5 일본의 침몰한 섬 「우류지마섬 전설」

다음에는 일본의 침몰한 섬 「우류지마섬 전설」의 각 전승을 소개하고, 한국의 침몰 전설 「돌부처 눈 붉어지면 침몰하는 마을」과 비교를 시도하여, 각 전승의 특징과 전파자 등의 문제에 대해서 생각해 보기로 한다. 우선 침몰한 섬 「우류지마섬 전설」의 내용을 소개하면 다음과 같다.[17]

> Ⅰ 옛날 한 섬에는 수호신을 모시고 있는 에비스 신사가 있었는데, 섬에 거주하는 어민들의 신앙의 중심지였다.　　(섬의 에비스신사 신)
> Ⅱ 오래 전부터 이 신사의 신체인 에비스 신상의 얼굴이 붉어지면 드디어 이 섬이 멸망할 때라고 전해지고 있었다.　　(전언의 침몰 예언)
> Ⅲ 신앙심 깊은 섬사람들은 매일 에비스 신사에 가서 에비스 신상의 얼굴이 붉어져 있는지 여부를 확인했다.　　　　　　(침몰 예언 확인)

---

17) 市場直次郎(1931) 『豊後傳說集』鄕土史跡傳說研究會

Ⅳ 어느 날 혈기왕성한 젊은이가 나쁜 장난기를 일으키고, 에비스 신상의 얼굴을 붉게 칠해놓고 사람들을 놀래주려고 했다.

(젊은이의 장난삼은 붉은색 칠하기)

Ⅴ 그것을 본 섬 사람들은 깜짝 놀라 두려워하고, 옛부터의 전언을 믿는 사람들은 모두 가재도구를 모아 가족을 데리고 건너편 마을 방면으로 피난해서 살아남았다.　　　　　(신앙자의 피난과 생존)

Ⅵ 잠시 후에 천지에 큰 소리가 울려 퍼지며 큰 쓰나미가 몰려오고, 이 섬을 흔적도 없이 삼켜버리고, 하룻밤 사이에 상막한 해안이 되어버렸다.　　　　　　　　(섬 침몰과 악인 징벌)

Ⅶ 이 때 건너편 해안의 오기야마산이 무너져 내리고, 이것을 밀어 젖히면서 쓰루미산이 당당하게 그 모습을 드러냈다. 그 후 평온을 되찾고 나서 유실된 에비스 신사는 새롭게 오키노하마땅에 모셔지고, 또 섬에 있었던 이토쿠지 절도 오키노하마에 새로 건립되었다. 그리고 우류지마섬에서 표류해 도착한 소나무 한그루가 이토쿠지 절의 정원에 심어졌는데, 그 소나무가 지금도 절의 정원 일면을 덮을 정도로 명소나무가 되어 있다.　　　　　　　(절의 재건)

　이상은 처음부터 섬에는 에비스(蛭子) 신사가 존재하고, 그 곳은 섬 주민들의 신앙의 중심 역할을 해왔다고 주장하고 있으며, 섬 주민들은 모두 선량한 인간이란 것을 암시하고 있다. 또한 옛날부터 에비스 신상의 얼굴이 붉어지면 드디어 섬이 멸망할 때라고 전해지고 있는 점으로 보아 「전언예언형」에 속한다. 그러나 혈기왕성한 젊은이가 나쁜 장난기를 일으켜 신상을 붉게 칠해 섬이 침몰했다고 되어 있어 동물의 피를 직접 신상에 칠하는 전승과 취향이 다르며, 이 점에서 볼 때 위의 전승은 「붉은색 칠하기형」에 속한다. 또한 오이타현 벳부시에 현재도 존재하는 오기산(扇山)과 쓰루미산(鶴見山)의 지명 유래를 이야기하고 있는 점으로 보아, 오이타 지역의 전설로서의 특색을 보여주고 있다. 더욱이 새롭게 에비스 신사와 이토쿠지(威徳寺)의 재건 유래와, 원래 우류지마 섬에 있었던 소나무 한 그루가 표착해서 이토쿠지절의 정원에 심어졌다고 되어 있어, 절의 유서 깊음을 주장하고 있다.

지금까지 채록된 침몰한「우류지마섬 전설」의 제 전승을 소개하면 다음과 같다.

① 大分県「沈んだ島の話」(市場直次郎『郷土趣味雑話』、1932年11月 20日、金洋堂書店)

② 大分県「瓜生島」(市場直次郎『豊後伝説集』1931年、郷土史跡伝説 研究会、荒木博之編、宮地 武彦・山中耕作著『日本伝説大系』第13 巻、1987年3月所収)

③ 大分県別府市「沈んだ島」(土屋北彦『日本の民話49 大分の民話』未 来社、1972年8月)

④ 大分県別府市「海に沈んだ島」(梅木秀徳・辺見じゅん『日本の伝説 49 大分の伝説』、1980年8月)

⑤ 大分県「久光島の流没」(市場直次郎『郷土趣味雑話』、1932年11月20 日、金洋堂書店、荒木博之編、宮地武彦・山中耕作著『日本伝説大 系』第13巻 北九州編、1987年3月20日所収)

⑥ 大分県速見郡「島山と碇岩の由来」(大分県教育会『大分県郷土伝説 及民謡』、1931年6月、荒木 博之編、宮地武彦・山中耕作著『日本 伝説大系』第13巻 北九州編、1987年3月20日)

⑦ 大分県速見郡「瓜生島に絡まる伝説」(大分県教育会『大分県郷土伝 説及民謡』、1931年6月)

⑧ 大分県「瓜生島陥没伝説」(市場直次郎『郷土趣味雑話』、1932年11 月20日、金洋堂書店)荒木博之編、宮地武彦・山中耕作著『日本伝 説大系』第13巻、1987年3月所収)

⑨ 長崎県南松浦郡久賀島「高麗島伝説」(『五島民俗誌』、荒木博之編、 宮地武彦・山中耕作著『日本伝説大系』第13巻、1987年3月所収)

⑩ 長崎県下県郡美津島町「島の沈む日」(稲田浩二・小沢俊夫『日本昔話通観 第24巻 長崎・熊本・宮崎』、同朋社、1980年2月5日)

⑪ 徳島県「小松島市のお亀礒」(武田明『四国路の伝説』、昭和47年11月30日)

⑫ 新潟県西頸城郡名立町(小山直嗣『越佐の伝説』、野島出版、昭和51年5月)

⑬ 静岡県小笠郡大東町「地蔵の顔が赤くなる日」(稲田浩二・小沢俊夫『日本昔話通観 第13巻 岐阜・静岡・愛知』、同朋社、1980年11月10日)

⑭ 鹿児島県「薩州野間御崎明神」(『本朝故事因縁集』巻五、京都大学文学部国語学国文学研究室『京都大学蔵 大惣本稀書集成』第八巻、臨川書店、1995年9月 所収)

다음에서는 이상의 침몰한「우류지마섬 전설」을 모티프 구성에 따라 각 전승의 다른 점이나 특징에 대해서 검토해 보기로 하겠다.

Ⅰ 섬의 에비스 신사 신앙에 대해서 보면, 신앙의 대상이 되는 신사는 에비스 신사, 변재천사, 지장존 등으로 나타나는데, 그 곳은 지역 주민들의 신앙의 중심지가 되기도 하고, 신앙심 깊은 한 노파가 매일 참배하는 장소로 되어 있는 전승으로 유명하다. 그러나 ⑫의 전승은 처음부터 고로효베와 오나카라는 부부와 그 딸을 등장시켜, 부부는 악인, 딸은 선인으로서의 위치를 부여하고, 여승의 예언에 대하여도 딸만이 믿었다고 되어 있다. 이것은 한국의 전승 ① 등에 보이는 것으로, 처음부터 마을사람들을 악인으로서 규정하는 전승에 가깝다. ⑧의 오이타 벳부의 전승에서는 잇펜쇼닌(一遍上人)이라는 승려가 맹렬히 솟구쳐 오르는 온천의 분기구를 보고「지옥의 참상」을 생각하며 분기구를 경석으로 봉했다고 되어 있으며,「악인」의 모티프가「지옥의 참상」에 비유되어 있다고 할 수 있다. 또한 토지의 지명, 섬이나 산 등을 거론

하며, 최후의 Ⅶ과 관련되어 지명 등의 유래가 서술되고 있다.

Ⅱ 전언의 침몰예언에서는, 에비스 신상이나 불상의 얼굴이 붉어지면 마을 등이 침몰한다고 되어 있는 전승이 주류를 이루고 있다. 그러나 신상 등의 얼굴에 대해서는 언급하지 않고, 에비스 신사의 신장이 빨개지면 섬이 침몰한다고 하는 전승(③)이나, 변재천신의 신상에 빨간색 물감을 칠하는 것을 잊지 말라고 꿈속에서 아가씨 두 사람이 고하고 있으며, 그것에 의해서 마을이 침몰되는 전승(⑦)도 있어, 특히 얼굴에는 구애되지 않고 있다. 또한 ⑧의 전승에서는 잇펜쇼닌이란 승려가 자신이 새긴 불상의 코가 붉어지면 재난이 일어난다고 되어 있어 코에 구애되어 있는 점은, 한국의 전승에 있어서 「미륵의 코」에 구애되어 전승되는 침몰전설과 가까운 서술이다. 예언의 방식으로부터 보면, ① ② ③ ④ ⑤ ⑥의 전승은 「전언예언형」에 속하고 있고, 이런 형태는 특히 오이타의 전승에 나타나 있다. 또한 ⑦ ⑨ ⑩ ⑪ ⑬의 전승은 「신·몽예언형」에 속하는 것으로, 오이타 이외의 전승에 많이 보이고 있다. 그 밖의 ⑧ ⑫의 전승은 「여승예언형」에 속하는 것으로, 이 형태는 한국의 전승에 주로 보이며 일본의 전승에서는 우세하지 않다.

Ⅲ 침몰 예언 확인은, ② ⑥ ⑩ ⑪ ⑫의 전승에서만 보인다. 이것은 노파나 신의 예언을 믿고 있는 사람들의 신앙심을 재확인하는 것이기도 하지만, 한국의 전승보다 일본의 전승은 침몰 예언 확인이 조금 후퇴되어 나타나 있는 것이 특징이다.

Ⅳ 어린아이의 장난삼은 붉은색 칠하기는 신상 등에 붉은색 물감을 칠하는 것은 혈기 왕성한 젊은이, 젊은 남녀 커플, 섬 주민 중에서 마음이 불량한 사람, 젊은이, 청년들, 악인 등 여러 형태로 나타난다. ③ ④의 전승에서는 우류지마섬의 남서쪽 끝에 사는 료사이라고 하는 인물을

들고 있는데, 섬의 중심이 아닌 남서족 끝이라고 하는 변두리 지역을 말하면서 악인으로서의 료사이라는 인물을 강조한 것으로 보인다. 또한 신상 등을 물감으로 붉게 칠한 사람을 안마라고 하는 도래인으로 설정한 전승(②)도 있어, 안마라는 인물과 선량한 섬사람을 대비시켜, 섬 안을 성스러운 세계, 섬 밖을 때 묻은 세계로서 위치를 부여하고 있음을 알 수 있다. 이것은 오이타의 전승뿐만 아니라, 한국의 전승에서도 나타난다. 전술한 한국의 전승에서는 「피칠하기형」이 우세하지만, 위에서 본 것과 같이, 일본의 전승은 모두가 「붉은색 칠하기형」이 중심이 되어 있는 것이 특징이다. 또한 일본의 전승은, ⑦의 변재천신 신체에 직접 붉은색을 칠하는 전승 이외에는 모두가 얼굴에 붉은색을 칠하는 것으로 되어 있어, 얼굴에 구애받는 전승이 주류가 되어 있다. 이에 대하여 한국의 전승은 돌부처의 코에 피 칠하는 전승이 중심이 되어 있는데 이 차이는 앞으로 구명해야 할 중요한 과제다.

Ⅴ 신앙자의 피난과 생존은, 선량한 자가 피난을 해서 살아남았는지 죽었는지에 대해서는 구체적으로 언급되어 있지 않은 전승도 있지만, 선량하고 신앙 깊은 사람과 그 주변사람들이 피난해서 살아남았다는 것을 말하는 부분이다. 이것은 일본의 거의 모든 전승에 나타난다. 또한 피난의 수단으로서 ③ ⑨ ⑩ ⑪의 전승은 배를 타고 섬이나 마을을 떠나는 것으로 되어 있어, 노아의 방주와 같은 홍수시조 신화의 성격을 띠며, 한국에서도 선인이 배를 타고 피난을 하는 전승이 있어, 양자의 관련이 주목된다.

또 한 가지 일본 전승의 큰 특징이라고 할 수 있는 것이 마을이나 섬 침몰의 형태가 한국의 전승이나 세계의 홍수신화에서 보여지는 바와 같이 많은 비에 의한 홍수가 아니라 거대한 쓰나미나 대지진에 의한다는 점이다. ②③⑤⑧의 오이타의 우류지마섬 전설은 실제로 역사적 사실로서 발생한 게이쵸(慶長)원년(1596년)의 대지진이나 그것에 의한 해일, 오이타현에 있는 쓰루미산이나 유후산의 분화까지를 말하고 있어, 우류지마섬 전설의 역사적 사실화가 잘 진행된 전승이라 할 수 있다. 이처럼 일본의 우류지마섬 전설에서는 한국이나 중국, 그리고 세계의 홍수신화의 핵심요소라고도 말할 수 있는 많은 비에 의한 홍수 모티브가 완전히 종적을 감추고, 대지진에 의한 거대한 쓰나미로 이야기가 변모되어 전승되고 있어, 중국·한국과 시원은 같이하면서도, 지진대국인 일본의 전승으로서의 특색이 잘 보유되어 있다고 말할 수 있다.

Ⅵ 섬 침몰과 악인징벌에서는, 거대 쓰나미가 섬을 덮쳐 섬이 침몰하고, 그 때 악인들이 모두 바다에 빠져 죽어버렸다는 것을 이야기한다. ③의 전승에서는 섬의 침몰에 의한 생존자가 불과 7명에 미치지 않고, 행방불명자는 전부 셀 수가 없을 정도이며, 익사자가 700여명이라고 구체적인 숫자까지 들면서 전승되고 있어, 전설적 특색을 보유한다. ④의 전승은 성격이 급한 사람들이 오이타와 히지마치군까지 피난했다고 되어 있고, 악인인 료사이라는 인물은 바다에 침몰해 죽어버렸지만, 단지 에비스 신사 가까이 살고 있었던 신앙심 깊은 노인과 노파만이 가니쿠라산으로 떠올려져 살아남을 수가 있었다며 에비스신을 믿은 사람에 대한 은총이 강하게 주장되고 있다.

Ⅶ 절의 재건은, 모든 전승에 보여지는 것이 아니지만, ①②④는 우류지마섬에 있었던 이토쿠지(威德寺)를 오이타 세가라는 땅에 재건해서 부흥시켰다고 서술된다. ④의 전승에서는 우류지마섬의 이토쿠지의 제6대 주지인 슈안(周安)의 꿈속에 한 스님이 나타나 호토케자키(仏崎) 해안에 본존인 아미다 여래상과 절의 문서가 표류해 도착되어 있다

는 계시가 있어, 그것을 맞이하여 현재의 이토쿠지에 모셔놓았다고 적혀 있다. 더욱이 벳부만의 어딘가에 침몰해버린 섬과 함께 1000채의 집들도 동시에 잠겨 있다고 하여, 과거에 실제로 존재한 섬으로서 전해지고 있다. ②의 전승은 이토쿠지의 주지스님인 우류 다키에(瓜生多喜枝)가 구술한 이야기로, 이 전설의 성립에 오키노시마(沖の島)지역에 거주했던 우류와 이토쿠지가 깊이 관련된 흔적을 엿볼 수 있다. ⑦의 전승에서는 섬에 덮친 거대 쓰나미에 의해 섬이 침몰해 젊은 남녀가 해저에 빠져서 죽고, 그들의 이루어질 수 없었던 사랑과 죽음을 애석히 여긴 어부들이 가구라(神樂)라는 굿을 봉납해서 공양하기 시작했다고 하며, 제사의 유래를 전한다. ⑨의 고려섬 전설은 미야타(宮田)지역에서 반출한 제신을 섬겼다고 되어 있으며, 현재도 고려수(高麗水)를 마시고 있다는 것과 자손들이 고려자기 찻잔을 비장하고 있다고도 말해지는데, 이것으로 보아 위의 전승은 전설로서의 특징이 강하게 나타나고 있다고 할 수 있으며, 또한 시조신화로서의 성격도 강하게 보존되어 있다고 볼 수 있다.

〈사진 2〉 침몰한 섬 「우류지마섬 전설」에 등장하는 이토쿠지
(威德寺)

6 침몰한 섬 「우류지마섬 전설」의 전승 양상

이상과 같이 일본의 침몰한 섬 「우류지마섬 전설」도 한국의 전승과 같이, ① 「여승예언형」 ② 「전언예언형」 ③ 「신·몽예언형」의 세 가지 형태로 분류할 수 있었다. 다음에서는 일본의 침몰한 섬 「우류지마섬 전설」을 소개하면서 그 전승 양상에 대해서 구체적으로 논해보기로 한다. 우선 「전언예언형」에 속하는 오이타현의 「우류지마섬 전설」을 소개하도록 하겠다.

지금의 오이타항 밖에는 옛날에 우류지마섬이라고 하는 섬이 한적하게 떠 있었고, 오키노하마라고 하는 군과 몇 개의 어촌이 존재했다. 그 섬에는 에비스사라는 신사가 있었다. 섬의 주민들 사이에는 에비스 신상의 얼굴이 붉어지면 섬이 바다로 침몰한다고 전해내려 오고 있었다. 그리고 섬의 주민들은 조석으로 에비스 신사를 참배해서 무사하기를 빌었다. 그런데 게이쵸 원년 7월 어느 날, 한 도민이 신상의 얼굴이 붉게 물들어 있는 것을 보고, 크게 놀라며, 곧바로 마을마다 고하면서 떠들었다. 어떤 사람은 배를 타고 본토로 피난가려 하고, 어떤 사람은 예언을 믿지 않고 그대로 섬에 머물려고 했다. 그 때 섬에 사는 신사(다른 전승에서는 도래인인 료사이)라는 사람이 섬사람 모두가 떠들썩하는 것을 보고, 못마땅하게 생각하고 「신상의 얼굴이 붉어진 것은 내가 붉은 색을 칠했기 때문이다」고 말했다. 섬사람들은 반신반의하면서 각각 거취를 어떻게 할까 망설이고 있자, 이윽고 바다가 으르렁대면서 일단 항구의 해수가 완전히 빠져버리더니, 이번에는 바다 울음소리가 들리면서 산 같은 거대 파도가 몰려와 섬을 단숨에 삼켜버렸고, 하룻밤 사이에 섬은 완전히 해중에 가라앉아버렸다. 현재의 하마마치의 에비스 신사와 이토쿠지라는 절은 원래 섬에 있었던 것인데 침몰한 후 옮겨서 다시 재건한 것이라고 한다.

〈사진 3〉 침몰한 섬 「우류지마섬 전설」의 전승지 「에비스 신사 (惠美須神社)」

우류지마섬이 실재한 섬인지 아닌지가 문제가 되는데, 위에서 국제 무역항으로서 실제로 존재했다고 하는 오이타시의 오키노하마(沖の浜)는 우류지마섬 안에 있었다고 전해지며, 반대로 말하면 우류지마섬은 오키노하마라고 말할 수 있다. 위의 전설에 의하면 우류지마섬에는 에비스 신사가 있고, 섬 주민들의 전래 이야기로서 에비스 신상의 얼굴이 붉어지면 섬이 바다로 침몰한다고 되어 있다. 때문에 섬의 주민들은 조석으로 참배를 하고 섬이 무사하기를 빌었다고 되어 있으나 다른 전승에 보이는 한 노파가 전래 이야기를 굳게 믿고 매일 확인하러 가는 장면은 보이지 않는다. 또한 에비스 신을 믿지 않은 사람들과 악인들이 징벌을 받았는지, 안 받았는지에 관한 언급도 없다. 단지 섬 주민 사이에 예부터 전해 내려오는 이야기로서 신상의 얼굴이 붉어지면 섬이 물결 사이로 가라앉게 된다고 되어 있어, 이것은 전술한 「전언예언형」에 속하는 것이다. 「섬 주민들 사이에는 배를 타고 도망치려고 하는 사람도 있었다」고 되어 있는 부분은 위에서 말한 ⑥의 전승이나 한국의 ④⑧의 전승에 유사하며, 홍수신화로서의 성격을 보유하고 있다. 또한 피를

칠하는 것이 아니고 붉은색을 칠했다고 되어 있어, 이것은 전술한 「붉은색 칠하기형」에 속하는 것이다. 더욱이 「게이쵸 원년 7월의 어느 날, 한 섬 주민이 신상의 얼굴이 붉게 물들어 있는 것을 보고」에서 알 수 있는 바와 같이, 섬이 침몰한 해를 「게이쵸 원년 7월 어느 날」이라고 기술하고 있는 점에서 「우류지마섬 전설」을 실제로 있었던 역사적 사실로서 인식하고 있음을 알 수 있다. 기록에 의하면 실제로 게이쵸 원년(1596년) 7월 12일 진도 6.9로 추정되는 지진에 의한 쓰나미가 일어나 오이타시, 벳부시에서는 4~5미터의 쓰나미가 몰려왔다고 한다.[18] 이 사실에 대해 이와세 히로시(岩瀬博)는, 겐로쿠 12년(1697년) 성립의 『호후키분(豊府紀聞)』에 게이쵸 원년에 발생한 우류지마섬 침몰 전설에 대해 언급하고 나서, 안세이 4년(1857년)에 완성된 『호요코지담(豊陽古事談)』에 우류지마섬과 히사미쓰지마섬이 그려진 지도가 부재되면서, 우류지마섬이 실제로 존재한 섬으로 믿어지기 시작했다고 논하고 있다. 전술한 바와 같이 우류지마섬 전설은 이토쿠지의 주지스님인 우류타키에(瓜生多喜枝)도 전수하고 있어, 우류지마섬 전설의 성립에는 오키노하마에 거주했던 우류와 이토쿠지가 깊이 관련된 것을 알 수 있다. 그러면 「오키노하마」는 왜 「우류지마섬」으로 변모되어 전해진 것일까? 기록에 의하면 게이쵸 원년의 지진에 의해 오키노하마는 큰 피해와 다수의 사상자가 나왔다고 전해지며, 이들 사망자의 진혼에는 이토쿠지의 주지스님인 우류가 깊이 관련된 것이라 생각한다. 다시 말해 이미 국제 무역항이었던 오키노하마의 해상 루트를 통해서 전승되고 있었던 「우류지마섬 전설」을 우류의 시조신화로서 받아들여, 큰 피해와 많은 사망

---

18) 羽島德太郎(1985)「別府湾海岸における慶長元年豊後地震の津波調査」『地震研究所彙報』第60巻

자를 낸 침몰 이야기와 결부되어「오키노하마」는 침몰해버린「우류지마섬」으로 바뀌어 새로운「우류지마섬 신화」가 탄생한다. 이 신화가 이토쿠지의 주지스님 우류에 의해 설교되던 중에「우류지마섬 신화」는 민간으로도 전해지고 그것이 과장되어 전해지면서 현재와 같은「우류지마섬 전설」이 형성되었다고 본다.

이상의「전언예언형」의 우류지마섬 전설은 오이타현 하야미군(速見郡)에도「시마야마(島山)와 이카리이와(碇岩)의 유래」[19]로서 전승되고 있다.

현재의 시마야마와 이카리이와 사이는 수십정 떨어져 있는데 옛날에는 큰 파도 작은 파도가 넘실거리고, 마을의 어린이들이 한여름에는 작은 파도를 타며 장난치면서 놀고 있었고, 둘 사이는 하나로 붙어 있는 육지였고 아마노하시다테라는 명소에도 뒤지지 않을 정도로 장관을 이루고 있었다. 이곳은 갑에 둘러싸인 하나의 커다란 항구가 형성되어 외국선박도 가끔 입항했다고 한다. 또한 이 곳 시마야마에는 몇 천년 정도 지난 커다란 녹나무가 있었고 이카리야마 일대를 덮고 있었는데, 대영웅인 도요토미 히데요시가 조선 정벌의 대군을 일으키자마자 군용 선박 재료로서 이 녹나무를 벌채했다고 한다. 언제인지는 불분명하지만, 시마야마의 한 끝에 변재천신을 모시고 있는 신사가 있고, 그 안에는 높이가 한 칸 정도 되는 돌 신상이 서 있으며, 주변 사람들 사이에 그 신상의 얼굴이 붉게 변하면 천재지변이 일어나고 사람들도 위험하다고 전해내려 왔다. 마을 사람들은 이 돌의 신상을 두려운 마음으로 바라보며 별 변함이 없으면 우선은 안심하면서 하루 하루를 보낼 수 있었다고 한다.

여기에 무뢰한 한 청년이 항상 마을사람들의 미신적 행위를 비웃고 있었는데, 어느 날 시마야마의 변재천신에게 무슨 일이 있었는지, 안면이

---

19) 大分県教育会(1931)『大分県郷土伝説及民謡』

새빨갛게 변한 것을 마을사람들이 발견하고, 「변재천신의 얼굴이 새빨갛다!」「조만간 천지가 뒤집히는 거대지진이나 대홍수가 일어나 우리들의 목숨이 위험할 정도로 큰 사건이 일어난다!」고 하며, 마을사람들은 두려움 속에 일도 손에 잡히지 않고, 가재도구를 정리해서 피난하는 사람이 수를 헤아릴 수 없을 정도로 많았고, 앞으로 2, 3일이 경과하면 도요오카 사람들의 그림자조차 못 볼 것이라고 생각할 정도였다. 이 때 그 무뢰한 청년이 나타나, 「변재천신의 얼굴이 붉어졌다고 두려워할 필요가 있는가? 무슨 색이든, 적이든 청이든 황이든, 내가 좋아하는 색이 되게 할 수 있다」고 말하며 비웃고 있었다. 마을사람들이 그 청년의 무모함에 놀라고 있자, 청년은 상쾌한 듯이 바라보며, 「변재천신의 얼굴이 새빨개진 것은 내가 적색을 칠했기 때문이다. 미신에 현혹되는 사람은 바보 이외에는 아무도 없다. 내가 마을사람들의 미신을 깨우쳐 줄 마음에서 색을 칠한 것이다. 아무 것도 두려워할 필요가 없다」고 말하며 거드름을 피우고 있었다. 그 때였다. 지금까지 아무 일이 없었던 이 시마야마에 천지가 부서질 정도의 거대지진이 일어나고, 사람들은 「아」라는 소리와 함께 대지에 굴러다녔다. 잠시 후 지진이 그쳐서 조심스레 일어서는 그 순간, 이번이야말로 천지가 부서질 정도의 일대 음향과 함께 유후산 일각으로부터 검은 연기가 피어오르며 일대폭발을 시작했다. 마을사람들이 간신히 도망쳐 가는 모습을 보니 실로 눈도 지명당하지 않을 정도의 참상이었다. 그러나 얼마 있자 그 분화도 그치고, 마을사람들은 두려워하며 이 마을에 돌아와 보니 어느 사이에 시마야마는 길게 해상으로 솟구쳐 있었고, 천하의 절경이었던 시마야마는 끝부분이 가라앉고, 현존 부분만을 남겼다. 또한 그 무뢰한 청년도 이 세상에서 두 번 다시 볼 수 없게 되었다. 그 후에 가끔 일어난 지진에도 이 시마야마는 조금도 그 모습이 바뀌는 일이 없었고, 우리들이 사는 도요오카의 경승지로서 하계 저녁놀의 신선한 사람의 향기를 보여주고 있다.

위의 내용을 정리하자면, 현재의 이와야마와 이카리이와는 옛날에는 서로 연결되어 있었고, 그곳의 이와야마에 위치한 변재천신사에는 높이가 한 칸이 되는 신의 석상이 있었다. 그 석상의 얼굴이 붉어지면 천재지변이 일어난다고 전래되고 있었고, 마을사람들은 매일 그 석상이 괜찮은지 들여다보고 있었다. 그런데 어느 날 변재천신의 안색이 새빨개져 있어서 놀란 도요오카(豊岡) 주민들이 당황해서 모두 피난했다. 그런데 마을의 무뢰한 젊은이가 「변재천신의 얼굴이 빨개진 것은 내가 색을 칠했기 때문이다」라고 말하고 주민들을 비웃고 있었다. 그러자 그 순간, 거대 지진이 일어나면서 유후산(由布岳)도 폭발했다. 이 지진으로 이와야마의 끝 쪽이 바다 속으로 가라앉아 버렸다. 현재의 이카리이와는 바다 속에 가라앉은 시마야마의 끝부분에 해당한다고 한다.

「신상의 얼굴이 붉게 변하면 천재지변이 일어나고 사람들도 위험하다고 전해내려 왔다」고 하는 기술을 보면, 전설의 형태로는 「전언예언형」에 속한다. 또한 「현재의 이와야마와 이카리이와는 서로 관련되어 있었다」고 하는 것은 전술한 한국의 ⑩～⑭ 전승에 가깝다. 그리고 「이때의 지진에 의해 유후산이 폭발했다」고 되어 있어 오이타지역 전설로서의 특색을 보여주고 있으며, 침몰한 전설이 구체적으로 오이타지역의 지명과 결부되어 전해지고 있는 것이 흥미롭다.

위의 「전언예언형」에 대해, 야나기타 구니오가 소개한 나가사키현(長崎県) 미나미마쓰우라군(南松浦郡)에 전해지는 「고려섬 전설」은 섬의 제신이 신앙심 독실한 주민의 꿈자리에 나타나 직접 예언하고 있다는 점이 흥미롭다.

옛날 와라비라고 하는 곳에서 북쪽으로 해상 15리 지점에 고려섬이라는 작은 섬이 있었다. 그 곳의 주민 중에 신앙이 매우 두터운 사람이 있었는데, 어느 날 밤 그 섬의 제신이 그 사람의 꿈속에 나타나 「나의 안색이 바뀌었을 때는 이 섬에 일대이변이 일어나므로 조심해야 하고 이 섬을 떠나라」고 전했다. 그래서 그 사람이 이 사실을 다른 사람에게 전하자 같은 섬사람 중의 마음이 안 좋은 사람이 이를 비웃으며, 장난삼아 어느 날 살그머니 그 제신의 얼굴을 빨갛게 칠해놓았다. 주민들은 이를 보고 크게 놀라 배를 준비해 섬을 도망쳐 나왔는데, 섬을 떠난지 얼마 안 되어 홀연히 섬이 바다 속으로 가라앉아 버렸다. 도망쳐 나온 사람은 지금의 와라비 근처의 오노하마항에 도착하여 품에 안고 온 제신을 지금의 미야 타라고 하는 곳에 모시고, 그 땅 근방에 거주했다. 그 당시 음용한 물이 지금도 고려수라고 하여 고도마리 주민이 음용하고 있다. 제신을 모신 미야타에는 이전에는 부인들의 출입을 금하고 있었다. 이 후 주민들이 이곳 토지에 불편을 느껴 와라비 방면으로 옮겨 살고, 그 자손이 주로 같은 지역의 우에노마치라고 하는 곳에 살았다. 그 자손의 한사람이라고 전해지는 우에무라씨 집에는 당시의 고려자기 차잔를 비장하고 있다고 전한다. 제신은 그 후 미야타에서 현재의 와라비 지역의 대사당 측으로 옮겼다. 높이 3척 정도 되는 석불이 지금도 현존하고 있다. 고려섬이 있었다고 하는 곳은 「고라이조네」라고 불리어지고 있고, 지금도 가구류 (도자기 등)이 바다에서 걸려 올라온다고 한다.

상기는 섬의 제신이 신앙심 독실한 섬 주민의 꿈속에 나타나 예언하고 있으므로 「신·몽예언형」에 속한다. 선행 연구에서는 왜 이 전설이 「고려섬」, 「고려수」, 「고려자기」 등에 관련되어 서술되고 있는지에 대한 언급이 없다. 야나기타 구니오는 이 고려섬 전설의 전승자로서, 「그런 존재하지 않는 고려섬 이야기 등을 등에 지고 다니며 사람들을 재미삼아 현혹시킨」 인물, 즉 「고려섬 전설」의 전파자로서 해상을 왕래한 규슈지방의 맹인승을 상정하고 있지만, 왜 고대 한반도에 존재한 「고려」라고 하는 나라의 이야기로서 전승되고 있는지 대한 근거는 제시하지 않고 있다.

고려섬 전설의 전승지인 고토 열도는 도요토미 히데요시군이 조선으로 향하는 출병지인 곳이다. 1592년과 1598년에 도요토미 히데요시에 의해 일어난 「임진왜란」은 일본 도자기 역사에서 큰 발전을 이룩하는 계기가 된다. 조선에서 물러나면서 몇 백 명에 이르는 도공과 장인을 일본으로 데리고 왔다. 필자는 이 고려섬 전설은 아마, 나중에 소개하는 헤이안 시대 말기 경(12세기)에 성립한 『곤쟈쿠모노가타리(今昔物語)』 제10권에 나오는 「嫗毎日見卒堵婆付血語第差十六」 설화와는 계통이 다르며, 도요토미 히데요시군이 임진왜란 때, 조선 도공집단이나 그들과 관계되는 민간 종교자들을 일본으로 데려오면서 그들이 가지고 들어온 전설이라고 생각한다. 고토 열도는 이러한 대륙과의 교류의 거점인 섬이었다.

전술한 바와 같이 일본 전승의 대부분은 얼굴에 붉은색을 칠하는 것이 주가 되며 얼굴에 구애되어 전승되고 있는 것이 주류이다. 이에 대해 한국의 전승은 미륵의 코에 피칠하는 전승이 중심이 되고 있다. 그러나 다음에 소개하는 오이타현의 「우류지마섬 침몰 전설」에는 한국의 전승을 생각하게 하는 코에 구애되는 전승이 전해지고 있다.

　　벳부 교외의 해안에 쇼닌가하나(성인의 코)라고 하는 장소가 있는데, 이곳은 잇펜쇼닌이란 승려가 분고지역에 상륙한 땅이라고도 전해지는데, 잇펜쇼닌이 제국을 순례할 때 이 지방에 들러, 한 때 암자에 들어가 머물던 곳이다. 그 당시 대단히 기세가 맹렬했던 벳부 교외의 지옥(온천 분기공)의 참상을 눈으로 보고, 경석으로 메우는 등의 공이 있었다. (현재의 벳부시 간나와 온천 일대는 그 흔적이라고 전한다). 그 후 스님은 임종이 다가온 것을 알고, 하루는 주민을 모아 「나의 입적이 이미 다가왔다. 그러나 나의 영령은 항상 이 땅에 있으며 수호할 것이다. 앞으로 이 땅에 재난이 올 때에는 이 해안에 내가 새긴 불상의 코가 붉어질 것이므로, 그 때에는 서둘러 안전한 땅으로 도망가도록 하라」고 유언을 말해 남기고 입적을 하셨다. 그 후 몇 백년이 지나, 게이쵸 원년의 우류지마섬 침몰의 큰 재해 때에는 스님의 유언대로 석불의 코가 붉어졌다고 한다.

위의 전설은 잇펜쇼닌이란 고승의 간나와(鉄輪) 온천 개척의 공적을 이야기하는 것인데, 잇펜쇼닌의 상륙지로 전해지는 쇼닌가하마항(上人ヶ浜港)은 현재의 벳부시 쇼닌가하마 공원의 북쪽 일대를 가리키며, 옛날에는 쇼닌가하나(성인의 코)라고 불렀다. 침몰한 섬 「우류지마섬 전설」이 잇펜쇼닌이라는 고승의 간나와 온천 개척이야기와 상륙지인 쇼닌가하나(성인의 코)와 관련되어서 전승되고 있는 것은 흥미롭다. 앞에서 다룬 「우류지마섬 전설」에서는 에비스 상이나 불상의 얼굴이 붉어지면 마을 등이 침몰한다고 하는 전승이 주류를 이루고 있는 것에 비해, 여기에서는 「성인의 코」나 「불상의 코가 붉어지면 재난이 일어난다」고 되어 있어, 코에 구애되어 전승되고 있는 점이 한국의 전승과 지극히 유사하다. 또한 이 전설은 한국의 전승에서 자주 보이는 행각승이 직접 예언을 하는 「여승예언형」에 속하며, 한국의 전승과 관련지어 생각할 경우, 잇펜쇼닌 승려의 간나와 온천 개척의 공적을 이야기하는 전승은 매우 중요한 자료적 가치가 있다고 생각된다.

일본에서는 이처럼 행각승이 직접 예언을 하는 전승이 아주 진귀하다고 말할 수 있는데, 이와 같은 형태는 다음에서 소개하는 니가타현(新潟県) 니시쿠비키군(西頚城郡) 전승[20]에도 보여진다.

---

20) 小山直嗣(1976) 『越佐の伝説』野島出版

옛날 나다치라는 곳에 고로효베, 오나카라고 하는 어부 부부가 살고 있었다. 17, 8세 된 딸이 있었는데 이름을 오이마라고 했다. 마을사람들이 「요즈음 어째서 하늘이 어두운 것일까」「약 반달 전부터 바다가 붉게 보이는데, 좀 이상하다」고 이야기하고 있었는데, 그 때 여행하는 노승이 지나가면서, 「옛날, 하늘이 검게 변하고 바다가 새빨개지며 대지가 무너지고, 순식간에 집도 사람도 흙 밑에 매장된 적이 있었다」고 말했다. 고로효베는 믿지 않았지만, 오이마라는 사람은, 「아마 저 분은 훌륭한 스님으로 우리들을 재난으로부터 구하려고 들르신 것이 아닐까? 고마운 일이다」라고 하면서 행각승에게 합장을 했다. 그런데 그날 밤 꽝하는 소리와 함께 뒷산이 두 동강이 나서 무너져 버리고, 부락은 바다로 떠내려갔다. 일순 집도 사람도 풀도 나무도 배도 전부 매몰되었는데, 오이마라는 사람만 행각승의 예언을 믿고 피난해서 무사했다고 한다.

이것은 여행하는 노승이 예언하므로 「여승예언형」에 속한다. 노승이 등장하는 것은 앞에서 말한 벳부시의 잇펜쇼닌 전승이나 한국의 전승에 가까운 것이다. 그러나 여행 중인 노승이 우연히 지나치면서 「옛날, 하늘이 검게 변하고 바다가 새빨개지며 대지가 무너지고, 순식간에 집도 사람도 흙 밑에 매몰된 적이 있었다」고 말하는 것은 다른 전승에 보이는 「얼굴이 붉어지면 섬이 가라 앉는다」는 예언과는 조금 그 취향이 다르다. 다시 말하자면 위에서는 「부처님」이라든가 「에비스신」과 같은 대상물이 이야기되지 않고 있는 것이 특징이다. 행각승을 보고 합장을 하면서 그 예언을 절대적으로 믿으려고 하는 대목은 한국의 전승에 지극히 가깝다. 또한 「그날 밤 꽝 하는 소리와 함께 뒷산이 두 동강이가 나서 무너져 버리고, 부락은 바다로 떠내려갔다」고 되어 있어, 다른 일본의 전승에 많이 보이는 「쓰나미에 의한 섬 침몰」을 말하지 않고, 땅의 갈라짐에 의해 마을이 바다로 떠내려갔다고 이야기하는 점은 이

전설의 특색이라 말할 수 있다. 이것은 아마도 대지진이나 큰비에 의해 땅이 갈라진 것으로 생각된다.

〈사진 4〉잇펜쇼닌의 상륙지라고 전해지는 쇼닌가하마항(왼쪽)과 현재의 간나와 온천일대(오른쪽)

『우지슈이모노가타리(宇治拾遺物語)』의 침몰 전설과「우류지마섬 전설」

헤이안시대 말경(12세기)에 성립한『곤쟈쿠모노가타리(今昔物語)』제10권21)에는 침몰한 섬「우류지마섬 전설」과 거의 같은 이야기가 실려 있는데, 여기에서는 13세기(1213－1221)경에 성립한『우지슈이모노가타리(宇治拾遺物語)』22)를 다루기로 한다.

① 옛날 당나라에 큰 산이 있었는데, 산의 정상에는 큰 불사리탑이 세워져 있었다. 그 곳의 기슭 마을에는 나이가 80세 쯤 되는 노파가

---

21) 小峯和明校注(1999)『今昔物語(二)』『新日本古典文学大系』31, 岩波書店
22) 三木紀人他校注(1990)『宇治拾遺物語・古今説話集』『新日本古典文学大系』34, 岩波書店

살고 있었는데, 하루에 한번, 그 산의 봉우리에 있는 불사리탑을 반
드시 보러 갔다.　　　　　　　　　　　 (노파의 불사리탑 참배)

② 그 마을에 사는 젊은 남자들이 노파의 행동을 기묘히 여기며 묻자,
선조로부터 전래되는 말로서 「이곳 불사리탑에 피가 묻어 있을 때
에는 이 산이 무너지고, 깊은 바다가 될 것이다. 그것을 확인하기
위해서 매일 보러 가는 것이다」라고 말했다.　　 (전언의 침몰 예언)

③ 이것을 들은 남자아이들은 노파가 바보스럽다고 비웃으며, 피를 내
서 돌사리탑에 발라놓고 마을로 돌아갔다. 그리고 마을의 사람들도
이 사실을 전해 듣고, 노파의 행동을 서로 비웃고 있었다.

　　　　　　　　　　　 (젊은아이들의 장난삼은 피칠하기)

④ 다음 날 노파가 봉우리에 올라가 보니 불사리탑에 피가 많이 묻어
있었고, 노파는 마을 사람들에게 이 사실을 알리면서 집에 돌아가
아이와 손자들과 함께 가재도구를 가지고 매우 당황한 모습으로 마
을에서 도망쳐 피난했다.　　　　　　　　　　 (노파의 피난)

⑤ 노파의 행동을 보고, 피를 바른 남자아이들은 손뼉을 치면서 비웃고
있었는데 그 사이에 눈앞의 산이 갑작스럽게 흔들리기 시작하며 산
이 무너져 버렸다. 노파만이 아이와 손자를 데리고 빨리 피난했기
때문에 무사할 수 있었다. 이렇게 해서 산은 모두 무너져 깊은 바다
가 되고, 노파를 비웃었던 사람들도 모두 죽어버렸다.

　　　　　　　　　　　　　　　 (마을침몰과 악인징벌)

　위의 『우지슈이모노가타리』에는 죽은 사람들을 공양하기 위한 불사
리탑이 등장하는 것이 특징이며, 선조의 말을 굳게 믿으며 그에 대한
공양을 역설하고 있다고 볼 수 있다. 『우지슈이모노가타리』와 「우류지
마섬 전설」의 모티프 구성을 대조해서 나타내면 다음과 같다.

우지슈이모노가타리(宇治拾遺物語)	우류지마섬 전설
노파의 불사리탑 참배	섬사람의 에비스신사 신앙
전언의 침몰 예언	전언의 침몰 예언
젊은아이들의 장난삼은 피칠하기	젊은이의 장난삼은 붉은색 칠하기
노파의 피난	신앙자의 피난
마을침몰과 악인징벌	섬 침몰과 악인징벌

이처럼 양자는 거의 같은 모티프로 구성되어 있음을 알 수 있는데, 『우지슈이모노가타리』는 한국의 전승과 같이 행각승이 직접 방문해 와서 침몰 예언을 하는 것이 아니고, 선조로부터 전래되는 이야기로 하기 때문에 「전언예언형」에 속한다. 또한『우지슈이모노가타리』는 선조로부터의 전언을 굳게 믿고, 사망자 공양을 위한 불사리탑 순례를 착실하게 실행하는 노파를 등장시켜, 그것을 믿지 않는 마을의 젊은이 등은 징벌되고, 선량한 노파만이 살아남는 것으로 되어 있어, 씨족의 시조전승으로서의 흔적을 남기고 있다. 또한 노파가 매일 확인하러 가는 대상이 신불의 신상이 아니고 불사리탑이며, 다른 전승에 보이는 피를 칠하는 곳인 얼굴, 귀, 코 등도 등장하지 않는다. 그리고 민간전승의 「우류지마섬 전설」에서는 신상 등에 붉은 색을 칠하는 것이 중심이 되고 있는데, 문헌의『우지슈이모노가타리』에서는 한국이나 중국에 많이 보이는 피칠하는 전승이 주류를 이루고 있다. 이 점에서 볼 때 전설보다 문헌 쪽이 원형을 보존하고 있다고 말할 수 있다. 필자는 침몰한 섬 「우류지마섬 전설」은 헤이안 말경(12세기)에 성립한『곤쟈쿠모노가타리』제10권에 실려 있는 설화와 그 계통이 다르며, 아마 해상을 통한 조선 도공집단 등에 의해 전해진 전승이라고 생각한다.

8 맺음말

　지금까지의 연구사에서 동아시아의 침몰한 섬 전설을 유형으로서 분류하고, 그 중에서 어느 것이 일본의 「우류지마섬 전설」과 관련이 있는지에 대해 구체적으로 언급한 논고는 없었다. 지금까지 고찰한 바와 같이 일본 오이타현의 「우류지마섬 전설」은 중국, 한국 등 동아시아에 보이는 「전언예언형」에 속하는 것으로 밝혀졌다. 본고에서 논한 것을 정리하면 다음과 같다.

　(1) 우선, 한국의 홍수신화는 형제결혼이라는 근친상간이 핵심요소라고 말할 수 있는데, 홍수가 일어나는 것은 인류의 악에 의한 것인지 아닌지, 그 홍수의 이유와 원인이 확실하게 설명되어 있지 않은 것이 특징이며, 그 홍수신화는 시조신화나 창세신화로서의 성격을 띠고 있었다. 이에 대해서 침몰한 섬 「우류지마섬 전설」에서는 침몰의 원인이 옛날부터 구전이나 신불의 예언을 믿지 않는 악당에 있다는 점에서 홍수신화와 크게 다른 점이다. 한국의 침몰한 섬 전설은 실제로 성서의 「노아의 망주」와 같은 홍수설화로서 전해지며, 우류지마섬 전설에서도 마지막이 시조신화로서의 성격을 갖고 있는 전승도 존재했다. 이러한 점에서 한국과 일본의 침몰한 섬 전설은 홍수시조신화의 하나로 생각할 수 있다.

　(2) 일본의 침몰한 섬 「우류시마섬 전설」과 한국의 「돌부처 눈 붉어지면 침몰하는 마을」의 유형은 신상의 얼굴이나 돌부처 코에 칠하는 물질이 동물의 피인지, 붉은색 그림물감인지에 따라 「피칠하기형」과 「붉은색(그림물감) 칠하기형」으로 분류할 수 있었다. 이 중에서 「붉은

색(그림물감) 칠하기형」은 일본의 침몰한 섬 전설에 많이 보이며, 미륵의 코에 피를 칠하는 「피칠하기형」은 한국 전승의 다수를 차지하고 있다. 일본에서 「피칠하기형」은 헤이안 말경(12세기)의 『곤쟈쿠모노가타리』나 13세기(1213-1221)경의 『우지슈이모노가타리』에 보이며, 중국의 경우 「搜神記」 등에 나타나므로, 「붉은색(그림물감) 칠하기형」보다 「피칠하기형」쪽이 본래의 고형을 간직하고 있다고 말할 수 있다.

(3) 일본의 전승은 얼굴에 붉은색을 칠하는 전승이 주류인데 비해, 한국의 전승은 미륵의 코에 피를 칠하는 전승이 중심이 되고 있는데, 이러한 차이는 앞으로 밝혀내야 할 중요한 과제이다. 코는 숨이 출입하는 중요한 부위이며, 특히 한국의 민간신앙에서는 돌미륵의 코를 가루로 만들어 마시면 소원이 이루어진다고 여겨졌으며, 기자의 대상이기도 하고, 이러한 신앙은 한국 전국지역에 널리 분포되어 있다. 또한 무당이 구송하는 민간신화인 「본풀이」에서 미륵신은 금은의 접시를 손에 들어 하늘에 기원하여 남녀를 창조하는 창세신으로서 등장하고 있고, 여기에서 미륵은 신이며, 인간의 의사를 천신에게 알리는 샤먼적 존재이기도 하다. 일본에서 코에 구애받는 전승은 거의 볼 수 없는데, 고승인 잇펜쇼닌의 간나와 온천 개척의 공적을 말하는 오이타현 벳부시의 전승에 유일하게 나타나 있다. 물과 관련이 깊은 침몰 섬 전설에 있어서 신불의 신상에 피를 칠하는 것은 예를 들자면 일본의 기우제 등에 있어서 동물의 목을 잘라 연못에 넣어 그 피로 연못을 더럽혀서 신을 분노케 하여 비를 내리게 하는 신앙과도 무관하다고는 볼 수 없을 것이다.

(4) 한국의 침몰섬 전설은 서해안을 따라 북쪽에서 남쪽으로 광범위하게 전승되고 있고, 해양문학으로서의 성격도 갖고 있으며, 전승자도 여성이 아니고 남성인 특징을 지닌다. 또한 침몰섬 전설은 침몰의 예언

방식에 따라, 「여승예언형」 「전언예언형」 「신·몽예언형」의 세 가지 형태로 분류할 수 있었다. 이 중에서 「여승예언형」은 한국의 침몰한 섬 전설 「돌부처 눈 붉어지면 침몰하는 마을」, 「전언예언형」은 일본의 「우류지마섬 전설」에 많이 보인다. 한국은 신불의 화신이라고도 말할 수 있는 행각승이 등장하여 직접 예언하고 있으며, 이 점에서 볼 때 신화적 특징을 보유하고 있다고 말할 수 있을 것이다. 이에 반해 일본은 「옛부터 전래되는 이야기로서 신상의 얼굴이 붉어지면 섬이 침몰한다」 고 되어 있으며, 한국에 비해 전설적 특징을 보유하고 있다고 할 수 있을 것이다. 다시 말해 일본의 「우류지마섬 전설」은 신화적 특징이 후퇴되어, 전설적 특징이라고도 말할 수 있는 지역에 연유한 신사나 지명 등을 증거로 들면서 전승되고 있다. 오이타 지역 이외의 일본 전승 의 대부분이 「신·몽예언형」이 중심이 되고 있으며, 이것이 오이타 전 승보다 고형을 남기고 있다고 말할 수 있을 것이다.

(5) 한국의 경우, 침몰 예언을 하는 것은 도승이 우세하지만, 지사, 풍수사, 도사, 과객 등도 있으며, 이들의 민간 종교자가 「돌부처 눈 붉 어지면 침몰하는 마을」을 널리 퍼지게 한 것으로 추측된다. 또한 이들 은 불상에 도료를 칠하는 도공집단과도 깊은 관계가 있었다. 그러면 야 나기타 구니오가 말하는 「고려섬 전설」의 전파자는 과연 해상을 왕래 한 규슈지역의 맹승이었는지에 대해서는 의문이 남으며, 고려섬 전승 지인 고토 열도는 대륙과의 교류 거점이 된 곳으로, 도요토미 히데요시 군의 조선으로의 출병지인 곳이다. 1592년과 1598년에 도요토미 히데 요시에 의해 일어난 임진왜란에서는 일본으로 돌아올 때 몇 백 명에 이르는 도공과 장인을 일본으로 데리고 왔다. 필자는 「고려섬 전설」은 헤이안 말경(12세기)에 성립한 『곤쟈쿠모노가타리』제10권에 실려 있

는 설화와는 계통이 달라 임진왜란 때, 조선 도공이나 그 일족에 의해 전해진 전설이라고 생각한다. 그 자손의 한사람이라고 전해지는 우에 무라씨 댁에는 당시의 고려자기 찻잔이 비장되어 있다고 하며, 높이 3척 정도의 석불이 그곳에 현존하고 있다고 하며 고려섬이 있었다고 하는 곳은 「고려조네」라고 칭해져, 지금도 가구류 (도자기 등)가 낚여 져 올라온다고 한다. 이와 같은 사실은 「고려섬 전설」이 도공집단이나 그들이 모시는 석불과 깊은 관련이 있다는 것을 증명해 주는 것이다. 지진이 먼저인지 전설이 먼저인지는 쉽게 결정하기 어렵지만, 오이타 의 「우류지마섬 전설」은 게이쵸 원년(1596년)의 대지진에 의한 쓰나미 피해의 역사적 사실 등과 결부되어 전승되고 있다. 이 시기는 도요토미 히데요시에 의한 임진왜란 시기와 겹쳐 있으며, 피해가 컸던 오이타시 의 오키노하마항은 도요토미 히데요시의 무장들이 중요한 항구로서 사 용한 해상교통의 요충지였다. 일본의 모든 우류지마섬 전설의 전파 경 로를 간단히 이곳 한 군데로 지정해서 언급하는 것은 주의해야 하지만, 적어도 「고려섬 전설」이나 오이타의 「우류지마섬 전설」에 한정해서 말 하자면 이러한 해상 루트를 통한 조선 도공집단이나 그들과 관계되는 민간종교자의 활약과 무관하지 않을 것이다. 침몰한 섬 전설 속에 등장 하는 「신불의 얼굴이나 코에 붉은색 칠을 하고, 그것에 의해서 섬이 침몰해버렸다」고 하는 묘사에서는 도자기의 도료를 사용하여 생업을 영위하는 도공들의 모습이 투영되어 있으며, 침몰한 섬 전설이 그들과 깊게 관련되어 있다는 것을 말해 준다 할 수 있다.

(6) 오이타의 우류지마섬 전설은 이토쿠지(威德寺)의 주지인 우류타 키에(瓜生多喜枝)도 전수하고 있는데, 이처럼 우류지마섬 전설의 성립에 는 오키노하마항에 거주한 우류와 이토쿠지가 깊이 관여한 것을 알 수

있다. 그렇다면 「오키노하마항」은 왜 「우류지마섬」으로 변모해서 전승되는 것일까? 기록에 의하면 게이쵸 원년의 지진에 의해 오키노하마항은 큰 피해와 다수의 사망자가 나왔다고 전해지며, 사망자의 진혼에는 이토쿠지의 주지스님인 우류가 깊게 관련된 것으로 보인다. 다시 말하자면 이미 국제무역항이었던 오키노하마항의 해상 루트를 통해서 전승되고 있었던 「침몰섬 전설」이 이토쿠지 주지스님인 우류의 시조신화로서 영입되고, 큰 피해와 사망자를 낸 침몰 전설과도 결부되어, 「오키노하마항」은 침몰해버린 「우류지마섬」으로 바뀌어 새로운 「우류지마섬 신화」가 탄생했다고 볼 수 있다. 이것이 이토쿠지의 주지스님인 우류에 의해 설법되는 가운데 「우류지마섬 신화」는 민간에도 전해져 과장되기도 해서, 현재와 같은 「우류지마섬 전설」로서 전해 내려온다고 생각한다.

(7) 마지막으로 마을이 침몰하는 것은 쓰나미나 지진에 의한 것인지, 큰비에 의한 것인지가 문제가 되지만, 한국의 자료는 쓰나미에 의한 침몰보다는 큰비에 의한 침몰 전승이 우세하다. 이에 대해 일본의 전승은 쓰나미와 지진에 의한 침몰 전승이 주류를 이루고 있어, 이 점이 한국이나 중국의 전승과는 크게 다른 점이다. 이처럼 한국과 중국 등 동아시아 지역에 널리 분포되어 전승되는 침몰한 섬 「우류지마섬 전설」은 일본의 독특한 자연 환경이나 풍토, 문화 속에서 새롭게 변용되어 전승되어온 것이었다.

일본 괴담물에 나타나는 이류(異類)교류의 흐름과 요괴(妖怪)문화의 형성

박희영

고려대학교 일어일문학과에서 학부와 석사를 마치고, 일본 쓰쿠바(筑波)대학 인문사회과학연구과에서 박사학위를 받았다. 현재 중앙대학교 외국학연구소 HK연구교수로 재직하고 있다. 관심 연구 분야는 괴기, 괴담을 통한 한·중·일 요괴문화 구조연구이며, 주요 논문으로 「현실공간과 이공간(異空間)의 인식과 그 의미에 관하여」, 「일본의 이류혼인담의 전승과 그 의미에 관하여」「일본 괴담물의 공간속 각성(覺醒)과 몽환(夢幻)구조의 의미에 관하여」등과 공저로 『환상과 괴담』, 『일본문화사전』등이 있다.

1 머리말

1) 괴기, 괴담을 통한 요괴문화연구

최근 20여년에 걸쳐서 나타나는 일본문화의 중요한 흐름과 경향을 들여다보면, 빠르게 변화하는 현대 일본문화 속에서 수없이 나타났다가 명맥도 없이 순식간에 사라지는 다양한 일본문화코드의 면면을 살펴 볼 수 있을 것이다. 하지만 그러한 가운데 현대 일본문화의 중심코드로 굳건히 자리 잡고서 오랫동안 그 존재감을 보여주고 있는 것이 괴기, 괴담문화 열풍과 그에 수반되는 요괴문화 붐[1]일 것이다. 그로 인하여 요즘 일본에서는 사람들이 즐겨보는 문학작품, 영화, 만화, 애니메이션, 연극에서, 그리고 각종 캐릭터 상품과 그로 인한 광고 등과 같은 여러 가지 형태의 문화콘텐츠에 이르기까지 일일이 열거할 수 없을 만큼 많은 내용물들이 「괴기, 괴담물 및 요괴문화」와 직간접적으로 밀접하게 연관되어 있다. 따라서 이처럼 다양한 일본문화 콘텐츠 속에서 「괴기, 괴담물 및 요괴문화」의 자취와 그 흔적은 쉽게 찾아 볼 수 있을 것이다. 이러한 일본괴담이나 요괴에 대한 관심은 단순히 대중적, 상업

---

1) 최근에 특히 요괴 형상이나 요괴화를 중심으로 요괴문화의 관심이 높아가면서 각지의 박물관, 미술관에서 요괴관련의 특별 기획전이 열리면서 많은 사람들의 주목을 받고 있다고 한다. 이외에도 일본의 만화, 애니메이션 속에도 요괴를 가장한 요괴 캐릭터가 대거 출현하고 소설, 영화, 드라마의 소재거리로도 자주 애용되고 있다. 이처럼 최근의 문화코드로 자리매김하고 있는 일본의 요괴문화현상의 내면을 이해하기 위해서는, 단순히 현대 일본대중문화 속에서 스쳐 지나가는 하나의 붐이나 열풍정도의 의미해석이 아닌, 요괴문화의 기층과 그 근저에 흐르는 전통적인 요괴문화에 대한 보다 구체적이고 심층적인 분석연구가 필요하다고 할 수 있다.

적 분야에만 머무르지 않고, 학문 연구 분야에서도 그 영역은 확대되어 간다. 그 동안 학문적인 연구대상으로 여겨지지 않았던 요괴라는 이류 (異類)의 존재가 지속적인 관심을 받게 되면서, 새롭게 「요괴학」2)이라 는 학문 영역이 출현할 정도로 괴담과 요괴에 관한 관심도는 더욱 활성 화3)되어 가고 있다. 일본에서의 이러한 흐름과 열풍은 바다를 건너 현 재 한국에까지 이어져서 일본괴담과 요괴에 관한 관심이 갈수록 높아 지고 있는 추세이며, 이러한 대중적 관심을 일본문화와 연결시켜 많은 전문서적과 번역서, 그리고 한일 요괴문화 비교서적 등이 출판되고 있 는 것이 지금의 현상이다. 가히 한국과 일본 양국을 관통하는 괴담과 요괴문화 전성시대라 할 수 있을 정도인 것이다. 다시 말해서 바야흐로 일본의 괴기, 괴담과 요괴문화는 이제 한국과 일본 양국의 문화코드와 문화콘텐츠를 상징하고 대표하는 중요한 요소로 그 위치를 점하고 있 으며, 향후 그 범위와 영역은 더욱 확대되어 나갈 것으로 기대된다.4)

이와 같은 흐름 속에서 단순한 즐거움과 흥미차원에서의 접근이 아 닌, 좀 더 깊이 있고 본질을 꿰뚫을 수 있는 「일본 괴담과 요괴문화의

---

2) 「요괴학」이라는 명칭은 1890년대에 나타났고, 요괴를 연구하는 학자도 여러 사람 있었지만, 그 연구 목적은 연구자마다 달랐고, 요괴를 연구하는 사람들이 「요괴학」 이라는 명칭으로 모이는 학회나 연구기관을 만들어내기에 이르지는 않았다. 학문 으로서의 「요괴학」의 정비가 늦어진 이유는 연구자의 부족도 있었지만, 요괴가 근 대의 과학을 중시하는 사회에서는 박멸해야 할 대상, 즉 「미신」으로 여겨졌기 때문 이다. 고마쓰 가즈히코(小松和彦), 박전열 역(2009) 『일본의 요괴학 연구』민속원, p.15.

3) 일본에서 대략 20년동안 조용하게 요괴붐이 지속되고 있다. 하지만 이러한 붐은 미즈키 시게루의 요괴화나 그 선인들의 요괴화에 대한 관심에 의하여 또는 미야자 키 하야오의 「이웃집 도토로」, 「원령공주」, 「센과 치히로의 행방불명」 등의 일련 의 애니메이션 작품과 교고쿠 나쓰히코의 『우부메의 여름』을 비롯한 다수의 괴기 소설 등 대중문화적인 작품을 통해서 일어난 것으로 요괴문화의 연구는 이러한 붐에 자극을 받아 불과 최근 20년 사이에 활성화 되었다는 것이 실상이다. 중앙대 학교 한일문화연구원편(2005) 『일본의 요괴문화』한누리미디어, pp.28−29.

4) 일본고전문학문화연구회(2010) 『환상과 괴담』도서출판 문, pp.4−5. 참조

근원적인 이해」가 선행되기 위해서는 요괴문화의 원형이 되는 일본 괴기, 괴담물을 통한 보다 구체적이고 체계적인 연구가 요구되어진다. 문학의 문화화, 즉 괴담문학에서 요괴문화로 이어가기 위해서는 요괴문화의 기층이 되는 일본 괴기, 괴담물의 구조와 그 속에서 존재하는 인간과 이류들의 교류양식을 면밀히 살펴보고 논증하지 않으면 안 되는 것이라 여겨진다.

실질적으로 우리 주변에는 사람들이 진실이라 믿던 허구로 생각하던 간에 괴기, 괴담은 항상 우리 사람들 곁을 오랫동안 맴돌아 왔고, 그러한 이야기는 그 속에 사람들의 문학적 상상력과 환상이 더해짐으로써 한층 새롭게 그 모습을 만들어 나갔다. 이러한 상상력과 환상의 연원은 멀리 일본의 고대 문학으로까지 거슬러 올라갈 수 있다. 사람들이 요괴라는 존재와 이계(異界)라는 환상의 세계가 실제로 존재한다고 믿었던 신화와 전설 속 이야기들로 말이다. 일본은 고대부터 다양한 괴기, 괴담이 두터운 층을 이루며 그 명맥을 이어 왔다. 현대 일본에서 나타나는 수많은 괴기, 괴담과 요괴문화도 그 이야기의 근원을 되돌아보면, 신화와 전설, 그리고 설화와 민담에 이르기까지 그 속에 녹아 들어가 있는 수많은 이야기들은 인간과 공존하며 다시 그 시대의 문학이나 문화로 재창조 또는 재생산[5]되고 있다고 할 수 있을 것이다.

따라서 일본에서 전승되어 온 괴기, 괴담물은 각 시대와 지역사회의 특징에 따라서 서로 다른 형태로 계승되고 한편으로는 변화해 가는데, 그러한 와중에 이야기를 파생시키고 전달해 가는 사람들은 그 속에 자신들의 이야기와 자신들이 소속된 공간, 나아가서는 자신들(일본인)의 이야기를 구현해 나가면서 그 의미를 확장시켜 나갔던 것이다. 이러한

---

5) 위의 책, p.5. 참조하여 기술함.

의미 차원에서 일본인의 근본적인 의식구조와 행동양식의 근원과 배경을 규정짓고, 이를 통하여 일본의 요괴문화의 생성원리를 살펴보는 데는 일본인들의 옛날이야기 특히 괴기, 괴담물보다 더 좋은 자료도 없을 것으로 생각된다. 그 중에서도 괴담물 속에 등장하는 이계의 존재[6]인 이류들의 조형과, 그들과 함께 오랫동안 직간접적으로 깊이 관계하며 살아온 일본인의 심층기저를 통하여, 일본 괴담물과 요괴문화의 접점을 그리고 그 속의 인간과 이류들의 교류양식을 파악해야 할 것이다. 다시 말하자면 일본의 요괴문화는 괴담물과 일본인의 관계 속에서 만들어지고 전승되고 재창조되어 왔다고 할 수 있을 것이다.

이처럼 일본 괴담물에 나타나는 「현실공간 속의 인간과 이계의 이류와의 접촉과 교류」라는 관점[7]에서 볼 때, 특히 그 어떤 나라보다도 풍

---

6) 여기서는 이계의 존재를 혼령, 모노노케(物の怪), 사신(邪神), 미물, 정령, 요괴, 오바케(お化け)등, 이러한 인간이 아닌 모든 이류 존재들을 총칭하여 다루고자 한다. 특히 이러한 용어들에 대한 구체적인 설명은 현재 일본 요괴문화 대표연구자인 고마쓰 가즈히코(小松和彦)의 수많은 저작 속에 그 차이와 공통점이 보다 구체적으로 기술되어 있으니 참고하기 바란다.

7) 괴담물에서 인간과 이계(異界)의 존재와의 접촉은 이공간(異空間)에서만 발생, 성립하는 이야기를 말하기 보다는 현실공간으로부터 이공간으로, 이공간에서 현실공간으로 갑자기 서로 교차되어 들어가는 구조를 갖고 있음을 살펴 볼 수 있다. 따라서 이야기의 괴기성 혹은 환상성은 살아있는 자가 살아 움직이는 현실공간의 상황과 이공간의 존재가 출현하는 상태에 따라 달라진다고 생각할 수 있다. 비단 일본뿐만 아니라 동서양을 막론하고 인간이 생활하고 있는 세계에는 수많은 현실공간과 이공간 사이에 경계가 설정되어 있다. 경계를 만든다는 것은 자신들의 세계를 만드는 것이기 때문이다. 사람들은 복잡하게 뒤엉키고 중층화된 경계를 필요에 따라서, 강하게 의식하거나 무시하거나 하면서 생활을 영위해 왔다. 다시 말하여 이공간이라는 것은 이러한 경계 저편에서 전개되고 있는 영역을 가리킨다고 할 수 있다. 사람들은 이러한 미지의 이공간에 대하여 다양한 상상을 펼쳐 왔다. 어떤 자들은 경계를 뛰어 넘어 이공간으로 들어가 그곳의 체험을 전해 왔다. 또 어떤 때는 경계 저편에서 온 자들로부터 이공간의 모습을 들으려고 하였다. 그 이야기는 사실이거나 환상적인 것 이였지만 사람들은 그 이야기로부터 이공간을 둘러싼 이야기를 상상하고 자기 나름대로 해석해 나가면서 엮어나갔다. 일본인도 마찬가지로 이공간을 상정함으로써 자신들의 세계를 만들어 왔던 것이다. 따라서 경계를 넘나드는 현실공간과 이공간을 둘러싼 이야기를 거슬러 올라감으로써 일

부한 괴담물과 요괴이야기로 융성했던 일본의 괴담물에 초점을 맞추자면, 그 속의 독특한 괴담 구조와 틀을 새롭게 분석하여 이를 통한 요괴문화의 원형을 본격적으로 연구할 필요성이 제기된다고 할 수 있다.

따라서 본 연구는 연속하여 존재하는 현실공간과 이계가 창출해 내는 일본 괴담물의 이류교류담의 전개양상과 그 의미 구조를 다시 한번 되짚어 보고자 하는 데서부터 연구의 일보를 내딛고자 한다. 그 중에서도 현실공간과 이계의 접점을 가장 두드러지게 나타내고 있는 각 시기별 일본 괴담물의 대표작8) 『고지키(古事記)』, 『니혼료이키(日本靈異記)』, 햐쿠모노가타리(百物語)의 선구라 불리우는 『쇼코쿠햐쿠모노가타리(諸国百物語)』와 우에다 아키나리(上田秋成)9)의 『우게쓰모노가타리(雨月物語)』10)속의 「자세이노인(蛇性の淫)」을 중심으로, 각각의 이야기 속의 현실공간과 이계에서 전개되는 인간과 이류와의 접촉과 교류양상, 그리고 그 흐름을 살펴보고자 한다. 그리고 나아가서는 일본인의 이계인식과 더불어서, 펼쳐지는 그들의 상상력의 근거와 그 배경을

본인들의 이공간과의 접촉을 통한 그들의 의식의 흐름을 살펴볼 수 있을 것이다. 박희영(2010) 「현실공간과 이공간의 인식과 그 의미에 관하여-『우게쓰모노가타리(雨月物語)』를 중심으로-」『일어일문학』46, 대한일어일문학회, pp.241-242.
8) 일본 괴담물의 대표작이라 불리는 작품은, 본고에서 분석하여 제시하고 있는 작품 이외에도 무수히 많다. 하지만, 본고에서는 「일본 괴담물 속의 이류교류양상을 통한 요괴문화연구의 시발점」이라는 차원에서 그 수많은 작품 속에서도 대표적이고 상징적인 몇 작품을 선정하여 본고의 내용을 한정짓고자 한다. 그 외의 괴담물 분석은 향후 앞으로의 연구과제로 삼고자 한다.
9) 우에다 아키나리(上田秋成)(1734-1809)는 초기의 요미혼(讀本)『우게쓰모노가타리』와 만년의『하루사메모노가타리(春雨物語)』에 의해 요미혼 작가로서 알려져 있지만 그 이외에 국학자, 가인(歌人), 다인(茶人)등으로 다방면에 걸쳐 폭넓은 활약을 하였다.
10)『우게쓰모노가타리(雨月物語)』는 전부 「시라미네(白峯)」, 「깃카노치기리(菊花の約)」, 「아사지가야도(淺茅が宿)」, 「무오노리교(夢應の鯉魚)」, 「붓포소(仏法僧)」, 「기비쓰노가마(吉備津の釜)」, 「쟈세이노인(蛇性の淫)」, 「아오즈킨(青頭巾)」, 「힌푸쿠론(貧福論)」의 9편으로 구성되어 있다.

들여다보고, 이를 통하여 전승되고 창조된 일본의 요괴문화의 형성과 그 의미를 찾아보고자 한다.

2) 일본 괴담물과 요괴문화 선행연구의 흐름

앞에서도 잠시 언급하였지만 20여 년 전부터 현재에 이르기까지 오랜 기간 동안 괴기, 괴담, 요괴문화 붐이 일어나고 있었음에도 불구하고, 실제적으로 괴기, 괴담과 요괴문화를 전문적, 학술적으로 연구하려는 사람들의 수는 한국이나 일본이나 매우 적었던 것은 사실이라 할 수 있다. 현재 일본에서 괴기, 괴담은 작품과 그림뿐만 아니라 민간전승이나 문학, 연극, 영상 등 다양한 분야에서 그 모습을 나타내고 있다. 그럼에도 불구하고 이를 종합적으로 고찰하는 연구자는 물론이고, 개별 전문 분야에서조차도 그 연구자의 수는 상당히 적다고 할 수 있는 것이 현상이다.[11] 이러한 현상은 각각의 전문 분야 속에서도 여러 가지 복잡한 사정이 있기 때문이라고 여겨지지만, 무엇보다도 어느 분야에서나 괴기, 괴담 및 요괴문화에 대한 연구를 이상한 연구, 미신 연구 혹은 저급한 신령에 대한 민속적 연구로 다루려는 오랜 기간의 부정적인 경향이 강하게 작용되어 왔기 때문이라는 것은 부정할 수 없는 사실이다.[12] 이러한 상황이 벌어지게 된 데에는 다음과 같은 각각의 선행연

---

11) 요괴문화연구는 현재로서는 아직 요괴에 대한 관심을 지닌 연구자가 각자의 관심에서 개별연구를 축적하고 있는 단계에 머물러 있는 정도라고 생각된다. 하지만 이와 같이 일본대중문화를 선도하는 많은 사람들이 인정하고 있는 것처럼, 그 수는 그다지 많지 않음에도 불구하고, 넓은 의미 차원에서 그들의 요괴문화연구의 꾸준한 성과가 지금의 괴기, 괴담에서 요괴문화로 이어지는 붐을 형성하는데 일조하였음은 분명하다고 할 수 있다.

12) 중앙대학교 한일문화연구원 편, 앞의 책, p.38. 참조

구의 흐름과 상관관계가 있어 왔기 때문이라 생각된다.

먼저 지금까지 일본 괴담물 연구는 주로 원전 텍스트와의 비교연구를 통하여 괴담소설로서의 문예적 가치와 의미를 찾으려는데 주력해 왔고, 한편으로는 괴담소설이라는 한정된 틀에서 벗어나 인간과의 관계를 본위로 하는 소설로서 그 속에 나타나는 괴기 구조를 밝혀 보려는 경향이 크게 나타나고 있었다.[13] 이와 같이 포괄적으로 보았을 때 일본 괴담물 연구와 관련된 선행연구를 크게 나누어 보면 원전 텍스트연구, 괴기소설범주의 연구, 인간과 이류와의 관계 속의 괴담물로서 연구와 작자사상과의 관련성 연구 등으로 다채롭게 진행되어져 왔다. 하지만 그 괴담연구의 범주라는 것은 여러 가지 의미에서 시대적, 인식적 한계성을 띠고 있어 왔던 것이 사실이다. 이와 같은 괴담연구의 한계성의 돌파구로서 괴담물 속에 내재된 인간과 이류들의 접촉과 교류를 통한 요괴문화라는 차원에서 파악함으로써 그 인식의 한계를 극복하고자 하는 움직임이 최근 들어 일어나고 있다. 하지만 과거에서 지금까지의 연구는 영역의 문제로 파악하여 서로 간의 차이를 인지하고, 그 간극을 줄이고자 하는 시도가 이루어지는 정도의 모색 단계에서 머무르는 수준이었다고 해도 과언이 아닐 것이다. 즉, 이제까지 문학으로서의 일본 괴담물의 영역과 일본 민속학 속의 요괴, 그리고 요괴문화라는 각각의 독립된 장르로서 뿌리 깊게 각각의 영역차원에서 전개되어 왔었던 것이다.

이러한 학문적 상황 속에서 일본 괴담물과 요괴문화연구[14]를 접목시

---

13) 中村博保(1975) 『日本文學硏究資料叢書 秋成』有精堂, pp.318-321.
14) 일본에서 요괴가 학문적 연구대상이 된 것은 1887년 철학자 이노우에 엔료(井上円了)가 학술용어로서 의식적으로 사용했던 것이 시초였다고 한다. 그는 일반적인 사고로는 해석할 수 없는 불가사의한 현상으로 인간의 공상의 산물로서 미신을

켜 연구하는 분위기가 점점 태동하기 시작하여 그 성과를 조금씩 보이기 시작하였다. 최근 수년간 일본 괴담물과 요괴문화의 융합 연구의 특징은 에도(江戸)시대부터 메이지(明治)시대에 걸쳐서 화려하게 꽃피웠던 「오락의 대상으로서의 괴담물과 요괴문화」에 대한 새로운 인식이 괄목할 만큼 성장하여, 어느 정도 만족스러운 결과를 거두었다는 점을 생각해 볼 수 있다. 불가사의한 것, 공포스러운 미지의 대상들의 이야기로만 여겨졌던 괴기, 괴담과 요괴문화가 에도시대에 이르러서는, 당시의 시대적 분위기와 더불어서 한편으로는 즐길 수 있는 오락적인 대상으로 변모되어 가고 있다는 점15)은 주목할 만하다고 여겨진다.

이와 같이 과거의 일본 괴담물과 요괴문화연구의 흐름과 현재 연구분위기의 전환은 가시적인 성과를 이끌어 왔다고 할 수 있는데, 그동안 주목을 받지 못하고 비주류학문이었던 괴담과 요괴문화연구가 과도기에서 주류학문으로 편입되어 가는 완숙기로 점점 접어들어 가고 있다

단정하고 박멸해야 할 존재로 여겼다고 한다. 그 이후 이노우에의 요괴학에 대항하는 입장에서 색다른 요괴연구를 제창한 인물이 야나기타 구니오(柳田国男)였다. 그는 민속학적 측면에서 요괴연구를 행동에 옮겼으며, 신이 영락한 존재로서 요괴를 정의하고 초자연적 영역에서 인간에게 경고를 주는 존재라고 설명하였다. 또한 전국 각지의 요괴종류를 채집하고 그 분포를 파악하여 요괴와 유령을 구별하였으며, 요괴의 발생을 신에 대한 신앙의 쇠퇴로 간주하는 관점에서 요괴를 설명하였다고 한다. 야나기타 이후로 요괴문화에 대한 연구는 활발하지 않았으나 1980년대에 들어서 미야타 노보루(宮田登)나 쓰네미쓰 도루(常光徹)와 같은 연구자가 도시민 속학이라는 관점에서 요괴, 괴담의 현대적 전승양상에 대한 새로운 해석을 시도하기 시작하였다. 최근의 요괴학의 경향은 현재 대표적인 일본요괴문화 연구자 고마쓰 가즈히코(小松和彦)를 들 수가 있는데, 그는 요괴를 하나의 문화현상으로서 규정지어서 연구하며 인간과의 관계 속에서 「요괴학」을 이끌어내야 한다고 끊임없이 주장하고 있다. 그리고 그 외에 주요한 일본에서의 일본요괴형태와 관련된 연구로는 1924년 에마 쓰토무(江馬務)의 『일본요괴변화사(日本妖怪変化史)』가 있다. 이는 일본의 설화 및 그림에 그려진 요괴를 역사적으로 되돌아 보면서 요괴의 분류 및 그들의 속성을 규명하려고 한 최초의 시도였다고 한다. 이송희(2011) 「에도시대에 나타난 요괴형태 분석연구」중앙대학교, p.3. 참조.
15) 중앙대학교 한일문화연구원 편, 앞의 책, p.53.

는 것은 중요한 대목이라 할 수 있다. 이와 같은 배경 속에서 본고의
궁극적인 연구테마인 일본 괴담물과 그 전시대를 아우르는 통시적인
괴담구조파악을 통하여 요괴문화연구에 대한 보다 구체적인 방법론을
확보하기 위한 단초로 삼기위하여 본고를 계획하게 된 것이다.

 2 괴기, 괴담 속의 요괴문화의 형성과 전개

1) 일본신화 속의 요괴들

아주 오랜 옛날 일본의 신화시대, 그 시대의 신화나 전설 속에는 인
간과 신, 그리고 비현실적이고 초자연적인 이계의 존재가 함께 어울려
살며 인간세계와 이계가 동시에 공존하고 있었다고 할 수 있을 것이다.
당시는 아직까지 불교나 도교 등 외부로부터 일본으로 유입되는 외래
종교나 사상이 일본에 들어오기 전의 시대였었다. 근원적이고 원초적
인 신앙과 의식이 당시의 사람들의 정신과 마음을 사로잡고 있는 시대
였고, 또한 당시 인간들의 사회와 문화를 철저히 장악하고, 지배하던
오래전 시대의 일이라 할 수 있을 것이다. 그 중에서도 특히 일본 신화
속에는 현재를 살아가고 있는 우리가 눈으로 확인해도 무엇이라 설명
하고 구분 짓기 어려운 비현실적이고 불가사의한 이계의 존재들이 수
없이 많이 등장하고 있다. 예를 들어 이자나미노미코토(伊邪那美命)의
소변이 스스로 변하여 미즈하노메(罔象女)라는 여신이 된다든지, 스사
노오노미코토(素淺鳴尊)가 구시나다 히메(櫛稻田姬)를 빗으로 변하게

하여 머리에 꽂는다든지, 천상에서 내려온 꿩이 인간의 말을 한다든지, 괴이한 이야기 속에 신인지 요괴인지 아니면 인간인지 동물인지 정체를 알 수 없는 기이한 이계의 존재들이 등장하고 있는 것이다.16)

그렇다면 일본의 신화 속에서 이러한 이계의 존재들이 어떠한 모습을 하고 어떻게 조형되고 이야기되어 우리들에게 전승되고 있는 것일까? 여기서는 구체적 사례로서 일본의 신화를 수록하고 있는 일본 최초의 역사서이자 문학작품으로 유명한 『고지키』에 나타나는 신화 속의 이계의 존재인 요괴의 모습을 살펴보도록 하자.

일본의 신화 속에서는 인간이 살고 있는 현실공간 이외에 다른 세계 이계가 존재하며 그 곳의 이계의 존재 즉 요괴가, 인간들의 현실공간에 들어와서 인간과 접촉, 교류하기도 하였고, 때로는 인간이 이계의 이공간 속으로 들어가 그들과 다양한 관계를 맺거나 하는 일은 그다지 진귀한 일이 아니었다고 한다. 이와 같은 구조는 『고지키』에 등장하는 이자나기노미코토(伊邪那岐命)17)가 이계 속의 황천세계를 찾아가는 이야기 속에서도 그 면모를 살펴 볼 수 있을 것이다. 이자나기는 아내인 이자나미노미코토(伊邪那美命)가 죽게 되자, 그녀를 보기 위하여 황천 세계로 들어가게 된다. 이자나기가 아내에게 우리가 살던 곳으로 함께 돌아가자고 말하자, 이자나미는 그 곳을 관장하는 신과 이야기를 해보겠다며 절대로 자신의 모습을 보지 말아달라는 말을 남긴 채 궁 안으로 들어간다. 하지만 그 잠시를 참지 못하고 이자나기는 궁 안으로 들어가 아내의

---

16) 일본고전문학문화연구회, 앞의 책, p.20. 참조.
17) 이자나기노미코토와 이자나미노미코토, 이 두 신은 원래 남매인데 결혼을 하여 국토와 여러 신들을 낳으며, 일본을 만들어가고 있었다고 한다. 이자나미는 불의 신을 낳던 중 그만 음부에 화상을 입어 죽고 말았다고 한다. 중앙대학교 한일문화연구원 편, 앞의 책, pp.77-78.

모습을 들여다보게 되는데 그 형상은 형언할 수 없을 만큼 너무 충격적이었던 것이다.

> 안으로 들어가서 보니 이자나미의 몸에는 구더기가 들끓고 꿈틀거리고 있었다. 머리에는 오호이카즈치(大雷), 가슴에는 호노이카즈치(火雷), 배에는 구로이카즈치(黒雷), 음부에는 사쿠이카즈치(析雷), 왼손에는 와카이카즈치(若雷), 오른손에는 쓰치이카즈치(土雷), 왼발에는 나루이카즈치(鳴雷), 오른 발에는 후스이카즈치(伏雷), 합해서 여덟 종류의 번개신(雷神)이 생겨나 있었다.[18]

안을 들여다본 이자나기는 봐서는 안 될 광경을 그만 보고만 것이다. 바로 구더기가 들끓고, 파리가 들끓는 이미 썩어버린 이자나미의 시체를 본 것이었다. 위의 인용문과 같이 표현되고 있는 황천의 모습은 바로 당시에 살아가던 일본인들의 환상과 공포를 통하여 나타나고 있다고 할 수 있을 것이다. 무덤 안에서 썩어서 구더기가 나오는 시체, 그리고 이를 통하여 일본인들은 이계의 모습과 존재들을 상상 속에서 요괴의 모습을 그려보며 인식하였던 것이다. 이와 같이 황천에서 본 이자나미의 형상은 이자나기가 사랑하고 그리워한 아름다운 아내의 모습이 아닌, 두려워 도망칠 만큼 괴기스런 형상을 한 요괴의 형상이었다고 할 수 있을 것이다.

---

18) 일본고전문학문화연구회, 앞의 책, pp.21 - 22. 참조.

2) 『니혼료이키』 속의 여우와 요괴[19]

일본에서 여우가 변신하여 인간들과의 교류의 모습을 보여 왔던 기원을 문헌에서 찾아보면, 멀리로는 일본의 오래된 역사서인『일본서기(日本書紀)』에서 희미하게나마 이나리의 복신(福神)으로서 영험이 있는 존재로 나타나는 그 흔적을 살펴볼 수가 있으나 그 자취는 매우 미비하다고 할 수 있을 것이다. 이후 여우가 명확하게 인간들 속에서 요괴적인 요소를 갖춘 이계의 존재로서 자리매김하는 모습을 보다 명확하게 찾아볼 수 있는 문헌으로『니혼료이키』를 들 수 있다. 그 이야기 속에「여우를 처로 삼아 자식을 낳게 한 이야기(狐を妻として子を生ましめし縁)」를 찾아 볼 수가 있는데 그 내용은 다음과 같다.

미노(美濃)지방의 오노(大野)마을의 한 남자가 처로 삼을만한 여자를 원하며 여행을 떠난다. 여행도중 만난 여자가 교태를 부리기에 남자는 여자에게 어디를 가느냐고 물어 보았다. 좋은 인연을 찾기 위하여 걷고 있다고 여자는 대답을 하였다. 그러자 남자는 자신의 처가 되어 주지 않겠느냐고 말하자 여자는 수락을 하였다. 남자는 바로 그 여자를 집으로 데려가 서로 관계를 갖고 같이 살았다. 얼마 지나 여자는 임신을 하였고 건강한 남자아이를 출산하였다. 때마침 이 집에서 기르던 개도 12월 15일에 강아지를 낳았다. 강아지는 이 여자를 향하여 항상 성을 내며 덤벼들어 이빨을 드러내며 울부짖었다. 겁이 난 여자는 강아지를 죽여 달라고 남편에게 말을 하였지만 남편은 강아지가 불쌍하다며 죽이려 하지 않았다. 2, 3월경 전부터 준비해 왔던 연공미를 빻기 위하여 고용한 여자들에게

---

19) 이 부분은 졸고(2011)「일본의 이류혼인담(異類婚姻談)의 전승과 그 의미에 관하여」,『일어일문학』50, 대한일어일문학회, pp.197-200.에서 설명에 필요한 부분만을 부분적으로 인용하여 기술하였다.『니혼료이키』속의 요괴에 관한 보다 구체적인 내용은 위의 졸고를 참조하기 바란다.

간식을 주기 위하여 여자는 헛간에 들어갔다. 그러자 바로 강아지가 쫓아와 울부짖자 그 여자는 놀라며 여우로 변하여 도망가게 된다. 하지만 이후에도 여우는 남편을 기억하며 와서는 남편과 자고 가게 된다. 그리하여 이 여우를 기쓰네(きつね,来つ寝)라 명명하게 되었다.[20]

내용을 살펴보면 여기서 등장하는 부인은 여우가 변신한 요괴임을 알 수가 있다. 아름다운 모습에 교태를 부리며 나타난 변신한 여우는 남자의 시선을 사로잡고 매료시키기에 충분하였다. 나중에 부인이 변신한 여우임을 알고 있음에도 불구하고, 여인으로 변신한 여우와 남편이 지속적으로 잠자리를 같이 하였다는 것은 변신한 여우가 아름다웠기 때문이기도 하겠지만, 당시 여우에 대한 일본인들의 인식이 앞서 언급했듯이 일본인들에게 상당히 친근한 존재로서 다가가고 있었음을 알게 해주는 한 대목이라고 생각해 볼 수도 있다. 이와 같이 인간과 요괴와의 관계, 특히 이류혼인 형태를 취하는 『니혼료이키』속의 여우부인요괴 이야기에서도 요괴가 가지는 그 상징적인 의미는 상당했었다는 것을 어느 정도 알 수 있을 것이다.

3) 「쇼코쿠햐쿠모노가타리」속에 등장하는 다양한 요괴들

일본의 괴담계통 작품군을 살펴보면 「햐쿠모노가타리(百物語)」라는 서명의 작품을 자주 볼 수 있는데, 햐쿠모노가타리는 일반적으로 괴담회를 뜻하는 말로 '한 장소에 모인 사람들이 밤을 새워 정해진 규칙에 따라 백 개의 괴담들을 주고받는 모임'을 의미한다고 한다.

---

20) 中田祝夫(1995)『日本靈異記』『日本古典文學全集』10卷, 小学館

여기에서 일본 근세(近世)시대 1677년에 출간 된 햐쿠모노가타리계 통, 괴담의 효시작품『쇼코쿠햐쿠모노가타리』[21]속에 등장하는 다양한 요괴의 모습, 그리고 그들과 공존해 왔다고 할 수 있는 당시 일본인들과 의 교류방식을 다음의 내용을 통하여 살펴보고자 한다.

먼저『쇼코쿠햐쿠모노가타리』에 자주 나타나는 동물의 괴기담을 살 펴볼 수 있을 것이다. 이러한 괴기담은 중고(中古)·중세(中世)의 설화 에도 많이 나타나고 있는 전형적이고 대표적인 괴기설화의 한 형태라 고 보아도 무방할 것이다. 일본에서 사람으로 둔갑하거나 사람을 속이 거나 하는 동물로는 주로 여우·너구리·고양이·뱀·거미 등을 생각 해 볼 수 있지만, 그 중에서도 가장 공포스럽고 유머러스한 이야기를 비롯하여 가장 다양한 의미와 소재로 이야기되고 있던 존재는 단연 압 도적으로 여우가 많았다. 앞서 언급한『고지기』의 여우부인요괴 이야 기에서도 살펴보았지만, 그만큼 여우는 당시 사람들에게 있어서 친밀 한 존재였기 때문에, 때때로 여우가 둔갑한다는 것은 전형적인 괴기성 을 표상하는 비현실적 존재라기 보다는, 오히려 역설적으로는 현실적 이고 상식적인 수준에서 받아들여지던 그러한 존재이기도 하였다는 것 이다. 다음의 이야기 속에서 그러한 모습을 찾아보도록 하자.

한 수도자가 수행을 마치고 하산하는 중이었다. 수도자는 길가에 여우

---

21) 1677년의『쇼코쿠햐쿠모노가타리』의 출현을 시작으로 햐쿠모노가타리는 오랜 세 월 각종 문학, 미술 작품의 모티브로 취해져 왔다. 이러한 출판 경향은 근세시대에 특히 성황을 이루어 메이와(明和)기에 이르기까지 가나조시, 우키요조시, 요미혼 과 같은 산문 장르 외 우키요에, 교카, 조루리, 고칸이나 기보시와 같은 삽화집 등 다양한 장르의 햐쿠모노가타리를 모티브로 한 작품들이 발표되었다고 한다. 이 작품은 햐쿠모노가타리 괴담회의 설정대로 백 개의 이야기들을 통합한 최초의 작품이라는 점에 그 의의가 있다. 윤혜성(2009)「『쇼코쿠햐쿠모노가타리(諸国百 物語)』고찰-서술과 서사구조를 중심으로-」, 고려대학교, pp.1-5.

한 마리가 여유롭게 낮잠을 자는 걸 발견하고 다가가서 귓가에 뿔피리를 크게 불었다. 여우는 깜짝 놀라 도망가 버렸다. 수도자가 이를 재미있어하며 다시 가던 길을 가는데, 잠잘 곳이 없어 하는 수 없이 근처 무덤가에 있는 오두막 천장에서 밤을 지새우게 되었다. 한밤중 건너편에서 무수한 불빛들이 다가오는 것이 보였다. 자세히 살펴보니 장례 행렬이었다. (중략) 불 속의 시신이 부들부들 몸을 떨며 일어나서는 천장에 있는 수도자를 향해 "네 이놈, 여기서 뭘 하고 있는게냐"하며 수도자를 붙들어 바닥으로 내동댕이쳤다. 수도자는 기절하고 허리를 크게 다친 채 겨우겨우 고향에 돌아갔다.[22]

위 인용문에 나타나는『쇼코쿠햐쿠모노가타리』의 1권 6화의 이야기 속에 등장하는 수도자와 여우의 등장 장면은 일반적인 인간과 동물의 관계라기보다는, 인간과 인간의 장난인 것처럼 의인화되어 나타나는 희화화된 여우요괴와 인간과의 관계설정임을 엿볼 수가 있을 것이다. 하지만 이야기의 후반부에서는 예상하지 못한 반전이 있음을 인용문을 통하여 우리는 알 수 있게 된다. 죽은 시신이 되살아나서 일어나는 모습, 명확하지는 않지만 독자들에게 이것은 여우요괴의 장난스러운 복수였음이 분명하다는 것을 충분히 짐작하게 하는 대목이라 여겨진다.

한편 괴담물의 흐름과 전환의 중요한 동기가 되는 내용으로 인간의 금기 파기 행위를 들 수가 있다. 이와 같은 파기 행위의 대표적인 예로는 인간들의 금기시된 장소로의 예정된 이동이라는 움직임을 생각해 볼 수 있을 것이다. 이야기 내에서 금기사항은 구체적으로 명시되거나 강조되는가 하면 전혀 언급되지 않는 경우도 있다. 인간에 의해서 금기 파기 행위가 이루어지기 이전에, 금기사항이 뚜렷하게 명시될 때 인간

---

22) 太刀川清(1987)『百物語怪談集成』, 國書刊行會, pp.23-24.

이 가려는 장소가 아무도 가지 않는 곳, 요괴가 사는 곳, 위험한 곳, 모두가 두려워 하는 곳이었다는 구체적인 사실로, 들어가서는 안 될 금기시된 영역이라는 것을 인간에게 이미 알려주게 된다. 내용상 인간은 그와 같은 사실을 사전에 알고 있었음에도 불구하고 「넘어서는 안 되는 경계의 영역」을 넘게되는 것이다.

다음의 『쇼코쿠햐쿠모노가타리』2권 2화 속의 이야기를 살펴보면, 인간의 파기 행위가 이루어지기 이전에, 가서는 안 되는 영역, 위험한 영역, 즉 요괴가 존재하는 영역이라는 점을 명확히 알 수 있음에도 불구하고, 마찬가지로 금지된 곳인 요괴의 공간으로 이동함으로 인하여 맞이하게 되는 예정된 비극의 이야기가 펼쳐지고 있다. 좀 더 구체적인 내용을 살펴보도록 하자.

사가미 지방 오노데라무라라는 산골에 요괴가 산다는 소문에 아무도 살지 않는 집이 있었다. 어느 날 미야코에서 온 여행객이 이 마을 여관에 머물게 되었다. 여관주인은 이것저것 이야기를 하던 중 여행객에게 요괴가 산다는 집에 관한 이야기를 꺼냈다. 그러자 이를 들은 여행객은 용기가 제법 있던 자라 "그거 참 놀라운 일인걸, 그 요괴가 어떻게 생겼는지 내 눈으로 직접 확인해보고 미야코로 돌아가서 이야깃거리로 삼아야 겠군" 하고 말했다. 이에 여관주인이 "그만 두는 게 좋겠소."하고 말렸지만 여행객은 이를 듣지 않고 그날 밤, 소문의 흉가에 가서 비참한 최후를 맞이하게 된다.[23]

위의 이야기처럼 인간이 금기시된 영역, 즉 요괴의 공간으로 이동하는 행위는 대부분 인간 스스로의 자의에 의해서 이루어지는 것으로 나타나고 있는데, 보통 자의에 의한 동기의 구체적인 내용으로 호기심,

---

23) 太刀川清, 앞의 책, pp.43-44.

담력시험, 원하는 능력과 같은 개인적 욕구에서 비롯된 것으로 나타난다고 한다.[24] 하지만 이것이 요괴에 의해 유도된 행위인지 어떤지에 관해서는 구체적으로 기술이 되어 있지 않아 명확히 알 수는 없지만, 인간 본인의 의지의 발현이라는 측면에서 요괴가 존재하는 영역으로의 이동이라는 것은 여기서는 호기심 충족을 위한 담력시험 정도로 생각해 볼 수 있지 않을까 여겨진다.

다음에 소개하는 『쇼코쿠햐쿠모노가타리』1권 11화에 등장하는 요괴는 부인으로 가장하고 침실로까지 들어와 남편을 현혹시켜서 죽음에 이르게 한다는 이야기의 내용을 담고 있다.

> 어느 날 밤, 무사의 부인이 화장실에 갔다가 다시 침실로 돌아왔다. 잠시 후 문을 두드리는 소리가 들려 '누구냐'고 물으니 부인 목소리였다. 무사가 이상하게 생각해 문을 여니 이미 들어 와 있는 부인이 한 명 또 있었던 것이다. 무사가 자세히 살펴보니 둘 중 한 명의 손이 조금 동그란 것을 발견하고 '이게 요괴구나'하며 목을 베어 버렸다. 하지만 나중에 살펴보니 목을 벤 것이 진짜 부인이었던 것이다. '그렇다면 이쪽이야 말로 요괴다'라며 결국 다른 한 쪽도 목을 쳐 죽였다. 그러나 이번에도 진짜 부인이었다. 도대체 '이게 어찌 된 일인가'하며 한동안 시체를 가만히 놔두었으나 아무런 변화도 없었다고 한다. 세상에 정말 기묘한 일이 아닐 수 없다.[25]

위의 인용문을 살펴보면, 정체불명의 여인으로 등장하는 요괴는 아무런 이유 없이 일방적으로 인간의 영역을 침범하여 인간에게 피해를 끼치고 있는 그러한 존재였다. 하지만 오히려 요괴의 침입으로 인하여 오해를 사게 된 중심인물의 부인이 비참하게 죽임을 당하게 된다는 비

---

24) 윤혜성, 앞의 논문, pp.53−54.
25) 太刀川清, 앞의 책, pp.30−31.

극적인 결말구조를 이루고 있음을 살펴 볼 수 있게 된다. 마지막에 보이는「기묘한 일이 아닐 수가 없다」는 표현에서 알 수 있듯이, 요괴와의 교류관계가 인간에게 미치는 부정적인 단면을 보여주는 한 이야기라 할 수 있을 것이다.

마지막으로 소개할『쇼코쿠햐쿠모노가타리』3권 5화 속에 등장하는 요괴는 합당한 이유와 근거 속에서 인간에 해를 가하는 존재로 등장하고 있다. 그 내용은 다음과 같다.

> 부젠 지방 하야미 군에 아베 소뵤에란 사람이 살았다. 그는 평소 부인을 괴롭히고 밥조차 제대로 주지 않았다. 괴로워하던 부인이 결국 병에 걸렸으나 남편은 약을 주지 않아 19세가 되던 어느 봄날, 부인은 끝내 목숨을 잃었다.(중략) 소뵤에는 부인의 시체를 그대로 산에 갖다 버리고는 장례도 치러주지 않았다. 죽은 지 7일째 되는 날 밤, 죽은 부인이 하반신이 피투성이가 된 채 침실에 나타났다. 소뵤에가 놀라 기겁을 하자 부인은 큰 소리로 웃으며 옆에서 자고 있던 후처를 일곱 여덟 조각으로 찢어 죽이고는 갑자기 무시무시한 모습으로 변하여 소뵤에의 몸을 두 갈래로 찢더니 근처에 있던 하녀들을 하나 씩 죽이고 천장을 뚫고서 공중으로 올라가 버렸다.[26]

위의 이야기에서 중심인물 아베 소뵤에는 평소 부인을 비윤리적일 정도로 잔혹하게 대하는 인물로써 부인을 죽음으로 몰아가는데 결정적인 동기와 역할을 제공하는 인물이라 할 수 있을 것이다. 그 이후 죽은 전처는 원혼으로 사로잡힌 요괴가 되어 다시 등장하여, 아베 소뵤에와 그가 속한 영역인 후처를 비롯하여 그 일가를 철저히 궤멸하게 만든다. 이처럼 위의 이야기는 인간이 결정적인 파멸의 동기를 제공함으로써

---

26) 太刀川清, 앞의 책, pp.73-75.

죽은 인간으로 하여금 부정적인 요괴로 변화하게 만드는 이야기의 한 형태라 할 수 있을 것이다. 따라서 인간 자신의 부정적인 행위로 인하여 스스로를 부정적 존재에 의하여 부정당하는 결말로 귀결시키는 위의 이야기는 인간 스스로의 과오가 결국 인간 스스로를 파멸시키는 인과응보담이나 복수담의 형태로 나타나고 있음을 알 수 있다. 하지만 이야기 속에 등장하는 요괴의 복수방식은 지나칠 정도로 처참하게 묘사됨으로써 필요이상의 공포 분위기를 조성하고 있음을 주목해야 할 것이다. 이러한 이야기의 전개는 소묘에와 부인이라는 관계(인간과 인간)에서 소묘에와 원혼으로 등장하는 존재(인간과 요괴)로 변화하는 과정에서 그 개연성을 오히려 떨어뜨려, 독자로 하여금 이러한 상황을 납득하지 못하게 하는 역할을 하고 있음을 함께 생각해 봐야 할 것이다.

이와 같이 『쇼코쿠햐쿠모노가타리』100화 속의 모든 이야기를 하나하나 소개하며 구체적 사례를 들 수는 없지만, 정리하자면 이 작품 속의 괴기적 요소는 주로 다음과 같은 인간과 요괴의 교류와 접촉구조를 가지고 있음을 알 수 있게 된다.

제일 먼저 눈에 띠는 구도는 현실적 존재인 인간과 비현실적 존재인 요괴 간의 뚜렷한 대립적 구도이다. 주요 등장인물인 인간들이 요괴들과 접촉하는 체험들은 일상에서 좀처럼 경험할 수 없는 전혀 다른 차원의 것이며, 인간으로 하여금 비현실적 영역의 세계를 경험하게 하여 신비롭고 기묘한 감정을 느끼게 하는 내용들이었다고 파악할 수 있다. 결국 『쇼코쿠햐쿠모노가타리』에서 인간과 요괴와의 교류와 접촉 양상은 대부분 힘의 대결을 통한 한 쪽의 일방적인 파멸과 몰락을 가져오고 있었으며, 그 모습은 면밀히 묘사되고 있다는 것이다. 현실적 존재인 인간과 비현실적 존재인 요괴 간의 뚜렷한 대립의 양상과 힘의 대결을 통해 야기되는 갈등 상황은 어떠한 형태로 전개될지 예측할 수는 없으나, 이야기의 흐름과 변화를 만들어 감으로써 이 이야기를 읽는 독자들에게 흥미진진한 요소를 제공하는 것으로 볼 수 있을 것이다.[27] 이처럼 이야기 속에서 벌어지는 이러한 예상치 못하고 뜻하지 못한 반전이야말로 인간과 요괴간의 접촉과정에서 일어날 수 있는 하나의 묘미가 아닐까 생각된다.

4) 「우게쓰모노가타리」속의 「자세이노인」의 요괴[28]

일본의 이류혼인담 중에서 예전부터 일반적으로 잘 알려져 있는 뱀부인 설화가 있는데 그 이야기의 내용은 다음과 같다. 인간인 남편과 결혼하여 아이까지 낳고 살다가, 결국에 정체가 드러나서 이별을 하고 자신의 세계로 돌아가게 되지만, 헤어지면서 자신이 낳은 아이에게 자신의 젖 대신에 눈을 물리게 하는데, 남편이 그것마저 잃어버려 결국에는 나머지 한 쪽 눈까지 내주고 뱀부인은 앞을 못보게 된다는 이야기이다. 물론 이 설화는 이후에 다양한 형태로 전승되어 나가면서 그 아류작들이 많이 생겨나게 된다. 이를 통하여 예전부터 내려오던 풍요와 대지의 신으로서의 뱀의 이미지와 더불어서, 한편으로 아낌없는 희생이 강조되는 뱀의 이미지 또한 다른 측면에서 생각해 볼 수 있게 된다. 하지만 이러한 설화 속의 뱀의 이미지와 달리, 한편으로 마성의 존재로 각인되는 모습도 여러 곳에서 살펴볼 수 있는데, 이러한 요괴로서 뱀부인의

---

27) 윤혜성, 앞의 논문, p.83.
28) 「자세이노인」의 요괴는 졸고(2011) 「일본의 이류혼인담(異類婚姻談)의 전승과 그 의미에 관하여」『일어일문학』50, 대한일어일문학회, pp.204－207의 내용을 바탕으로 필요한 부분을 수정, 보완하여 기술하였다.

이미지를 가장 강렬하게 보여주고 있는 작품이 근세시대 요미혼 작가인 우에다 아키나리가 쓴 대표작『우게쓰모노가타리』의 아홉 단편 중의 하나인「자세이노인」이라 할 수 있다.

「자세이노인」은 중국의 백화소설집인『경세통언(警世通言)』28권「백낭자영진뇌봉탑(白娘子永鎭雷封塔)」을 주요 제재로 하여 나온 번안 작품이다. 작품이 나올 당시 에도시대는 막부의 존립 기초가 점점 흔들리고 위험해져, 서민에 대한 단속과 규제가 어려워지고 있었던 시기였다. 그 시대를 살아간 지식인에서 서민에 이르기까지 그 시대의 상황은 사람들로 하여금 규제와 단속에 강한 거부감을 느끼며 살아가게 만들고 있었다. 이러한 시대 속에 살아가는 인간들은 인간성의 억압을 느낄 수밖에 없었던 것이다. 이러한 상황 속에서『우게쓰모노가타리』의 작자 아키나리는 시대에 억압되어 가는 당시 서민들의 특성과 본질을 괴기라고 하는 취향을 통하여 작품 속에서 그려내고 있었다. 괴기성의 측면에서 볼 때『우게쓰모노가타리』는 현실의 존재인 인간을 묘사하는데 있어서 현실만을 무대로 하여 인간을 묘사한 것이 아니라 비현실적인 존재인 이류들 즉 요괴를 작품 전반에 등장시키고 있다.

여기서는 범위를 한정시켜서「자세이노인」속에 등장하는 이류의 존재, 요괴 뱀부인을 인간과의 관계 속에서만 생각해 본다면, 뱀부인은 인간을 현혹시키는 존재였음이 분명함을 알 수 있다. 과연 작품 속에서 어떻게 나타나고 있는지 그 모습을 살펴보자.

　　나이는 아직 스무 살도 안 되어 보이고, 용모도 머리자태도 매우 화려하고 아리따우며, 중첩된 산의 모습을 담은 옷을 입은 여자로, 하녀로 보이는 열넷 다섯 살 정도의 소녀에게 보따리를 들게 하고 있었는데, 비를

맞아 젖어서 꽤나 곤란한 모습이었다.[29]

　그 요괴는 실은 오래 묵은 커다란 뱀이라네. 그 녀석의 성질은 음탕하여 소와 교미를 해서는 기린(麟)을 낳고 말과 교배해서는 용마(龍馬)를 낳는다고 한다네. 그동안 자네를 현혹시켰던 것도 결국 자네의 용모에 이끌려서 음욕이 동하였으리라 생각되네. 이처럼 집념이 강한 녀석이니 아주 조심하지 않으면 아마 목숨을 잃을지도 모르네.[30]

　앞의 인용문을 보면 변화해 가는 요괴 마나고(真女児)의 모습을 쉽게 발견할 수 있을 것이다. 작품의 중심인물인 마나고(真女児)는 도요오(豊雄)에 대한 지나친 집착과 정욕을 가득 담고 있는 요괴이지만, 작품 내에서는 도요오를 유혹하기 위하여 매혹적이고 아름다운 여성으로 처음에는 등장한다. 비오는 날 처마 밑에서 만나게 된 도요오와 마나고는 서로의 모습과 친절함에 이끌려 넘어서는 안 될 선을 넘게 되고 부부의 연을 맺게 되고 만다. 인간으로서 등장하고 있지 않기 때문인지, 그녀가 행동하는 모습은 보통의 한 여인이 한 남자에게 애정을 쏟는 정다운 모습으로는 좀처럼 비추어지고 있지 않음을 알 수 있게 된다. 즉 한 요괴의 잘못된 정욕에 의한 끊임없는 집착이라고 밖에 생각되지 않는다는 것이다. 사랑을 잘못된 소유로서 착각한 요괴 뱀부인을 통하여 인간과 요괴와의 이루어질 수 없는 양 쪽의 부정적인 형태의 접촉과 교류의 한 단면을 살펴볼 수 있었다.

　앞서 보았듯이 처음에 마나고는 이류의 존재인 요괴로써 초월적인 힘을 가진 존재였지만, 도요오의 사랑을 구하고자 할 때는 오로지 요괴로서가 아닌 오직 인간의 여성적 감성과 매력으로 접근하였던 것이다.

---

29) 中村幸彦 編(1995)『英草紙 西山物語 雨月物語 春雨物語』『日本古典文學全集』,
　　小学館, pp.412-413.
30) 위의 책, p.432.

하지만 뱀이 변한 요괴인 것이 탄로나게 되자, 주위로부터 배척당하게 되고 하물며 사랑하던 도요오에게 조차도 외면받는 처지에 놓이게 된다. 그러자 마나고는 점차 뱀이 변한 요괴로서의 본성을 서서히 드러내기 시작한 것이다.

작품 안에서 살펴보면 자신의 본성을 감추고서 자신의 목적을 달성하기를 마나고는 바랬을 것이다. 이류의 존재인 요괴 마나고는 더 이상 한 여인으로서 한 남자의 사랑을 얻기에는 불가능한, 불행한 존재로 변화한다고 볼 수 있을 것이다. 이러한 모습을 통하여 자신의 본성을 드러내고 마는 마나고는 집착과 애욕으로 점철된 단지 요괴에 불과할 뿐이다. 이처럼 「쟈세이노인」에서는 인간의 집착과 애욕의 모습을 마나고라는 뱀부인을 통해 드러내어 자신의 의지 속에 함몰되어 가는 인간의 모습을 빗대어 나타내고 있다. 마나고의 인간에 대한 애욕과 집착은 마나고의 내면에 잠재해 있는 뱀부인의 본성을 적나라하게 보여주고 투영하고 있었던 것이다.

이와 같이 일본 근세시대를 살아가는 인간의 이면을 보여주기 위하여 작자 아키나리는 「쟈세이노인」의 뱀부인의 요괴이미지를 극대화하여 표현하였다. 요괴 마나고의 도요오를 향한 사랑과 집착은 몹시 왜곡되어 있었으며 부정적으로 묘사되고 있었다. 당시의 사회상으로서는 이렇게 애정에 집요한 태도를 보이는 여인에 대해서는 당연히 부정적으로 바라 볼 수밖에 없었던 상황이었기 때문에, 마나고는 부정적인 존재로 묘사되고 있었던 것이다. 하지만 마나고는 인간이 아닌 이류의 존재, 즉 뱀이 변한 요괴였다. 뱀부인은 인간이 아니었기 때문이었을까? 인간사회에서 지켜지는 도리와 질서는 철저히 무시하고 마나고는 요괴로서 자신의 욕구에 충실한 모습을 보여주고 있을 뿐이었다. 다른 맥락에서 살펴보자면 당시의 사회적인 제약과 구속에 갇혀있던 인간과 그 제한된 영역에서 벗어나 있는 요괴와의 대비를 통하여, 작자 아키나리는 요괴로서의 뱀부인의 이미지를 기존의 이미지와는 또 다른 자유로운 존재라는 차원으로 부각시키고자 하는 의도가 숨겨져 있었던 것은 아닌가 생각해 보게 하는 대목이다.

3 맺음말

괴담물 속의 괴기적인 요소는 사람들에게 감추고 잊고 싶은 공포의 기억들을 생각나게 하는 것들이지만, 그러한 속성이 오히려 더욱 사람들이 두려움을 느끼면서도 괴기적 존재에 대한 강한 호기심을 느끼며 다가가게 하는 역할을 하는 것이기도 하다. 일본에서는 시대 흐름상으로 괴기, 괴담물이 번창하여, 감추어져 있고 억압받고 있는 사람들에게 잊혀져버린 자신의 본성을 깨닫게 하는 하나의 촉매제로써 작용하여 오랜 기간동안 널리 읽혀지고 사랑받아 왔었다. 따라서 본고는 이 시대의 그러한 괴기 구조에 대한 분석과 그 속에서 이루어지는 이류교류와 접촉에 중점을 두고, 그 양상을 통하여서 궁극적으로 일본 요괴문화의 원형과 형성과정의 흐름을 찾아보고자 하였다.

필자는 학부를 비롯하여 석, 박사 과정에서 일본의 근세문화, 문학을 전공했으며 일본의 괴기, 괴담에 관한 연구를 지속적으로 해 왔다. 이러한 과정 속에서 근세시대에만 초점을 맞춘 국한된 연구로는 일본 괴기, 괴담의 근원적인 구조에 관한 포괄적인 이해와 연구가 어렵다는 사실을 직시하게 되었다. 따라서 앞서도 언급한 통시적인 차원의 지금까지의 일본 민속학적 측면에서 바라보는 요괴문화연구만이 아닌 문학적, 문화적 측면에서의 요괴문화 연구방법론을 재고하고자 하였다.

이와 같은 문제의식 속에서 본고는 일본 괴담물 속에 나타나는 이류와의 교류와 접촉구조를 통하여, 그 이야기 속에 나타나는 요괴의 조형을 추출하여 그 차이와 변화, 의미를 밝히는 연구방법론을 선택하고 있는 것이다. 따라서 본 연구는 최근에 들어서야 어느 정도 활기를 띠고 있기는 하지만, 예전부터 여러 사정으로 인하여 각각 독립적인 영역으로 연구가 진행될 수 밖에 없었던, 일본의 괴담연구와 요괴문화연구를 유기적으로 연결시켜주는 역할을 할 것으로 기대된다. 또한 일본 괴담물을 통하여 알 수 있게 되는 요괴조형을 최대한 수집, 정리하여 당대인들의 요괴에 관한 상상적 이미지를 현재로 이어지게 하는데 의미 있는 역할도 수행할 것으로 기대해 본다. 본 연구 이후 앞으로의 후속 작업으로서는 먼저 이처럼 괴기, 괴담의 논리와 구조를 통한 요괴문화의 조형의 추출이라는 작업을 통해 개별적 이미지를 도출해 내고, 일본만이 아닌 한국과 중국을 포함한 삼국의 비교 작업을 통해 각국 당대인들의 상상력의 근원을 확인하고자 한다. 이를 통하여 나아가서는 동아시아 차원의 비교 연구 작업으로까지 그 내용을 확대시키고자 한다.

본고는 2012년 12월 중앙대학교 외국학연구소 『외국학연구』 제22집에 게재된 논문 「일본 괴담물 속의 이류(異類)접촉구조를 통해 본 요괴(妖怪)문화」를 바탕으로, 본 동아시아연구총서의 주제와 발간 취지에 맞게 내용을 대폭 수정, 보완한 것임을 밝혀둔다.

근대 일본 내셔널리즘(Nationalism)과 「구번(舊藩)」의 의의

-「쓰가루(津輕)」와 「난부(南部)」를 중심으로-

스즈키 히로타카(鈴木 啓孝)

일본 도호쿠대학 대학원에서 일본사상사를 전공하여 박사학위를 받았고, 현재 동의대학교 인문대학 일어일문학과 조교수로 재직하고 있다. 연구분야는 메이지시대에 있어서 일본 내셔널리즘이며 주된 논문으로 「司法省法学校「放慶社」にみる個人と結社—陸羯南年と原敬を中心に」, 「青年原敬における明治啓蒙主義の内面化—「士族の超越」を中心に」 등이 있다.

후쿠자와 유키치(福沢諭吉)
『구번정(舊藩情)』의 미래예상도

1877년(明治10年)5월, 서남전쟁(西南戰爭)이 여전히 계속되고 있던 때, 「부젠 나카쓰 오쿠다이라 번(豊前中津奥平藩)」[1] 출신의 후쿠자와 유키치(福沢諭吉, 1835 – 1901)는 소책자인『구번정(舊藩情)』을 완성했다. 서문에서 후쿠자와는 「유신(維新)즈음부터 오늘날에 이르기까지 여러 번(藩)들의 사정을 실제로 현대인들이 목격했었고 이것을 기술하는 것은 거의 무익」[2]이라고 하여, 1877년 당시 「구번(舊藩)」이라는 공동체 카테고리(category)의 실재가 상당히 명확했다는 점에 대해 언급하고 있다. 하지만 후쿠자와는 이어서 「세월은 화살과 같아 지금으로부터

---

1) 福沢諭吉(1899)『福翁自伝』, 慶應義塾 편(1970)『福沢諭吉全集』제7권, 岩波書店, p.7. 「부젠 나카쓰(豊前中津)」는 현재의 오이타현(大分縣)나카쓰시(中津市)이다. 「구번(舊藩)」의 고유명은 후쿠자와가 「부젠 나카쓰 오쿠다이라 번(豊前中津奥平藩)」이라고 쓴 것처럼 ① 구국명[舊国名; 부젠(豊前)], ② 번청 소재 도시명[藩庁所在都市名; 나카쓰(中津)], ③ 번주가명[藩主家名; 오쿠다이라(奥平)]라는 세 가지 표기로 생각된다. 이에 따르면, 「사쓰마(薩摩)」와 조슈(長州)」의 경우는 각각 「사쓰마・오스미 가고시마 시마즈 번(薩摩・大隅鹿児島島津藩)」과 「나가토・스오 하기 모우리 번(長門・周防萩毛利藩)」으로 쓸 수 있지만 너무 길기 때문에 본 논문에서는 가장 일반적인 통칭의 ① 구국명인 「사쓰마(薩摩)/조슈(長州)」로 일치하여 표기하도록 한다. 그러나 본 논문의 부제에도 나타난 「구번」은 각각 「무쓰 히로사키 쓰가루 번(陸奥弘前津軽藩)」, 「무쓰 모리오카 난부 번(陸奥盛岡南部藩)」처럼 ① 구국명이 같기 때문에 구별하기 위해서 가장 일반적인 통칭의 ③ 번주가명의 「쓰가루(津軽)/난부(南部)」라는 표기가 적당한 것으로 본다. 그리고 「무쓰 아이즈 마쓰다이라 번(陸奥会津松平藩)」같은 경우는 ① 구국명 「무쓰(陸奥)」와 ③ 번주가명 「마쓰다이라(松平)」가 동명의 「구번」들이 다수 존재하기 때문에 소거법으로 ② 번청소재도시명인 「아이즈(会津)」를 사용할 수 밖에 없고, 또 그것이 가장 일반적인 통칭이다. 따라서 본 논문에서는 「구번」의 고유명을 ① 구국명, ② 번청소재도시명, ③ 번주가명 중에서 하나를 선택, 통일하여 표기하는 것은 적당하지 않다고 판단하여 각 「구번」마다 일반적인 통칭을 하나 하나 선택하여 그것을 일관되게 사용하기로 한다.

2) 福沢諭吉(1877)『舊藩情』위의 책, p.264. 원문「維新の頃より今日に至るまで, 諸藩の有様は現に今人の目撃するところにして, これを記すはほとんど無益」.

50년을 지나 뒤돌아보았을 때 메이지(明治)전후 일본의 번(藩)이라는 것은 어떠하였는지 찾아 봐도 너무나 막연해서 찾기에 어려움이 있을 것이다.」3)라며, 50년 후의 미래에는 이러한 공동체 카테고리의 확인이 어려울 것이라고 예측했다.

결국 그로부터 50년 후,「쇼와(昭和)」의 연호를 쓰던 제국 일본은 복수의 해외식민지를 갖게 되었고, 이 해외식민지들과 세계 여러 나라에 대해서 이른바「내지(内地)」의 일본 인민들이 공통으로 보유한「우리는 일본인이다」라는 아이덴티티(identity)가 확립되어 있었다. 그리고 그 지점에서 회고해 보았을 때 각각 고유명으로 표현되는「구번(舊藩)」은 옛날에는 존재했을지도 모르지만 지금은 사용하지 않으며 국내 각 지역을 나타낼 때에 사용되는 단순한 말에 지나지 않았다. 즉, 예전에는 각각의「번(藩)」이 하나 하나의「번국가(藩国家)」로서 독립된 역사와 문화를 보존해 온 사실을 완전히 망각한 것이다4).

---

3) 위의 책, p.264. 원문「光陰矢のごとく，今より五十年を過ぎ，顧て明治前後日本の藩情如何を詮索するも，茫乎としてこれを求むるに難きものあるべし.」.

4) 1871년(明治4年)의 폐번치현(廃藩置県)이후「구번(舊藩)」으로 여겨진 지역 카테고리의 근거는 에도시대(江戸時代)의「번(藩)」이 될 것이다. 그러나 에도시대에 있어서「번」이라고 하는 말은 일반적이지 않았다. 그것이 널리 쓰이게 된 시기는 막부말기이며, 에도시대 후반기에서는 보통「구니(国)」라는 말을 사용했다. 에도시대 후반기의「제국(諸国)=제번(諸藩)」에 관해서, 横山俊夫「「藩」国家への道──諸国風教触と旅人」, 林家辰三郎 편(1976)『化政文化の研究』岩波書店 참고.

2 무진전쟁(戊辰戰爭) 패자들에 있어서의 「구번(舊藩)」

이상, 후쿠자와의 『구번정(舊藩情)』에서도 확인한 바와 같이 메이지 시대(明治時代) 전반기를 통해 「구번(舊藩)」이라는 지역 카테고리는 쉽게 사라지지는 않을 개념으로서 실재하고 있었다. 「번벌타파(藩閥打破)」라는 슬로건(slogan)의 유행에서도 엿볼 수 있듯이 메이지시대 전반기에는 그 전통적 공동체 원리가 해악으로 여겨져 소극적으로 취해진 경우도 있었다. 「번벌타파」라는 슬로건은 무진전쟁(戊辰戰爭, 1868년)의 승자였기 때문에 메이지 초년에 중앙관료로 정부의 중추 지위를 차지할 수 있었던 「사쓰마(薩摩)」나 「조슈(長州)」라는 「구번」 출신의 「사족(士族)」들에 대해 그것에서 배제되었던 무진전쟁 패자들의 원성이었던 것이다.

그러한 소극적 측면과 반대로 일본 내셔널리즘(Nationalism)이 형성되고 있었던 메이지시대 전반기 당시 「구번」은 사람들의 원초적(原初的)인 향토애의 근원이 되어 자신의 뿌리를 지방에 둔 사람들의 마음을 끌어당긴, 즉 「고향(故鄕)」이라는 적극적인 가치를 겸비하고 있었다[5].

---

5) 成田龍一(1998) 『「故郷」という物語─都市空間の歴史学』 吉川弘文館 참조. 나리타가 말하는 「고향」과 「구번」은 개념적으로 보았을 때 완전히 동일하다고 할 수 없다. 개인적인 의견이지만 그 차이는 보통 「고향」과 달리 「구번」에는 「사족(士族)」적인 연대라는 특수성이 있다는 점에 있다고 생각한다. 이 「사족」적인 연대 또는 「사족」로서의 자기의식에 관해서는 이후에 서술하고자 한다. 미리 그 요점을 말하자면, 사농공상(士農工商)이라는 에도시대(江戸時代)에 유래된 계층적 단절을 초월하여 어떤 계층 출신자라도 고향이 똑같다는 이유만으로 동포의식을 느꼈던 것은 근대 이후 내셔널리즘이 유행하고 나서 발생한 현상이다. 이하 본 논문에서 사용하는 「쓰가루(津軽)」나 「난부(南部)」 등과 같이 인용부가 붙는 지역 명칭은 특수한 의미가 있어 단순한 고유명사로서 사용하는 쓰가루번(津軽藩)이나 난부번(南部藩), 또는 아오모리현(青森県) 등과는 다른 개념임을 밝혀둔다. 「쓰가루인

일본 내셔널리즘 전반에 깔린 향토애에 대해서는 「내셔널리즘과 패트리어티즘(Patriotism)의 차이」라는 관점에서 이미 많은 논의가 거듭되고 있다.[6] 예를 들면 하시카와 분조(橋川文三)는 루소(Jean-Jacques Rousseau)의 학설을 근거로 내세워 내셔널리즘은 「그리운 산하(山河)나 제1차 집단으로의 본능 같은 애정이 아니며 보다 추상적인 실체, 즉 새로운 정치적 공동체로의 충성과 애착의 감정」[7]이기 때문에 자연발생적인 향토애가 아니라는 점을 강조하고 있다. 한편, 중앙집권국가의 구성원리인 내셔널리즘은 개념을 조작하는 단계에서 원초적인 향토애인 패트리어티즘을 「유력한 보완 작용으로서 이용」[8]한다고도 지적하고 있다.

하지만 이러한 서양사회에서 나온 관념적 내셔널리즘론을 일본 내셔널리즘에 그대로 적용시켜 이해하는 것은 적절하지 않다. 왜냐하면 이 이론이 일본에서의 내셔널리즘 발생에 직접 기초를 두지 않은 이상, 이론에 대해 현실을 조정해 나가는 단계에서 간과되는 부분이 반드시 있기 때문이다. 여기서 메이지시대에 체계화된 일본 내셔널리즘의 논리에 있어서 본질적인 요소가 포함되는 가능성을 생각하지 않을 수 없다. 메이지 초년에서 메이지 20년대에 이르기까지의 일본의 특수한 사정, 즉 「구번」이라는 메이지시대 일본에 특수한 공동체가 존재했다는 것을 먼저 이해해야 한다.

(津輕人)」이나 「난부인(南部人)」처럼 표기할 경우는 그 사람(들)이 그 이름으로 표기되는 공동체에 대해 무조건인 귀속의식을 느끼고 있었고, 따라서 그 사람(들)이 「사족」으로서 자기의식을 많이 갖고 있는 것을 나타낸다.
6) 주된 예로서, 橋川文三(1968)『ナショナリズム』紀伊國屋新書, 澁谷浩(1994)「陸羯南の政治批評の論理」제1절 『保守政治の論理』北樹出版 등이 있다.
7) 橋川文三, 『ナショナリズム』, 위의 책, p.37. 원문 「懐しい山河や第一次集団への本能に似た愛情ではなく, より抽象的な実体, 即ち新しい政治的共同体への忠誠と愛着の感情」
8) 위의 책, p.21. 원문 「有力な補完作用として利用」.

최근에 들어 이러한 관점에서 메이지시대의 「구번」이라는 지역 카테고리의 구체적 실정에 착안한 연구가 많이 이루어지고 있다[9]. 메이지시대의 「고향」을 주제로 「동향회(同鄕会)」라는 당시의 향토적 연대에 주목한 나리타 류이치(成田龍一)는 「동향회에는 구번이 크나 작으나 영향을 주고」[10] 있어서 「동향회에서 「고향」을 축으로 형성되는 이 공동성은 국민국가의 형성과 유사한 형태이다」[11]라고 간주했다. 그리고 다카기 히로시(高木博志)는 가나자와(金沢), 센다이(仙台), 히로사키(弘前)와 같은 지방도시의 「구번 현창 운동(舊藩顕彰運動)」에 대해서 주로 청일전쟁(日清戦争)이후의 현상으로 정리하면서 「메이지시대 전반기로는 이어질 수 없었던 「향토애」와 「애국심」이 20세기에는 연동해 간다」[12]고 평가했다. 즉 많은 메이지 사람들의 「고향」인 「구번」에 대한 귀속의식은 「고국(故国)」인 일본에 대한 귀속의식으로 이어지면서 새롭게 만

---

9) 成田龍一 『「故郷」という物語 −都市空間の歴史学−』이외로는, 高木博志 「桜とナショナリズム − 日清戦争以後のソメイヨシノの植樹」, 西川長夫・渡辺公三 편(1999) 『世紀転換期の国際秩序と国民文化の形成』柏書房, pp.147−170, 高木博志(2005) 「「郷土愛」と「愛国心」をつなぐもの−近代における舊藩の顕彰」『歴史評論』659, 校倉書房, 真辺将之(2005) 「明治期「舊藩士」の意識と社会的結合 −舊下総佐倉藩士を中心に−」『史学雑誌』제114편 제1호, 史学会 등을 참조.

10) 成田龍一 『「故郷」という物語 −都市空間の歴史学−』위의 책, p.39. 원문 「同郷会には舊藩が大なり小なり影響を与えており, 津山青年協和会は「舊津山藩管内に属スル青年」をその対象とし(「津山青年協和会規則」第2条, 機関誌第16号, 98年11月), 「舊飫肥藩学生」から組織される飫肥学生会は, 「他藩ノ者ハ入会ヲ許サズ」と断言している(「飫肥学生会規則」機関誌第1号, 84年1月.).

11) 위의 책, pp.58−59. 원문「同郷会で「故郷」を軸に形成されようとするこの共同性は, 国民国家の形成と相似形をなしている.」.

12) 高木博志 「「郷土愛」と「愛国心」をつなぐもの − 近代における舊藩の顕彰」앞의 책, p.17. 원문 「地域社会に国家がむきだしであらわれ, 農民を武士(兵士)として徴兵し, 近代の「武士道」が語られ, 国民道徳論が社会を覆う. 藩祖の顕彰や藩史の編纂が舊城下町で進み, 各藩が「勤王」であったとの藩史の歴史叙述や天皇とのかかわりの顕彰など, 地域社会は天皇制との位置どりを模索してゆく. そうした過程において, 明治前期にはつながりえなかった「郷土愛」と「愛国心」との両者が, 20世紀には連動してゆくのである.」.

들어져 간 것이다. 당시 이 두 가지 귀속의식의 지속은 원초적이고 자연발생적이며 자명하고 당연한 것이라고 생각된 것이었다. 그리하여 일본 내셔널리즘의 작위作為)를 주도한 중앙정부의 의향뿐만 아니라 지방자치체나 지방의 명망가들에 의한 일본 내셔널리즘으로의 주체적 참가 혹은, 「관(官)」의 세력 말고도 「민(民)」의 세력에 의한 일본 내셔널리즘으로 능동적 참여의 실태가 명확해지기 시작했다.

「사쓰마」나 「조슈」등 소위 「서국웅번(西国雄藩)」출신자들이 자기가 소속한 「구번」에 대해서 소박한 애착을 느끼고, 또 무진전쟁(戊辰戦争)의 승리자로서 자부심을 가지고 거기서 필연적으로 고향이 같은 사람끼리 강하게 결합해 나가는 것은 자연스러운 흐름이었을 것이다. 그렇다면 여기서 「사쓰마」나 「조슈」라는 무진전쟁 승리자들의 「구번」카테고리가 존재하고 있었던 것과 마찬가지로 같은 전쟁의 패배자들이 소속한 「구번」, 예를 들어 「아이즈(会津)」「센다이(仙台)」「쇼나이(庄內)」「난부(南部)」 등 당시 일본에는 수많은 「구번」공동체가 존재했다는 점에 주목하고자 한다13).

「서국웅번」출신자들뿐만 아니라 「아이즈」나 「센다이」등 동국(東国)의 「구번」출신자들도 무진전쟁에서 패전을 경험했지만 그 전까지 실로 수백 년 간에 걸쳐 고유의 역사를 공유하고 견고한 단결을 유지하고 있었던 경우가 많다. 「아이즈」나 센다이」 등의 「사족」들도 그 「번국가(藩国家)」에 소속되어 있다는 것이 당연시되었기 때문에 개개인이 무진

---

13) 「아이즈(会津)」는 지금의 후쿠시마현(福島県)서부지방이고, 「센다이(仙台)」는 지금의 미야기현(宮城県)전역과 이와테현(岩手県)남부를 영유한 큰 번(藩)이었다. 「쇼나이(庄內)」는 오늘날의 야마가타현(山形県)북서지방이며 현재 쓰루오카시(鶴岡市)나 사카타시(酒田市)와 그 주변에 해당된다. 「난부(南部)」는 후에 자세히 살펴보겠지만 현재 이와테현(岩手県)중부와 북부, 아오모리현(青森県)동부를 합한 광대한 지역이었다.

전쟁의 패자라는 속성은 불가피하게 책임을 져야 했다. 그리고 그 때문에 그들이 정부 중추로부터 배제되었던 것이다.

「사쓰마」나 「조슈」에 의해 정부 중추에서 배제되었기 때문에 「번벌타파」라는 슬로건을 외친 사람들도 실제로 존재하고 있는 「살장번벌(薩長藩閥)」에 대항하기 위해서는 단결해야 했다. 그리하여 이 경우 「무진전쟁(戊辰戰爭)의 패배자라는 오명을 씻어야 한다!」는 공통테마를 내걸면서 출신이 같은 사람들끼리 자연스럽게 모여 서로 협력하기 위해 우선 그들도 「번벌화」해야 했을 것이다. 따라서 역설적이지만 오히려 그들 무진전쟁의 패배자들에게는 「구번」공동체의 신속한 해체와 그 역사의 망각은 불가능했다고 할 수 있다. 비록 1871년(明治 4年) 폐번치현(廃藩置県)에 의해 「번(藩)」이라는 체제 그 자체가 소멸되었다 해도 그것이 곧바로 지금까지의 「번」이 발생시켰던 귀속의식이나 공동체원리의 해체를 결정했던 것은 아니다.

 3 「쓰가루(津軽)」와 「난부(南部)」

「아이즈(会津)」「센다이(仙台)」「쇼나이(庄内)」「난부(南部)」 등의 「번(藩)」은 모두 현재 일본의 「도호쿠 지방(東北地方)」이라는 동일 지역 카테고리에 소속되는 것으로 여겨진다. 이 도호쿠 지방은 무진전쟁(戊辰戰爭) 때 「오우에쓰 열번 동맹(奥羽越列藩同盟)」을 결성해서 서일본 지방의 여러 「번」들을 중심으로 하는 메이지 신정부군(明治新政府軍), 소위 「관군(官軍)」에 대항해서 패배하였다는 것이 가장 일반적인 이해라고

할 수 있다.

원래 이 지역은 「오우(奧羽)」라고 불렸고 「무쓰국(陸奧国)[=현재 아오모리현(青森県), 이와테현(岩手県), 미야기현(宮城県), 후쿠시마현(福島県)]」과 「데와국(出羽国)[=현재 아키타현(秋田県), 야마가타현(山形県)]」을 합친 지역이다.

「도호쿠」라는 방위(方位)를 나타내는 일반명사가 지명을 나타내는 고유명사로서 정착한 것은 메이지 30년대(1900년경)이후로 여겨지고 있다14).

〈그림1〉 현재 「도호쿠 지방(東北地方)」 동북육현(東北六県) 및 현청소재도시(県庁所在都市)

하지만 이러한 이해는 무진전쟁이 「과거 봉건사회(封建社会)의 내란과는 다르게 전후(戦後)처리로 영주들의 구니가에(国替)가 거의 없었던」 것에 의해 「마치 도호쿠 지방 전체가 패배한 것처럼 고정된 결과」로 발생한 후대의 편견에 지나지 않았고 실제는 더 복잡한 내부 사정이 있었다.15)

1868년 1월 27일(慶應4年 1月 3日)에 발발한 무진전쟁(戊辰戦争)의 결과, 같은 해 5월 센다이(仙台)에서 「오우에쓰 열번 동맹(奧羽越列藩同

---

14) 河西英通(2001)『東北 -つくられた異境-』中公新書 참고.

15) 佐々木克(1977)『戊辰戦争 -敗者の明治維新-』中公新書, pp.219-220. 원문「<u>過去の封建社会の内乱と違って, 戦後の処分でほとんど大名の国替えがなかった. このことは地方的広さで敗者の地域が固定される結果となった. 敗者の群れの住む所として東北地方に新たにレッテルが貼りつけられたのであった.</u>」.

盟)」이 결성되었다. 이후 「센다이」나 「쇼나이」 등과 같은 동맹의 추축으로, 마지막(1868년 11월[明治元年 9月])까지 「관군(官軍)」에 대항했던 「번」인 「아이즈」와 「난부」가 있었다. 그런데 이 동맹은 결성 후 머지않아 분열되어 도호쿠 지방 남부에 위치한 「아이즈」는 일단 제쳐두고, 도호쿠 지방 북부에 위치한 「난부」가 실제로 싸운 상대는 서일본의 「번」들이 아니라 동맹을 배신하고 「관군」편을 들었던 같은 도호쿠 지방 북부의 「아키타(秋田)」와 「쓰가루」였다. 그리하여 「쓰가루」는 「난부」에게 있어서 1603년(慶長 8年) 막번체제 성립 이전부터 원한이 많은 수백년이나 이어진 원수와 같은 존재였다[16].

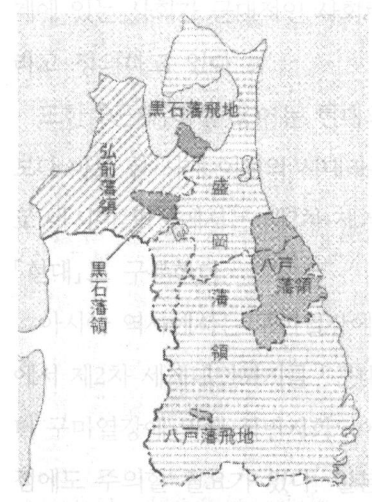

〈그림2〉 에도시대(江戸時代)의 「북오우 지방(北奥羽地方)」(현재 도호쿠 지방(東北地方)의 북부) 그림 인용 青森県홈페이지 ホーム〉観光・文化・教育〉文化〉青森県史の質問箱01 http://www.pref.aomori.lg. jp/bunka/culture/shitsumon01.html

위 지도의 구로이시번(黒石藩)은 히로사키번(弘前藩)의 지번(支藩)이며 히로사키번과 친족관계가 있었다. 즉 히로사키번과 구로이시번의 영역을 합해 「쓰가루」라는 지역개념이 이루어졌다. 위와 같이 하치노헤번(八戸藩)은 모리오카번(盛岡藩)의 지번이며 모리오카번과 친족관계가 있었다. 모리오카번과 하치노헤번의 영역을 합한 「난부」라는 지역은 현재 아오모리현(青森県) 동부, 이와테현(岩手県) 중부와 북부, 아키타현 일부분에 해당한다.

---

16) 쓰가루번(津軽藩)의 성립 사정 및 그 역사 개략은, 今野敏 「津軽藩」, 豊田武 편 (1973) 『東北の歴史〈中〉』 제2장 제8절, 吉川弘文館 참조.

쓰가루번은 전국시대(戦国時代)의 영주 난부씨(南部氏)의 신하 중 한 명이었던 쓰가루 다메노부(津軽為信, 1550-1608)가 난부씨 지배하에 있었던 쓰가루 지방(津軽地方)을 빼앗고, 전국시대 말기의 1590년(天正 18年)에 도요토미 히데요시(豊臣秀吉, 1537-1598)로부터 영지를 인정받아 시작되었다. 그 후 중앙 정국을 교묘하게 간파한 다메노부는 히데요시를 이어서 도쿠가와 이에야스(徳川家康, 1543-1616)한테도 영지를 인정받았다. 이렇게 해서 다메노부를 번조(藩祖)로 성립한 쓰가루번은 그대로 막부 말기까지 존속되어 「쓰가루」라는 지역 관념이 성립되었다. 이와 동시에 난부번(南部藩)도 막부 말기까지 일관하여 존속하기 위해서 「난부」라고 하는 지역관념이 이루어졌다. 이것이 「쓰가루」와 「난부」의 대립 감정이 생긴 원인이다. 쓰가루씨(津軽氏)가 난부씨를 두고 방심하는 일이 없었고, 난부씨도 쓰가루씨보다 원한이 더 많은 원수는 없었다. 그리고 이것은 지방 영주 일족간의 문제뿐만 아니라 두 지역에서 생활하는 인민들에게까지 문제가 되었다. 에도시대를 통해서 「쓰가루」와 「난부」는 「여러 가지 경제적 갈등 탓에 매사에 영민(領民)간의 싸움이 끊임이 없어」[17] 너무나 험악했던 것이다.

이러한 두 「번국가(藩国家)」의 대립은 메이지시대가 된 직후에 현실화되어 전쟁으로까지 발전되었다. 도호쿠지방의 무진전쟁이 최종국면을 맞이했던 1868년 11월 7일(明治元年 9月 23日)새벽, 약 180명으로 이루어진 「쓰가루」의 군세가 「난부」 영내를 갑자기 공격해 왔고, 약 200명으로 이루어진 「난부」의 수비대와 전투하는 사태에 이르렀다. 이것을 「노헤지전쟁(野辺地戦争)」라고 부른다[18]. 난부번은 이 전투 직후

---

17) 岩手県(1962) 『岩手県史』제6권, p.205. 원문 「種々の経済的葛藤からことごとに領民間の争いが絶えず」.

1868년 11월 8일(明治元年 9월 24일)에 정부군에 대해서 정식으로 항복을 신청하여 무진전쟁 자체는 장기화되지 않고 그대로 종결되었기 때문에 「쓰가루」와 「난부」의 직접 전투는 더 크게 번지지 않고 끝이 났다. 하지만 두 「번」의 무사(武士)들에게 이 전투의 의미는 결코 가벼운 것이 아니었다.

아래에 인용하는 자료에는 노헤지(野辺地)에서의 전투를 시작할 때 「쓰가루」 무사(武士)들의 「자번(自藩=자기 나라)」에 대한 순수한 귀속 의식과 「적번(敵藩=다른 나라)」인 「난부」에 대한 용서하기 어려운 반 감이 모두 원초적인 것으로 나타나고 있는 사실을 확인할 수 있다.

> 척후였던 야마다 요우노신(山田要之進)의 죽음은 가장 불쌍하지만 그 죽음은 가장 칭송해야 할 것이다. 이 사람은 자질이 견실하며 허식을 경계 하는 인물이었다. 야마다는 진군 전야에 동료인 친구, 사이토 지로사쿠(齋 藤治郎作, 현재는 개명해서 렌(璉)이 되었다.)에게 아래와 같이 말했다. 「오늘 밤 진격하면 나는 처음으로 오랫동안 쌓였던 울분을 풀 수 있을 것 같다.」 희색만면이 되어 갑자기 흥분돼 검을 빼고 뛰어올라서 문이나 벽을 마구잡이로 베었다. 이어서 「친구야! 내일 결전은 개인적인 싸움이 아니다. 첫째, 조은(朝恩)에 보답하기 위해서, 둘째, 번조(藩祖)이래의 원 수(仇讎)를 살육하기 위해서 싸울 때라고 생각하면 정말로 천재일우의 좋 은 기회이다. 내일 나는 깨끗하게 싸워서 난부인(南部人)들 고집을 꺾어 주마」라고 이야기했다. 체진(滯陣) 중에 쓴 몇 십 통의 서류를 다 태우고 아무 것도 남기지 않았다. 이 때 한 장의 피륙에 사세구(辞世句)를 쓰고 나서 군복 어깨에 꿰매 붙였다. 그 사세구는

> "落葉なすあだを見ながら散らさずば吹き返さじな外のはまかぜ 楯雄".

---

18) 「노헤지전쟁(野辺地戦争)」의 개황에 대해서는 같은 책, pp.91-93, 青森県(1926) 『青森県史』제5권(구판), pp.588-626을 참조.

[사세구 의역] (드디어)낙엽이 될 원수(仇讎)를 보면서 지게 할 수 없다면 「소토가하마(外が浜)」서부터 불어오는 바다 바람은 (절대로)돌아올 것이 없는 것 같다.[19]

쓰가루번사(津輕藩士)였던 야마다 다테오(山田楯雄)는 9월 23일 전투에서 전사하였지만, 위의 인용문에 있는 「번조(藩祖)이래의 원수(仇讎)를 살육하기 위해서」와 「난부인(南部人)들 고집을 꺾어 주마」라는 말은 당시 「쓰가루」무사들이 가지고 있었던 일반적인 감정을 대변하고 있다고 간주할 수 있다. 물론 「조은(朝恩)」이라는 단어에도 주목해야 하지만 역시 여기서 더욱 강조되고 있는 것은 「쓰가루인(津輕人)」들이 보유한 「반 난부 의식(反南部意識)」일 것이다. 1868년에는 반 「난부(南部)」 감정을 강하게 느낀 보통 「쓰가루인」들의 자기의식도 야마다 다테오의 자기의식과 크게 다르지 않았다.

위와 같이 무진전쟁(戊辰戦争)때에도 분출된 「쓰가루인」들과 「난부인」의 대결 심리는 그 후에도 사라지지 않고 계속해서 남아 있었다. 이러한 「쓰가루인」의 감정은 시간이 더 지난 1893년(明治 26年)에도

---

19) 「津軽藩誌附録」『太政官日誌』(1869년[明治2年] 2월), 앞의 책, 『青森県史』제5권, pp.620−621. 원문 「而して其の死の尤も憐れむべく又尤も嘉みすべきもの, 斥候山田要之進なりとす. 此の人天資堅実にして虚飾なし. 進軍の前夜同勤の知己, 斎藤治郎作氏(現今, 璉と改名す)に語りて曰く, 今夜の進撃僕初めて, 多年の積欝を消散するなりと喜色満面に溢れ, 豪気勃然剣を抜き, 舞ふて戸壁を乱斫す. 又曰く, 兄よ, 明日の戦は私戦に非ずと雖も, 一は朝恩に報い, 一は藩祖以来の怨敵を屠戮せん時と思へば, 実に千載得がたき好機なり. 僕明日潔く決戦し, 南部人の心胆を挫折すべしと. 滞陣中に於ける数十通の書類を焼棄して一物を遺さざりき. 当時, 辞世一片を帛布に書して之を戦砲(아마「袍」의 오자)の肩に結べり. 日く, 落葉なすあだを見ながら散らさずば吹き返さじな外のはまかぜ 楯雄」. 이 사세구(辞世句)중에 있는 「外のはまかぜ」는 「소토가하마(外が浜)」로부터 불어오는 바닷 바람이며 예로부터 많은 와카(和歌)에 등장하는 「우타코토바(歌言葉)」로서 유명하다. 「소토가하마(外が浜)」는 아오모리현(青森県)쓰가루반도(津軽半島)동부의 무쓰만(陸奥湾)연안을 가리키는 옛 지명이다.

여전히 확인할 수 있다. 아래는 구쓰가루번(舊津軽藩)출신의 역사가인 도노사키 가쿠(外崎覚, 1859－1932)[20])가 『徳川十五代史』[21])라는 책을 출간한 나이토 치소(内藤耻叟, 1827－1903)에게 보낸 반박서(反駁書)의 일부분이다.

> [『徳川十五代史』의 표기로] 항간에 쓰가루씨(津軽氏)에 대한 평판을 떨어뜨리고자 하는 의도로 사용된 문언은 아래에 예시된 것들처럼 상당히 많다. 예를 들면「고노에 태정대신(近衛太政大臣)의 자손이라고 자칭하고 있다.」「역대 난부씨(南部氏)의 신하였다.」「다메노부(為信)는 그 후 야수노부(安信)의 손자인 [난부(南部)]노부나오(信直)를 모반했다.」「빈틈을 노려서 쓰가루삼군(津軽三郡)의 전부를 강탈했다.」「쓰가루 우쿄노수케(津軽右京亮)라고 거짓말로 자칭했다.」「그 후 오랫동안 난부씨와 동격이었지만 사실은 난부씨의 반신(叛臣)이다.」 등이 있다. 아아, 나와 같이 쓰가루 지방(津軽地方)에서 성장하여 대대로 은혜를 받았던 인간의 감정으로는, 분개비분(憤慨悲憤), 이러한 방언(放言)을 하는 남자의 고기를 다 먹어 치우고, 그 뼈를 물이나 불 속에 처넣어버리고 싶은 욕구를 억제할 수가 없다.[22])

구미토번(舊水戸藩)출신 나이토(内藤)가 정리한 도쿠가와시대(徳川時代)에 관한 역사서에서 쓰가루씨(津軽氏)는「고노에씨(近衛氏)의 자

---

20) 도노사키(外崎)에 관해서 川村欽吾(1976)「外崎覚略伝——明治の津軽人〈二〉」『東奥義塾研究紀要』제9집 참조.
21) 1892－1893년(明治25－26年)에 발행, 博文館.
22) 外崎覚(1893)『徳川十五代史中津軽の條を弁論するの書』, p.43. 원문「世間に於て故らに津軽家を毀害せんと欲するか如きの文句を用ゐたる者, 左の数條の多きに至れり. 即ち「自称す近衛太政大臣云々」「世々南部に臣たり云々」「為信後安信か孫信直に叛く云々」「虚に乗し悉く三郡を奪ひ云々」「自ら津軽右京亮と称す詐て言ふ云々」「後永く南部と同列たりと雖も実は南部の叛臣なり」等なり. 嗚呼, 覚輩の如き津軽地方に成長して数世の間其恩沢を蒙ふる者の感情に於ては, 憤慨悲憤, 誰か如此の言を放つ者の肉を喰ひ, 其骨を水火にするを欲せさる者あらんや.」.

손이라고 자칭하고 있다」「역대 난부씨(南部氏)의 신하였다」「다메노부(為信)는 모반했다」「빈틈을 노려서 강탈했다」「거짓말로 자칭했다」「사실은 난부씨의 반신(叛臣)이다」 등과 같이 표현되고 시종일관 난부씨에 반역을 일으킨 신하로 취급되었다. 이것에 대하여 도노사키(外崎)는 일단 「박약한 증거, 꼼꼼하지 못한 조사에 따라 이러한 단정을 내린 것은 정말로 공명정대한 사려가 결여되어 있다」[23]고 하면서 역사연구자로서 객관적인 비판을 시도하고 있다. 하지만 그렇다고 하더라도 『德川十五代史』같이 「난부」의 편을 드는 것을 역사론으로 밝힌 나이토에 대하여 「쓰가루인」 도노사키의 분노는 「이러한 방언(放言)을 하는 남자의 고기를 다 먹어 치우고, 그 뼈를 물이나 불 속에 처넣어버리고 싶은 욕구를 억제할 수가 없다」고 하는 표현에 나타나 있듯이 너무나도 주관적이기 때문에 격렬하다.

그런데 이 주관이야말로 1871년 폐번(廃藩) 후 20년이나 더 지난 1893년(明治 26年)이 되어도 여전히 실재하고 있었던 「나와 같이 쓰가루 지방(津軽地方)에서 성장하여 대대로 은혜를 받았던 인간의 감정」이며 자연발생적인 향토애, 즉 패트리어티즘의 전형이라고 간주할 수 있다. 도노사키(外崎)에 의하면 이 반박서(反駁書)는 원래 나이토 치소(内藤耻叟) 개인 앞으로 보낸 것이며 세상에 알릴 생각도 없었던 것이지만 도노사키의 친구들이 이것을 인쇄해 세상에 널리 배포해야 된다고 몇 번이나 권해 주었기 때문에 공판되기에 이르렀다고 한다[24]. 여기에서 도노사키의 친구들인 많은 「쓰가루인」들도 도노사키가 말한 「나와 같

---

23) 위의 책, p.42. 원문「薄弱なる証拠, 疎漏なる取調を以て如此断定を下せしは, 実に公明正大の思慮を欠く.」.
24) 위의 책, p.1.

이 쓰가루 지방에서 성장하여 대대로 은혜를 받았던 인간의 감정」에 자연스럽게 공감하고 있었던 것을 알 수 있다. 그리고 그러한 무사적인 「감정」이 「인쇄」되어 「세상에 널리」, 하지만 이것은 전국적이라기보다 아오모리현(青森県)쓰가루 지방에서 한정적으로 읽혀지는 것에 의해 시대가 메이지로 바뀌어도 여전히 변함없이 「쓰가루인」으로서의 자기 의식이 생성되어 갔다[25].

전술한 바와 같이 중앙집권국가의 구성원리인 내셔널리즘은 원초적인 향토애인 패트리어티즘을 유력한 보완 작용으로서 이용한다. 따라서 메이지 전반기를 통해서 「난부」에 대한 대항의식을 절대로 버릴 수 없는 「쓰가루인」들의 사례에서 본 「우리 번」, 즉 「우리나라」에 대한 귀속의식은 머지않아 성립한 근대 국가로서의 「일본」, 즉 「우리나라」에 대한 귀속의식과 비교했을 때 더 없이 흥미로운 것이라고 할 수 있다[26].

---

25) 메이지 20년대부터 30년대까지 히로사키(弘前)에서의 「구번 현창 운동(舊藩顕彰運動)」개요에 대해서는, 高木博志「桜とナショナリズム」 및 「「郷土愛」と「愛国心」をつなぐもの」앞의 논문, pp.12－14를 참조. 역대 쓰가루 번주(津軽藩主)의 기념제(記念祭)나 번사 편찬(藩史編纂)등의 사업에서 중심적인 역할을 맡은 인물이 도노사키 가쿠(外崎覚)이다. 다카기는 「사족(士族)」을 중심으로 이루어진 운동으로 ① 히로사키 성적 공원(弘前城址公園)의 정비와 일반 공개, ② 각종 행사의 일반 시민들 참가, ③ 학교 교육이라는 세 가지를 통해 「사족」들에게 제한하지 않고 다양한 계층의 사람들이 같은 「쓰가루인(津軽人)」으로서 통합될 수 있었다고 한다.

26) 이하 여기서는 시험적으로 「구번(舊藩)」을 통한 결집 원리에 대해서 「에스니시티(ethnicity)」개념을 이용해 생각해 보고자 한다. 사회학에서 사용되는 이 개념은 연구자마다 모두 각각의 정의가 있다고 말할 만큼 다양하게 나타난다. 최근 「에스니시티」에 관한 기본문헌의 양이 많이 늘어났다. 여기서는 역사학으로의 응용 예로서, Anthony D. Smith, The Ethnic Origins of Nations, 1986 [일본어 역본은 アンソニー・D・スミス 저, 巣山靖司・高城和義 외 역(1999) 『ネイションとエスニシティー 歴史科学的考察』名古屋大学出版会 참조.] 「에스니시티」라는 분석 개념을 정의하는 것은 본 논문의 목적과 무관하므로, 우선 스미스의 정의에게 따르면, 그것은 ① 집단의 이름, ② 공통의 혈통신화, ③ 역사의 공유, ④ 독자적인 문화의

「고향」을 사랑하는 원초적인 마음(애향심)은 「고국」을 사랑하는 원초적인 마음(애국심)으로 활용되어 갔다. 그래서 막말 유신기(幕末維新期)의 무사들이 자기가 소속한 「번」을 위해 본인의 목숨을 걸 수 있었던 것처럼 메이지 이후의 일본인들도 자기가 소속하는 조국 일본을 위해서 모든 힘을 내고 헌신하게 될 것이다. 그와 동시에 이러한 「고국」즉 「우리나라」를 사랑하는 원초적인 마음(애국심)이야말로 다른 나라나 다른 나라의 사람들에 대한 반감이나 적의(敵意)를 만들어내는 근원이 된다.

공유, ⑤ 특정한 영역과의 연결, ⑥ 연대감이라는 여섯 개의 기준으로 판정하는 것이다(역본, pp.29－39). 예전의 일본에 존재한 모든 「번」이 에스닉(ethnic) 공동체로서 인정할 수 있는지, 그 적합성의 여부는 그 「번」의 특성에 따라 다양한 것이다. 그 기준에 비추어 볼 때, 본장에서의 고찰 대상인 「쓰가루번」은 ① 「쓰가루(津輕)」혹은 「히로사키(弘前)」라는 이름, ② 의제혈족(擬制血族)인 무사집단(武士集團)을 유지하기 위하여 신앙된 번조(藩祖)인 쓰가루 다메노부(津輕爲信)에 의한 건국신화(建國神話), ③ 막번체제(幕藩体制) 아래 260년간이나 영주의 「쿠니가에(國替)」가 없었던 사실을 기린 역사의 공유, ④ 독립성과 통일성이 더없이 높은 쓰가루 사투리(津輕弁)가 상징하는 독자적인 문화의 공유, ⑤ 「쓰가루 후지(津輕富士)」라는 별명이 붙을 만큼 아름다운 이와키산(岩木山)과 그 기슭을 흐르는 이와키강(岩木川)에 의해 구체적으로 떠오르는 풍경과의 연결, ⑥ 평소 가상적(仮想敵)인 「난부(南部)」의 존재를 자각하면서 만들어낸 강고한 연대감이라는 에스닉 공동체로서의 여섯 개 조건을 모두 충족하고 있다. 그보다 본문에서 인용한 자료 중 야마다 다테오(山田楯雄)나 도노사키 가쿠(外崎覚)가 표명하고 있었던 감정이야말로 메이지시대에 있어서 확실하게 실재했던 「쓰가루」라는 공동체의 결집 원리를 에스니시티라는 분석 개념으로 이해하는 것의 유효성을 보증해 준다고 할 수 있다.

〈사진1〉 「쓰가루(津輕)」의 상징인 이와키산(岩木山). 표고 1,625m.
별명 「쓰가루 후지(津輕富士)」

 극복되는 「구번(舊藩)」

　한편 그 작은 나라들끼리의 대립 감정은 다름 아닌 「쓰가루(津輕)」와
「난부(南部)」 출신자들에 의해 객관적으로 파악되며 극복되는 경우가
있었다. 그 예의 하나로서 「난부」 출신자이며 근대 일본을 대표하는 교
육가가 된 니토베 이나조(新渡戶稻造, 1862－1933)가 1928년(昭和3年)의
강연에서 이야기한 것을 살펴보고자 한다.

　　나는 어렸을 때 이와테현(岩手県)에서 자랐다. 그곳은 난부번(南部藩)
　　이며, 일본에서 꽤 북쪽 지방인데 우리나라보다 북서쪽에 쓰가루번(津輕
　　藩)이 있다. 이 난부번과 쓰가루번은 서로 사이가 나쁜 관계에 있어 마치
　　견원지간과 같았다. 도로를 만들 경우도 난부번이 만드는 도로와 쓰가루

번이 만드는 도로를 각자 따로따로 만들었다. 도로에 가로수를 심으려고
할 때에도 난부번이 적송(赤松)을 심으면 쓰가루번은 흑송(黑松)을 선택
한 바와 같이 절대로 협동하지 않았다. 왜냐하면 그것은 적개심(敵愾心)
을 길러 두지 않으면 어떠한 사건이 일어났을 때 「난부(南部)」사람이 「쓰
가루(津輕)」편을 들거나 배반한다는 걱정을 했기 때문이다. 그런데 이것
은 일본 뿐만이 아니다.

　　노르웨이와 스웨덴 같은 경우는 언어는 조금 다르지만 인종은 똑같고
아마 도쿄(東京) 부근과 나의 고향 부근 정도의 차이이다. 같은 언어이지
만 사투리가 다른 정도이며 예를 들어 입센(Henrik Johan Ibsen)의 책이라
면 노르웨이어로 쓰여 있어도 스웨덴 사람들은 모두 다 읽을 수 있다.
큰 목소리로 읽으면 조금은 말이 막혀 더듬거리지만 이해하는 데에는 전
혀 지장이 없다. 문학은 서로 공통이라고 해도 될 정도이다. 그렇지만 나
도 스스로 경험하고 실험한 것인데 스칸디나비아(Scandinavia)라고 하는
단어를 쓰면 대단히 싫어한다.

　　「스칸디나비아가 아니다. 노르웨이는 노르웨이, 스웨덴은 스웨덴이며
결코 똑같지 않다.」 이렇게 말한다. 포르투갈과 스페인 같은 경우도 우리
는 저들을 다 똑같이 이베리안 페닌슐라(Iberian peninsula)라고 말한다.
하지만 스페인인들에게 물어보면 포르투갈 따위와 하나가 되어 공동의 지
명을 내건다는 것을 흔쾌히 생각하지 않는다. 포르투갈도 마찬가지다.[27]

---

27) 新渡戸稲造(1934) 『西洋の事情と思想』(이것은 1928년[昭和3年]의 강연 속기이며
　　니토베의 사망 후에 간행되었다), 新渡戸稲造全集編集委員会 편(1969) 『新渡戸稲
　　造全集』제6권, 教文館, p.523. 원문 「私等は子供の時に岩手県で育つたが, そこの
　　南部藩は日本でもずつと北の方であるが, 私の国よりもつと西北に津軽藩があ
　　る. この津軽藩と南部藩とは, 背中合せで, 犬と猿みたいに仲が悪かつた. 道路を
　　作るのでも, 南部藩で道路を作るのと, 津軽藩で作るのとは, ずうーツと合はな
　　いやうに持つて来る. 道路並木を作るのにも, 南部藩で赤松を並木にすると, 津
　　軽藩では黒松にするといふやうに, 決して協同的にやらなかつた. 何故といへば,
　　それは敵愾心を養つておかぬと, 事ある時に, 南部のものが津軽に附いたり, 裏
　　切つたりする懸念があつたからで, これは日本ばかりではない. 諾威と瑞典など
　　は, 言葉も少しは違ふが, 人種も同じであるし, 先づ東京辺と私の郷里の辺の相
　　違ぐゐである. 同じ言葉で訛りの違ふぐゐのもので, 例へばイプセンの書物
　　ならば, 諾威語で書いてあつても瑞典人には悉く読める. 大きな声で読むと少しは問

위와 같이 니토베는 예전에 뿌리 깊게 존재한 일본 내부의 작은 나라 끼리의 대결심리 즉「적개심」에 대해서 확실히 지적하고 있다. 그리고 그것을 더욱 큰 차원, 다시 말하면 유럽 세계에 있어서의 국민 국가끼리의 대결심리(노르웨이와 스웨덴, 그리고 포르투갈과 스페인)와 비교하며 언급하고 있다.

그러나 이러한 자기 나라와 다른 나라의 대결감정은 도식화되고 상대화되어 극복되어야 할 것으로서 그려지게 되었다. 아래는 니토베가 같은 강연 중에서「애국심=내셔널리스틱 마인드(nationalistic mind)」과「국제심=인터내셔널 마인드(inter-nationalistic mind)」에 대해서 말한 것이다.

국제심(國際心), 즉 인터내셔널 마인드(inter-nationalistic mind)라는 말이 있다. 국제심이라고 하지만 별도로 그런 마음이 있는 것은 아니다. 그냥 그러한 마음을 가질 수 있는 방법이다. 마음의 태도다. 따라서 누구나 사용할 수 있고 사람 의지대로 어떻게든 된다.

예를 들어 어떤 국제문제가 있고 만일 저쪽이 미국이며 이쪽은 일본이라고 가정하면, 내셔널리스틱 마인드(nationalistic mind)로 보면 무슨 일이 있어도 자신의 나라 이익을 위해서 해결해 가야 한다.「마이 컨트리 라이트 오어 롱(My country, right or wrong)」이라는 말이 나타내고 있듯이 옳아도 그릇되어도 우리나라이기 때문에 라고 한다. 이것이 내셔널리스틱 마인드이며 참된 애국심(愛国心)인지 아닌지는 판단하기 어렵지만 애국심임에는 틀림이 없다. 자기 나라의 이익만을 생각하고 상대 나라 편은 전혀 생각하지 않는다.

へるけれども, 理解する上には一向差支へない. 文学はお互に共通といつてよいくらゐになつてゐる. けれども, 私も自分で経験し実験したことであるが, スカンヂナビアといふ言葉を使ふと, 大へんいやがる.「スカンヂナビアではない. 諾威は諾威, 瑞典は瑞典で, 決して同じではない.」といふ. 葡萄牙と西班牙にしても, 吾々はあれをアイベリアン・ペニンシュラといふ. ところが西班牙人に聞くと, 葡萄牙などと一緒になつて, 共同の地名を戴くことを潔しとしない. 葡萄牙も同様である.」.

그렇지만 인터내셔널 마인드(inter—nationalistic mind)는 이러한 경우
에 상대편 이야기를 대충 듣고 「아무렴, 그렇고말고」라며 어느 정도 상대
편의 주장을 받아들여 양보해주고, 이 문제에 대해 보다 높은 곳에서 생각
한다. 혹은 한 걸음 물러나 그 문제를 대처한다. 틀에 박히지 않고 객관적
으로 이에 대해 생각한다. 즉 이러한 마음을 가지는 방법이 인터내셔널
마인드라고 나는 그렇게 생각한다.[28]

앞의 자료에서 나타난 다른 나라에 대한 「적개심」은 이 자료에서 「애
국심」, 즉 「내셔널리스틱 마인드(nationalistic mind)」라고 하며 「자기
나라의 이익만을 생각하고 상대 나라 편은 전혀 생각하지 않는」 태도가
문제로 여겨지고 있다. 그리고 니토베가 그 반대 개념인 「인터내셔널
마인드(inter—nationalistic mind)」야말로 정말 필요한 것이라고 호소
하고 있는 것을 알 수 있다.

니토베가 「내셔널리스틱 마인드(nationalistic mind)」를 넘어 「인터내
셔널 마인드(inter—nationalistic mind)」의 필요성을 주장한 전제에는

---

28) 위의 책, p.521. 원문 「国際心, 即ち, インターナショナル・マインドといふ言葉が
ある. 国際心といつても, 別にさういふ心があるのではない. たゞ心の持ち方で
ある. 心の態度である. 故に誰にも用ひられ, また人の意志によつてはどうにで
もなる. 例へば, ここに国際問題があつて, 仮に相手が亜米利加, 此方は日本とす
ると, ナショナリスティック・マインドで見れば, どうしても自分の国の利益の
ために, これを解決せねばならぬ. 「マイ・カントリー・ライト・オア・ロング」
といふ言葉が示す如く, 是であれ非であれ, 俺の国だから, といふ. これはナショ
ナリスティック・マインドで, これが真の愛国心かどうかは知らないが, 普通に
いふ愛国心には違ひない. 自分の国の利益ばかりを思つて, ちつとも先方のこと
は考へない. けれどもインターナショナル・マインドといふものは, さういふ場
合に, 向うのことも一通り聞いて, なるほど, それももつともだと, 或程度までは
先方の説を容れ, 此方で讓つてやるといふくらゐに, いはゞ高い所からこれを見
る. 或は一歩退いて, その問題に当る. それに嵌り込まないで, 客観的にこれを見
る. 即ち, この心の持ち方がインターナショナル・マインドであると, かく私は
考へてゐる.」.

그의 고향인 「난부」와 적국인 「쓰가루」의 대립이라는 사정이 있었다. 그리고 아마 「난부인」인 니토베 자신이 가지고 있었던 감정에도 자국인 「난부」에 대한 「애국심」과 적국인 「쓰가루」에 대한 「적개심」은 모두 억누르기는 어려웠음을 실감하고 있었던 것이다. 왜냐하면 다름이 아닌 그의 조부인 니토베 쓰토우(新渡戸伝, 1973－1871)야말로 앞의 제3장에서 언급한 노헤지전쟁(野辺地戦争)의 전후(戦後)처리를 담당한 난부번(南部藩)측 간부 중 한사람이었기 때문이다. 「난부」국경지역에서 실제로 적국 「쓰가루」와 대결한 경험을 가진 조부가 있는 니토베 이나조(新渡戸稲造)는 「난부」에 살고 있었던 사람들이 「난부인」으로서 적국 「쓰가루」와 마주한 기억과 결코 무관하지 않았다고 할 수 있다.

단, 그렇기 때문에 니토베는 자국인 「난부」에 대한 「애국심」과 적국인 「쓰가루」에 대한 「적개심」의 이 두 가지를 상대화할 수 있었던 것이다29). 자기 마음 속에 「애국심」과 「적개심」이 처음부터 존재하지 않았

29) 참고로 아래와 같이 니토베(新渡戸)는 당시 일본인들이 외치고 있었던 「애국심(愛国心)」이라는 말이 실은 역사적 전통도 없고 철학적 이상도 없는 신조어라고 꾸짖으며 비판하고 있었다. 「최근 우리나라에서는 어떠한 문제의 해결에 있어 마지막 결정은 애국심이 되는 경우가 많고, 애국심이 드러나면 무조건 허용되는, 그 이상의 사상은 없는 것 같다. 경우에 따라서는 인도(人道)를 거역해도 애국심을 존중하는 것 같은 경향이 있는 것 같다. 그리고 이 애국심이라는 것이 우리의 위대한 진보를 방해하고 있는 경우도 있다. 아마 일본인들 중에 애국심의 어원을 알고 있는 사람은 거의 없을 것 같다. 애국심이라는 글자는 『고사기(古事記)』에 없고 『일본서기(日本書紀)』에도 없고, 『일본외사(日本外史)』에도 없으며 『국사략(国史略)』에도 없다. 물론 『도연초(徒然草)』에 있을 리도 없다.」, 新渡戸稲造(1915)『人生雑感』(1906－1913년[明治39年－大正2年]의 강연 속기), 新渡戸稲造全集編集委員会 편(1969)『新渡戸稲造全集』제10권, 教文館, pp.95－96. 원문 「近頃の我国では愛国心が最後の決定になつて, 愛国心を持ち出せば何でも御尤もに通り, 愛国心以上の思想はないやうである. 時には人道に反しても愛国心を尊重するような傾向がないでもない. そして此の愛国心なる者が吾々の偉大なる進歩を妨げる場合なきにしもあらずである. 一体日本人の中で愛国心の語源を知つて居る者は少いやうである. 愛国心と云ふ文字は古事記になく日本書紀になく, 日本外史にもなければ, 国史略にもない, 勿論徒然草などにあらう筈はない.」.

다면 그것을 인식하거나 상대화할 수 없었을 것이다. 따라서 니토베는 「국제심」, 즉 「인터내셔널 마인드(inter-nationalistic mind)」라는 「마음을 가질 수 있는 방법」이나 「마음의 태도」의 실현 가능성을 확신할 수 있었고 그것은 「누구나 사용할 수 있고 사람 의지대로 어떻게든 된다」고 호소한 결과를 낳았다고 생각해야 한다.

〈사진2〉 「난부(南部)」의 상징인 이와테산(岩手山). 표고 2,038m. 별명 「이와테 후지(岩手富士)」 혹은 「난부 가타 후지(南部片富士)」

5 다시 살펴본 후쿠자와 유키치(福沢諭吉) 『구번정(舊藩情)』
― 지역적 단절과 계층적 단절 ―

이상의 사례들에서 본 바와 같이 메이지시대 전반기에는 서로 이웃한 「쓰가루(津輕)」와 「난부(南部)」라는 두 「구번(舊藩)」이 발생시켰던 공동체 원리는 확실히 실재하고 있었고 그곳 출신자들이 메이지시대 이후에 기술한 논설문들에 다양한 영향을 미치고 있었다. 따라서 본 논문을 매듭짓기 전에 일단 그 정리를 하고자 한다.

우선 본 논문의 두 주인공인 「쓰가루」출신 역사가 도노사키 가쿠(外崎覚)가 쓴 감정적인 문장과 「난부」출신 교육가 니토베 이나조(新渡戶稲造)가 쓴 이성적인 문장을 대비해 보았다. 이때 도노사키의 경우에서 나타난 「애국심」을 초월하여 니토베가 주장한 「국제심」을 키우는 것이 중요하다는 결론이 내려질 경우가 많을 것으로 보인다. 특히 일본에서는 그러한 경향이 강하다고 생각된다. 하지만 본 연구는 현재 일본에서 교육자들이 공감하기 쉬운 실천적 태도를 역사적 과거로부터 발굴해서 그러한 「마음을 가질 수 있는 방법」나 「마음의 태도」가 현대 국제사회에 필요하다는 주장을 하기 위해서 이들을 인용한 것이 아니다. 오히려 이러한 평범한 결론을 제시해서 사고를 정지하는 사태를 역사학적 관점에서 상대화해 보고 싶다.

원래 니토베가 주장한 바와 같은 「국제심」의 획득과 보유가 「사람 의지대로 어떻게든 된다」고 하는 결론은 과연 쉽게 내릴 수 있는 것인지 알기 어렵다. 실제로 니토베가 예시한 스칸디나비아 반도나 이베리아 반도에 존재하고 있는 국가나 국민들의 대립 감정은 2013년 현재에도 여전히 뿌리가 깊어 사실을 말하자면 지금도 「쓰가루」와 「난부」의 구별이 완전히 소실된 것은 아니다. 물론 여기에 2013년 현재의 일본과 한국의 관계를 함께 보아도 좋다. 세계를 바라보면 니토베의 강연으로부터 약 85년이 지난 지금에도 어떤 나라나 지역사회에서 다른 나라나 다른 민족에 대한 「적개심」을 극복하면서 「국제심」을 양성하는 것은 더없이 어렵고, 이것은 「사람 의지대로 어떻게 해도 안 된다」는 것이 보다 사실에 가깝다는 생각이 든다.

그래서 현재에 있어서 채용해야 하는 실천적 태도에 관한 논의는 일단 보류해 두고, 여기서는 이하의 세 가지를 확인할 수 있다면 충분할 것이다. 첫째, 메이지시대를 통해「쓰가루」와「난부」의 두 지역에는 전국시대로부터 수백 년간 이어진 대립감정이 남아있고 이따금 재생산되었다. 둘째, 그 지역이야말로「애국심」의 실천과「국제심」의 이념이라는 완전히 반대되는 두 개의 사상을 만들어내는 모체가 되었다. 셋째, 그 어느 쪽도 근대 일본을 통해서 일정한 설득력을 가지고 있었다.

여기서 본 논문 모두(冒頭)에 기술한 후쿠자와 유키치의 소책자인『구번정』을 다시 한 번 살펴보고자 한다. 실은 이 소책자 안에서 주요한 문제로 여겨지고 있었던 것은 지금까지 서술한「쓰가루」와「난부」처럼「자번(自藩)」과「적번(敵藩)」의 사이에 있었던 지역적 단절이 아니다. 지역적으로는 같은「번」이지만, 예를 들어 똑같은「나카쓰(中津)」이지만 그 중에 있었던 차이, 사농공상(士農工商)의 차별이며 같은 무사의 신분 중에 있었던「상사(上士)」와「하사(下士)」의 차별이라는 계층적 단절이었다. 메이지시대 전반기를 살았던「사족」들에게는 원래 같은 주인을 위해 섬긴「구번」을 매개로 한 사람들끼리의 단결이 있고, 그러한「무사로서 길러진 명예의식」[30]이 간단히 사라질 리가 없었다. 하지만 근대 이전의 사회상황에서는 같은 무사 신분 중의「상사」와「하사」의 차이도 거의「천연(天然)의 정칙(定則)」[31]과 같은 것이었다. 그것을 아래의 인용 자료에 따라 확인해 본다.

　　　　상등과 하등 두 사족(士族)은 권리를 달리하며, 골육의 인연을 달리하

---

30) 園田英弘・濱名篤・廣田照幸(1995)『士族の歴史社会学的研究 −武士の近代−』名古屋大学出版会, p.105. 원문「武士として培われた「名誉意識」」.
31) 福沢『舊藩情』앞의 책, 『福沢諭吉全集』제7권, p.266.

며, 빈부를 달리하며, 교육을 달리하며, 경제와 생활설계 방식을 달리하
며, 풍속 습관을 달리하고 있으므로 자연히 명예의 소재도 다르고 이해
관계도 다를 수밖에 없다. 명예도 이해 관계도 달리하고 있기 때문에 동정
하여 서로 불쌍히 여기는 감정이 있을 리도 없다. 예를 들면 상등사족(上
等士族)끼리의 대화중에 「밑에 있는 패거리에는 말 할 수가 없는데 실
은... 운운」과 같은 말이 자주 있었다. 반대로 하등사족(下等士族)들도 「
위에 있는 패거리가 모르는 일이지만 저것은...운운」이라고 하면서 서로
마음 속으로 의심하고 분개하고 오랫동안 매우 불쾌한 상태였다. 그건
그렇지만 천하 일반 분수를 알아야 한다는 가르침이 중요시되고 사물에
질서가 있어서 바뀌지 못하는 시세(時勢)였으므로 그냥 그 시세에 지배된
탓에 평소 의심이나 분노를 밖으로 발할 수가 없고 혹은 잊은 채하여 발하
는 것을 몰랐던 뿐이다.[32]

후쿠자와가 서술한 바에 따르면 「상등과 하등 두 사족(士族)」은 「권
리, 골육의 인연, 빈부, 교육, 경제와 생활설계 방식, 풍속습관, 명예,
이해관계」의 모두를 달리하고 있고 그 때문에 「동정하여 서로 불쌍히
여기는 감정」이 공유될 수 없었다고 한다.

이러한 「상등사족」과 「하등사족」의 구별이 분명하게 존재하는 한편,
무진전쟁(戊辰戦争)에 참전한 이타가키 다이스케(板垣退助, 1837－1919)
가 「아이즈(会津)」는 원래 「천하(天下)의 웅번(雄藩)」이라고 불렸음에도

---

32) 위의 책, p.271. 원문「上下両等の士族は, 権利を異にし, 骨肉の縁を異にし, 貧富
を異にし, 教育を異にし, 理財活計の趣を異にし, 風俗習慣を異にする者なれば,
自から亦其栄誉の所在も異なり, 利害の所関も異ならざるを得ず. 栄誉利害を異
にすれば又従て同情相憐むの念も互に厚薄なきを得ず. 譬へば, 上等の士族が偶
然会話の語次にも, 以下の者共には言はれぬことなれども此事は云々と云ふこと
あり. 下等士族も亦給人分の輩は知らぬことなれど彼の一條は云々とて, 互に窃
に疑ふこともあり慣ることもありて, 多年苦々しき有様なりしかども, 天下一般,
分を守るの教を重んじ, 事々物々秩序を存して動かす可らざるの時勢なれば, 唯
其時勢に制せられて平生の疑念憤怒を外形に発すること能はず, 或は忘るゝが如
くにして之を発することを知らざりしのみ.」.

불구하고 그것이 멸망할 때 나라를 위해서 목숨을 바친 사람들은 단 5000명의 사족뿐이었고 농상공(農商工)의 서민들은 모두 짐을 짊어지고 도피하는 모습을 목격」33)하였듯이 「사족」과 「농상공」도 엄격하게 구별되었다. 일부 「사족」들을 제외한 많은 사람들은 자신이 살고 있는 「번국가」의 흥망에 대해 책임이 없고 주체적 관심을 가질 수 없는 「객분(客分)」의 지위에 있었던 것이다.34)

그러나 이러한 에도시대의 계층의식에 기인한 피아(彼我)구분은 1877년에 후쿠자와가 말한 예언대로 그 때부터 50년이 지난 1927년(昭和 2年)까지 거의 대부분이 극복되었다. 모두(冒頭)에서 이미 서술했지만, 그 때의 제국 일본은 복수의 해외식민지를 가지게 되었고 이 해외식민지들과 세계 여러 나라에 대해서 이른바 「내지(內地)」의 일본 인민이 공통으로 보유한 「우리는 일본인이다」라는 아이덴티티가 굳어져 확립되어 있었다. 그리고 다음 해 1928년(昭和 3年), 니토베는 강연에서 과거를 되돌아보았을 때 옛날 「번」공동체 사람들 사이의 단절에 관해서 자기 나라 「난부」와 다른 나라 「쓰가루」라는 지역적 단절을 문제시하고 언급할 수 있었던 한편, 똑같은 「난부」에 존재했던 계층적 단절에 대해서는 생각해낼 것이 전혀 없었던 것이다.

따라서 이때 니토베는 「국제심」이라는 이념을 설명하기 위해 「난부」와 「쓰가루」라는 지역 간의 대립 감정을 소재로 사용한 것에 의해, 본인

---

33) 板垣退助 감수(1910) 『自由党史』, 인용은 岩波文庫 판(1957) 『自由党史 〈上〉』, pp.28－29. 원문 「夫の会津が天下の雄藩を以て称せらるゝに拘らず, 其亡ぶるに方つて国に殉ずる者, 僅かに五千の士族に過ぎずして, 農商工の庶民は皆な荷担して逃避せし状を目撃」.

34) 牧原憲夫(1998) 『客分と国民のあいだ－近代民衆の政治意識』吉川弘文館, p.8. 후쿠자와 유키치(福沢諭吉)와 이타가키 다이스케(板垣退助)에게는 당시 일반 민중의 「객분의식(客分意識)」불식이라는 똑같은 정치적 과제가 있었다고 할 수 있고 계층 간 차별의 해소와 평등한 국민의 창출을 목표로 여겼다.

의 의도와는 다르게 일본 및 일본인 내부에 실재한 자기 나라에 대한 「애국심」과 다른 나라에 대한 「적개심」을 강조하고 이것을 근대 일본 내셔널리즘의 본질로서 각인시켜버린 것이다. 하지만 그 대신에 니토베는 옛날 일본에 실재한 「상사」와 「하사」 및 「사족」과 「농공상」 사이의 대립감정에 관해서 언급하고 있지 않아 그것을 은폐하는 데 성공했다고 할 수 있다. 이것 역시 본인의 의도는 아니었지만 니토베는 일본 및 일본인 내부에 있었던 에도시대부터 수백 년이나 이어진 계층적 단절을 망각[35]하게 하는 것에는 성공했던 것이다. 즉 니토베의 주장 자체가 아니라 그가 주장하지 않았던 부분에 더욱 중대한 의미가 있는 것이다.

이렇게 생각해보면 청일개전(日淸開戰)의 바로 직전의 해에 해당하는 1893년(明治 26年) 「쓰가루」에서 원래 쓰가루번사(津輕藩士)였던 도노사키 가쿠(外崎覚)가 서술한 문장이 인쇄되어 세상에 널리 배포될 계획이었던 사실로도 새롭게 일본 내셔널리즘 형성에 관련되는 중요한 의미를 찾아볼 수 있을 것이다. 즉 예전에는 무사(武士)들에게만 한정되었던 「나와 같이 쓰가루 지방에서 성장하여 대대로 은혜를 받았던 인간의 감정」, 다시 말해 고향인 「쓰가루」에 대한 귀속의식을 사족(士族)계층에 제한하지 않고 쓰가루 지방(津輕地方)에 살고 있는 모든 사람들로 확산시켜가는 사상적 운동이라는 측면이다. 니토베에 의한 「국제심」을 높이 평가하는 것과 반대로 이것은 적극적으로 지역 간의 대립감정을

---

35) Ernest Renan, Que'est-cequ'uneNation?, 1882 [일본어 역본 エルンスト・ルナン 저, 鵜飼哲 역(1997) 『国民とは何か』インスクリプト, pp.47-48 참조.] 루난(Renan) 이 제기한 「역사의 망각」라는 개념은 최근에 다시 읽혀져서 베네딕트 앤더슨 (Benedict Anderson)이 제창한 「상상의 공동체」론을 떠받치는 중요한 주제가 되었다. 이 점에 관해서 Benedict Anderson, *Imagined Communities: Reflections on the Origins and Spread of Nationalism*, 1983(Revisededition, 1991)[일본어 역본 ベネ ディクト・アンダーソン 저, 白石さや・白石隆 역(1997) 『想像の共同体 -ナショ ナリズムの起源と流行-』NTT出版 참고.

불러일으키면서 「쓰가루인」들의 「쓰가루」에 대한 「애향심」 즉 「애국심」을 보존하려고 하고 있었다. 그러나 이 때문에 예전에 「쓰가루」 내부에 실재하고 있었던 상하 다른 계층 간의 대립감정이 은폐되어서 차차 망각되어 온 것이다.

이 점에 관련해서 1900년(明治 33年)에 니토베 이나조(新渡戶稻造)의 대표작 『무사도(武士道)』가 집필되어 공판된 것도 원래 무사들에게만 한정되고 있었던 도덕을 농공상 신분의 모두 사람들로 확산시킨 것이라고 생각하면, 이것은 이전에 존재했던 계층 간 차별의 은폐에 대해 무의식적으로 기여했다고 할 수 있다. 수평방향의 지역적 단절의 존재에 대해 공공연하게 이야기된 결과 수직방향의 계층적 단절의 존재가 은폐되어 극적으로 잊혀져갔다. 그래서 언뜻 정반대의 주장을 펼쳤던 「난부」의 니토베와 「쓰가루」의 도노사키이지만 결국 이 두 사람은 예기치 않게 향토애(패트리어티즘)을 매개로 한 사람들의 단결에 현실성을 부여하면서 옛날부터 이어져 온 계층 간 차별을 언급하지 않음으로써 모든 사람들을 같은 「일본인」로 수평화, 통합하는 일본 내셔널리즘의 형성에 깊이 관계를 가지게 된 것이다.

본 논문은 東北大学 大学院 文学研究科 日本思想史研究室 편 『日本思想史研究』제43호(2011년 3월)에 게재된 일본어 논문 (「日本ナショナリズムと舊藩 －「津軽」と「南部」を中心に－」)을 수정・가필하여 저자 자신이 한국어로 번역한 것이다.

동아시아연구총서 제1권

동아시아 교류와 문화변용

산동 근대도시의 서구문화 수용과 교육환경
-칭다오(靑島), 지난(濟南)에서의 문화식민주의 성격을 중심으로-

김형열

부산대학교 사학과에서 학부와 석사를 마치고, 중국 난징(南京)대학 사학과(歷史 學系)에서 박사학위를 받았다. 현재 동의대학교 사학과 교수로 재직하고 있으며, 관심 연구 분야는 중국 근대 산동(山東)지역 도시발전사 및 동아시아 도시무역 네트 워크 형성 관련 분야이다. 주요 논문으로 「산동 제남(濟南)의 상부(商埠) 건립과 도시 근대화」, 「일본의 청도 경략과 청도 도시경제의 발전」, 「난징대학살과 기억의 정책 -학살에 대한 기억의 전승과 관리를 중심으로-」 등과 공저로 『동아시아사의 인 물과 라이벌』, 『도시화와 사회갈등의 역사』 등이 있다.

1 머리말

칭다오(靑島)와 지난(濟南)은 근대 뿐만 아니라 오늘날에 이르기까지 산동(山東)을 대표하는 주요 도시들 중 하나라고 할 수 있다. 이들을 포함한 산동 각 도시들의 역사적 운명이 갈린 것은 근대 이후의 일이었다. 즉 각 도시들의 전통적 성격과 위치에 큰 변화가 생기고 정치적 상황과 결단에 따라 발전과 쇠퇴라는 상이한 길을 걷게 되는 것은 19세기 후반에 이르러 발생한 역사적 현상이었던 것이다. 비록 칭다오와 지난이라는 도시가 가진 정치적 성격의 역사 연원은 서로 달랐지만 이들이 근대 도시로 발전하게 되는 계기는 크게 다르지 않았다. 다름 아닌 제국주의 침략이라는 시대적 배경이 근대 도시 형성의 직접적, 간접적 원인을 제공해 주었던 것이다. 한 도시는 제국주의 침략의 예봉을 피해 가기 위해 스스로 개항장을 건설하고 도시를 개방하였으며 다른 한 도시는 바로 제국주의 침략의 한복판에서 식민도시로서 건설되었다. 산동 지역을 휩쓴 독일과 일본 제국주의의 영향은 그들이 건설한 식민도시이건 아니건 간에 산동의 거의 모든 지역에 두루 미쳤다. 그리고 그들이 실시한 식민지 문화정책은 제국주의적 경제정책과 더불어 산동의 주요 도시에 변화의 바람을 불러 일으켰다.

칭다오(靑島)는 교주만(膠州灣) 지역에서 흥기한 항구도시로서 먼저 독일의 교주만 점령 및 조차에 의해 식민지 항구로서 개발되었다. 그러다가 다시 일본에 의해 강점되어 산동에 대한 정치적, 경제적 침략의 전초기지 역할을 담당하였다. 근현대 칭다오의 역사를 시기별로 구분해 보면 대략 다섯 시기로 나누어 볼 수 있다. 즉 1898년부터 1914년까지의 독일점령시기, 1915년부터 1922년까지의 일본점령시기, 1923년부터 1928년까지의 북양군벌통치시기, 1929년부터 1937년까지의 국민정부통치시기, 1938년부터 1945년까지의 일본지배시기로 구분해 볼 수 있는 것이다. 그 중 제1시기인 독일점령시기는 청일전쟁 이후 제국주의 열강의 식민지 분할경쟁과 맞물려 근대 산동지역 역사를 연구하는 연구자들의 관심이 집중되는 시기라 할 수 있다. 칭다오는 독일점령시기 군사적 목적과 상업적 목적에서 근대적 항구로 건설되었다. 이때부터 칭다오는 도시 근대화의 길을 걷기 시작하였고 근대적 도시규획과 도시건설이 진행되었다. 또한 1904년 지난(濟南)과 교주만을 잇는 교제철로(膠濟鐵路)의 개통 이후에는 1861년 개항한 옌타이(烟臺)가 지니고 있던 독보적인 무역항의 지위를 승계하여 내지의 산지시장 및 집산시장과 해외 시장을 연결해주는 주요 연해 수출입 시장으로 부상하였다.

19세기 중엽까지만 해도 누구의 주목도 받지 못하던 칭다오가 중국 근대의 정치적, 경제적 중심지로 부상하게 된 것은 무엇보다도 독일의 교주만 침탈과 식민도시의 건설이라는 제국주의적 선택과 불가분의 관계에 있다고 할 수 있다. 후발 자본주의 국가로 성장한 독일은 뒤늦게 다른 열강과 동아시아 지역 식민지 쟁탈 경쟁에 참여하였지만 교주만의 점령과 더불어 산동을 자신의 세력 하에 두는 쾌거를 거둘 수 있었다. 독일의 지배 이후 다시 일본에 의해 점령된 칭다오는 일본의 식민지 경제정책에 의해 상업도시에서 공업도시로 그 성격이 전환되는 역사적 전기를 마련하였다. 이처럼 칭다오의 도시성격과 경제적 성장은 일본 점령시기의 영향을 더 크게 받은 것이 사실이었다. 하지만 식민지 도시 건설 과정에서 드러난 칭다오 고유의 도시 특징은 독일점령시기에 형성된 것이었고 그러한 특징은 좀처럼 사라지지 않았다. 따라서 오늘날 칭다오의 원형이 되는 식민지 건설 초기의 정치적 상황과 교육·문화적 환경을 알아보는 것은 칭다오의 도시성격을 파악하기 위한 기초자료를 제공해 줄 수 있으리라 보인다.

지난(濟南)은 노(魯) 나라 공자(孔子)의 고향인 취푸(曲阜) 및 제(齊) 나라의 수도였던 린즈(臨淄)와 가까이 있어 제로문화(齊魯文化)의 중심지라 할 수 있었고 그 문화적 전통이 강하게 배여 있는 곳이었다. 명청(明淸) 양대에 걸쳐 산동성(山東省), 제남부(濟南府), 역성현(歷城縣)의 지방정부가 모두 자리하였던 지난성(濟南城)은 관서(官署)를 중심으로 한 행정 도시였다. 이러한 행정 도시로서의 성격과 유교교육의 전통은 지난이 청 말에 이르기까지 그 정치적 중요성에도 불구하고 경제적으로는 그다지 번영하지 못하였던 이유를 설명해 줄 수 있을 지도 모른다. 하지만 너무나 철저하게 전통적이어서 근대로의 전환이 어려울 것처럼 보이던 지난에도 상부(商埠)의 건립이라는 획기적인 대사건과 함께 사회적, 경제적으로 많은 변화가 일어나게 되었다. 즉 전통에서 근대로, 정치중심에서 경제중심으로, 폐쇄성에서 개방성으로, 전통문화에서 근대문화로의 전환이 상부 건설 이후 지속적으로 진행되면서 도시의 성격과 기능이 완전히 바뀌었던 것이다. 민국(民國) 전기 지난이 근대 도시로 변모하게 된 것은 어쩌면 상부 건설과 교제철로의 개통이라는 청말의 정치, 경제적 사건과 더불어 그러한 통상시설과 교통기구를 통하여 들어오게 된 서구문화의 영향 또한 그 중요한 원인으로서 설명해야 할지도 모른다. 물론 상부 건설과 교제철로의 개통은 지난의 경제발전을 설명할 수 있는 가장 중요한 요소이기는 하지만 이와 더불어 지난이 근대 도시로 발전할 수 있었던 도시 내적 요인, 즉 문화 환경의 변화도 함께 살펴보아야 할 것이다.

이 글은 칭다오와 지난이 근대 시기 서양 제국주의의 산동 침략이라는 정치적 배경 속에서 식민지 무역항으로서 또는 내륙 통상장으로 개발되어, 상업도시와 공업도시로 발전해 가는 가운데 보여주게 된 근대화의 과정과 모습을 담아보고자 하는 의도로 작성되었다. 식민지 도시로 개발된 칭다오의 모습은 전형적인 식민도시의 발전 양상을 보여주고 있으며 여기에는 식민당국의 식민지 정책이 반영되고 있다고 볼 수 있다. 따라서 칭다오 도시의 구조와 성격을 알아보기 위해서는 식민화와 식민정책, 그리고 식민문화의 보급 과정과 결과에 대해 천착해 보지 않을 수 없다. 그런 의미에서 칭다오라는 중국의 연해도시가, 근대 동아시아 식민도시가 걸었던 경로를 어떻게 밟아가게 되었으며 그러는 가운데 어떠한 문화를 받아들이고 이에 적응해 나갔는지를 탐구해 보는 것은 의미 있는 일이라 생각된다. 또한 서구문화를 받아들인 산동의 정치도시 지난에서 교육의 근대화가 어떻게 이루어졌고 이러한 교육환경 속에서 당시의 도시 사람들은 변화된 도시문화를 어떻게 받아들이게 되었는가를 살펴보는 것도 도시 근대화의 양상을 바라보는 또 다른 측면이라 생각된다. 본문에서는 먼저 산동 지역에 어떤 식으로 서구 문화가 들어오게 되었으며 제국주의 침략 속에서 도시가 어떻게 건설되고 식민화되었는지를 알아보고자 한다. 다음으로는 식민화 과정에서 받아들이게 된 식민문화가 어떠한 경로로 도시에 침투하게 되었는지 그 과정을 탐색해 볼 것이며 마지막으로 도시 근대화를 거치면서 도시공간과 환경이 근대적으로 변모하는 모습을 살펴보고자 한다.

2 교회교육의 확산과 신식학당의 설립

아편전쟁 이전 청(淸) 정부의 종교금지 정책으로 인해 서양 선교사의 전교활동 지역은 광저우(廣州)와 마카오(澳門) 두 군데로 제한되어 있었다. 따라서 기독교 포교의 성과는 극히 미약하였다.[1] 아편전쟁 이후 서양 열강은 군사적 침략과 외교적 간섭을 통해 청 정부에 일련의 불평등 조약을 체결하도록 강제하였고 이들 조약을 통해 외국 교회세력이 통상항구에서 교회당을 건립하고 전교를 할 수 있는 권리를 획득하면서 근대 중국에서의 본격적인 전교활동이 시작되었다.

산동(山東)에 신교(新敎)가 전파되어 들어온 것은 1820년대부터였다. 그 이후 각 파의 기독교가 경쟁하듯이 산동에서 전교활동을 하였다.[2] 기독교는 두 가지 방향을 통해 내지(內地)에 침투하였다. 한 가지는 옌타이(煙臺)와 덩저우(登州) 등 연해지역을 기초로 하여 점차 내지로 발전해 가는 것이었고, 다른 하나는 북방의 통상항구인 톈진(天津)으로부터 남하하여 산동 북부와 동부로 확장해 가는 것이었다. 두 가지 방향 중에 첫 번째 방향이 주도적이었다.[3] 19세기 말까지 신교세력은 급속히 확대되어 산동 전역에서 그 세력을 공고히 하는 발판을 마련하였다. 이 시기 기독교는 산동 각지의 관리와 지식인 그리고 인민 대중의 강렬한 반대 및 저항에 직면하면서도 세력 확장을 거듭하여 1899년 의화단운동이 발발할 때까지 산동성 107개 현에 600여 개의 교회당을 건립하

---

1) 陶飛亞・劉天路(1995)『基督敎會與近代山東社會』山東大學出版社, p.7.
2) 張玉法(1982)『中國現代化的區域研究・山東省(1860－1916)』臺灣中央研究院近代史研究所, p.149.
3) 陶飛亞・劉天路(1995)『基督敎會與近代山東社會』앞의 책, p.14.

며 전교활동을 실시하였다.[4]

1900년 의화단운동이 진압되자 신교는 산동 각지에서 대규모로 각종 전교활동을 전개하여 세력을 크게 확장시켰다. 이 시기 산동의 신교는 한편으로 포교활동을 강화하여 이미 점유하고 있던 포교구역을 공고히 하고 새로운 포교구역을 개척해 나가는 동시에 다른 한편으로는 각종 교육·의료 사업을 벌여 많은 학교와 병원을 산동 각지에 세웠다. 이러한 교육·의료 사업의 목적은 중국 인민 대중의 반기독교 정서를 누그러뜨리고 기독교 포교를 통해 서양의 우수한 문화를 도입함으로써 배후에 있는 제국주의의 중국 침략을 원활히 하고자 하는 데 있었다.[5] 산동에서 독일 세력이 확장됨에 따라 산동의 기독교회 또한 황금시기를 맞이할 수 있었다. 1920년대 기독교회가 중국 전역에 걸쳐 조사한 통계자료에 의하면 산동의 포교구는 1330개로 중국에서 가장 많았다. 산동의 신교도 수는 전국에서 두 번째로 많았는데 산동성 인구의 0.135%를 차지하였으며 이는 전국 평균 신도수의 두 배에 달했다.[6]

신교 교회의 교육·의료 및 자선사업과 기독교 포교사업은 불가분의 관계에 있었으므로 교회의 포교활동은 이들 사회사업을 통해 진행되었다. 학교와 병원에서 실시된 포교활동은 전교대상에게 직접적인 이익을 주었고 그 효과 또한 빨랐기 때문에 교회에서는 이를 매우 중시하였다. 기독교회는 하나의 문화세력이었으므로 그 포교과정 또한 일종의 문화전파 과정이라 할 수 있었다. 즉 하나의 이질적인 문화가 또 다른 문화환경 속에서 변용을 거쳐 발전하는 과정이었던 것이다. 이러한 이

---

4) 陶飛亞·劉天路, 위의 책, p.32.
5) 楊懋春「濟魯大學校史」『山東文獻』第3卷 第2期
6) 陶飛亞·劉天路(1995)『基督敎會與近代山東社會』앞의 책, p.36.

질문화 전파의 성공 여부는 이질문화 전파과정 중에 본토문화에 대한 인식, 적응, 흡수, 이용을 어떻게 해 내느냐에 의해 결정된다고 할 수 있었다. 바꾸어 말하면 이질문화와 본토문화 상호간의 융합과 개조 여부가 성공적 문화전파의 관건이었던 것이다. 따라서 산동에서 기독교 전파의 성공 여부는 교회의 포교활동이 산동 사회의 상황에 어떻게 적응하고 또 어떻게 이를 이용할 것인가에 달려 있었다. 문화전파의 각도에서 살펴볼 때 산동에서의 기독교 포교활동은 성공적 사례라 할 수 있었다.

근대 산동에서의 기독교 전교사업의 발전과정은 사실상 중국 전통문화의 서구문화에 대한 배척과 수용의 과정이었다. 기독교의 전파는 서구문화가 산동에 침입하는 중요한 경로였고 산동 사회에도 상당히 중요한 영향을 주었다. 먼저 기독교의 전파는 산동 향촌사회 풍속의 변혁을 가져왔다. 기독교는 남녀평등을 제창하였고 부녀를 억압하는 사회 폐습을 교회 내에서 가장 먼저 제거하였다. 예를 들어 선교사는 전족의 위해성을 선전하며 전족을 풀거나 전족을 하지 않아야만 교회학교에 입학할 수 있도록 했다. 기독교도 중 전족을 한 부녀의 비율은 보통 부녀에 비해 매우 낮았다. 교도들의 구식 혼인관념 또한 점차 변화하여 혼인은 중매를 통해서가 아니라 남녀 사이의 직접 교제와 승낙을 통해 행해야 한다는 관념이 팽배해졌다. 산동 사회에 남아 있던 축첩, 창기, 도박 등의 구습이 교회에 의해 폐지되었다. 둘째로, 외국 선교사들은 산동 각지에 병원을 개설하고 학교를 건립하는 한편 구제활동을 벌이거나 심지어 공예를 제창하여 산동의 경제적, 사회적 근대화를 이끄는 동력 작용을 하였다. 하지만 기독교도가 벌인 경제사업은 처음에 대부분 외국기업의 부속물로서 존재하였고 몇몇 교도들은 실제로 외국기업의 매판 역할을 하기도 하였다. 기독교도가 창업한 기업이 발전함에 따라 이러한 부속과 합작의 관계는 대부분 경쟁의 관계로 변하였다. 하지만 근대 경제활동에 참여한 기독교도들은 일부분에 국한되었고 상공업 자본가로 발전한 자는 더욱 적었다. 비록 그렇다 하더라도 중국 사회 내의 어떠한 유사 단체와 비교를 하더라도 기독교 단체의 경제활동 비율은 매우 높은 측에 속했다.[7)]

산동의 근대교육은 교회교육으로부터 시작되었다. 교회학교는 청말 산동의 유일한 신식 교육기구였다. 1860년대까지 산동의 전통교육은 사서오경의 속박 속에 있었다. 하지만 이 시기 바다를 건너 산동 연해에 도착한 기독교 선교사들은 서양의 교육체제를 모델로 하여 산동 연해 지역에서 신식 학교를 설립하기 시작하였다. 이를 기점으로 하여 소학 에서 중학 및 대학까지의 정비된 교육체계가 발전하기 시작하였고 근대교육의 기틀을 마련하였다. 교회학교는 또한 청말 민국초기 외국인이 산동에서 설립한 학교의 주된 형식이었다. 1863년부터 1916년까지 외국인이 산동에서 건립한 학교는 119개로 그 중 76개소가 교회에서 건립한 것이었다. 이들 중 미국 각 파의 신교가 건립한 것인 47개소, 영국 각 파의 신교가 건립한 것이 14개소, 기타 국가의 신교에서 설립한 것이 9개소, 청년회에서 건립한 것이 4개소, 천주교회에서 건립한 것이 2개소였다.[8)]

1900년 교제철로(膠濟鐵路)가 건설되자 산동의 교회교육은 새로운 단계에 접어들게 되었다. 교통의 편리로 인해 산동의 각 교회는 힘을 합쳐 교육사업을 진행해야 할 필요를 느끼게 되었던 것이다. 1902년

---

7) 任銀睦(2007) 『靑島早期城市現代化硏究』三聯書店, pp.314-315.
8) 張玉法(1982) 『中國現代化的區域硏究·山東省(1860-1916)』 앞의 책, p.195.

산동의 양대 교회조직인 영국의 침례회와 미국의 장로회는 칭저우(靑州)에서 회의를 열고 「산동기독교연합대학」을 건립하기로 결의하였다. 이에 따라 영국 침례회에서 칭저우에 설립한 광덕서원(廣德書院) 대학부와 미국 장로회가 덩저우에 설립한 문회관(文會館)을 합병하여 연합대학의 문리과(文理科)를 만들고 학교이름을 「광문(廣文)」이라 하였다. 대부분의 학과는 웨이시엔(濰縣)에 개설하였고, 신과(神科)와 사범과(師範科)는 칭저우에 개설하였다. 지난(濟南)에서는 화미(華美)병원의 의학교와 침례교에서 설립한 의학교가 합병하여 의도학당(醫道學堂)을 설립하였는데 이는 대학의 의과에 해당하는 것이었다. 1917년에는 지난에 새로이 교사(校舍)를 건립하고 웨이시엔의 광문학당과 칭저우의 신학당을 이곳으로 옮겨와 이름을 제로대학(齊魯大學)이라 붙이고 문학원(文學院)·이학원(理學院)·의학원(醫學院)[9]을 개설하였다.[10]

제로대학은 산동의 교회학교 중 영향력이 가장 큰 학교로 설립에 참가한 단체만 13개에 달했다. 대학은 본과와 예과의 두 부분으로 나뉘었는데 예과는 2년, 본과 중 문리 및 신학은 3년, 의학은 5년으로 모두 베이징 관화(官話)를 사용하여 가르쳤다. 제로대학의 설립은 경비 및 교원 부족으로 인해 학교의 규모가 작았던 이전의 학교 건립 상의 특징을 변화시켰다. 또한 교학내용 면에 있어서도 초기 교회학교가 보여준 중국식 사숙, 서양학교, 신학원의 결합이라는 혼합식 교학 성격에서 벗어나 근대 과학지식의 전파를 중시하기 시작하였다. 교과과정 면에 있어서는 명확히 세속화의 추세가 드러났다. 일반 국립대학과 비교해 볼

---

9) 오늘날 우리의 단과대학에 해당하는 것으로, 문과대학·이과대학·의과대학에 해당함.
10) 東亞硏究所編(1943) 『諸外國の對支投資』, pp.470-472.

때 종교가 선택과목으로 지정되어 있는 것 이외에는 교과과정 상 큰 차이가 없었다. 교육의 질이라는 측면을 놓고 볼 때 제로대학은 산동 교회교육 중 상당히 높은 지위를 차지하였다. 제로대학은 1920, 30년대에 중국 내에 몇 안 되는 저명한 대학 중 하나였고 학생도 전국에서 몰려들었다.[11)

한편 독일 교회는 칭다오를 거점으로 하여 선교활동을 끊임없이 추진하여 칭다오의 교회교육은 산동에서도 상당히 높은 수준을 차지하였다. 더욱이 칭다오 도시의 근대화가 진행됨에 따라 칭다오 교육의 영향력 또한 점차 강화되었다.

독일의 신교는 후발 제국주의 국가인 독일의 식민세력과 함께 산동에 들어왔다. 칭다오에 있는 독일 교회단체로는 기독교의 신의회(信義會)와 동선회(同善會), 천주교의 성언회(聖言會)가 있었다. 그들은 모두 독일이 칭다오를 점령한 이후에 그 곳으로 갔고 1899년 칭다오 독일당국은 큰 면적의 토지를 그들에게 무상으로 증여하였다. 칭다오를 거점으로 한 독일은 교회교육 사업을 신속히 확장시켰다.

1898년 설립된 덕화서원(德華書院)은 독일 신교 선교협회의 학교사업을 기초로 하였는데 이 학교는 독일에서도 고급수준의 학교를 모델로 삼아 교학 계획을 제정하였다. 이 학교는 중국어와 중국문학의 지식을 가르침과 동시에 독일어, 산술, 지리, 자연, 미술, 음악 등의 교과과정을 설치하였다. 덕화서원은 칭다오에 설립되었지만 그 영향력은 칭다오 이외의 지역에도 미쳐서 저우푸(周馥)가 산동 순무(巡撫)로 재임 중에 이 학교의 학생이 지난(濟南府)에 있는 산동대학당(山東大學堂)의 입학시험에 응시할 수 있는 자격을 주기도 하였다. 덕화서원의 학생

---

11) 任銀睦(2007) 『青島早期城市現代化研究』 앞의 책, pp.318-319.

은 중국 전역에서 응시해 왔는데 1904년에서 1905년 사이의 통계에 따르면 당시 학생 중 73명은 산동성 출신이었고 30명은 다른 성 출신이었다. 이들 다른 성 출신 학생들은 대부분 중국 관원들의 자제였다.[12] 이외에도 칭다오에 있는 독일의 각 교회는 중국 거주민을 위해 학교를 설립하였는데 1911년 당시 소학 16개소, 중학 2개소, 여자학교 2개소, 신학원 2개소, 유아원 1개소, 직업학교 1개소가 설립되었다.[13]

이와 같은 외국 선교단체들에 의한 교회교육 사업의 발전은 청말 신정(新政) 기간 중 산동 지역 내 신식학당의 설립과 관련된 정치적 움직임에 일정한 영향을 주었다. 신정을 추진하는 과정에서 청 정부는 과거제도를 폐지할 것을 선포하고 각 지역에 신식학당을 건립하도록 명령을 내렸다. 신정이 시작되기 전에 이미 산동순무(山東巡撫) 위안스카이(袁世凱)는 의화단운동을 진압한 후 내외의 위기 국면을 심각하게 깨닫고서 국가의 근본 방향과 관련된 장기적 계획에 착수하여 교육개혁사업을 기획하고 있었다. 그는 산동에 근대적인 학교를 건설할 것을 제시하였는데 그 중에는 군사학교 한 곳과 고등교육기관 한 곳이 포함되어 있었다.[14] 1901년 4월 위안스카이는 청 정부에 10개조의 변법건의를 제출하였다. 그 중 제2조에서 제6조에 해당하는 사항이 곧 「관리교육(敎官吏)」「실학숭상(崇實學)」「실과증대(增實科)」「국민교육(開民智)」「경험중시(重遊歷)」로 모두 인재양성에 관한 것이었다.[15] 1901년 9월 14일 청 정부는 「상유(上諭)」를 반포하여 교육개혁을 진행하도록 조령

---

12) 膠州總督府『膠州地區發展備忘錄』(靑島博物館藏), 1904.10－1905.10.

13) 王守中・郭大松(2001)『近代山東城市變遷史』山東敎育出版社, p.227.

14) David D. Buck, *Urban Change in China : Plotics and Development in Tsinan, Shandong, 1890~1949*(The Univ. of Wisconsin Pr., 1978), p.42.

15) 『袁世凱奏議』(上)(天津古籍出版社, 1987), pp.268-277.

을 내렸고 위안스카이는 이 「상유」에 적극적으로 호응하여 곧 11월 16일 지난의 낙원서원(濼源書院)을 산동대학당(山東大學堂)으로 개편하는 동시에 『산동성성시판대학당잠행장정(山東省城試辦大學堂暫行章程)』을 제정하여 청 정부에 상주(上奏)하였다. 이 장정은 설립방법, 조규, 교과과정, 경비의 4부분으로 나뉘어 졌는데 대학당의 각 관리제도에 있어 원칙적인 규범이 되었다.[16]

　산동대학당 설립은 청말 산동 근대교육의 시작을 알리는 신호탄과 같은 것이었다. 비록 여전히 사서오경의 구식 교과과정을 채택하고 많은 구식 관리체제를 지니고 있었지만, 대학당의 설립은 2천여 년에 걸쳐 내세워졌던 「학교는 인륜을 밝히기 위해 존재한다」는 교육목적에서 처음으로 탈피하여 사회에서 필요로 하는 인재를 양성하기 위해 학교 교육을 사회적 요구와 긴밀하게 연결시켰다는 점에서 큰 의의를 지녔다. 이로부터 학교의 기능은 더 이상 각급 관리의 양성소로서의 기능에 한정되지 않았고 학교의 사회적 기능이 보다 두드러지게 되었다. 위안스카이가 전국에서 처음으로 성급(省級) 고등학당인 산동대학당을 설립한 이후 후임 산동순무 저우푸(周馥)은 한발 더 나아가 학생 모집을 확대하여 재학생 수가 400여 명에 달했다. 학당 내에는 도서관이 있었고 외국교사를 초빙하여 외국어를 강의하게 하였는데 외국어에는 영어, 독어, 불어, 일어의 4가지 종류가 있었다.[17] 청 정부는 산동에서 학당을 설립한 것에 대해 찬사를 보냈고 정무처(政務處)에 영을 내려 각 성(省)에서도 산동의 장정을 본받아 학당을 설립하게 함으로써 근대 교육체제 건립의 서막을 열었다.[18]

---

16) 張書豊(2001) 『山東教育通史』近現代卷, 山東人民出版社, pp.25-26.
17) 濟南市社會科學研究所(1986) 『濟南簡史』齊魯書社, p.404.

당시 신식의 고등교육은 전무한 형편이었기 때문에 소위 대학당이라 해도 초등학교(小學)에 해당하는 비재(備齋)와 중고등학교(中學)에 해당하는 정재(正齋)만이 설치된 상태였고, 진정한 의미의 고등교육(大學)에 해당하는 전재(專齋)는 광서(光緖)31년(1905년)에야 비로소 신입생을 모집하였다. 1904년부터 신해혁명 이전까지의 시기 동안 산동 관방(官方)에서 세운 고등전문학교(高等專門學校)로는 산동객적고등학당(山東客籍高等學堂, 1904), 산동관립법정학당(山東官立法政學堂, 1906), 산동관립고등농학당(山東官立高等農業學堂, 1906), 산동우급사범선과학당(山東優級師範選科學堂, 1907), 산동우급사범학당(山東優級師範學堂, 1910), 산동법률학당(山東法律學堂, 1910)이 있었다.[19] 고등학당 이외에 또 새로이 몇몇의 중소학당을 건립하거나 증축하였고, 교회학교에서나 국외에서 서양식 교육을 받은 청년 교사를 임용하거나 또는 직접 외국인 교사를 초빙하여 가르치게 하였다. 그렇게 함으로써 산동의 교육환경에 많은 변화가 발생하였는데 이는 구식의 교육이 붕괴되기 시작했음을 표시하는 것이었다.[20] 1909년의 통계에 따르면 성성(省城)인 지난에 관립소학당(官立小學堂)은 모두 44개소가 있었는데 그중 고등모범소학당이 1개소, 고등소학이 1개소, 초등모범소학이 2개소, 보통초등소학이 40개소 있었다. 독일의 교주식민지 산하 즉묵(卽墨), 평도(平度), 교주(膠州) 등 주현(州縣)도 20세기 초 연이어 관립고등소학당을 설립했다. 1908년에 이르러 즉묵에는 관립고등소학당 2개소, 초등소학당 49개소가 설립되었다.[21]

---

18) 丁致聘(1935)「飭各省照山東章程擧辦學堂」『中國近七十年來敎育記事』國立編譯館, p.9.
19) 張書豊(2001)『山東敎育通史』近現代卷, p.33.
20) 王守中・郭大松(2001)『近代山東城市變遷史』山東敎育出版社, p.390.

여성교육에 있어서는 1904년 산동에 첫 번째 공립여학당이 세워졌는데 이 학교에는 여공전습소(女工傳習所)가 있어서 공예 전문교과를 가르쳤다. 1904년에만 해도 지난에 3개의 여학당이 설립되었다. 그 중 역성현령(歷城縣令) 왕보안(王伯安)이 설립한 남관여학(南關女學)은 1기 학생으로 30명을 모집하였고, 서관약왕묘여학당(西關藥王廟女學堂)은 처음 입학한 자가 거의 100명에 달했다. 허즈야오(何志霄)가 설립한 여학당은 미국 국적의 여교사를 초빙하여 영어를 가르치게 했는데 후에 성립여자사범과 여자중학으로 발전하였다.[22] 이처럼 청말 교육개혁의 과정에서 산동의 교육에도 큰 변화가 일어나서 근대사회의 요구에 순응하는 새로운 교육체제가 처음으로 그 모습을 드러내었다. 이는 오랫동안 지속되었던 전통교육이 붕괴되고 근대교육이 흥기하게 되었음을 표시하는 것이었다. 산동의 신식교육이 지닌 특징을 기존의 전통교육과 비교하여 살펴보면 아래와 같은 점을 지적할 수 있다.

첫째, 교육의 정치적 기능보다는 경제적 기능을 더 중시하게 되었다. 전통교육의 목적은 「인륜을 밝히는 것(明人倫)」에 있었고 교학의 직접적인 목표는 관리를 양성하는 데 있었기에 교육의 정치적 기능이 두드러졌다. 학교는 지식을 전수하는 장소가 아니라 예비 관리를 훈련하고 전통도덕을 유지하며 팔고문(八股文)을 연습시키는 것이 각 급 학교의 주요 임무였다. 이에 비해 신식교육의 목적은 국민을 양성하는 것이었고 교학의 직접적인 목표는 농업, 공업, 상업과 관련된 능력을 기르는 것이었으므로 그 경제적 기능이 부상하게 되었다. 이들 신식학당은 일본과 서방의 학교를 모방하여 교과내용을 제정하였고 사회과학 및 자

---

21) 王偉(2003) 『靑島文化史話』靑島出版社, p.48.
22) 濟南市社會科學硏究所(1986) 『濟南簡史』, pp.404-405.

연과학과 관련된 새로운 교과과정을 설치하였는데 일부 사회과학 및 자연과학의 교과서는 외국의 교재를 직접 번역한 것이었기 때문에 학생들은 팔고문의 속박에서부터 벗어날 수 있었다. 또한 이를 통해 학교 교육에 있어서 서양 근대과학의 지위가 크게 높아질 수 있었다.

둘째, 교육이 점차 규범적, 독립적 성격을 띠게 되었다. 전통교육은 정치체제를 둘러싸고 운영이 될 뿐 자신의 엄밀한 조직체계가 갖추어져 있지 못하였다. 청말 신정시기 청 정부는 일련의 규범적이고 통일된 신식교육 법규를 제정하여 체계적으로 운영되도록 하였다. 이처럼 신식교육은 처음부터 독립적이며 규범을 갖춘 조직체계를 갖추고 있었다. 1906년 청 정부가 반포한 『권학소장정(勸學所章程)』의 관련 규정에 따라 산동에서는 각 부, 주, 현의 유학서(儒學署) 및 학관(學官)을 철폐하고 권학소를 지방의 각급 교육행정기구로서 설치하였다. 신식교육의 법규에는 유아교육에서부터 고등교육에 이르는 학제와 각급 교육행정 부문에서 학교의 행정책임자에 이르는 관리체계, 그리고 교과과정 및 교육방법 등이 모두 포함되어 있었다.[23] 따라서 청말 교육개혁의 선두 주자였던 산동의 교육은 법규에 따라 운영되는 규범적 성격을 지니게 되었다.

셋째, 근대적 교육체계가 완성되었다. 근대적 교육체계란 교육내용에 있어서 실용적 근대학문을 습득하고, 교육등급에 있어서 소학, 중학, 대학의 단계별 과정을 거치며, 교육형식에 있어서 특수목적에 따른 전문적 교육기관을 설립하는 등 근대적 교육이념과 교육방법을 갖춘 체계를 말하는 것이다. 부학(府學)과 현학(縣學) 그리고 다수의 서원을 주체로 한 기존의 전통교육 체계와 비교해 볼 때 산동의 신식교육 체계는

---

23) 張書豊(2001) 『山東敎育通史』近現代卷, p.53.

상대적으로 완전한 형식을 갖추고 있었다. 즉 교육등급에 따라 대학당, 중학당, 소학당, 몽학당(蒙學堂)이 있었고 교육형식에 따라 보통학교, 맹인학교, 반일(半日)학교, 직업전문학교, 여자학교, 특수교육학교가 있었으며 설립 주체에 따라 관립학교, 공립학교, 사립학교, 교회학교 등이 있었던 것이다. 각양 각색의 학교들은 서로 보완작용을 하며 과거의 구식교육에 비해 훨씬 완전한 체계를 갖추고 있었다. 이는 산동의 도시 교육환경에 커다란 변화가 생겼음을 의미하는 것이었고 이제 신식교육을 받은 수많은 학생들이 구시대의 과거합격생을 대신하여 지역사회의 제반 활동에 참여하는 중요한 역량이 되었음을 보여주는 것이라 할 수 있었다.

 ## 3 식민지 교육정책과 식민문화의 보급

독일이 칭다오를 점령한 1898년 당시 중국은 열강의 정치경제적인 이해관계가 치열한 상태였다. 문화적「수준」이 다른 지역의 식민지와는 차이가 있으며, 반식민지 상태에 있어 열강의 치열한 경쟁관계가 요구되는 중국에서, 독일은 기존 열강들과는 차별화된 식민지 프로그램을 수행하고자 했다. 이러한 식민지 정책은 1900년 중국 산동성에서 일어난 반기독교 운동인 의화단운동이 그 직접적인 계기가 되었는데, 독일은「높은 문화수준」을 보유하고 있는 중국에서 강압 통치가 아닌「문화적 침투」를 기획했다. 즉 독일은 훌륭한 홍보전시관인 칭다오에 독일제국의 우월한 문화를 진열하여 체계적인 모델식민지 건설을 추구

했던 것이다. 그리고 문화정책으로 명명된 이 프로젝트에는 베를린 제국정부와 제국 해군청, 학자, 독일 내 식민제국주의 단체, 그리고 상업적, 경제적 이익을 추구했던 상공인들이 광범위하게 참여하였다.[24]

우선 독일은 칭다오를 독일의 철도 및 항만 건설기술, 의료기술 등을 포함한 과학기술, 학문, 교육, 문화, 종교, 위생, 상품 등을 홍보하고 관리하는 전시장으로 설계하였다. 그리고 이 전시장을 통해 친독 중국인 엘리트를 확보해 장기적으로 독일의 상업경제적인 이익과 문화적인 지배를 구축하려 하였다. 독일은 칭다오를 동북아시아의 상업 근거지로 건설하고자 하였을 뿐 아니라 해당 지역의 문화·교육·위생 사업에도 힘을 써 칭다오를 「유럽문화의 전파 기지」로 만들고자 하였던 것이다.[25] 이러한 독일의 식민지 정책은 단지 칭다오뿐만 아니라 산동성과 중국 전체로 독일의 영향권을 점차 확대하고자 했던 제국주의 침략정책의 한 방편이었다. 독일의 영향권 확대를 추진한 주체였던 베를린 제국정부와 칭다오를 통치했던 제국 해군청이 주목한 분야는 과학기술을 중심으로 한 교육이었다. 즉 독일은 교육을 통한 친독 엘리트 확보가 식민지배의 지속성을 보장하는 가장 효율적인 지배수단이라 여겼던 것이다.[26]

독일 제국 해군청은 칭다오를 「모범식민지」이자 근대 문명도시로 만들기 위해 조차지 내 중국 주민의 교육수준을 높이는 것에 주목했다. 따라서 독일 식민당국은 중국인을 위해 학교를 설립하는 것을 특별히

---

24) 김춘식(2008) 「독일제국의 중국 교주만 식민지 문화정책(1898－1914) －독중 고등교육기관 [청도대학]에서의 과학기술교육을 중심으로－」 『역사학연구』32, pp.388－389.

25) 膠州總督府 『膠州地區發展備忘錄』 앞의 책, 1906.10－1907.10

26) 김춘식(2008) 「독일제국의 중국 교주만 식민지 문화정책(1898－1914) －독중 고등교육기관 [청도대학]에서의 과학기술교육을 중심으로－」 앞의 글, p.389.

중시했다.27) 칭다오에는 현지 중국인들을 대상으로 한 세 가지 형태의 독일식 공교육기관이 존재했다. 제국정부는 해군청 산하 교주 총독부와의 긴밀한 협력으로 먼저 언어(독일어), 산술, 지리, 자연, 체육 등 교양교육을 강조한 초등교육기관, 둘째로 청도 항만 건설 및 순양함과 상선의 점검수리에 필요한 전문노동력을 확보하기 위한 직업학교, 마지막으로 전문 엘리트 양성을 목적으로 한 고등교육기관을 설립하였다.28)

독일 식민당국은 철도회사, 조선소, 방적회사 부설의 직업학교와 더불어 조차지 내에 몽양학당(蒙養學堂)이라 불리는 공립 초등학교 26개소를 설치하여 중국학생을 받았다. 이들 학교는 대부분 중국에 원래 있던 사숙(私塾)을 개조하여 설립한 것으로, 각 학교는 종교 교의를 전파하였고 서방문화와 현대과학기술을 보급하였다. 이들 학교들은 독일의 선진적인 교육이념을 들여왔고 칭다오의 교육근대화를 촉진하였다.29) 각 학교의 학생은 많으면 70명 적으면 40명이었고 교원은 4명 혹은 3명이었다. 매주 수업시간은 30에서 32시간으로 학제는 5년이었다. 학습내용은 중국식과 서양식이 혼합적인 것으로 1학년은『삼자경(三字經)』,『효경』, 2학년은『논어』, 3학년은『대학』,『중용』, 4,5학년은『맹자』를 배웠다. 이외에도 지리, 역사, 박물, 수신, 산학 등의 과정이 있어 학년에 맞추어 배정되었으며 독일어는 4, 5학년 과정에만 설치되었다.30)

1905년 독일은 국무원 비서 티르피츠의 건의를 받아들여 칭다오에

---

27) 王守中・郭大松(2001)『近代山東城市變遷史』山東敎育出版社, p.224.
28) 김춘식(2008)「독일제국의 중국 교주만 식민지 문화정책(1898-1914) -독중 고등교육기관 [청도대학]에서의 과학기술교육을 중심으로-」앞의 글, pp.389-390.
29) 王偉(2008)『靑島文化史話』앞의 책, p.48.
30) 王守中・郭大松(2001)『近代山東城市變遷史』앞의 책, p.224.

대한 식민정책을 조정하기로 하고 정책의 일환으로 중국과의 합작을 통해 칭다오에 근대적 고등전문학교를 건립하기로 결정하였다. 이에 따라 1907년 독일 식민당국은 청 정부에 특별고등전문학당 설립을 제안했다. 당시 청 정부는 신정을 실시하면서 교육근대화 개혁을 진행하여 한편으로는 국내에 과거제도를 폐지하고 대량의 신식학교를 설립하며, 다른 한편으로는 대량의 청년들을 국외에 파견하여 유학을 시키고자 하고 있었다. 이 두 가지 방면의 시책은 단시간 내에 설정한 목적에 도달하기가 힘들었다. 왜냐하면 중국 내의 학교에는 교사가 부족하였고 외국유학에는 많은 학비의 지급이 필요하였기 때문이었다. 이러한 상황을 감안하여 미국, 일본, 영국, 프랑스, 러시아와 같은 나라들은 중국의 새로운 인재양성과 관련하여 보고서를 작성하여 자금을 대어 학교를 설립하거나 중국에 교사를 파견하기도 하였다. 그들이 이러한 방침을 정한 이유는 현재에 인력과 재력을 동원한 결과는 반드시 경제적인 면에서 중국과의 친밀한 관계라는 보상으로 돌아올 것이라고 생각했기 때문이었다. 독일 식민당국은 이러한 상황 속에서 독일이 소수의 교회학교를 설립한 것 이외에는 거의 한 것이 없다는 것을 인식하고 교육사업 측면에서 다른 나라들에 비해 뒤쳐졌다는 것을 깨달았다. 그들은 중국이 충분한 성과를 낼 수 있는 지역이며, 이 지역을 위해 규모가 큰 중국인 학교를 건립해야 할 필요가 있다고 생각했다.[31]

독일은 칭다오에 중국인을 위해 고등전문학교를 세우기로 한 정책을 확정한 이후, 1908년 중국정부와 담판을 시작하였다. 학교 설립을 둘러싸고 독일과 중국 양측의 협상은 장기간 진행되었다. 제국정부와 해군청으로부터 특별 전권대표로 임명된 함부르크 식민지연구소의 프랑케

---

31) 膠州總督府 『膠州地區發展備忘錄』 앞의 책, 1906.10-1907.10

(Otto Franke)와 청의 교육대신 장지동은 1년 이상 걸린 협상 끝에 교육기관 설립에 관한 대원칙에 합의하였다. 합의의 주된 내용으로는 먼저 중국정부는 칭다오 고등전문학당 졸업생들의 학제를 인정하고 향후 북경 주재 제국대학으로의 편입학을 허용하는 것이었다. 반면 독일 정부는 칭다오 고등전문학당에서 종교적 중립원칙을 천명하고 중국인 교사의 임용과 독일인 교장 외 중국인 교장 한 명을 추가로 용인하는 학교의 공동운영 원칙에 동의하였다. 하지만 학교의 공동운영권은 단지 명분에 불과했으며, 학교 운영에 대한 대부분의 권한은 실질적으로 독일인 교장이 쥐고 있었다. 그리고 독일은 오히려 학교의 공동운영을 명분으로 청 정부로부터 10년을 기한으로 매년 4만 마르크의 분담금을 지급받게 되었다. 칭다오 고등전문학당의 설립을 중심으로 전개된 양국의 협상결과는 근대 과학기술을 앞세운 독일의 문화제국주의적 지배 이데올로기와 전통가치를 기반으로 단지 서구의 기술만을 수용하고자 했던 중국의 의도가 상호 합일점을 이룬 것이었다.[32)

칭다오 특별고등전문학당인 덕화대학(德華大學)은 중국과 독일의 합작에 의해 건립이 진행되었는데, 독일정부는 감독 1명을 파견하여 학교의 일체 사무를 총괄하도록 하였고 청 정부는 총검열관 1명을 파견하여 학당 설립방안이 학당 규범에 부합한지 사찰하여 중국의 학무관리 아문에 보고하여 비준받게 했다. 또한 중국 교원이 적합한지 학생의 학업과 품행이 어떠한지 감독관에 보고하도록 했다.[33) 이 학교는 설립하는데 64만 마르크의 총경비가 소요되었고 그 중 중국정부가 4만 마르크를

---

32) 김춘식(2008)「독일제국의 중국 교주만 식민지 문화정책(1898-1914) -독중 고등 교육기관 [청도대학]에서의 과학기술교육을 중심으로-」앞의 글, p.390, pp.393-394.
33) 謀樂(1912)『靑島全書』, 靑島印書局, p.213.

지급하였다. 매년 경비는 20만 마르크였는데 상술한 바와 같이 그 중에서 중국이 4만 마르크를 10년 간 부담하기로 하였다.[34]

1909년 10월 25일 칭다오에 덕화대학이 설립되었다. 덕화대학의 교육과정은 예과(豫科)와 본과(本科)의 두 단계로 나뉘어 진행되었다. 먼저 예비과정인 초급단계에서는 13−15세의 학생들이 6년 과정(1911년부터는 5년 과정)으로 학습하였다. 고등소학(高等小學) 졸업생이 시험을 통해 입학하였고 중고등학교 과정을 가르쳤다. 예과를 졸업한 후에는 본과로 진학할 수 있었다. 예과 과정에서는 독일어, 식물학, 동물학, 화학, 물리학, 지리, 수학, 위생, 중국사상, 중국어, 중국사를 포함한 일반 역사 등의 과목을 이수했으며, 수업시간은 주 당 38−40시간이었다. 수업은 중국사나 중국사상 등과 같은 과목의 경우 중국인 교사가 중국어로 강의한 것을 제외하고 대부분 독일어로 진행되었다. 그러나 학생들의 독일어 능력 부족으로 초급과정에서는 주로 장차 상급과정에 대비한 독일어교육을 중심으로 진행되었다. 초급과정의 독일어 수업에는 레싱(Lessing), 쉴러(Schiller), 괴테(Goethe), 울란트(Uhland) 등 독일을 대표하는 작가들의 작품에서 추출된 텍스트를 사용했다. 독일은 덕화대학에서 언어교육뿐만 아니라 독일의 우수한 문화와 정신세계를 주입하려 했던 것이다. 이러한 은밀한 문화적 침투는 결국 중국인 학생들로 하여금 중국을 열등한 타자로 인식하고 독일식 세계관에 동화되도록 유도하는 것이었다. 덕화대학에서 학생들은 초급단계에서 독일어 및 전술한 기초과목에 대한 소정의 시험을 통과한 후에 상급과정으로 진학할 수 있었다.[35]

---

34) 王守中·郭大松(2001)『近代山東城市變遷史』앞의 책, p.226.
35) 김춘식(2008)「독일제국의 중국 교주만 식민지 문화정책(1898−1914) −독중 고등

본과인 고급과정은 전체 수업이 독일어로 진행되었는데, 개교 후 초기 2년 동안에 3개 과ㅡ3년 과정의 법학국가학부(法政科), 4년 과정의 과학기술학부(工藝科), 3년 과정의 임산농학부(農林科)ㅡ를 개설하였으며, 1911년에는 4년 과정의 의학부(醫科)를 추가로 개설하였다. 법정과에는 국제공법, 각국정치학, 행정법, 탁지율(度支律), 노정률(路政律), 국민경제학, 이재학(理財學) 등의 교과과정이 설치되었다. 의과는 학제가 4년이었지만 실습 1년을 더하여 모두 5년이었다. 주요과정으로는 해부 및 생리학, 물리학, 화학, 동물학, 식물학, 각종병리학, 각종병원학, 각종 실험학 등이 있었다. 덕화대학의 의과는 칭다오 최초의 현대적 고등의학 교육과정이었다. 당시의 독일 현대의학은 세계에서 선진적인 지위를 점하고 있었으며 덕화대학은 독일의 현대의학을 그 바탕으로 하고 있었고 학생의 임상실습을 매우 중시했다. 의과의 임상 및 교학 실습기지는 당시 독일 총독부 병원이었는데, 이곳의 의료시설은 선진적이었고 의료과목이 모두 구비되어 당시 중국에서 가장 수위에 있었다.[36] 공예과의 주요과정으로는 기기제조학, 상층건축학, 철로건축학, 광산학, 전기학 등이 있었다. 농림과의 주요과정으로는 임학, 축목법, 기기사용법 등이 있었다. 그밖에 각 과 모두 독일어, 체조와 중국의 인륜, 도덕, 경학, 역사, 지리, 국문 등의 과정이 설치되어 중서 혼합의 산물이라 할 수 있었다. 독일인은 이 학교 교육과정의 특색이 서양 학술을 가르치는 데 있는 것이 아니라 중국의 순수 문학을 함께 가르치는 데 있었다고 칭하였다.[37]

교육기관 [청도대학에서의 과학기술교육을 중심으로ㅡ」 앞의 글, pp.394-395.
36) 王偉(2008) 『靑島文化史話』 앞의 책, pp.51-52.
37) 督辦魯案先後事宜公署編(1922) 『靑島』, p.18.

1911년 말 통계에 의하면 학생들의 학과 선택은 과학기술학부의 학생 수가 28명으로 압도적이었으며, 법학국가학부 20명, 의학부 16명, 임산농학부 10명 순이었다. 이러한 결과는 초급교육을 통해 중국 학생들이 우월한 독일의 과학기술과 법제도에 경도되었으며, 이는 곧 이어 상급교육에서 중국의 근대화에 대한 강한 열망으로 전이되었다는 점을 대변하고 있다. 즉 중국 학생들은 「우월한」 독일을 모델로 한 과학기술의 진흥과 국가의 제도개혁을 통한 중국의 근대화에 대한 의지를 표현했던 것이다. 따라서 이와 같은 과학기술교육을 매개로 장차 중국엘리트들의 정신을 장악하려는 의도로 기획된 독일의 문화정책은 성공을 약속하고 있었다. 1911년-12년 기간의 통계에 의하면 74명의 학생들이 상급과정에서 공부하였다. 주로 독일 내 대학교재를 사용한 상급과정의 수업에서는 독일 문화와 과학기술의 우수성 및 독일제국의 영광이 강조되었다.[38]

학교 내에는 도서관(영문, 독문 서적 5000권, 중문 서적 8000권 소장), 교육박물관, 역서국(譯書局)이 설치되었다. 독일의 주요 기업들도 24만5천 마르크를 찬조하여 공예과의 실험설비를 구매하는 데 도움을 주었다. 이 학교는 개교 이후 산동 내지 학생으로 학교에 다니는 자가 끊이지 않았고 학교의 발전도 빨라 1913년 학생이 400여명에 달했고 졸업한 학생이 200여명이었다.[39]

이 덕화대학은 칭다오에서의 독일 문화정책의 구심점이 된 교육기관이었다. 왜냐하면 이 대학은 독일제국의 문화정책 기조에 따라 독일의

---

38) 김춘식(2008) 「독일제국의 중국 교주만 식민지 문화정책(1898-1914) ―독중 고등 교육기관 [청도대학]에서의 과학기술교육을 중심으로―」 앞의 글, pp.395-396.
39) 王守中・郭大松(2001) 『近代山東城市變遷史』 앞의 책, pp.226-227.

우월한 과학기술을 전시하는 문화센터이자 홍보관 역할을 효과적으로 수행했기 때문이다. 또한 대학교육을 통해 친독 엘리트들을 확보하고 나아가 장기적으로 독일에 대한 높은 명망과 상업적 이익을 가져다 줄 중요한 문화프로젝트였다. 중국의 입장에서는 갈수록 강화되는 서구 열강의 이권침탈과 기독교의 확산으로 인해 붕괴위기에 처한 왕조를 구하기 위해서라도 시급하게 서구의 근대기술을 수용해야만 했었다. 따라서 조속한 근대화를 열망하는 중국의 상황을 간파한 독일제국은 과학기술교육을 매개로 한 문화정책을 효과적으로 수행할 수 있었던 것이다.[40]

4 민국(民國)전기 국공립 교육체계의 확립

신해혁명 이후 새로이 성립된 민국(民國) 정부는 교육 근대화를 추진하고 촉진시키기 위해서 적극적인 태도를 취했다. 민국 원년 이후 중앙정부의 교육부(教育部)는 임자(壬子)·계축(癸丑) 학제[41]와 임술(壬戌) 학제[42] 및 일련의 교육법령·법규를 반포하였고 전국적으로 「공민(公民)도덕배양」을 위주로 하는 교육이념을 창도하는 동시에 존공독경(尊孔讀經), 출신차별, 체벌, 귀족학교를 폐지하였다. 또한 청조 학부에서

---

40) 김춘식(2008) 「독일제국의 중국 교주만 식민지 문화정책(1898-1914) -독중 고등교육기관 [청도대학]에서의 과학기술교육을 중심으로-」 앞의 글, p.397.
41) 1912년에서 1913년까지 제정, 공포된 학교교육체제
42) 1922년 제정, 반포된 학교교육체제

반포한 교과서를 금지하고 민주공화 이념과 과학교육을 담고 있는 교재를 선정하여 간행하는 동시에 여성교육과 사회교육을 확대하고 남녀의 평등한 교육 권리를 추진하며 사학(私學)을 장려함으로써 근대적 교육체제가 신속히 성숙할 수 있도록 기반을 마련하였다.

이러한 시책은 지난(濟南)에서도 예외가 아니었다. 지난은 산동성의 성회(省會)이자 역성현성(歷城縣城)이 있는 곳으로 학교 교육의 발전에 있어 다른 도시에 비해 월등히 나은 조건을 지니고 있었다. 조사에 따르면 1920년대 초까지 지난의 근대 학교교육체제는 이미 기본적으로 거의 완비되어 있었다. 정부, 개인, 선교사 혹은 교회기구가 설립한 각급 학교에 대해 살펴보면, 정부는 초등학교에서 대학교에 이르기까지 모든 종류의 학교를 설립해 놓은 상태였다. 또한 개인이 설립한 학교로는 소학과 중학이 있었으며 교회학교는 유아원부터 대학까지 모두 있었다.[43] 이와 함께 사회적 수요에 발맞추어 각급 직업학교와 중등전문학교가 연달아 건립된 한편, 정부는 고등교육기관과 사범교육기관을 집중적으로 설립하였다. 지난에서 민국 시기 새로 건립하거나 개축한 고등교육기관과 사범교육기관은 교회학교인 제로대학(齊魯大學), 사립여자의학교(私立女子醫學校), 사범진습소(師範進習所)를 제외하고는 모두 정부에서 건립한 것이었다. 고등교육기관을 건립하는 것은 거액의 자금이 필요할 뿐만 아니라 고급의 전문인재가 필요하여 개인이 하기에는 어려운 바가 있었기 때문이었다. 또한 신해혁명 후 각계에서 고급의 전문인재가 급히 필요하게 되자 민국 정부에서는 특히 고등교육의 발전을 중시하게 되어 고등교육기관을 많이 설립하였기 때문이기도 하였다.[44]

43) A.G.Park, *Social Glimpses of Tsinan*(Shantung Chistian Univ., 1924), p.24.

〈표 1〉 민국전기 지난 고등교육 및 사범교육 개황[45]

학교명칭	건교시기	설립주체(경비)[46]	비고
山東公立工業專門學校	1912	省立(47,000元)	濟南中等工業學堂,高密中等工業學校가 前身, 1926年 山東大學에 병합
山東公立農業專門學校	1912	省立(42,518元)	山東高等農業學堂이 전신, 1926年山東大學에 병합
山東公立商業專門學校	1912	省立(22,596元)	초기 명칭은 山東高等商業學校, 1926年 山東大學에 병합
東公立法政專門學校	1913	省立(20,520元)	山東官立法政學堂이 전신, 1926年山東大學에 병합
山東省立醫學傳習所	1915	省立	1916年 학생모집 중지
東公立醫學專門學校	1916	省立(12,272元)	山東省立醫學傳習所가 전신, 1926年山東大學에 병합
山東鑛業傳習所	1918	省立	1920年 학생모집 중지
私立女子醫學校	1918	私立	1927年 폐교
東公立鑛業專門學校	1920	省立	山東鑛業傳習所가 전신, 1926年 山東大學에 병합
山東大學	1926	省立	工、農、商、法政、醫學、鑛業의 6개 專門學校를 병합하여 성립
省立第一女子師範學校	1909	省立(30,936元)	초기 명칭은 山東女子師範學堂
立山東高等師範學校	1912	国立	山東優級師範學堂이 전신
省立第一師範學校	1914	省立(48,000元)	國立山東高等師範學校가 전신
師範講習所	1914	私立	
歷城師範講習所	미상	县立	

신식의 정규 초중등 교육체제는 신해혁명 이후에야 비로소 자리를 잡기 시작했다. 민국 전기에는 지난 및 근교에 36개의 중소학이 있었다. 1922년 임계학제가 반포된 후 학제가 소학(小學)[47] 6년, 초중(初中)[48] 3년, 고중(高中)[49] 3년으로 통일되었고 교과과정도 일치를 이루게 되어

---

44) 王守中・郭大松(2001)『近代山東城市變遷史』앞의 책, p.24.
45) 林修竹(1920)『山東各縣鄕土調査錄』第一冊, "歷城縣" 敎育部分, 山東省長公署敎育科印行, pp.6-9, 濟南市志編纂委員會編(1984)「淸末及民國時期濟南的高等醫學敎育」『濟南市志資料』第5輯, pp.50-64 참고.
46) 경비는 1920년 출간된『山東各縣鄕土調査錄』기록에 따름.
47) 현재 우리나라의 초등학교 과정에 해당함.
48) 현재 우리나라의 중학교 과정에 해당함.

신식 대학교육과 짝을 이루는 초중등 교육체제가 출범하게 되었다. 이 시기 초중등 교육기관에 있어서 정부가 설립한 학교는 얼마 되지 않았다. 7개의 중등학교 중 정부가 설립한 것은 성립일중(省立一中)과 여일중(女一中) 2곳 뿐이었고 나머지는 모두 사립학교였다. 규모면에서 볼 때 1926년 산동대학이 성립될 당시 사립학교인 정의중학(正誼中學)과 육영중학(育英中學)이 모두 성립일중(省立一中)보다 컸는데 그 중 육영중학만이 초중부(初中部)로만 운영되고 있었다.[50] 신해혁명 이후 정부는 초중등 교육기관에 있어 사학을 장려하였고 사립학교에 경비보조를 해 주는 형식으로 이를 지원하였다. 육영중학을 예로 들어 보면 성(省) 정부는 1916년 부터 교육경비를 보조하여 최초에는 매년 1,200元을 지급하였고 이후 매년 점차 증액하여 가장 많을 때는 보조금이 7,800元에 달하였다.[51] 또 정의중학을 예로 들어 보면 1914년부터 성 정부로부터 매월 100元의 보조금을 받았고 그 외 외부의 각계로부터 찬조금을 받았는데 1918년 4,000여元, 1921년에는 5,000여元을 모집하여 학교건물을 증축하였다.[52]

　　민국전기에 설립된 36개의 초중등 교육기관 중 6곳만이 1920년 이후에 세워진 것으로 모두 사립이었다. 표면적으로 볼 때 특히 초등 교육기관인 소학은 1920년 이후 거의 발전을 하지 않은 것처럼 보이지만 사실상 1920년 이후 초중등 교육의 발전은 새로운 학교의 설립이 아니라 학생 수 및 경비의 증가와 같은 기존 학교의 발전이란 측면으로 나타났

49) 현재 우리나라의 고등학교 과정에 해당함.
50) 省立一中은 1922년에, 正誼中學은 1924년에 高中部를 증설하였다.
51) 劉新宇·謝均之·于澄濤(1993)「憶濟南育英中學」『山東文史集粹』敎育卷, 山東省政協文史資料委員會編, 山東人民出版社, p.306.
52) 綦吉昌(1995)「濟南規模最大的私立中學 — 正誼中學」, 『山東文史集粹』敎育卷, 山東省政協文史資料委員會編, 山東人民出版社, p.320.

다. 학교의 규모면에서 볼 때 1917년 정의중학의 재학생은 150명에 불과하였으나 1920년에는 385명이 되었고 1924년 고중부(高中部)를 증설한 이후에는 498명으로 늘어났으며 1926년에는 다시 547명으로 늘어났다.[53] 육영중학은 1920년 후 부단히 건물을 증축하여 설비와 도서자료를 확충하였고 재학생은 1920년 이전의 최다 200여명에서 점차 증가하여 1924년에는 656명으로, 1926년에는 990명으로 늘어났다.[54] 또한 경비면에서 볼 때 사립중학과 사립소학의 보조경비가 늘어난 것과 발맞추어 공립학교의 경비도 증가하였다. 공립중학인 성립제일중학은 1920년 이전 고중부가 설치되어 있지 않았고 연 경비도 24,000元에 불과했다.[55] 하지만 1922년 고중부를 신설하였고 연 경비 또한 34,200元으로 증가하였다.[56] 1920년 출판된『산동각현향토조사록(山東各縣鄉土調查錄)』의 기재에 따라 각 공립 소학의 경비 상황을 살펴보면, 당시 모범고등소학(模範高等小學) 및 부속 국민학교의 연 경비는 8,340元, 제금고등소학(制錦高等小學) 및 부속국민학교는 5,068元, 신육고등소학(新育高等小學) 및 부속국민학교는 5,068元, 경진여자고등소학(競進女子高等小學) 및 부속국민학교는 5,408元으로[57] 상당히 높은 수준에 있었음을 알 수 있다. 이들 학교는 1922년 후 임계학제에 의해「고등소학 및 부속국민학교」체제에서 소학으로 개편된 뒤 학교 경비가 이전보다 더 많아졌다. 1926년의 상황을 예로 들어 보면 각 소학의 경비는 모범소학(模範小學) 10,902元, 제금소학(制錦小學) 12,600元, 아아소학(莪雅小學)

---

53) 慕吉昌, 위의 책, p.320.
54) 劉新宇·謝均之·于澄濤(1993)「憶濟南育英中學」『山東文史集粹』教育卷, 山東省政協文史資料委員會編, 山東人民出版社, p.307.
55) 林修竹(1920)『山東各縣鄉土調查錄』第1冊, pp.6-7.
56) 周傳銘(1927)『濟南快覽』濟南世界書局, p.159.
57) 林修竹(1920)『山東各縣鄉土調查錄』第1冊, p.7.

7,560元, 신육소학(新育小學) 6,720元, 경진여소(競進女小) 8,560元이었
다. 이러한 상황은 당시 도시의 발전과 인구의 증가를 나타내는 동시에
교육에 대한 사회 및 사람들의 관념이 크게 발전하였음을 증명해 주는
것이라 할 수 있다.58)

〈표 2〉 민국전기 지난 초중등 교육 상황59)

학교명칭	건교 시기	설립주체 (경비출처)	비고
正誼中學	1913	사립 (개인자본, 학비, 省정부 보조)	
育英中學	1913	사립 (개인자본, 학비, 省정부 보조)	
省立第一中學	1914	省立 (정부출자, 학비)	
省立第一女子中學	1916	省立 (정부출자, 학비)	
濟南中學	1924	사립 (개인자본, 학비, 省정부 보조)	
東魯中學	미상	사립 (개인자본, 학비, 省정부 보조)	
崇實女中	1925	사립 (개인자본, 학비, 省정부 보조)	
薇垣小學	1905	사립 (개인자본, 학비, 省정부 보조)	청말 관리 자제 입학
義務小學	1905	사립 (개인자본, 학비, 省정부 보조)	
商埠小學	1912	사립 (개인자본, 학비, 省정부 보조)	
模範小學	1914	省立 (정부출자, 학비)	
一師附屬小學第一部	1914	省立 (정부출자, 학비)	
競進女小	1914	省立 (정부출자, 학비)	
一師附屬小學第二部	1915	省立 (정부출자, 학비)	
莪雅小學	1916	省立 (정부출자, 학비)	최초 현립, 정부 보조
制錦小學	1916	省立 (정부출자, 학비)	최초 현립, 정부 보조
新育小學	1916	省立 (정부출자, 학비)	
女一師附屬小學	1918	省立 (정부출자, 학비)	
師範講習所附屬小學	1920	사립 (개인자본, 학비, 省정부 보조)	
成德小學	1920	사립 (개인자본, 학비, 省정부 보조)	

---

58) 王守中, 郭大松(2001)『近代山東城市變遷史』앞의 책, pp.398-400.
59) 孫寶生『歷城縣鄉土調査錄』第8章「敎育」; 周傳銘(1927)『濟南快覽』, 第1章「全省 敎育一般之槪況」濟南世界書局

化育男子小學	1921	사립 (道院 자선사업)	
化育女子小學	1921	사립 (道院 자선사업)	
明德小學	1924	사립 (개인자본, 학비, 省정부 보조)	
普育小學	1924	사립 (개인자본, 학비, 省정부 보조)	

한편 일본이 칭다오를 점령한 후 1915년 봄, 전쟁 시기 문을 닫았던 독일인 설립의 26개 몽양학당(초등학교)이 점차 회복하였고 이후 계속해서 11개소가 증설되었다. 이들 몽양학당은 일본 통치하에서 「공학당(公學堂)」으로 개칭되었고 학제는 독일점령 시기의 5년제를 이어받았다. 1922년 37개소의 공학당에 재학한 학생 수는 3000여명이었고 교직원은 140여명이었다. 칭다오가 중국에 반환된 이후 37개의 공학당은 다시 일률적으로 「공립소학」으로 개칭되었고 1927년까지 5년간 12개소가 증설되어 학생 수는 8000여명, 교사는 389명에 달했다. 동시에 새로운 학제를 실행하여 소학을 초등과 고등으로 나누었다. 초등소학은 4년제로 하고 고등소학은 초등소학의 기초 위에 2년을 더하는 것으로 하여 모두 16개소의 고등소학을 설립하였다. 교과과정 방면에 있어서 독일점령기의 26개 소학은 대부분 사숙을 고쳐 설립한 것으로 일반적으로 수신(修身), 독경(讀經), 국문, 산학, 격치(格致), 독일어가 개설되어 있었는데 당시 중국에서 통용되던 교과과정과는 같지 않았다. 일본 점령기 개설된 교과과정으로는 수신, 국문, 지리, 역사, 산술, 이과, 체조, 국화(國畵), 수공, 농업, 상업, 일어 등이 있었는데 일어를 제외하고는 대부분 당시 중국에서 통용되던 교과과정과 비슷하였다. 칭다오 반환 이후 신학제가 실시되자 수신과 일어가 폐지되고 공민(公民), 위생 두 과목이 증설되었다. 초등소학에서는 국어, 산술, 사회, 자연, 원예, 공용예술, 형상예술, 음악, 체육 등 9개 과목이, 고등소학에서는 「사회

과」가 위생, 공민, 역사, 지리의 4개 과로 분할되어 모두 12개 과목이 설치되었다.[60]

1914년부터 1922년까지 칭다오에 개설되어 있던 중고등 교육기관을 살펴보면, 독일과 일본 점령기에 7개소가 설립되었는데 그 중 독일점령기에 4개소, 일본점령기에 3개소가 설립되었다. 독일점령시기 칭다오에 설립된 4개소의 중고등 교육기관 중 3개소는 교회에서 설립한 것이었고 나머지 하나는 중국과 독일이 공동으로 설립한 것이었다. 이들 학교 중 덕화중학(德華中學)은 독일 천주교회에서 설립한 것으로 이 후에도 계속 존재하였고 칭다오 특별고등학당(덕화대학)은 일본이 칭다오를 점령한 후 학교 부지를 철도부에 넘기게 되면서 폐지되었다. 나머지 두 개 학교는 독일과 스위스 신교 동선회(同善會)에서 설립한 예현중학(禮賢中學)과 미국 장로회에서 설립한 명덕중학(明德中學)이었다. 일본점령시기 칭다오에 설립된 학교 중 하나는 일본 칭다오 식민당국이 초등교육을 회복하기 위해 필요로 하는 교사자원을 수급하기 위해 설립한 이촌특과사범(李村特科師範)이었고 다른 하나는 칭다오 일본상인이 개설한 청도학원(靑島學院)이었다. 그리고 나머지 하나는 예현갑종상업학교(禮賢甲種商業學校)로 이는 일본인과 관계없이 중국인이 개인적으로 돈을 모아 설립한 것이었다. 일본이 칭다오를 점령한 후 8년여의 시간 동안 칭다오의 중고등 교육은 전체적으로 보아 침체하였다.[61]

1922년 북양정부가 칭다오의 주권을 되찾자 칭다오 각 현은 교육국을 설립하였고 교육행정이 독립적으로 실시되기 시작하였다. 1924년 사립칭다오대학이 설립되었는데 이는 칭다오에서 첫 번째로 중국인이

---

60) 王守中, 郭大松(2001) 『近代山東城市變遷史』 앞의 책, pp.489-490.
61) 王守中, 郭大松(2001) 『近代山東城市變遷史』, pp.492-493.

스스로 건립한 고등학부로 칭다오의 고등교육이 새로운 시기를 맞이하게 되었다. 1930년 9월, 국립칭다오대학이 성립되어 칭다오의 고등교육 발전이 높은 수준에 도달하였다. 2년 후 국립칭다오대학은 국립산동대학으로 개칭되었다. 국립산동대학은 국립칭다오대학의 전통을 계승하여 인재를 널리 모집하여 칭다오 교육발전에 큰 기여를 하였다.[62]

5 근대적 도시공간과 문화환경의 조성

1) 독일·일본 점령기 칭다오 식민도시 공간의 형성

1900년 독일 식민당국은 첫 번째 칭다오 도시계획을 제정하였다. 독일인 거주구역은 원래의 칭다오(靑島村)를 중심으로 독일인의 관아공서(官衙公署), 주택 및 상업구역이 들어섰고 총독부, 교회당, 군의원, 기상대 등 대규모 건축물이 들어서 있어서 마치 유럽의 시가지를 방불케 하고 미관이 수려하였다. 칭다오구(靑島區)의 동남 지역인 태평만(太平灣) 해안 일대는 유럽인의 별장구역으로 개방하였다. 이곳은 풍경이 아름답고 주민이 적으며 해안에 가까워 공기가 청결하므로 가장 적합한 주택지였고 공원과 해수욕장도 모두 여기에 위치하였다.[63]

건축설계에 있어 독일인들은 소박하고 견고한 것을 추구하였으며 교통, 위생, 소방과 같은 면들을 주의하였다. 식민당국은 시구(市區) 도로

---

62) 王偉(2008)『靑島文化史話』靑島出版社, pp.48-49.
63) 葉春墀(1922)『靑島槪要』上海商務印書館, p.72.

의 너비, 건축물의 높이, 건축면적과 택지면적의 비례 등에 대해 모두 명확히 규정하였다. 위생에 유해한 건축물의 조성을 방지하고, 현재의 지면을 이용할 때 출현할 비위생적 현상을 예방하기 위하여 총독부는 건축조례를 공포하였다. 이 건축조례에 따르면 3층 이상의 고층 건물을 짓지 못하게 하여 유럽인들의 별장식 주거 풍격을 지닌 건축물의 특징을 유지하고자 하였다. 또 구매한 건축용지의 55% 이상 (중국인 구역에서는 75% 이상) 건축물을 짓지 못하게 하여 주거지가 협소해지는 것을 사전에 방지하고자 하였다. 이와 더불어 토지를 구매하여 건물을 지으려고 하는 사람은 반드시 상세한 건물 설계도면과 구조계획을 공무국에 제시하여 비준을 받도록 하였다. 만약 이런 건축계획이 건축규제에 위배되거나 질이 떨어지는 건축자재를 사용하였을 때에는 당국이 건축을 중지시켰다.[64] 이러한 정책은 제한된 토지를 이용하여 고층 건축물을 밀집시키려는 부동산투기를 방지하는 한편 위생적이고 견고한 건축양식의 특징을 유지해 주었다. 1916년 한 중국인이 상해에서 칭다오로 여행을 와서는 다음과 같이 칭다오의 건축 풍격에 대해 묘사하기도 했다. 「칭다오의 건축은 화려함을 쫓지 않고 소박하면서도 견고하다. 일본의 도쿄, 나가사키, 요코하마 등도 그 청결함이 이와 비슷하지만 장엄함과 순박함, 견고함에 있어서 이에 비할 바가 못 된다.」[65] 이러한 묘사는 칭다오 건축의 특징을 묘사한 것이라 할 수 있었다.

총독부의 도시계획에 따라 유럽인 주거지역과 상업지역에 축조된 주요 건축물들은 19세기, 특히 1890년대 독일에 유행했던 네오바로크(Neo baroque), 유겐트슈틸(Jugendstill), 네오로마네스크(Neo Romanik), 네

---

64) 靑島市檔案館 編(1986)『帝國主義與膠海關』檔案出版社, pp.48-49.
65) 淮陰釣叟「靑島茹痛記」『新靑年』2卷 3號

오르네상스(Neo Renaissance) 양식이 주류를 이루었다. 주요 건축물 중 칭다오의 상징적 건물이자 현재에도 칭다오 시청사로 사용되고 있는 총독부청사는 1899년 「칭다오 도시건설계획」에 최우선 과제로 이미 예정되어 있었다. 그러나 토지매입과 도시계획 변경 등으로 1904년에 와서야 건축가 말케(Friedrich Mahlke)가 설계해 2년 후인 1906년 4월에 준공되었다. 이 건물은 네오바로크 양식이며 평면은 「E」자 형으로 중앙부와 양 날개 부분이 튀어 나왔으며 위풍당당한 느낌을 준다. 총독부청사의 총 건축비는 85만 마르크에 달했다. 칭다오 남부 산비탈 언덕에 자리한 이 건물은 칭다오에서 쉽게 구할 수 있는 화강암으로 가공한 직방형 벽돌로 건축되었다.[66] 건물 본체의 높이는 20미터로 5층으로 구성되었고 3층이 중심이었다. 건물 앞에는 광장이 있었고 서쪽에는 법원이 동쪽에는 「의회」가 규획되어 있었다.[67]

독일이 칭다오를 점령하고 총독이 최고 통치자로 부임하면서 초기에는 아문산(衙門山) 남쪽에 임시로 총독관저를 건설하였다. 후에 신호산(信號山) 산록에 총독관저를 새로 건립하였다. 총 시공비용이 45만 마르크에 달하며, 칭다오 시 남구의 높은 언덕에 자리한 독일 총독관저는 칭다오에서 가장 훌륭한 건물로 평가되고 있다. 총독관저는 1905년 총독부 토목건축국장이자 건축가인 슈트라서(Strasser)와 말케, 라짜로비치(Werner Lazarovicz)가 설계해, 2년 동안의 건축기간으로 1907년에 준공되었다. 건물내부는 전형적인 독일식 주거지 양식으로 설계되었고, 외부는 부분적으로 유겐트슈틸 풍이 보여 한 점의 조각품을

---

66) 김춘식(2010) 「제국주의 공간과 융합 －독일제국의 중국식민지 도시건설계획과 건축을 중심으로－」『독일연구』19, 한국독일사학회, pp.126-127.
67) 魯海(2005) 『老樓故事』青島出版社, p.2.

보는 듯하다. 전체 3층으로 구성된 건물의 화강암 외벽은 네모돌 형태의 꾸밈없는 벽면 건축양식을 보여준다. 건물본체는 4000㎡로 거실 이외에 대소의 응접실, 서재, 대소 연회실, 실내 화원 등이 있었다. 그 건축물 및 시설의 호화로움은 홍콩, 마카오 총독관저보다 뛰어났고 외부 장식인 부조와 조각은 예술적인 가치가 있었다. 총독관저는 비록 담장이 없었지만 사방에 독일어와 중국어로 「개인사유지, 출입금지」라고 쓰인 푯말이 있었다. 1908년 10월 20일 산동순무 위안스카이가 칭다오에 방문하자 총독이 기차역으로 나와 영접하였다. 위안스카이가 관저에 내방하자 총독은 그를 위해 연회를 열었다. 위안스카이는 칭다오 총독관저에 들어온 첫 번째 중국 고관이 되었다.[68]

미카엘 성인에게 봉헌된 중국 내 유일한 축성성당인 칭다오 성미카엘 대성당은 당시 산동성을 관할했던 카톨릭 주교 헨닝하우스(Augusin Henninghaus)의 위탁으로 건축가이자 신부인 프뢰벨(Alfred Fröbel)에 의해 1900년 설계되었다. 당초 신고딕 양식으로 설계된 교회는 수차의 설계수정과 자금부족으로 완공이 지연되었다. 건축 시 기계가 없어 건축용 임시발판(飛階)을 이용하였으므로 시공이 힘들고 위험하였을 뿐 아니라 성당이 시공된 후 히틀러가 독일에서 정권을 잡은 후 자금 유출을 제한하여 성당 건축 공사가 일시 정지되기도 하였던 것이다. 초기의 로마네스크 풍의 양식들이 축소 혹은 삭제된 상태로 1934년 10월에 와서야 철근과 콘크리트 구조로 된 네오로마네스크 양식으로 완공되었다.[69] 성미카엘 대성당은 56미터 높이의 쌍탑루로 설계되었는데 당시

68) 魯海(2005), 위의 책, pp.4-5.
69) 김춘식(2008) 「제국주의 공간과 융합 -독일제국의 중국식민지 도시건설계획과 건축을 중심으로-」 앞의 책, pp.125-128.

로는 찾아보기 힘든 높이였다. 전체 건축면적은 3223.58㎡에 달하고 쌍탑 종루의 높이는 56미터, 정상에는 4.5미터 높이의 십자가가 설치되어 명실상부한 대성당으로 건립되었다. 성미카엘 대성당이 자리 잡은 곳은 관해산(觀海山) 산록으로 몇 십년간 칭다오에서 가장 높은 건축물로 불려졌다. 배가 칭다오에 들어올 때 첫 번째로 보이는 건축이 바로 이 대성당이었다. 종탑의 종은 매주 일요일 또는 축일 아침에 울렸고 방원 몇 리에 걸쳐 종성을 들을 수 있었다.[70]

칭다오는 제1차 세계대전이 발발한 1914년 일본에 의해 점령되었다. 그러나 8년 동안의 점령기간 동안에도 독일식 근대 건축물은 파괴되지 않고 보존되었다. 이는 우선 당시 일본이 독일 건축물을 점령지 통치 및 군사시설로 그대로 사용하고자 했기 때문이다. 구독일 총독부 건물을 점령군 사령부 건물로, 그리고 덕화대학은 내부 개조를 거쳐 군대의 막사로 이용하는 등 일본 점령당국은 독일 건축물들을 필요에 따라 사용했다. 또한 일본이 칭다오를 점령한 시점은 이미 17년 동안 5천만 마르크를 투자한 독일 총독부의 신도시 건설계획이 마무리되는 시점이었으며, 특히 유럽인 거주지역의 건축물들이 거의 다 완공되어 있었다. 즉 일본으로서는 「완벽하고 아름다운 도시 칭다오」를 누리는 것 외에 새로운 건축물을 준공할 이유가 없었던 것이다. 당시 일본 내에 지어진 근대 건축물들의 거의 대부분이 유럽식 건축물이었기 때문에 일본인들에게 칭다오의 독일식 건축물들은 생소한 것이 아니었다.[71]

일본이 칭다오를 점령한 후 많은 수의 일본인이 바다 건너 칭다오에

---

70) 魯海(2005)『老樓故事』앞의 책, pp.71-74.
71) 김춘식(2010)「제국주의 공간과 융합 ―독일제국의 중국식민지 도시건설계획과 건축을 중심으로―」앞의 책, pp.133-134.

왔다. 짧은 4년의 시간 동안 칭다오에 들어온 일본인은 2만여 명에 달했다. 칭다오에 온 일본인 중에 극히 소수의 관리들과 부상(富商)들은 원래의 칭다오구(靑島區)에 거주하였고, 극소수는 중국인이 거주하였던 대포도(大鮑島), 대동진(臺東鎭)에 살았으며 대부분은 칭다오에 온 일본인 거주를 위해 새로 개발한 「신마치(新町)」 즉 신시가지에 거주하였다. 신마치의 범위 내에는 새로 건설한 13개 선의 대로가 있었고 이 대로변에는 일본인의 거주구역, 생활구역, 상업구역이 있었다. 일본 신마치 범위 내에는 모두 일본어로 표기되어 있었고 거리마다 기모노를 입고 게다를 신은 일본인이 넘쳐났다. 중국인도 이 구역에 들어오기는 하였지만 이곳에 거주하는 중국인은 극히 드물었다. 이곳에는 신마치(新町)공원을 만들었는데 그 안에는 꽃과 나무, 연못과 정자, 아동놀이터가 있었다. 신마치 구역에는 칭다오 제일의 전문 영화관 「전기관(電氣館)」이 건립되었다. 신마치는 나카노마치(中野町)을 중심상업구로 하였는데 거리 양측으로 모두 상점이 있었다. 그 중 백화점으로는 에도양행(江戶洋行), 오우키야(扇屋), 혼다젠(本田善) 등이 있었고 문구점으로는 유명양행(有名洋行), 본인행(本印行) 등이 있었으며 시계, 안경점으로는 도쿠다시계점(德田時計店), 세이난당(西南堂) 등이 있었다. 또 식품점으로는 다이쇼공사(大昌公司), 이치로쿠상점(一六商店) 등이 있었고 약국으로는 이시이공제당(石井公濟堂), 산청약방(山靑藥房) 등이 있었으며 의상점으로는 야마토야(大和屋), 기쿠치오복점(菊池吳服店), 도쿄양복점(東京洋服店) 등이 있었고 제화점으로는 요쓰메야(四目屋) 등이 있었다. 그밖에도 베니야(紅屋) 악기점, 쇼와(昭和) 유리점, 하타(羽太) 사진관, 「칭다오 아가씨(靑島小姐)」 키피점 등이 있었다. 거리 곳곳에 상업 광고를 볼 수 있었는데 밤이 되면 네온사인이 번쩍이며 거리에

50미터마다 하나씩 네온간판이 세워져 있었다. 랴오청로(聊城路), 자오저우로(膠州路) 입구는 칭다오에서 가장 큰 일본 요리점 제일루(第一樓)가 있었고 그 북쪽에는 최대의 기원(妓院)인 대진(大辰)이 있었다. 린칭로(臨淸路)는 음식점과 기원이 즐비한 거리였다. 요식업 중에는 일본요리점 히사노야(久乃家), 시치후쿠(七福), 센류(川柳), 요시다야(吉田屋) 등이 있었고 요정 중래관(衆來館), 동양관(東洋館) 등이 있었으며 그 밖에 기녀원(妓女院)이 38개 있었다.[72]

한편 일본 식민당국은 식민통치의 필요에서 출발하여 1915년부터 1921년까지 칭다오에 대한 도시건설을 진행하였는데 이는 다음과 같은 몇 가지 사항으로 정리해 볼 수 있다.

첫째, 시가지를 확장하였다. 1914년 칭다오에 거주하던 일본인의 수는 316명에 불과하였다.[73] 그러나 일본이 칭다오를 점령한 지 얼마 지나지 않은 1915년 1월 25일 칭다오 헌병대(憲兵隊)의 실지조사에 의하면, 칭다오의 일본인은 3,329명에 달했다. 이후 칭다오로 진출하는 일본인은 급격히 증가해서 1915년 2월에 7,400여명, 4월에 10,000명을 돌파했으며 9월말에는 14,000여명에 달했다.[74] 이후에도 계속해서 늘어나 1921년 8월에 이르면 산동지역의 일본인 수가 칭다오 지역에 23,943명, 산동철도(山東鐵道) 연선에 4,452명, 지난의 상업지역에 1,930명으로 모두 30,325명이었다.[75] 대량의 일본인이 단기간 내에 칭다오에 들어오게 되자 칭다오의 일본당국은 스팡(四方), 창커우(滄口) 일대 300여

---

72) 魯海(2008)『話說靑島』靑島出版社, pp.170－171.
73) 靑島居留民團·靑島日本商業會議所(2007)『山東に於ける在留邦人の消長』靑島, p.9.
74) 胡汶本·壽楊賓(1983)『帝國主義與靑島港』山東人民出版社, p.52.
75) 靑島守備軍民政府(1921)『民政槪況』靑島, p.7.

만 평76)의 민간 토지를 평당 평균 50元의 가격에 강제로 매입하여 일본인의 거주지로 삼았다. 또한 시가지를 확장하여 주택 및 상업용 건물의 확보 문제를 해결하고자 하였다. 일본에 의한 칭다오의 시가지 확장 공사는 대략 3기로 나누어 볼 수 있다. 제1기 확장공사는 1916년 2월부터 1918년 2월까지로 총 26만 평을 확장하였는데 기본적으로 독일인이 원래 착수하여 건설하였으나 아직 완공되지 못한 시가지를 중심으로 진행하였다. 이 시기에는 「잠행시가지가옥건축규칙(暫行市街地家屋建築規則)」을 공포하여 먼저 몰수한 독일인의 공용건축물 또는 사설건축물을 부분적으로 임대하는 동시에 청도역 서쪽의 고지대에 임시 시장지역을 설립하여 시급히 필요로 하는 주택과 시장용지로 활용하였다. 제2기 확장공사는 제1기 확장 공사보다 조금 더 오래 걸렸는데 이는 규모와 난도가 제1기에 비해 상당히 크고 분포 지역 또한 광범위하였기 때문이었다. 이 시기에는 각 지역마다 완공하기까지 걸린 시간이 달랐는데 어떤 지역은 제1기의 마지막 완공시간보다 일찍 끝난 것도 있었다. 예를 들어 대동진(臺東鎭) 일대의 약 43만평은 1917년에 이미 이 지역에 공장을 건설하여 공장구역으로 개발되어 있었다. 제2기에는 또한 대서진(臺西鎭) 약 26만평을 개발하여 주택구역으로 삼았는데 개발 속도가 느려 1922년에 이르러서야 기본적으로 완공되었다. 이 시기 확장된 면적은 합하여 69만 평으로 공장지와 주택지로 사용되었다. 제3기 확장공사는 1919년 여름에 시작되어 1921년 봄에 완공되었는데 태동진 서쪽의 언덕을 깎아 27만 평의 공장용지를 조성하였고 이 때 얻은 토사(土砂)로 칭다오 항구 부근의 바다를 메워 18만 평의 토지를 조성하였다. 대항 부근에 바다를 메워 획득한 토지는 상당 부분 식염, 목재, 석탄

---

76) 1평은 3.3㎡에 해당한다.

등의 화물을 적재하거나 운반하기 위한 용도로 사용되었으며 이들 화물은 모두 일본으로 운수되었다. 일본 관방에서 바다를 메워 토지를 조성하기 이전에도 일본의 염업 종사자가 허가를 받고 바다를 메워 제염장으로 사용하는 것은 흔히 볼 수 있는 모습이었다.[77]

둘째, 도로를 정비하였다. 시가지가 확장됨에 따라 도로의 정비가 필수적으로 요구되었다. 독일점령시기 이미 건설을 시작하였으나 아직 완성하지 못한 도로 역시 계속적인 건설이 필요하였다. 일본점령시기 칭다오시 내외에 신축한 도로는 모두 81,880m로 그중 시내 도로가 57,200m, 시외 도로가 24,680m 였다. 또 독일인이 건설하였으나 아직 준공하지 못한 도로 13,760m와 보도 38,310m를 완성하였고, 기존의 도로와 보도를 보수, 건설한 것이 13,304m에 달했다. 그 외에 칭다오 교외에 독일인이 건설한 212,680m의 군용도로를 정비하여 1921년에 이르면 수려한 경관을 지닌 근대적 도로망이 칭다오시 내외에 형성되었다.[78]

셋째, 상하수도 시설을 정비하였다. 칭다오는 산동의 다른 도시와는 달리 독일인이 조차한 이래로 서양 도시의 모습을 본떠 건설했기 때문에 상당히 근대적인 상하수도 시스템을 갖추고 있었다. 일본점령 후, 일부의 상수도관이 전쟁으로 인해 파괴되어 있었을 뿐만 아니라 또 시가지 확장으로 인해 인구가 증가하고 상업이 발전함으로써 상수도관의 수요가 급증하여 상수도관의 확충이 필요하게 되었다. 이에 따라 칭다오의 일본 민정당국은 전쟁으로 인해 파괴된 수도관을 복구하고 독일인이 개발한 수원지(水源池)를 정비하거나 둑을 만들어 상수도 공급량

77) 王守中・郭大松(2001) 『近代山東城市變遷史』 앞의 책, pp.435－436.
78) 靑島市檔案館 『帝國主義與膠海關』 「膠海關十年報告」(1912－1921), pp.185－186.

을 증대시켰다. 또 한편으로는 새로운 수원(水源)을 개발하기도 하였는
데 칭다오에서 14마일 떨어진 백사하(白沙河) 부근에 130,275m 길이의
상수도관을 새로이 깔아서 칭다오, 리춘(李村), 창카우 등지에 매일
7,500㎥의 물을 공급하였다. 상수도관을 확충하는 동시에 하수도관을
증설하는 공사도 진행되었다. 1921년까지 지하에 매설된 각종 하수도
관의 총길이는 136,400여m에 달했는데 독일인이 건설한 82,880m를 제
외하면 일본점령 시기에 증설된 하수도관의 길이 53,540m에 이르렀
다.79)

넷째, 항구 부두 및 도항(導航) 시설의 건설이 진행되었다. 칭다오
점령 초기 일본은 전쟁기간 중 독일군이 교주만에 설치한 수뢰를 제거
하고 침몰한 선박과 기중기 등을 인양하였다. 그 후 칭다오 공략 시
파괴되었던 등대와 지시등과 같은 도항 설비를 수리하여 항구 부두 시
설을 독일점령시기의 모습으로 복구하였다. 한편 무역발전을 도모하기
위해 1920년부터 제1호 부두의 남면에 선박 접안시설에 대한 확대 공사
를 시행하여 1만톤 급 증기선(輪船) 2척과 3천톤 급 증기선 3척이 추가
로 더 정박할 수 있도록 하였다. 또한 대항(大港)에 준설선(浚渫船) 1척
을 새로 배치하여 수시로 항구의 준설 작업을 진행하도록 하였고 선박
의 왕래를 원활히 하였다.80)

총괄해 볼 때 이러한 일본당국의 칭다오 도시건설의 목적은 1차적으
로는 칭다오 점령 당시에 파괴된 각종 시설을 수복하는 데 있었지만
보다 근본적으로는 대량으로 칭다오에 이주해 들어오는 일본 군민(軍
民)의 주거와 투자, 그리고 경제적 약탈에 편의를 제공함으로써 칭다오

---

79) 王守中・郭大松(2001) 『近代山東城市變遷史』 앞의 책, p.437.
80) 靑島市檔案館 『帝國主義與膠海關』 「膠海關十年報告」(1912－1921), pp.163－167.

를 영구히 점령하고자 하는 데 있었다.

2) 지난의 개부(開埠)와 근대적 도시문화 환경의 조성

1904년 지난에 자본주의 열강의 정치적 침략을 방어하기 위한 목적으로 대외 통상장이라 할 수 있는 상부(商埠)가 건립되기 시작하였다.[81] 상부 건립 이후, 지난 도시발전의 중심축은 구성(舊城)에서 상부 지역으로 옮겨오게 되어 지난은 상부 지역을 중심으로 하는 비약적 도시발전단계를 맞이하게 되었으며[82] 상부 내에는 상업거래지역, 내외국인 거주지역, 영사관, 시장 등이 들어섬으로써 상부는 신도시로서의 완전한 기능을 갖추었고, 투자자들과 상인들의 관심을 끌게 되었다.[83]

지난 개부(開埠) 후 중국과 외국의 많은 상인이 상부에 들어와 숙소와 상점을 짓고 상공업 활동을 영위하고자 했다. 따라서 상부 구역에는 여러 건축물들의 건설이 빈번하게 진행되었다. 그리하여 상부에는 새로운 건축양식의 대규모 공공건축이 등장했는데 그 대표적 유형으로는 금융기관, 영사관, 교통시설, 우전기관, 상업 및 공업 시설, 서비스업 시설들이 있었다. 상부 전역에 세워진 이들 건축물은 지난 구시가지와는 완전히 다른 도시풍경을 구성하고 있었다. 이러한 이국적 풍경은 중국 전통도시의 관공서 중심 건물구조에 길들여져 있던 중국인들에게 묘한 흥취와 함께 한편으로는 모종의 반감을 불러일으켰을 것임에 틀

---

81) 商埠의 건설원인과 과정, 그리고 商埠 건설 이후 도시성격의 변화에 대해서는 김형열(2007) 「山東 濟南의 商埠 건립과 도시 근대화」『역사와 경계』62, 부산경남사학회 참고.
82) 汪堅强(2004) 『近現代済南城市形态的演变与发展研究』淸华大学博士學位論文, p.36.
83) 김형열(2007) 「山東 濟南의 商埠 건립과 도시 근대화」, 앞의 논문, p.113.

림없다. 따라서 이를 보고 당시 어떤 이는 이러한 건축물들이 서양식의 구조에 중국식의 의미를 담고 있어서 중국과 서양의 아름다움이 결합되어 있다고 애써 해석하여 말하기도 하였다.[84]

은행은 주로 상부 구역의 경이로(經二路), 경삼로(經三路) 일대에 집중되어 있었다. 은행은 그 방대한 자산을 뽐내어 고객들의 신뢰를 얻기 위해서 높고 웅장한 외관을 지녔으며 건축양식에 있어서는 고전적인 양식을 많이 사용하였다. 상부에 지어진 대표적인 은행으로는 1925년에 건설된 제남교통은행(濟南交通銀行)과 더불어 산동민생은행(山東民生銀行), 일상제남은행(日商濟南銀行), 덕화은행(德華銀行) 등이 있었다. 한편 지난 상부는 조계지가 아니었지만 독일은 자신의 교민을 보호하기 위해 1905년 6월 산동 무부원(撫部院)에 영사관 설치를 요구하였다. 산동 당국은 지난을 자개상부(自開商埠)로 대외에 개방하였고 어느 나라와도 조계에 관한 조약을 맺지 않았음을 이유로 이를 들어주지 않았다. 하지만 독일은 동년 9월 갑자기 독일 영사관 현판을 달고 독일 국기를 내걸면서 정식으로 영사관 개설을 선포하였다. 독일 영사관이 들어선 건물은 1901년 짓기 시작한 것으로 독일의 전통적인 별장양식으로 지어졌으며 위이로(緯二路) 동측에 있던 덕화은행과 거리를 사이에 두고 서로 마주보고 있었다. 대표적 교통시설로는 1909년에 건설된 진포선(津浦線) 지난 역과 1911년 건설된 교제선(膠濟線) 지난 역을 들 수 있으며, 우편기관으로는 1920년에 지어진 지난우정총국(濟南郵政總局)이 있었다. 상업 및 서비스업 건축물들도 은행들과 더불어 주로 상부의 경이로, 경삼로 일대에 집중되어 있었으므로 이 두 지역은 지난의 양대 상업중심가가 되었다. 상업 건축물은 한 개 또는 몇 개의 큰 뜰을

---

84) 倪錫英(1936) 『濟南』中華書局, p.108.

중심으로 작은 점포와 유흥시설이 이를 둘러싸고 있는 구조로 이루어져 있었는데 대관원상장(大觀園商場), 신시장(新市場), 서시장(西市場) 등이 가장 유명하였다.[85]

이와 같이 상부 내에 여러 건축물들이 들어서자 지난 민중들의 일상생활에도 큰 영향을 주었다. 지난의 상업중심이 성내의 부용가(芙蓉街), 원서대가(院西大街), 서관(西關), 보리문(普利門) 일대에서 점차 서쪽의 상부 일대로 이동하게 되었을 뿐 아니라 상부 구역이 유행의 선도 지역으로 바뀜에 따라 문화의 중심지도 변하게 되었던 것이다. 상부의 중앙에는 지난 역사상 최초의 공원인 상부공원(商埠公園, 후에 中山公園으로 개명됨)이 건립되었고, 상부 내에는 지난에서의 첫 번째 영화관인 「소광한(小廣寒)」과 첫 번째 양식집인 「석태암(石泰岩)」, 찻집이면서 서원과 극장의 역할도 겸하였던 「영선다원(咏仙茶園)」과 「화북제일지(華北第一池)」라는 칭호를 받았던 목욕탕인 「명신지(銘新池)」가 들어섰다.[86] 따라서 성내의 사람들은 물건을 사기 위해 상점도 많고 상품의 종류가 다양하고 품질도 좋은 상부의 상업구역으로 나왔을 뿐 아니라 상부구역에 새롭게 등장한 신흥문화를 접하고 이를 향유하기 시작하였다.

지난 시민들이 접하고 즐기게 된 대표적인 서양식 신흥문화는 바로 영화였다. 지난에서 처음으로 영화를 상영한 것은 1904년 성 내의 선문다원(善聞茶園)에서 본업과 더불어 영화 상영 서비스를 시작하면서부터였다. 관중들을 끌어 모으기 위해 뿌려졌던 팜플렛에는 「외국의 풍조

---

85) 聶家華(2004) 「開埠與濟南早期城市現代化(1904－1937)」浙江大學博士學位論文, pp.226~229.
86) 牛國棟(2003) 『濟南乎』山東畵報出版社, p.139.

를 접하고자 한다면 영화비를 아끼지 마세요. 특별히 서양에서 영화상영단을 모셔왔습니다. 이 안에는 실제 산과 물과 사람과 말이 진정한 동서양의 대전투를 벌입니다. 마치 직접 국외를 유람하는 것과 같습니다 …」87) 고 선전하였다. 지난 최초의 전용영화관은 1904년 상부에 건립된 소광한영원(小廣寒影院)으로 이 영화관은 독일인이 경영하다가 후에 러시아인에게 넘어갔다. 1925년에는 지난 유예원(游藝園) 내에 영화관이 설치되어 주로 무성영화를 상영하였다. 1930년대에 이르면 대관원(大觀園) 내에 대관전영원(大觀電影院)과 신명전영원(新明電影院)이 생겼는데 전자는 유성영화를 후자는 무성영화를 주로 상영하였다. 1930년 산동민중교육관(山東民衆敎育館)이 지난에 영화관을 설립하였는데 비영리로 운영하여 지난시민들에게 무료로 영화를 상영해 주었다. 1935년까지 지난에는 모두 14개의 영화관이 있었다.88)

〈표 3〉 지난 영화관 통계표 (1904－1937)89)

명칭	창립연도	위치	좌석	비고
小廣寒影院	1904	經三路 緯二路	600	
東城電影院	1918	按察司街	500	1930년 春光電影院으로 바뀜
同樂戱院	1921	西市場	700	1928년 共和戱院으로 개명 1934년 西舞臺로 바뀜
濟南電影院	1924	舊軍門	900	1930년 大華電影院으로 개명
游藝園電影場	1925	經七路 緯五路	1000	1933년 進德會電影場으로 바뀜
銀光電影院	1930	經二路 緯三路	1008	1933년 月宮電影院으로 바뀜
開明戱院	1930	新市場北	734	

87) 「爲開通風氣起見, 不惜工本, 特由外洋請到影戱團, 里面有眞山眞水, 眞人眞馬, 眞正東洋大戰, 卽如親到外洋遊歷一般…」濟南市史志編纂委員會(1997)『濟南市志』第6冊, 中華書局, p.289.
88) 聶家華(2004)「開埠與濟南早期城市現代化(1904－1937)」, 앞의 책, p.175.
89) 濟南市史志編纂委員會『濟南簡史』, p.301.

華北電影院	1930	富官街	600	
民衆影劇劇院	1930	貢院墻根	500	초기 명칭은 省立劇院
眞光電影院	1930	經二路 緯三路	900	1934년 東海電影院으로 개명
大觀電影院	1932	大觀園	1000	
新明電影院	1932	大觀園	500	
新新電影院	1932	國貨商場	400	
同樂電影院	1935	國貨商場	500	

근대 지난에 있어서 영화는 이전에 결코 접해보지 못했던 예술형식으로서 전통극이 담지 못하는 사실적 감각을 직접 체험할 수 있었다. 따라서 영화는 지난 시민의 사랑을 받는 문화 요소가 되었으며 사람들은 영화를 통해서 외국의 풍물과 정취를 간접적으로 느껴볼 수 있는 기회를 제공받았다. 그런 면에서 볼 때 영화는 그 자신이 서양에서 들어 온 근대 문물인 동시에 서양의 근대적 문화와 생활방식 및 가치체계를 중국인에게 전파하는 교육적 기능을 지니고 있었다. 많은 지난 사람들은 영화를 보러 간다는 것 자체를 근대 도시의 신흥 문화로서 즐겼을 뿐만 아니라 영화를 보면서도 근대 문화를 접하고 배울 수 있었던 것이다.

영화와 더불어 근대 지난에서 새로운 도시문화로 자리 잡았을 뿐 아니라 대중에 대한 영향력이 가장 컸던 것이 바로 신문, 잡지와 같은 정기간행물이었다. 통계에 따르면 상부 건립에서부터 신해혁명에 이르기까지 지난에서는 『제남일보(濟南日報)』, 『제남일보신보(濟南日報新報)』, 『산동관보(山東官報)』, 『간보(簡報)』, 『국문보(國文報)』, 『관화일보(官話日報)』, 『제남상회일보(濟南商會日報)』와 같은 7종의 신문이 간행되었다.[90] 그 중 『산동관보』는 산동 순무 양스샹(楊士驤)에 의해 1905년 창간되었는데 관보의 성격을 지니고 있었다. 『제남일보』는 창

---

90) 曲琦(1982)「辛亥革命前山東報紙槪述」『山東史志資料』第1輯

간과정에서 정부의 전폭적인 지원을 받았는데 산동 순무 우팅빈(吳廷斌)이 관전(官錢) 1만량(兩)을 출자하여 창간 경비를 댈 정도였다.[91]

민국 시기에 들어서서는 정치, 경제, 문화의 발전에 따라 신문에 대한 수요가 급속히 늘어나게 되어 1912년부터 1927년까지 지난에서는 60종의 신문이 출현하였다.[92] 하지만 정국 불안과 경영 문제로 대다수의 신문은 폐간되었고 1920년대 말까지 14종의 신문만이 남아 있었다.[93] 1930년대에 들어서자 제남의 신문 수량이 다시 증가하기 시작하여 1932년에는 17종의 신문이 있었고 1937년에는 20종에 달하였다.[94] 1930년대 출현한 신문의 특징은 민영신문사에서 간행한 신문이 많았다는 점이었다. 예를 들어 『신광보(晨光報)』『제남만보(濟南晩報)』『시민만보(市民晩報)』『동로일보(東魯日報)』『성보(城報)』와 같은 신문들은 공공성과 더불어 대중성과 상업성도 함께 중시하였으므로 과거의 단순한 정치 뉴스의 전달에서 더 나아가 오락, 경제, 민정(民情), 사회문제, 공익사업에 대해서도 보도의 상당 부분을 할애하였다.

신문 이외에도 지난에서 간행된 정기간행 잡지의 수량도 결코 적지 않았다. 이러한 잡지에는 종합잡지 뿐만 아니라 전문잡지도 포함되어 있었는데 예를 들어 『산동교육보(山東敎育報)』『산동농공잡지(山東農工雜誌)』『학생잡지(學生雜誌)』『여신(勵新)』『락원신간(灤源新刊)』『제남노동주간(濟南勞動週刊)』『공인주간(工人週刊)』『현대청년(現代靑年)』『신산동(新山東)』과 같은 것이 대표적이라 할 수 있었다. 이들 잡지는 오사운동 이후 정치, 문화, 사상 등을 선전하는 주요 기지의 역할을 하였고

---

91) 『東方雜誌』第5年 第1期, 敎育欄 (1908.2)
92) 濟南市史志編纂委員會 『濟南簡史』, p.319.
93) 王守中·郭大松(2001) 『近代山東城市變遷史』, 앞의 책, p.409.
94) 濟南市史志編纂委員會 『濟南簡史』, pp.318-320.

학생과 노동계 등에 상당한 영향력을 행사하였다. 1903년부터 1937년까지 지난에서 출판된 잡지의 종류는 251종에 달하였는데 그 중 정치이론·시사·법률에 관한 것이 96종, 재정·경제에 관한 것이 24종, 문화·교육에 관한 것이 50종, 노동자·농민·청년·부녀·청소년·아동에 관한 것이 19종, 문학·예술에 관한 것이 19종, 과학·기술에 관한 것이 22종, 출판·방송에 관한 것이 21종이었다.[95]

〈표 4〉 1927년 지난의 정기간행물 발행 현황[96]

정기간행물 명칭	주요내용 (발행부수)	비고
簡報	뉴스, 市政, 時論, 광고 (300부)	
大東日報	뉴스, 時論 (300부)	
濟南日報	뉴스, 時論, 광고 (2,800부)	일본인 발간, 일어 신문
齊美報	내외뉴스 (200부)	
大民主報	뉴스, 時論 (1,000부)	中美 합작
山東法報	뉴스, 법률사무 (400부)	
平民日報	오락 (700부)	
大風日報	내용미상 (2,000부)	교회신문인『世界眞理日報』를 1926년 개조.
新魯日報	성 정부 기관지 (500부)	
山東新報	내용미상 (1,700부)	일본인 발간, 일어 신문
山東晚報	내용미상	
商務日報	상업뉴스 (300부)	
魯聲報	내용미상 (200부)	
山東公報	公文, 정치 (1일 1冊)	비영리
山東敎育公報	省敎育廳 公告, 政務, 교육계 사정(월 1冊)	비영리
山東實業公報	산동성 실업사항, 농업통계 (월 1冊)	비영리
山東市政公報	市政 사항 (월 1冊)	비영리
山東財政旬刊	산동성 재정사항 (월 3冊)	비영리
山東新魯月刊	성 정부 기관지 (월 1冊)	新魯日報 集刊
山東敎育月刊	산동성 교육사항 (월 1冊)	비영리
山東敎育週報	산동성 교육사항 (주 1冊)	비영리
山東自治週刊	지방자치사항 (주 1冊)	비영리
山東警察週刊	산동성 警務사항 (월 4冊)	비영리

---

95) 濟南市史志編纂委員會, 위의 책, p.341.
96) 周傳銘『濟南快覽』第9編 第3章 ; 孫寶生『歷城縣鄉土調査錄』第7章

統計月刊	산동성 통계사무 (월 1冊)	비영리
道德月刊	道院 종교사무 (월 1冊)	
實業學會雜誌	산동성 實業사항	
道德雜誌	道院 종교사무	
哲報週刊	道院 종교이론 연구, 선전	
哲報旬刊	道院 종교이론 연구, 선전	

이와 같은 신문, 잡지의 출현은 지난 시민의 사회생활과 뉴스 전달에 상당히 큰 작용을 하였다. 통계에 따르면 1930년대 초 지난 시민 중 거리 열람대, 도서관, 민중교육관 등을 통해 신문을 열람한 숫자가 큰 폭으로 상승하고 있었다. 1931년 지난시에서 신문을 열람한 사람의 수는 75,785명이었는데 전체 인구의 18.77%에 해당하였고 1932년에는 85,295명으로 전체 인구의 19.94%를, 1933년에는 104,402명으로 전체 인구의 24.83%를 차지하였다. 또한 특정 계층만이 아니라 각계각층의 사람들이 신문을 접하게 되었는데 1934년 하반기 지난시 도서관의 신문 열람인 중 노동자가 5,859명, 상인이 8,942명, 학생이 15,871명, 정부 인원이 8,585명, 군인이 7,038명, 농민이 4,675명, 기타가 5,009명으로 열람인의 계층이 비교적 고른 분포를 띠고 있음을 볼 수 있다.[97] 이는 1929년 당시 지난에 있는 수만 명의 노동자 중 문맹자가 80-90%에 달하였고[98] 1932년 당시의 표본조사에서 문맹률이 49.9%를 차지하던 상황[99]을 감안해 본다면 신문을 열람한 지난 시민의 수와 분포도가 상당히 높은 비율과 고른 분포를 나타내고 있음을 알 수 있다. 이를 통해 볼 때 신문은 근대적 대중매체로서 그 영향력이 갈수록 커지게 되었고 점점 더 많은 수의 사람들이 신문을 통해 각종 정보를 얻게 되었음을

---

97) 濟南市政府秘書處 『市政月刊』第8卷 第7,8期合刊 (1936.8)
98) 濟南市社會局(1929) 『濟南市社會局十八年度工作報告』, p.30.
99) 濟南市史志編纂委員會 『濟南市志』第1冊, p.495.

짐작해 볼 수 있다.

따라서 이들 도시에서 출판된 정기간행물은 정치, 경제, 사회, 문화적 정보를 제공하여 시민들의 정치적, 사회적 여론을 선도하였을 뿐 아니라 각 계층의 이익을 대변하고 이념과 사상을 교육함으로써 근대 대중문화의 발전에 상당 부분 기여하였다. 그런 의미에서 정기간행물은 지난의 교육근대화에 적지 않은 작용을 했다고 볼 수 있다. 먼저 정기간행물이 지니고 있는 뉴스 전달 기능으로 각 종 사회 소식들이 신속하게 전달됨으로써 사람과 사람 사이, 도시 내부와 외부 사이, 그리고 사회의 각 계층과 각 사회조직 사이의 교류가 원활하게 진행되었다. 또한 국내외에서 발생한 중대한 사건들이 신문을 통해 보도됨으로써 도시사회 각 계층의 인사들이 지역정보 뿐만 아니라 전 세계의 변화상을 이해하고 파악하게 되어 도시의 개방성에 유리한 조건을 제공해 주었고 이로 인해 도시는 보수적 성향에서 탈피하여 개혁 지향적 성격을 지니게 되었다. 다음으로 근대의 정기간행물은 정치적 선전 기능을 많이 담당하고 있었고 근대 지식인들은 신문과 잡지를 통해 정보를 전달하고 하였으므로 외세의 침탈과 내부의 봉건전제제도 및 전통사상에 대한 비판의 내용을 담은 글들은 민주주의 사상과 신문화, 신지식을 수많은 대중에게 전달해 줌으로써 정치적 계몽과 교육의 역할을 담당하였다.

6 맺음말

독일은 교주만을 점령하자 이를 해군 근거지로 삼아 군사적으로 이용하는 동시에 식민지 도시 건설을 통해 식민지 경영을 공고히 하고자 하였다. 독일의 식민통치 방침은 독일인을 위시로 한 유럽인과 중국인을 차별적으로 대우하고 특히 중국 주민에 대해서는 강제적이고 고압적인 정책을 실시하는 것이었다. 이와 같은 강압적이고 폭력적인 식민통치는 식민지배 초기에는 중국인의 복종을 가져왔지만 이후 장기적인 식민경영을 위해서는 부적합한 것이었다. 따라서 칭다오의 독일 식민당국은 중국인에 대한 지배정책에 있어서 교육과 종교를 통해 교화를 진행함으로써 저항의지를 상실하게 하는 문화정책으로 점차 전환해 갔다. 이를 위해 독일은 칭다오를 독일의 철도 및 항만 건설기술, 의료기술 등을 포함한 과학기술, 학문, 교육, 문화, 종교, 위생, 상품 등을 홍보하고 관리하는 전시장으로 설계하고자 하였다. 그리고 이 전시장을 통해 친독 중국인 엘리트를 확보해 장기적으로 독일의 상업경제적인 이익과 독일의 문화적인 지배를 구축하려 하였다. 독일은 칭다오를 동북아시아의 상업 근거지로 건설하고자 하였을 뿐 아니라 해당 지역의 문화·교육·위생 사업에도 힘을 써 칭다오를 「유럽문화의 전파 기지」로 만들고자 하였던 것이다. 이러한 독일의 식민지 정책은 단지 칭다오뿐만 아니라 산동성과 중국 전체로 독일의 영향권을 점차 확대하고자 했던 제국주의 침략정책의 한 방편이었다. 독일의 영향권 확대의 추진주체였던 베를린 제국정부와 칭다오를 통치했던 제국 해군청이 주목한 분야는 과학기술을 중심으로 한 교육이었다. 즉 독일은 교육을 통한 친독 엘리트 확보가 식민지배의 지속성을 보장하는 가장 효율적인 지배수단이라 여겼던 것이다.

독일에 이어 일본이 칭다오를 점령하게 되면서 엄청난 일본자본이 칭다오에 쏟아져 들어왔다. 이는 칭다오에 물밀 듯 들이닥친 일본인들이 만들어낸 결과였다. 칭다오에 들어온 일본인들은 중국 사람들의 눈에 그 전에 칭다오를 점령하고 있던 독일인들과 같은 소위 「일등국민」들로 비추어 지지는 않았다. 중국에 진출함으로써 인생의 새로운 전기를 마련하고자 하는 많은 일본 서민층들이 칭다오에 들어오면서 주로 음식점과 여관 등을 경영하면서 전쟁 후 파괴되어 질서가 회복되지 않은 칭다오의 기층 산업을 잠식하였던 것이다. 따라서 일본 업주들은 중국인들이 던지는 비난의 시선 위에서 칭다오에 진출한 일본인들의 수요에만 충실히 맞추며 초기 이민대열의 선두주자를 자처하였다. 이들 이민자들은 8년간의 일본 점령기 동안 그들만의 삶의 방식을 내세우며 칭다오에 일본식의 새로운 문화를 도입하고 그들의 거리를 만들어 나갔다. 머지않아 칭다오는 많은 일본인 이민자들로 북적거렸고 이들은 일본인 거리에서 일본과 다름없는 풍속을 연출하며 칭다오의 문화적 다양성을 한층 풍부하게 만들었다.

한편 상부를 건립하여 새로운 도시 공간을 창출한 지난은 이러한 신시가지에 근대적 시설들을 건립하기 시작하였다. 상부 지역에는 영사관과 같은 정치적 공간도 있었고 주거지와 같은 생활공간도 있었고 점포와 시장, 창고와 같은 경제적 공간도 있었지만 공원, 찻집, 목욕탕, 영화관, 전람관, 도서관 등과 같은 문화 오락 공간도 있었다. 상부 지역에 새로이 건설된 서양식의 건물들은 그 자체로 서양 문물의 진입을 의미하는 것이었지만, 그 외에도 서구의 근대적 문물을 소개하고 간접적으로 체험하게 해주는 문화 기구와 시설들은 지난 사람들에게 문화적 충격과 함께 관심과 호기심을 불러 일으켰고 결국은 선전, 광고의 역할과 더불어 사회교육의 기능까지도 담당하게 되었다.

상부의 건립은 단순히 도시공간의 확대만을 의미하는 것은 아니었다. 그것은 경제적 기능을 담당하는 공간인 동시에 새로운 문화를 창출하는 공간이었다. 이는 상부 내에 세워진 새로운 건물들의 건축양식과 더불어 그들이 발휘한 기능과도 관계가 있었다. 즉 대부분 상부 내에 들어선 많은 영화관들은 그것이 가진 서구문화의 전달이라는 기능 이외에도 근대문화의 접촉과 전파라는 기능을 전달하고 있었고 이를 통해 중국인 내에서의 새로운 아류문화가 생성되게끔 해 주었던 것이다. 또한 상부 개설 이래로 우후죽순 격으로 생겨난 신문사 및 잡지사는 시대적 요구와 사회적 필요에 따라 계층별로 시민들을 교육하고 정치적, 사회적 여론을 창도하는 교육적 기능을 담당하였다. 이는 단순히 신흥오락문화의 생성과 전파를 넘어 사회적 기능을 담당하는 대중문화의 형성을 의미하는 것이라 할 수 있었다. 이와 더불어 전통적 교육을 담당해 왔던 지난에 교육의 근대화가 이루어지면서 교육의 사회적 기능 또한 크게 강조되었다. 기존의 교육이 전통도덕의 유지와 예비관리의 양성이라는 정치적 목적과 기능만을 담당했던 데 비해 도시의 근대화와 더불어 본격적으로 출범한 교육의 근대화는 사회발전에 발맞추어 사회적 수요를 맞출 수 있는 인재의 양성이라는 사회적 목적과 기능을 담당하게 되었던 것이다.

이처럼 도시의 표면적, 물질적 근대화의 모습은 그 속에 살고 있는 구성원들의 정신적, 문화적 변화를 앞당기게 되었고 이러한 문화적 변화는 다시 도시의 성격을 좌우하는 중요한 요인이 되었다. 따라서 도시

내 교육문화 환경의 변화는 곧 근대 도시의 발전 속도와 과정을 드러내
는 지표라 할 수 있었으며 그 발전방향을 설정하는 데에도 일정한 영향
을 주었다.

본 논문은 부산경남사학회『역사와경계』제67집(2008년 6월)에
게재된 논문「근대 산동 도시 교육문화 환경의 변화」와 중국사
학회『중국사연구』제70집(2011년 2월)에 게재된 논문「독일의
칭다오 경략과 식민공간의 확장(1898-1914)」을 바탕으로 하여
동아시아연구총서의 주제와 발간 취지에 맞게 내용을 수정, 보완
한 것임을 밝혀둔다.

동아시아연구총서 제1권

동아시아 교류와 문화변용

동아시아 교류와 문화변용

야마가타현 지역의 「동아시아」
-지역에 자리 잡은 동아시아 시민교육을 모색하며-

고길희

일본 도쿄대학에서 교육학박사 학위를 받았고 현재 야마가타국립대학 지역교육
문화학부 이문화교류 코스 교수로 재직하고 있다. 한일 양국의 상호이해와 우호관
계 구축에 관심을 가지고 두 나라의 역사교육과 국제이해교육을 중심으로 가르치
고 있다. 『(역사 속의 인간탐구) 하타다 다카시 -마산에서 태어난 일본인 조선사학
자-』 「한일 양국 역사의 교차점에서: 일본인의 「긍지(誇り)」 회복은 어떻게 가능한
가 -하타다 다카시(旗田巍)를 중심으로-」를 비롯한 다수의 논저가 있다.

1 머리말

21세기는 아시아의 세기라고 한다. 그래서 아시아의 여러 나라는 이를 실현하기 위한 노력을 하고 있다. 그런 움직임 중의 하나로 한국의 동아시아 교과가 새로 생긴 것을 들 수 있다. 2012년부터 한국에서는 고등학교 선택 과목으로 『동아시아사』라는 과목을 도입했다. 이 교과서는 교학사와 천재교육출판사 두 곳에서 출판한다. 이런 움직임에 대해 동아시아의 관계자들은 관심을 가지고 앞으로의 추이에 대해 상당한 기대를 가지고 있다. 동시에 한일 양국에서는 다양한 분야에서 동아시아에 관한 연구와 논의가 진행되고 있다. 그러나 이런 움직임들은 나름대로 한계를 가지고 있다. 이런 활동의 대부분은 국가를 단위로 한 정치, 경제, 역사와 같은 거시적 관점에서 동아시아를 논한다. 한 지역 사회에 토대를 두고 동아시아를 논의하는 일은 드문 일이다. 따라서 앞으로는 동아시아에 대한 논의가 거대 담론에 머무르지 말고 일상생활 속에서 구체적인 사례를 통해 동아시아를 인식하고 그를 바탕으로 다시 동아시아에서 지역 사회를 내다보는, 동아시아 전체와 그 안의 지역 사회 간의 소통을 중심으로 하는 실천이 중요하다.

특히 지역사회를 중심으로 하는 동아시아 인식은 미래를 창조해나갈 동아시아 여러 나라의 청소년 교육에서 중요하다. 일본과 한국의 초등 교육 사회과 내용 중에는 지역사회를 출발점으로 점차 영역을 확대하면서 학습하는 내용이 있다. 그 학습을 통해 양국의 어린이들은 동아시아에 대한 관심을 가질 기회를 가지게 된다. 각국의 학생들이 어릴 때부터 자신의 지역에서 구체적 사례를 통해 동아시아라는 것을 발견하고 배우게 된다면 자연스럽게 동아시아를 친밀한 존재로 느끼게 될 것이다. 그렇기 때문에 교육에서는 동아시아에 대한 긍정적인 관점과 미래에 대한 비전을 제시해야 한다. 그런 점에서 최근 동아시아 각국의 사회와 교육 분야에서 동아시아 시민 육성과 시민 교육의 가능성을 모색하는 움직임이 보이는 것은 환영할 만한 일이다.[1]

이 연구에서는 지역에 자리잡은 동아시아 시민교육이란 점을 바탕으로 일본의 야마가타현 지역의 동아시아를 고찰해볼 것이다. 첫째 야마가타현의 아시아인 배우자의 상황과 도자와무라 한국인 배우자의 실천에 대하여, 둘째 전쟁 전 만주개척민 역사와 전후 중국귀국자의 현상과 과제에 대하여, 셋째 야마가타현에 거주하는 외국인 자녀에 대한 지원체제 현황과 과제에 관하여 고찰하고, 이를 토대로 지역에 자리잡은 동아시아 시민교육의 중요성을 생각해볼 것이다.

참고로 이 연구에서는 「동아시아」라는 용어를 명확하게 규정하지 않고 필리핀이나 베트남 등을 포함한 의미로 사용할 것이다. 왜냐하면, 동아시아라는 용어에 대해서는 지리적, 역사적, 문화적, 경제적, 정치적으로 어디에서 어디까지를 포함하는지에 대해서는 많은 이견이 있으므로 그것을 모두 여기에서 검토하기는 불가능하기 때문이다.

---

1) 日本社会科教育学会・国際交流委員会 編, 『新しい社会科像を求めて－東アジアにおけるシティズンシップ教育』(明治図書, 2008)참조.

2 야마가타현의 국제화와 동아시아 「외국인 배우자」

1) 야마가타현의 동아시아 「외국인 배우자」

야마가타현은 2002년 10월 「야마가타현 국제화 추진계획」을 책정하는 등 국제화와 국제교류에 힘을 기울여온 지역이다. 특히 2011년 3월에는 아래와 같은 이유로 「야마가타현 국제화 추진 방향성」을 만들어 2016년까지 5개년 계획으로 실시할 것을 결정하였다.

> 야마가타현에서는 글로벌화의 진전을 지역 활성화와 연결시켜 현의 정세를 더욱 발전시켜 나가려고 합니다. 이를 위해 현의 장점을 살린 국제교류와 국제협력을 비롯한 폭넓은 분야의 국제이해, 외국에서 이주해온 사람들이 현 주민들과 함께 생활해가기 쉬운 지역 만들기, 해외와의 경제교류 및 국제적인 관광교류 등을 착실하게 진행시켜 가는 일이 필요합니다. 그러기 위해서 야마가타현에서는 국제화를 둘러싼 국내외의 다양한 환경변화에 적절하게 대응하며 국제화를 한층 더 추진해나가기 위한 시책을 효과적으로 실시하기 위한 실천 방침으로 「야마가타현 국제화 추진 방향성」을 2011년 3월에 책정하였습니다.[2]

여기서 주목할 점은 「현의 강점을 살린 국제교류와 국제협력」이나 「외국에서 이주해온 사람들이 현 주민들과 함께 생활해가기 쉬운 지역 만들기」와 같은 부분이다. 왜냐하면, 야마가타현은 동아시아 「외국인 배우자」와 중국귀국자가 많이 살고 있는 지역으로, 그들의 문화와 역사

---

2) 山形県商工観光部観光交流局・経済交流課国際室, (2011)『山形県の国際化の現状』, p.2.

를 이해하고 교류하는 속에서 함께 살아가는 일을 배우는 것이야말로 야마가타현의 장점을 살린 국제교류와 국제협력이 될 것이기 때문이다.

그런 점에서 우선 2010년 12월 말 현재 일본 전국과 야마가타현의 외국인 등록자수의 추이를 보면 〈표 1〉과 같다. 2010년 말 현재 야마가타현의 외국인 등록자수는 6,523명이다. 2011년 1월 1일 현재 「야마가타현의 인구와 세대수(추계)」에 의한 야마가타현의 총인구는 1,166,963명으로, 그 안에 외국인 등록자수가 차지하는 비율은 0.56%이다. 또 야마가타현의 조사와는 다른 법무성 통계에 의하면, 2010년 말 현재 전국의 외국인 등록자수 2,134,151명 중 야마가타현의 외국인 등록자는 6,591명이다. 이는 전국적으로는 37번째이고 동북지역 6개현에서는 후쿠시마현에 이은 두 번째로 그 숫자는 비교적 많지 않다.[3]

〈표 1〉 「외국인등록자수 추이」

※숫자는 각 년도의 12월 현재(단위 : 명)

	2000년	2001년	2002년	2003년	2004년	2005년	2006년	2007년	2008년	2009년	2010년
야마가타현	6,347	6,853	6,926	7,187	7,384	7,703	7,548	7,356	7,232	6,848	6,523
전국	1,686,444	1,778,462	1,851,758	1,915,030	1,973,747	2,011,555	2,084,919	2,152,973	2,217,426	2,186,121	2,134,151

(출전: 야마가타현은 현의 국제실 조사, 전국은 법무성 「재류외국인통계」)

그러나 야마가타현의 조사에서 2010년 12월 말 현재 야마가타현의 외국인 등록자수를 국적별로 보면 〈표 2〉와 같다. 중국이 2,872명으로 전체의 44.0%를 차지하고 있고, 그 외 한국·조선 2,032명(31.2%), 필

---

3) 法務省(2012) 「平成23年末現在における外国人登録者数について(速報値)」 http://www.moj.go.jp/nyuukokukanri/kouhou/nyuukokukanri04_00015.html(検索日 : 2012.12.27)

리핀 682명(10.5%), 베트남 163명(2.5%), 브라질 117명(1.8%), 미국 115명(1.8%)으로 이어지고 있다. 여기서 주목할 것은 아시아 4개국만으로 전체의 88.1%를 차지하고 있다는 점이다. 실제로 중국, 한국·조선은 야마가타현의 모든 시정촌(市町村)에 등록되어 있고, 필리핀은 야마가타현의 오구니마치(小国町)를 제외한 모든 시정촌에 등록되어 있다. 이 사실만으로도 야마가타현 지역이 동아시아와 얼마나 깊은 관계에 있는가를 알 수 있다.

〈표2〉「국적별 외국인등록자수」
※숫자는 각 년도의 12월말 현재(단위 : 명)

	총수	국적별(상위 6개국)					
		중국	한국·조선	필리핀	베트남	브라질	미국
야마가타현 (2010년 12월말)	6,523 (−325)	2,872 (−172)	2,032 (−37)	682 (−11)	163 (−4)	117 (−39)	115 (+2)
전국 (2009년 12월말)	2,186,121 (−31,305)	680,518 (+25,141)	578,495 (−10,744)	211,716 (+1,099)	41,000 (−136)	267,456 (−45,126)	52,149 (−534)

(출전: 야마가타현은 현의 국제실 조사, 전국은 법무성 「재류외국인통계」)

또한 2010년 12월 말 현재 야마가타현의 외국인 등록자수를 남녀별로 보면, 총수 안에 여성이 5,140명, 남성이 1,383명으로 여성이 전체의 78.8%를 차지하고 있다. 또 외국인 등록자수가 많은 아시아 4개국의 여성 비율을 보면, 중국 79.6%, 한국·조선 83.8%, 필리핀 94.7%, 베트남 90.2%이다. 여성의 비율이 압도적으로 높은 것을 알 수 있다. 이는 최근 연구들이 밝히고 있듯이 2000년대 이후 동아시아 지역 내에서 국제결혼이 증가하는 추세에 있으며, 특히 중국이나 동남아시아 여성들이 한국·대만·일본·싱가포르와 같은 나라의 남성들과 결혼해 남편의 나라로 이주하는 여성의 이주화 현상과 깊은 관련이 있다.[4] 야마가타현에서도 동아시아 내 여성 이주화 현상이 현저하게 나타나고 있는

것이다. 그런 점에서 안도 준꼬는 일본 동북지방의 특징을 다음과 같이
말하고 있다.

　도시부에서는 집주도시[5]의 단순 노동자가 차지하는 비율이 높다. 한편
　농촌이 많은 동북지방은 1970년대 이후 심각해진 과소화(過疎化), 소자화
　(少子化), 고령화, 신부 부족으로 인한 후계자 부족을 해결하기 위해 1980
　년대 후반 이후 야마가타현 모가미(最上)지구에서 행정이 주도해 외국인
　배우자(여성)를 받아들이는 사업을 추진해 전국적으로도 주목을 받은 흥
　미로운 사례가 존재한다. 이 사례와 같이 동북지방에 살고 있는 외국인은
　「외국인 배우자」가 차지하는 비율이 높으며, 그들과 어떻게 공생해 나갈
　것인가라는 점에 큰 특징이 있다.[6]

　안도의 지적대로 야마가타현 모가미지구는 1980년대 후반부터 관청
의 주도로 외국인 배우자를 받아들이는 사업을 추진해 전국에서 주목
을 받았다. 다시 말하면, 1985년 무라야마지구에 있는 아사히마치가
필리핀 여성 9명과의 국제결혼을 추진한 것을 시작으로 1986년에는 오

---

4) 예를 들면, 김영욱(2009) 「국경을 넘는 아시아 여성들」 이화여자대학교출판부, 이
　화여자대학교 아시아여성학센터 기획, 허라금 편(2011) 『글로벌 아시아의 이주와
　젠더』한울아카데미, 一般財団法人アジア・太平洋人権情報センター(2008) 『国際
　人権ひろば』ヒューライツ大阪, 国際移動とジェンダー研究会 編(2009) 『アジア
　における再生産領域のグローバル化とジェンダー再配置』一橋大学大学院社会学
　研究科伊藤るり研究室 등이 있다.
5) 일본에는 「외국인집주도시회의」라는 것이 있다. 이것은 2001년 5월 7일에 일계
　브라질인 등 외국인노동자가 많이 살고 있는 시즈오카현 하마마츠시의 요청으로
　설립된 조직으로, 외국인 주민에 관련된 정책이나 활동에 관한 정보교환은 물론
　각 지역에서 표면화되고 있는 여러 가지 문제 해결에 적극적으로 대처하기 위한
　목적으로 설립되었다. 2012년 4월 현재 29개 도시가 이 회의에 참여하고 있다.
　外国人集住都市会議 http://www.shujutoshi.jp/index.html
　(検索日 : 2013.1.6)참조.
6) 安藤純子(2009) 「農村部における外国人配偶者と地域社会－山形県戸沢村を事例と
　して－」『GEMC journal : グローバル時代の男女共同参画と多文化共生』, pp.26－
　27.

쿠라무라가 필리핀 여성 10명과의 국제결혼을, 1989년에는 도자와무라 가 한국인 여성 3명과 필리핀 여성 2명과의 국제결혼을 각각 추진했다. 이들 가운데 특히 모가미지구의 도자와무라가 국제결혼을 계기로 추진 한 다양한 실천이 전국적인 주목을 받게 되었던 것이다. 그렇다면 도자 와무라에서는 아시아 지역에서 국제결혼으로 일본에 이주해온 여성들 과 공생해가기 위해 어떤 실천을 했던 것일까?

2) 도자와무라의 한국인 배우자와 다문화공생사회

도자와무라의 개황

2012년 4월 1일 현재 야마가타현은 13시 19정 3촌으로 구성되어 있고. 이를 오키타마(置賜)지구, 무라야마(村山)지구, 모가미(最上)지구, 쇼나이(庄内)지구라는 4개 지구로 나눠 부르고 있다. 한편, 이제부터 살펴볼 도자와무라는 야마가타현 북부의 모가미지구에 위치한 곳으로, 1955년 후루구치무라(古口村), 도자와무라(戸沢村), 츠노가와무라(角川村)의 세 개 마을이 합병해「도자와무라」가 되어 2005년에 50주년을 맞이한 지역이다. 면적의 83%를 산림과 평야가 차지하고 있고, 마을 중앙을 일본 삼대 급류의 하나로 알려진 모가미강이 동서로 흐르고 있다. 도자와무라의 주된 산업으로는 벼농사를 중심으로 한 농업,「모가미강 뱃놀이(最上川舟下り)」와 마을 안에 온천 세 곳을 중심으로 한 관광업을 들 수 있다.

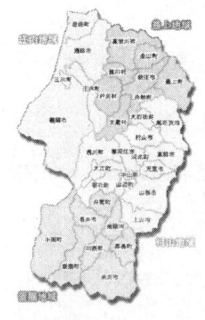  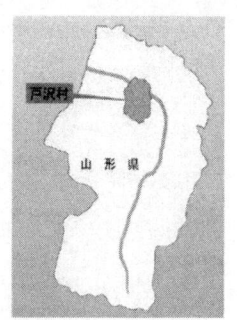

　도자와무라의 인구는 1965년까지만 해도 1만 명을 넘었던 것이 해마다 감소해 과소화가 심각하게 진행되고 있다. 〈표 3〉에서 알 수 있듯이, 1965년에 10,045명이던 인구는 2009년 1월말 현재 5,820명(남자 2,783명, 여자 3,037명)으로 반수 가까이 감소했다. 그러나 세대수로 보면, 1965년에 1,821세대이던 것이 2009년에 1,664세대로 대폭적인 감소는 보이지 않고 역으로 증가하는 해도 있다. 이는 도자와무라에서 소인원수 세대가 증가하고 핵가족화가 진행되고 있다는 것을 말해준다.

〈표 3〉「도자와무라 1965년 이후 5년별 인구와 세대수」[7]

년	1965	1970	1975	1980	1985	1990	1995	2000	2005	2009
인구	10,045	8,876	8,131	7,815	7,495	7,358	6,990	6,688	6,202	5,820
세대수	1,821	1,750	1,708	1,671	1,676	1,699	1,678	1,694	1,667	1,664

(1965~1980년까지는 동년 4 월 1일 현재, 이후는 동년 4월말 현재)

(출전: 홍보 『도자와』 각호)

　이러한 상황에 놓여있는 도자와무라에는 2008년 현재 외국인 배우자가 38명 살고 있다. 국적별로 보면, 중국인이 18명, 한국인 10명, 필리핀

---

7) 앞의 책, p.27.

인이 10명이다. 앞에서도 잠시 언급했듯이, 도자와무라에 아시아로부터 시집을 오게 된 것은 80년대 후반부터이다. 그 경위를 보면 다음과 같다.

1988년 6월에 실시된 도자와무라의 촌장선거에서 다나카 아키라(田中昭)씨가 「농촌후계자 육성대책 충실화, 국제결혼 실시」를 공약으로 내세워 당선되면서 행정 주도의 국제결혼이 적극적으로 추진되었다. 우선, 1989년 1년간에 행정 주도로 한국인 여성과의 결혼 3쌍, 필리핀 여성과의 결혼 2쌍이 이루어졌다. 그 밖에 결혼알선업자, 친척, 지인 등의 소개로 한국인 여성 7명과 필리핀 여성 2명과의 혼인이 성립해 그 해만으로 14쌍의 국제결혼 커플이 탄생했다. 그러나 도자와무라가 행정주도로 국제결혼을 진행할 수 있었던 것은 1989년만으로, 결혼을 할 여성들이 일본을 방문하고 수속을 끝마칠 때까지의 기간까지 포함해도 1989년과 1990년의 2년간뿐이었다. 그럼에도 불구하고 도자와무라에 한국인 배우자가 계속해서 오게 된 것은 다음과 같이 이미 교류의 기반이 마련되어 있었기 때문이다.

첫째, 마을 청년들이 아시아와 교류를 추진하고 있었다. 즉, 「세계 청년의 해」였던 1985년에 도자와무라의 청년들로 구성된 농업청년회의소 회원들은 국제교류를 계획했다. 1986년 2월 아시아, 아프리카의 농촌지도자를 양성하는 도치기현의 「아시아농촌지도자양성학원」에서 4명의 유학생을 맞아들여 교류했다. 이 실천이 마을에서 평가를 높게 받게 되면서 1987년부터 행정사업으로 지속적인 교류를 추진하게 되었다.

둘째, 도자와무라와 한국은 시민들 간의 국제교류를 국제결혼 이전부터 이미 하고 있었다. 도자와무라는 지형과 자연환경이 비슷한 한국의 충청북도 제천시 송학면과 교류를 했는데 그 경위를 보면 이렇다.

1990년 봄 도치기현에 있는 「아시아농촌지도자양성학원」에서 송학면의 한 목사가 일본에서 농업연수를 받고 싶어 하는데 도자와무라에서 받아주지 않겠느냐는 의뢰가 있었다. 이를 계기로 그 해 「도자와무라국제교류학원」(후에 「도자와 국제교류협회」로 개칭)이 송학면에서 오는 연수생을 받아들였다. 연수생들은 농업연수와 함께 초등학교 방문과 홈스테이를 실시했고, 송학면의 관계자도 도자와무라를 방문해서 동계 농업으로 두릅나무순과 야채의 재배 및 버섯 생산을 배워갔다. 그렇게 도자와무라와 송학면의 교류는 농업청년의 상호방문과 농업연수로 그치지 않고, 송학면에서 오는 유학생을 받아들이거나 두 마을의 여성 교류 및 학생 상호 방문으로 확대되었다.

도자와무라의 「한국인 배우자」에 대한 실천 사례

도자와무라는 일본 국내외에서 배우자들을 받아들여 정주시키는데 성공을 한 지역으로 알려져 있다. 이것은 지역의 행정관계자, 지역주민, 한국인 배우자가 서로 협력해 다문화공생사회의 좋은 사례를 남겨왔기 때문이다. 여기서 대표적 실천 사례 두 가지를 들어보자.

첫째, 1994년에 탄생한 「도와와류 김치」가 지역 활성화에 공헌해왔다는 것이다. 도자와류 김치는 한국인 배우자 중에 한국에서 식당 경영을 했던 여성이 도자와무라 상공회의 일본인 여성들에게 김치 만들기를 전수한데서부터 시작되었다. 이를 계기로 1990년 2월 김치를 마을 안에서 한정판매하기 시작했다. 그리고 1991년에 그 김치가 마을의 산업 축제에서 농업진흥회 회장상을 수상한 것을 계기로 김치 만들기를 본격화했다. 1992년에는 상공회부인회 회원 등이 송학면을 방문해서 김치 담그기를 비롯해 고추의 재배와 가공하는 것을 시찰했다. 같은 해

도자와무라에 「아줌마회(アジュンマの会)」가 설립되었다. 그 후 송학면에서도 부인들이 도자와무라를 방문해 교류를 도모하는 등 여성들의 교류가 활발해졌다.

나아가 1994년에는 상공회의 마을 살리기 사업의 일환으로 여성들이 만든 김치가 「도자와류 김치」라고 명명되어 본격적인 시장 판매를 위한 체제가 만들어졌다. 1995년에는 그 해 지역 활성화 사업의 주요사업의 하나가 된 도자와류 김치가 마을 특산품으로 선정되어 김치를 연중 판매하기 위한 연구도 진행되었다. 그 결과 같은 해 9월에 도자와류 김치가 「동북마을 살리기전」에서 동북통산국장상을 수상했고, 1996년에는 마을 주요 특산품으로 지정되었다. 또 2000년에는 김치제조시설인 「김치랜드」도 건설하여 김치 외에 「도자와류 냉면」과 「들깻잎 간장 담그기」 같은 특산품도 탄생했다. 이리하여 도자와무라에서는 한국인 배우자가 만든 도자와류 김치가 지방 특산품으로 지역 경제에 공헌을 하게 되었다. 이런 실천에 대해 안도 준꼬는 다음과 같이 이야기한다.

> 「도자와류 김치」 제조의 특징으로 이런 점을 들 수 있다. 김치 만들기는 한국인 배우자가 지도한 것이었지만 특산품으로 제조 판매를 실시하고 있는 것은 마을 안의 일본 여성들이라는 것이다. 여성들은 김치라는 다른 문화를 받아들여 그것을 마을 산업과 연결해나갔다. 이런 점에서 김치가 커뮤니티 형성을 위한 장치가 되었다는 분석도 나오고 있다. 한국인 배우자들은 김치 만들기에 대한 역할 기대에 부응함으로써 마을의 일원으로서 소속의식을 높이고 커뮤니티 형성에 기여하는 결과를 가져왔다. 한편 일본인 여성들은 김치 만들기에 관련된 일로 사람들을 만나고 꿈을 가지게 되면서 남편에게 기대 사는 것에서 벗어나 자신의 존재 증명을 하게 되었다는 것이다.(중략) 「도자와류 김치」의 사례는 외국인의 정착과 공생을 생각하는데 있어서 큰 시사점을 던져준다고 할 수 있다.[8]

안도의 지적은 지역의 국제화와 국제교류를 생각하는데 있어서 매우 중요하다. 도자와무라의 실천이 서로의 교류를 통해 각기 자기 성장을 하는 「쌍방향 소통」「쌍방향 교육」의 중요성을 알려주기 때문이다. 즉, 마을의 일본인 여성들이 한국인 배우자와의 교류를 통해 한국문화의 다름을 적극적으로 받아들여 상생함으로써, 도자와무라 전체가 창조적인 역동성을 발휘할 수 있었고 또 지역 경제도 활성화되었던 것이다.

둘째, 도자와무라에는 1997년에 한국문화를 소개하는 테마파크로 세워진 「고려관」이 있다. 고려관에는 한국정원, 민속문화관, 휴게소(道の駅)도자와, 도자와 한국물산관, 산사태자료관, 식생활문화관, 회랑, 놀이마당과 같은 시설이 있으며, 지금까지 한국문화를 소개하면서 지역경제 활성화와 지역브랜드 확립에 공헌해왔다.

고려관 건설은 1989년에 시작된 도자와무라의 개발기본계획인 「모모가미아르카디아(モモカミアルカディア)구상」9)의 첫 사업으로 1996년에 계획되었다. 총 사업비 11억 5천만 엔에 달하는 대규모 사업으로 건설된 고려관은 1997년 1월 성대한 오픈이벤트를 개최하였다. 이날 행사에 주일한국대사, 센다이총영사, 중앙민단단장, 제천시장과 같은 내빈들이 참석했고, 송학면 여성들로 구성된 민속무용단 춤, 모모가미 농학제, 코리아음악제, 제기차기 세계 선수권, 제2회 전국코리아타운서

---

8) 앞의 책, p.35.
9) 모가미지구 일대를 아이누어로 「모모」(벼랑)의 「가미」(위)의 땅이라고 하며 이것이 「모가미」의 어원이 되었다. 한편 「아루카디아」는 「이상향」이라는 의미다. 따라서 「모모가미아르카디아(モモカミアルカディア)구상」은 풍요로운 자연과 농촌문화를 지키고 육성해가며 미래를 개척하는 그런 이상향의 구축을 목표로 하고 있다.

미트와 같은 다양한 행사가 있었다. 그 후 고려관은 농학제와 가을축제와 같은 많은 행사를 해왔고 또 관광 장소와 국제교류의 거점으로 기능해오고 있다. 도자와무라가 아무리 한국과의 교류가 깊다고 해도 일본의 한 지역에서 관광장소로 다른 나라의 문화를 소개하는 시설이 건설된 것은 매우 드문 일이다.

지금까지 간단하게 야마가타현 도자와무라 주민들의 한국인 배우자와의 실천 사례를 살펴보았다. 도자와무라의 사례는 한일 양국의 국제결혼에 관한 연구에서 어느 정도 알려져 있는 것으로 한국 언론에서도 몇 차례 소개된 적이 있다.[10] 도자와무라의 사례는 행정관청이 앞장서서 국제결혼을 추진하고, 배우자들의 정착을 지원하는 정책을 적극적으로 추진한 성공적인 정착 사례를 구축했다는 평가를 받고 있다. 도자와무라가 그렇게까지 할 수 있었던 것은 당시 촌장의 강한 리더십, 행정정의 충실한 지원, 이문화를 받아들일 수 있는 기반, 한국인 배우자들과 가족의 협력과 상호 이해를 들 수 있다. 도자와무라 사례가 성공적이라고 높이 평가받은 것은 한국인 배우자들이 지역사회에 끼친 영향도 컸고, 김치 만들기로 마을 여성들의 의식 변화를 가져와 주민들의 이문화 이해가 깊어지는 등 쌍방향 소통과 쌍방향 교육을 통해 농촌사회, 가족, 지역사회의 바람직한 위상에 대해 생각하는 계기를 만들어주었기 때문이다.[11]

그러나 약 20년의 시간이 지나면서 마을의 재정적 어려움으로 고려관이 민간회사로 넘어가고, 김치랜드도 활동을 중지하는 등 주변 상황

---

10) 예를 들면, 농림부농림여성정책과(2008) 「해외사례: 일본 야마가타현」 『농촌여성결혼이민자가족지원 사업발전법안연구』, 「김치가 日 지방 특산품이 된 까닭은?」(『연합뉴스』2011. 4. 1), 「시골총각 국제결혼 성행」(『문화일보』1998. 2. 12), 「日 농촌총각과 결혼 '한국 며느리'‥어느덧 중년」(『MBC News』2010. 9. 20)등이 있다.
11) 安藤純子, 앞의 책, p.37.

이 많이 변화했다. 현재 이 시점에서 우리는 도자와무라의 상황을 다시 되돌아보고, 그 동안의 활동이 정말 성공적이었는지 생각해보고, 현재 우리에게 남겨진 과제는 무엇인가를 따져볼 필요가 있다. 실제로 도자와무라에서는 현재 국제결혼을 통해 시집온 여성들은 물론 그들의 2세를 둘러싸고 새로운 과제들이 생겨나고 있다.

예를 들면 시집온 여성들이 나이가 들면서 그들의 노후를 지원하는 다양한 시스템을 어떻게 구축할 것인가, 국제결혼으로 태어난 2세 자녀들의 교육과 아이덴티티 형성을 지원하는 체제를 어떻게 만들어갈 것인가, 아직도 지역 사회에서는 이주 여성들을 「그 나라에서 무언가 문제가 있었던 사람」「경제적으로 어려운 사람」「언젠가 돌아갈지도 모르는 사람」「일본문화를 잘 모르는 예의 없는 사람」등으로 여전히 멸시와 편견의 부정적 눈길로 바라보는 시각이 있는데 이를 어떻게 바꾸어나갈 것인가 등이다. 나아가 도자와무라에는 한국인 배우자만이 아니라 필리핀이나 중국인에게도 눈을 돌려 도자와무라 지역 속의 동아시아를 생각하는 다양한 활동을 전개해나가는 일도 중요해지고 있다.

3 야마가타현의 「만주개척민」과 「중국귀국자」

1) 야마가타현 「만주개척민」의 역사적 배경

야마가타현은 전쟁전에 「만주개척민」「만몽개척단」「만주와 몽고 개척 청소년의용군」이라는 이름 아래 일본 전국에서 나가노현에 이어 두 번째로 많은 17,200명을 만주개척민으로 보낸 지역이기도 하다.

〈표 4〉「전전 일본의 지역별 만주개척민수」

순위	지 명	숫자(명)
1	나가노현	37,800
2	야마가타현	17,200
3	구마모토현	12,700
4	후쿠시마현	12,700
5	니가타현	12,700

그 역사를 되돌아보면, 1931년의 만주사변과 1932년 3월의 「만주국」 건국과 함께 일본에서 만주로 이민이 본격화했다. 일본의 생명선이라고 하는 만주국을 지키기 위해 전쟁터가 아닌 후방의 평화전사로 농업이민을 보내는 것이 중요국책으로 결정되었던 것이다. 특히 관동군과 탁무성이 본격적인 이민 추진에 돌입하려는 가운데 2.26 사건 이후 탄생한 히로타 고키(広田弘毅)내각은 1935년 5월 「만주개척이민추진계획」을 결의하고, 1936년부터 1956년까지의 20년에 걸쳐 100만호, 500만 명의 농업이민을 보내는 일대 국가프로젝트를 계획했다. 이를 계기로 1937년 8월에는 「만주척식공사」가 설립되었다.

그러자 일본 전국 방방곡곡에서는 만주이민을 장려하는 움직임이 활발해졌다. 행정과 교육 관계자들은 만주를 「왕도낙토(王道楽土)」라고 선전하며 「가자 만주로, 개척하자 만주를」이란 슬로건을 높이 외쳐가며 적극적인 후원활동을 전개했다. 「국가를 위해」라는 미명 아래 마을의 명예를 걸고 「만주개척단」「만몽개척단」「만주와 몽고 개척 청소년 의용군」의 희망자 확보에 나섰던 것이다. 할당 수에 미치지 못한 마을에서는 제비뽑기까지 했고, 그리하여 개척단원은 재산을 모두 처분하고 고향을 뒤로 했다. 야마가타현에서도 당시「쇼와 공황」으로 곤궁과 병폐가 극심했던 탓에 특히 차남과 삼남을 중심으로 만주이민이 적극적으로 추진되었다. 당시 야마가타현에서도 비교적 많은 만주개척민을 보낸 아사히마치의 오야무라(大谷村)에서는 다음과 같은 상황이 전개되고 있었다.

「이 피폐한 농촌을 재생하기 위해서는 이민을 장려하는 것 밖에 길이 없다. 다행히 일본과 불가분의 관계에 있는 만주국에는 무한히 비옥한 광야가 있다. 만주로 이민을 가면 10헥타르의 지주가 될 수 있다. 남은 농촌도 생활이 풍요로워진다. 자신을 위해서만이 아니라 국가를 위해 마을을 위해 만주에 새로운 마을을 만들자」라며 국가와 현 그리고 도시와 시골의 지도자들은 농민들에게 호소했다. (중략) 쇼와13(1938)년부터 마을 전체의 만주이민 계획이 실행에 옮겨졌다. 몇 번인가의 강연회가 개최되었고 부락마다 친목회도 열렸다. 빈농으로 허덕이던 주민들에게 10헥타르의 지주가 될 수 있다는 것이 희망의 땅에 이상적인 오야무라를 함께 건설한다는 결단을 내리게 했다. 그는 당연한 귀결이었다. 오야무라에서만 100호를 넘었고, 미야쥬쿠마치(宮宿町)와 사자와마치(左沢町)도 더해져 최종적으로는 166호, 657명의 촌락이 되었다.[12]

만주이민이 추진되던 당시 일본의 농촌경제 상황은 너무나 참담한 상황에 놓여있었다. 잘 알려진대로, 제1차 세계대전 후인 1929년 뉴욕의 주식시장 대폭락을 시작으로 전 세계에 불황의 폭풍우가 휘몰아쳤다. 1930년에 일본에도 그 영향이 본격화하여「쇼와 공황」이 시작되었고, 그 속에서 농업 부문과 농촌은 심각한 상황에 빠졌다. 특히 1930년 가을에는 쌀 수확량이 유례를 찾아볼 수 없는 대풍작에다 한국과 대만

---

12) 朝日町史編纂委員会,「第二節 日中戦争と満州開拓」,『朝日町史』下巻(2010), pp.377－379.

등의 식민지로부터 대량의 쌀이 일본본토로 유입되면서 쌀값은 공급과잉으로 대폭락을 했고, 이후 1930년대 중반까지 공황 전의 수준으로 돌아가지 못했다. 야마가타현의 농민들도 예외는 아니어서 생활이 힘들어진 농가는 고액의 빚을 지지 않을 수가 없었다. 게다가 1934년 동북지방을 덮친 냉해 흉작으로 심각한 식량난에 빠지면서 초등학교 아동 중 도시락을 지참하지 못하는 학생들이 속출했다. 또 먹고 살기 위해 혹은 빚을 갚기 위해 딸을 팔아넘기지 않으면 안 되는 사태까지 발생했다. 이처럼 심각한 경제 상황 속에서 수많은 농민들은 만주이민의 길을 선택해 만주로 건너갔던 것이다.

그러나 1937년부터 중일전쟁이 본격화되자 성년 남자들이 군인으로 소집되는 경우가 많아지면서 개척단원 확보가 어려워졌다. 그러자 일본정부는 미성년자에게 눈을 돌렸다. 1937년 고노에 후미마로(近衛文麿)내각이「만주와 몽고 개척 청소년의용군」(이하, 청소년의용군)의 이민 계획을 세워 각의 결정을 했고, 탁무성은 다음해인 1938년에「만주와 몽고 개척 청소년의용군 모집요강」을 발표했다. 청소년의용군은 농업이민을 주축으로 한 만주이민이 담당하고 있던 군사와 치안상의 역할을 보충하고 대신하는 형태로, 1937년도를 기점으로「20개년 100만호 송출계획」의 보완책으로 고안된 것이었다.[13] 모집 대상은 16~19세로, 심상소학교(1941년 이후 초등학교) 고등과 혹은 청년학교를 졸업한 학생들이 대상이었다. 청소년의용군의 모집은 교육의 영향과 교사의 역할이 컸는데, 모집된 청소년의용군들은 이바라기현에 있는 우치하라 훈련소에서 2~3개월 정도 훈련을 받은 뒤 무장농업이민으로 만주에 보

---

13) 白取道博(1986)「『満州』移民政策と『満蒙開拓青少年義勇軍』」『北海道大學教育學部紀要』第47号, p.107.

내졌다.

이렇게 해서 1938년부터 27만 명의 일본인이 희망을 안고 혹은 사명 감으로 만주로 옮겨갔다. 하지만 1945년 8월 9일 오전 영시, 소련군이 갑자기 국경을 돌파해 만주국으로 눈사태처럼 밀려든 순간 그들의 인 생은 180도 역전되었다. 당시 관동군은 개척단 중 4만 7천 명을 병사로 소집했는데, 그들 대부분이 패전 후 소련군에 의해 시베리아에 억류되 었다. 한편 개척마을에는 노인, 여성, 아이들만이 남아 있었다. 그러나 소련군의 공격과 현지인의 보복 속에서 집단자결의 길을 선택해 비극 적인 최후를 맞이하거나, 도피하다가 결국 귀국하지 못하고 죽은 사람 들도 많았다. 당시 만주에 있던 일본인은 약 155만 명이라고 추정되고 있는데, 그 중 17%에 해당하는 27만 명의 개척단원 중 희생된 사람 수 는 약 7만 2천 명이라고 전해진다. 또한 추정미귀국자 약 1만 1천 명 중 6,500명은 사망으로 추정되고 있다. 이 숫자를 모두 합하면 만주 인 양자의 전체희생자 수인 24만 5천 명의 30%에 달한다. 이러한 수치만 보더라도 개척단원의 희생자가 얼마나 많았는가를 알 수 있다.[14]

2) 「중국귀국자」의 현황과 과제

한편, 패전 이후 중국에 버려진 일본인 「잔류고아」와 「잔류부인」은 1972년 중일국교정상화를 계기로 일본사회로 돌아오게 된다. 일본에서 는 그들을 「중국귀국자」라고 부른다. 이 명칭은 중국에서 일본으로 영 주 귀국한 「중국잔류고아」와 「중국잔류부인」과 그들의 의부모, 배우자

---

14) 「映画『嗚呼 満蒙開拓団』とその時代のラジオ」(2009・8・2記)
   http://www2u.biglobe.ne.jp/~akiyama/no161.htm(検索日 : 2012.6.10.)

및 2세나 3세가 되는 자녀들을 포함한 전 가족에 대한 총칭이다.15) 하지만 왜 그들은 전쟁이 끝난 뒤에도 중국에 남겨진 것일까? 전후 중국에 남겨진 잔류일본인들은 중일 간에 인양선이 재개된 후에도 다시 가족이 생겨서 혹은 인양선에 대한 정보가 닿지 않는 곳에 살고 있었기 때문이다. 그들은 어쩔 수 없이 잔류해야 한 경우가 많았던 것이다.

그러다가 1972년 중일국교정상화를 계기로 1973년부터 일본인과 그 배우자 및 20세 미만의 독신자 자녀를 대상으로 국비부담의 일본귀국의 길이 열렸다. 특히 1981년 3월 「중국잔류일본인고아」에 대한 방일조사와 1994년 「중국잔류 해외주재 일본인 등의 원활한 귀국촉진 및 영주귀국 후 자립지원에 관한 법률」 성립 등으로 일본으로 돌아오는 사람들이 증가했다. 후생노동성에 의하면, 2012년 4월 30일 시점에서 1973년 이래 일본 국비로 귀국한 사람 수는 다음과 같다.16)

【중국 잔류 일본인 현황】 (2012년 4월 30일 현재)

(1) 잔류 일본인 고아의 신분조사

고아 총수	2,817명
그 중 신분 판명자	1,284명

(2) 영주 귀국

영주귀국자 총수	6,685명	가족을 포함한 총수	20,851명
그 중 고아	2,551명	〃	9,364명
그 중 부인 등	4,134명	〃	11,487명

(고아 세대 중 부부 모두 고아가 4세대임으로, 귀국 세대수는 고아 2,547세대, 부인 등 4,134 세대, 총6,681세대)

---

15) 多文化共生キーワード事典編集委員会編(2004) 『多文化共生キーワード事典』 明石書店, p.56.
16) 厚生労働省 「中国残留邦人の状況」 http://www.mhlw.go.jp/bunya/engo/seido02/toukei.html(検索日：2012.6.10)

(3) 일시 귀국

일시귀국자 총수	5,842명	가족을 포함한 총수 9,767명	
그 중 고아	1,309명	〃	2,567명
그 중 부인 등	4,533명	〃	7,200명

현재 야마가타현에는 전전에 만주개척민을 많이 보냈던 지역인 만큼 중국귀국자가 다수 생활하고 있다. 그러나 중국귀국자들은 고령인데다 일본어와 일본문화를 잘 알지 못하고, 충분한 경제적, 사회적 지원을 받지 못하고 있기 때문에 일본에서의 새로운 생활에 매우 어려움을 겪고 있다. 영주귀국자인 잔류고아와 잔류부인은 1인당 평균 10명 조금 넘는 가족을 불러오고 있다고 한다. 1990년 출입국관리 및 난민인정법(입관법)을 개정할 당시 외국국적을 가진 일본계 2세와 3세의 일본 체재가 「일본인 배우자」 및 「정주자」자격으로 인가받게 되면서 중국귀국자의 2세와 3세의 가족도 같은 자격으로 입국이 가능해졌기 때문이다. 따라서 중국귀국자의 가족들 중에는 일본국적을 취득하고 있는 사람도 있지만 중국국적인 사람도 많아 가족 내에 국적이 혼재하고, 또 각기 받을 수 있는 공적 서비스도 다른 경우가 많다.

일본에서는 그들을 지원하기 위해 2001년 11월 공익재단법인·중국 잔류고아원호기금을 설립했고, 국가의 위탁을 받아 중장기적 관점에서 그들을 지원하는 시설로 「중국귀국자지원·교류센터」도 개설했다. 이 단체는 현재 일본전국의 7개 블록에 개설되어 귀국자와 그 가족들이 주위 사람들과 연계해가며 자립할 수 있도록 지원하는 일을 하고 있다. 구체적으로는 일본어 학습지원 및 교류사업, 지역지원사업, 생활상담사업, 정보발신사업(수도권센터), 보급계발사업 등을 하고 있다. 야마가타현의 중국귀국자들은 아오모리현, 이와테현, 미야기현, 아키타현,

후쿠시마현과 함께 전국 7개 블록의 하나인 동북센터에 소속해서 지원을 받고 있다. 또 「일본중국우호협회·야마가타현 연락회」를 중심으로 한 지원활동도 전개되고 있다.

하지만 현재 영주 귀국한 귀국자 1세들의 고령화가 진행되고 있고, 지역사회에서의 고립이 심각한 편이다. 게다가 일본을 방문한 2세와 3세 가족들의 경우에도 언어와 생활습관의 차이는 물론 일본경제의 침체 속에서 직장과 지역, 학교 등에서 여러 가지 적응상의 곤란에 직면하고 있는 현실이다. 특히 일본사회에서 세대교체가 진행되면서 전전에 있었던 야마가타현 만주개척민의 역사도 함께 잊혀지고 있어, 중국귀국자에 대한 사회적 이해와 지원 시스템은 충분히 마련되어 있다고 보기 어렵다.

그렇기에 귀국고아와 귀국부인은 일본에 세 번 버려진 존재라고 운위된다. 첫 번째는 패전 당시 일본군에게 버려진 것이고, 두 번째는 전후 그들의 존재를 잊고 살아온 일본사회에게 버려진 것이고, 세 번째는 일본으로 돌아왔지만 그들을 이해하고 지원하는 시스템이 충분히 갖춰지지 않은 일본사회에 의해 버려진 것이다. 2002년 12월부터 지금까지 도쿄, 나고야, 교토, 히로시마로 일본 전국 15개 지방재판소에서 일제히 중국잔류고아 2,210명을 원고로 한 국가배상소송이 제기되어 법정내외 투쟁이 계속되어온 것도 그 때문이다. 원고들은 다음과 같은 이유로 일본정부가 중국잔류고아들이 보통 일본인으로서 인간답게 살아갈 기본적인 권리를 침해했다고 주장하고 있다. 첫째, 일본정부가 전후 중국에 있던 주민 등을 방치해둔 점, 둘째, 고아 등의 존재를 인식하고 있었음에도 불구하고 1959년의 전시 사망선고 제도로 고아 등에게 법적 사망선고를 한 점, 셋째, 귀국한 후에도 고아 등에 대한 생활지원 대책을 충분히 마련하지 않았다는 점이다. 그러나 이러한 주장에 대해 피고인 일본국은 제소 자체가 부당하며 사실 인정 여부를 판명할 필요성조차 없다고 반박하고 있다. 그러자 2007년 1월 30일에는「중국잔류고아 국가배상 소송원고단 전국연락회」와「중국잔류고아 국가배상 소송변호단 전국연락회」는「중국잔류고아 전원에게 인간의 존엄 회복을!」을 발표했다.[17] 그리고 2008년에는 만주개척단에 관한 기록영화인「오호 만몽개척단(嗚呼 滿蒙開拓団)」도 제작되었다. 이 영화를 만든 하네다 스미코(羽田澄子)감독은 다음과 같은 매우 시사적인 말을 하고 있다.

「국가를 위해서」라며 이송된 만주이민은 패전으로 유기된 것과 마찬가지였습니다. 그러한 체험자의 상당수는 벌써 세상을 떠났습니다만, 많은 분들을 취재하며 일본 근현대사를 되돌아보고 중일우호가 중요하다는 점을 생각했습니다.[18]
요즘 젊은 사람들은 자기 나라의 근현대에 무슨 일이 있었는지를 알지 못한 채 태평한 얼굴을 하며 살고 있습니다만, 그렇게 해서 끝날 일일까요? 영화가 일본이 도대체 어떤 근현대사를 거쳐 오늘에 이르렀는지, 중국과 한국에서 어떠한 일을 했는지 알 수 있는 계기가 되었으면 좋겠습니다. 중일우호협회 회원 여러분이 꼭 봐 주시면 하고 바라는 바입니다.[19]

여기서 하네다 감독이 언급하고 있듯이, 요즘 일본 젊은이들은 근현대사를 거의 모른다. 그렇기에「중국귀국자」들이 전전에 어떤 경험을

---

17) 「声明：中国『残留孤児』全員に人間の尊厳の回復を！」(2007.1.30.)
   http://www16.ocn.ne.jp/~kojikobe/tokyohanketsuzenkokuseimei.html(検索日: 2012.6.10)
18) 『嗚呼 満州開拓団』 http://www.minipara.com/movies2009－2nd/manmo/(検索日: 2012.6.10)
19) 『日本と中国』(2009.6.15) http://www.j－cfa.com/activity/katsudokikou/index31.html (検索日: 2012.6.10)

했는지를 알지 못한 채 그들을 단순히 뉴커머(new comer)의 중국인으로만 인식하는 경우가 많다. 역사의 풍화가 진행되는 속에 야마가타현에서도 중국귀국자들이 걸어온 전전과 전후의 역사를 모르는 젊은이들이 늘어나고 있다. 그런 점에서 앞으로 야마가타현의 만주개척민과 중국귀국자의 역사를 어떻게 계승해갈 것인가가 커다란 과제가 되고 있다.

한편, 전전의 만주개척민과 관련해서는 다음 세 가지 책임을 물을 필요가 있다. 첫째, 국가나 군의 용인으로 그것을 추진한 사람들의 책임, 둘째, 현청을 비롯한 관공서와 학교 교사가 그것을 추진했다는 지방 차원의 책임, 셋째, 스스로가 그 길을 선택한 개인의 책임이다. 첫 번째와 두 번째 책임에 대해서는 어느 정도 논의가 되어왔다. 하지만 세 번째 책임은 그들도 전쟁의 희생자라는 논리에 갇혀 제대로 따져오지 못한 부분이다. 역사적으로 보면, 전전에 만주개척민들에게는 「희망의 만주이민」과 「동원의 만주이민」이란 두 가지 측면이 있었다. 그러나 이민자들 대부분은 교육의 탓도 있겠지만, 희망의 만주이민이란 측면에만 눈을 돌렸다. 그렇기에 만주이민이 전쟁과 결합된 동원의 만주이민이라는 것, 나아가 중국인에게는 일본인의 아래로부터의 침략이라는 점에는 자각적이지 못했다.

하지만 그들의 인생은 일본 패전과 함께 180도 역전될 수밖에 없었다. 패전과 함께 그들이 안고 있던 「희망의 만주」는 「괴뢰국가의 만주」 「침략의 첨병으로서의 만주이민」이란 부정적 평가로 바뀌었다. 그러자 만주개척민들의 대부분은 소련 참전 이후 자신들의 도피행이 얼마나 비참했는가를 눈물을 흘리며 증언하는 「고난의 만주」를 이야기하며, 「전쟁만 없었더라면…개척은 잘 진행되고 있었는데」「만주는 정말 좋았다」는 식으로 그 시절을 그리워하는 「노스탤지어로서의 만주」만을 그들의 기억 속에 남겨왔다.[20] 그러나 만주개척민들이 역사의 피해자임과 동시에 중국인들에게는 침략자이자 가해자였다는 사실은 결코 변하지 않을 것이다. 따라서 만주개척민이었던 사람들이 이 두 가지 측면을 함께 말할 수 있을 때 그들의 역사도, 또 일본의 역사도 크게 바뀔 것이다.

그러나 만주제국, 만주철도, 중국잔류고아, 중국잔류부인 등에 관한 연구는 이제 막 시작되었다고 해도 과언은 아니다.[21] 그 전체상이 여러 가지 각도에서 구명되기까지는 시간이 필요할 것이다. 다시 한 번 전전에 전국에서 두 번째로 많은 만주이민자를 보낸 야마가타현에 눈을 돌려보면, 야마가타현 주민들의 중국귀국자에 대한 인식은 매우 낮은 편이다. 중국귀국자들의 사적 체험이 야마가타현 주민들에게 공유되지 못하고 있는 것이다. 그런 점에서 앞으로 만주개척민의 전전과 전후의 삶과 역사를 야마가타현 주민들의 공적 체험으로 바꾸어, 그 역사를 함께 공유하고 전승해가는 일이 커다란 과제라고 할 수 있다.

---

20) 蘭信二(2002)「『満州移民』の問いかけるもの」『季刊環−満州とは何だったのか』藤原書店, pp.311−312.

21) 예를 들면, 浅野豊美 監修・解説、明田川融 翻訳(2007)『故郷へ−帝国の解体・米軍が見た日本人と朝鮮人の引き揚げ』現代史料出版, 浅野豊美(2008)『帝国日本の植民地法制—法域統合と帝国秩序』名古屋大学出版会, 藤原書店(2002)『季刊環−満州とは何だったのか』藤原書店, 藤原書店(2006)『別冊環⑫−満鉄とは何だったのか』藤原書店 등이 있다.

4 지역에 자리 잡은 동아시아 시민교육을 모색하며

1) 야마가타현 외국인 자녀 지원 현황

최근 일본과 한국에서는 노동과 국제결혼 등으로 이주해온 외국인 수가 지속적으로 증가하는 추세에 있다. 이는 두 개의 문화와 언어로 살아가는 아이들이 증가하고 있고, 앞으로 그러한 아이들의 취학과 취업도 증가하게 된다는 것을 의미한다. 그럼에도 불구하고 한일 양국에서는 그러한 아이들의 문화적 아이덴티티 형성에 대한 이해나 지원체제가 충분히 마련되지 못하고 있는 상황이다. 한국에서는 최근 「다문화가정」,「다문화가정의 자녀」22)라는 용어가 사회전반에 걸쳐 사용되고 있다. 그에 비해 일본에서는 연구의 세계에서 「국적과 민족이 다른 남녀 사이에서 태어난 아이」를 「국제아(intercultural children)」로 규정하고, 「부모님의 어느 한편이 일본인, 다른 한편이 외국인인 아이」를 「일본계 국제아」라고 부르고 있다.23) 그러나 이러한 용어들은 일본사회에서 아직 일반적으로 사용되지 않고 있는 상태다.

일본에서 「일본계 국제아」의 현황을 파악하는 단서가 되는 것이 문부

---

22) 한국에서는 2000년대부터 국가적으로 새로운 정책이 대두되면서 「부모님의 한편은 한국인, 한편은 외국인인 가정」에 대해 「다문화가정」이라는 표현을 사용하고 있다. 이는 「한국인과 다른 민족 또는 다른 문화적 배경을 가진 사람들이 포함된 가정을 총칭하는 용어」라고 할 수 있는데, 특히 2003년 건강시민연대가 「국제결혼가정」 혹은 「혼혈아」와 같은 인종차별적인 이미지와 그로 인해 유발되는 정서를 해소하기 위해 제안한 이래 지금까지 사용되고 있다.

23) 鈴木一代(2004)「国際児の文化的アイデンティティ形成をめぐる研究の課題」『埼玉学園大学紀要(人間学部篇)』第4号, p.15.

과학성이 조사하는 「일본어지도가 필요한 외국인 학생 수」이다. 2010년 9월 1일 현재 일본의 공립 초등학교, 중학교, 고등학교, 중등교육학교 및 특별지원학교에 재적하는 일본어지도가 필요한 외국인 학생 수는 28,511 명으로, 학교 종별로는 초등학교 18,365명, 중학교 8,012명, 고등학교 1,980명, 중등교육학교 22명, 특별지원학교 132명으로 나타나고 있다.

야마가타현의 경우, 일본어지도가 필요한 외국인 학생 수는 2010년 9월 1일 현재 초등학교가 21명(10교), 중학교가 14명(12교), 고등학교가 3명(3교)으로 총 38명(25교)이다. 이들 학생들을 모국어별 재적 상황으로 보면, 포르투갈어 1명, 중국어 25명, 필리핀어 6명, 한국·조선어 2명, 영어 1명, 그 외 3명이다.[24] 면적이 넓고 외국인 학생이 산재해 있는 야마가타현에서는 그 지원 체제가 각 지역에 따라 크게 다르고, 거의 모든 지역이 예산부족이라는 문제를 안고 있는 상태다. 그 때문에 더 나아가 교과지도나 모국어지도까지는 좀처럼 지원이 미치지 못하고 있다.[25] 하지만 다행스럽게도 야마가타현에서는 현 차원의 지원과 함께 민간단체 등에서 다음과 같은 여러 가지 지원활동을 해오고 있다.

첫째, 1991년 4월에 설립된 「공익재단법인·야마가타현국제교류협회(AIRY: Association for International Relationship in Yamagata)」가 자원봉사 단체와 민간국제교류단체, 시정촌 및 현과 제휴해가며 일본어교실, 외국인상담창구, 영어·한국어·중국어 가이드북 만들기와 같은 활동을 하고 있다.[26]

---

24) 文部科学省(2011)「「日本語指導が必要な外国人児童生徒の受入れ状況等に関する調査(平成22年度)」の結果について」http://www.mext.go.jp/b_menu/houdou/23/08/__icsFiles/afieldfile/2011/12/12/1309275_1.pdf(検索日：2012.5.20.).

25) 園田博文·中村孝二·碧藤昭子·横山優子(2009) 「JSL児童生徒に対する日本語指導の現状と課題 － 散在地域·山形県のケースー」,『山形大学紀要(教育科学)』第14巻 第4号 참조.

둘째, 「체리클럽 야마가타(Cherish Club Yamagata: CCY)」가 「세계 아이들의 웃는 얼굴을 위해」라는 슬로건을 내걸고 대학생 자원봉사 서클활동을 해오고 있다. CCY는 2004년에 거주외국인자녀의 취학지원사업의 일환으로 학습교실에 자원봉사자로 참여했던 고등학생, 대학생과 대학원생 등 학생들이 중심이 되어 2005년 3월에 만든 것으로, 일본어 지도가 필요한 외국인 학생들 중에서도 특히 외국에 뿌리를 가지고 있는 학생들의 교과학습지원을 목적으로 결성된 단체이다. 2006년까지 무라야마 광역지역의 거주외국인 자녀 일본어학습 지원사업의 일환으로 자리했다가 그 해 사업종료 이후부터 지금까지 학생들의 자원봉사 활동으로 계속되고 있다. 활동내용은 외국인자녀의 교과학습지원과 그들이 모일 수 있는 장소 제공에 중점을 두고 매주 일요일 오후 1시부터 3시까지 야마가타시 국제교류센터의 민간단체 활동실에 모여 자주학습 지원(과목보충지원)을 하고 있다. 그 밖에 하계강습과 8월과 12월에 교류이벤트를 개최하고 있다.[27)

셋째, 「어린이 일본어습득 지원모임」의 활동이 있다. 이 모임은 2007년도부터 야마가타시를 포함한 무라야마지역 4개시와 2개마을(야마가타시, 사가에시, 가미노야마시, 텐도시, 야마노베마치, 나카야마쵸)로 조직되어 있다. 이 모임에서는 무라야마지역에 거주하는 외국인자녀들의 일본어습득 등의 지원을 실시하는 단체를 육성하고 조성하는 일을 하고 있다.[28)

---

26) 「公益財団法人 山形県国際交流協会(AIRY: Association for International Relation-ship in Yamagata) http://www.airyamagata.org/(検索日：2012.5.5.).
27) 「学生ボランティア団体 Cherish Club Yamagata(CCY)-世界の子どもたちの笑顔のために-」 http://www.yamagata-npo.jp/modules/d8/index.php?content_id=89 (検索日：2012.5.1)
28) 山形県「こども日本語習得サポートの会」http://www.city.yamagata-yamagata.lg.jp/

넷째, 「야마가타시의 즐거운 학교」라는 Web 사이트 활동이 있다.[29] 이 Web 사이트는 야마가타시의 초등학교와 중학교 학생들의 생활에 관련된 내용, 초등학교에 들어가기 전 아이들의 생활에 관련된 내용, 고등학교 진학과 의료 및 상담창구 이용 등에 관해 영어·한국어·중국어로 각각 알리고 있다.

이상과 같이 야마가타현에서는 국제화와 국제교류를 현의 중점과제의 하나로 자리매기고, 외국인 학생의 부모와 아이들에 대한 지원, 학교 현장 교사에 대한 지원, 지역사회에 대한 지원 등을 하고 있다. 그러나 문제는 현재 하고 있는 대부분의 지원들이 일상적인 일본어를 습득하고, 야마가타현이란 지역에 적응하도록 만드는 차원에 머무르고 있다는 점이다. 다문화공생사회는 지금까지와 같이 외국인이 일본사회에 동화와 적응을 해야 한다는 일방적 논리만으로는 구축할 수 없다. 즉, 야마가타현 사람들이 두 개의 언어와 문화 사이를 살아가고 있는 외국인 부모와 자녀들에게서 다른 언어와 문화에 관심을 가지고 「함께 살기 위한 학습」을 해야 한다는 것이다. 특히 외국인자녀의 아이덴티티 갈등을 이해하고, 그들이 두 개 문화의 다리 역할을 잘 할 수 있도록 지원하는 시스템을 구축해 가는데 힘써야 할 것이다.

---

hiseijoho/torikumi/kokusaikoryu/bc1d3pd0423142056.html(検索日：2012.5.2)
29) 「山形市たのしい学校」http://www.y－chuo－lions.jp/school/index.html(検索日：
2012.5.2)

2) 지역에 자리잡은 동아시아 시민교육을 모색하며

일본사회에서는 외국에서 일본을 찾아온 사람들을 뉴커머(newcomer)
라고 한다. 이 용어가 사용되기 시작한 것은 1970년대 후반으로, 그 후
세계 거의 모든 지역으로부터 돈벌이, 유학, 난민, 국제결혼과 같은 다
양한 이유로 일본을 방문하는 외국인이 많아졌다. 그 속에서 뉴커머 자
녀들을 둘러싼 여러 가지 문제가 심각하게 대두되었다. 예를 들면, 부모
가 일하느라 바빠서 아이들에게 안정된 가정생활을 할 수 있는 환경을
만들어 주기가 어렵다. 일본의 교실은 이질성을 배제하는 경향이 강하
기 때문에 친구 되기가 어려운 경우가 많다. 일상생활에 필요한 언어를
습득하는 것은 비교적 쉽지만 학교 공부를 따라갈 수 있을 만큼의 언어
능력을 취득하는 것은 쉽지 않다. 일본에서의 체재가 길어지면서 모국
어 능력이 떨어져 가족과 대화하기가 어렵다 등이다.[30]

그러나 이러한 문제들은 지금까지 일본사회가 거의 경험한 적이 없
는 일들이다. 그렇기에 「다문화 공생」이라는 말이 21세기 일본사회를
구상하는 키워드로 부상하고 있다. 예를 들면, 교육 분야에서는 2011년
4월부터 초등학교 고학년인 5학년과 6학년 학생들에게 35단위 시간의
「외국어활동」이 필수화되었다. 어릴 때부터 세계에 관심을 가지고 국
제이해를 깊게 하기 위한 실천을 하라는 것이다. 신학습지도요령(한국
의 교육과정에 해당)을 보면 「초등학교외국어활동」의 목표를 다음과
같이 제시하고 있다.

---

30) 志水宏吉·清水睦美編著, 『ニューカマーと教育－学校文化とエスニシティの葛藤
をめぐって－』(明石書店, 2001)참조.

외국어를 통해 언어와 문화에 관해 체험적으로 이해를 깊이고, 적극적으로 커뮤니케이션을 하고자 하는 태도 육성을 도모하며, 외국어의 음성과 기본적인 표현에 친숙해져가며 커뮤니케이션 능력의 소지를 육성한다. 31)

여기서 말하는 외국어는 실질적으로는 영어라고 볼 수 있으며, 초등학교외국어활동이 다문화공생사회를 향한 교육과 어떤 관련이 있는지도 불분명하다. 물론 신학습지도요령에서는 소학교 6학년 학생들의 활동에서 배려할 점으로 「학생의 일상생활과 학교생활에 더해 국제이해에 관련된 교류 등을 포함한 체험적인 커뮤니케이션 활동을 행하도록 할 것」32)이라는 내용을 적고 있다. 하지만 학교현장에서는 영어교육을 실시하기에도 급급한 상황으로, 국제이해교육이나 다문화교류와 같은 체험을 할 수 있는 체제가 구축되지 못하고 있는 상태다. 다행히 야마가타현에서는 〈표 5〉와 같이 오래전부터 한국과 자매결연을 하고 국제교류를 해오거나, 〈표 6〉과 같이 외국어로 영어 외에 한국어나 중국어를 도입해온 고등학교들이 있다.

〈표 5〉「한국과 자매결연을 한 야마가타현 고등학교 현황」

자매결연 연도	야마가타현의 고등학교명	한국의 자매고등학교명(지역)
1976년	야마가타현기독교독립고등학교	풀무농업기술학교(충청남도 홍성군)
1986년	야마가타가홋쿠(城北)고등학교	정의여자고등학교(서울시)
2002년	야마가타현립텐도(天童)고등학교	불곡고등학교(성남시)
2004년	야마가타갓쿠인(学院)고등학교	경일고등학교(안산시)

---

31) 文部科學省「新学習指導要領」第4章：外国語活動」http://www.mext.go.jp/a_menu/shotou/new—cs/youryou/syo/gai.htm(檢索日：2013.1.2)
32) 文部科学省「新学習指導要領」第4章: 外国語活動」, 위와 같은 사이트(檢索日：2013.1.2).

〈표 6〉「야마가타현 영어 외 외국어 수업 실시 고등학교 현황」

	학교명	영어 외 외국어 수업(선택과목)
현립	가미노야마(上山)메이신칸(明新館)고등학교	중국어
	텐도(天童)고등학교	중국어, 한국어
	요네자와(米沢)상업고등학교	중국어
	츠루오카(鶴岡)중앙고등학교	중국어, 러시아어
	쇼나이(庄内)종합고등학교	중국어, 한국어
	사카타(酒田)상업고등학교	중국어, 러시아어
시립	야마가타시립상업고등학교	중국어, 한국어
사립	야마가타가홋쿠(城北)고등학교	한국어
	야마가타갓쿠인(学院)고등학교	한국어
	기독교독립학원고등학교	한국어
	하구로(羽黒)고등학교	한국어, 프랑스어

(2011년 2월 현재)(출전: 야마가타현 국제실 조사)

〈표 5〉와 〈표 6〉에서 보여주듯이, 고등학생의 단계에서 학생들이 언어습득과 현지체험 등을 통해 한국이나 중국과 같은 동아시아를 접할 수 있는 기회가 있다는 것은 매우 바람직한 일이다. 그러나 야마가타현 전체로 보면 그 수는 한정되어 있다. 게다가 각 학교에 재학하고 있는 외국인 학생들에게 여러 가지 지원이 골고루 충분히 미치지 못하고 있는 상황이다. 특히 야마가타현은 일본 국적을 취득한 사람을 포함하면, 현 안의 전 지역에 소수 외국인들이 흩어져 살고 있는 「산재지역」이라는 특징을 가지고 있다. 이 특징은 외국인 자녀들에게도 공통되는 것이기 때문에 외국인 자녀들이 항상 재적하는 학교는 매우 드물고, 초등학교와 중고등학교에는 있기는 하지만 1명이나 2명인 경우가 많다. 그 때문에 외국인 자녀들을 둘러싼 문제가 표면화되기 어려운 상황에 놓여있고, 그 상황은 앞으로도 계속될 것으로 보인다. 학교 현장에서는 교사나 지원자가 나름대로 분투하고 있지만, 외국인 자녀들을 지원할

수 있는 교사나 지원자 수는 많지 않아서 지원한 경험을 공유하고 축적해가기가 어렵다는 문제가 있다.

게다가 한국인 배우자와 중국귀국자에 대한 야마가타현 사람들의 시선은 긍정적이라고 말하기는 어렵다. 물론 최근에 야마가타현 사람들도 한류 붐 덕분에 한국 그 자체에 대해서는 긍정적인 시선을 보내는 경우가 많아졌다. 그러나 실제로 가까운 이웃으로서 함께 생활하고 있는 한국인 배우자와 중국귀국자에 대해서는 반드시 긍정적인 시선을 보내고 있는 것만은 아니다. 예를 들면, 그들이 일본어나 일본 문화에 능통하지 않은 것을 비판적으로 바라보거나, 야마가타까지 온 것을 경제적으로 궁핍해서, 그 나라에서 뭔가 문제가 있었기 때문에라는 식으로 멸시와 편견의 부정적인 시각으로 바라보기도 한다. 이러한 부정적인 시선은 두 개의 언어와 문화 사이를 살아가고 있는 외국인 자녀들의 아이덴티티 형성에 부정적인 영향을 줄 가능성이 크다. 이를 개선하기 위해서는 동아시아 내 노동자의 이주와 여성의 이주 현상을 문화적 갈등의 측면만이 아니라 신자유주의 속 경제격차와 동아시아 내 역사인식의 갈등까지를 포함해 다각적으로 인식하며 그 개선책을 모색할 필요가 있다.

현재 야마가타현에서는 한국이나 중국에서 태어나 성장하다가 부모의 사정으로 야마가타현에 온 외국인 자녀들과 국제결혼으로 일본인과의 사이에서 태어난 외국인 자녀들이 야마가타현의 보육원, 유치원, 초중고를 거쳐 대학에 진학하기 시작하고 있다. 필자가 소속해 있는 야마가타대학에도 모친의 국제결혼으로 야마가타현에 와서 일본의 초중고의 교육을 받은 학생들이 재적하고 있다. 그들은 대학에서 일본인 학생들과 친밀하게 지내며 표면적으로는 아무런 문제도 없는 것처럼 생활하고 있다. 그러나 개인적으로 이야기를 해보면 그 학생들은 자신의 아이덴티티를 둘러싼 갈등을 경험하고 있는 경우가 많다. 그럼에도 불구하고 야마가타대학은 물론 야마가타현의 초중고 일본인 교원과 학생들에게 그들의 갈등이나 고민은 「보이지 않고, 존재하지 않는 것」과 다를 바 없는 상황에 놓여 있다.

따라서 두 개의 언어와 문화를 살고 있는 외국인 자녀들의 아이덴티티 갈등을 이해하고 지원하는 시스템 구축이 시급하게 요구되고 있다. 하지만 일본의 학교와 교육 시스템은 그러한 외국인 자녀들을 받아들이는 가치관이나 노하우가 축적되어 있지 못하다. 그렇기 때문에 각 단계의 교육기관에서 배우고 있는 외국인 학생들의 어려움은 물론 그들을 적극적으로 돕고자 하는 일본인 교사나 학생들도 주위의 이해와 제도적 지원의 미비 등으로 어려움을 겪고 있는 상황이다. 하지만 왜 지금 일본 사회가 뉴커머와 그 자녀들에게 관심을 가지지 않으면 안 되는 것일까? 뉴커머의 자녀들에 관한 연구에 종사해온 시미즈 히로기치(志水宏吉)는 다음과 같은 시사적인 말을 하고 있다.

지금까지 몇 개의 조사연구에 종사해오는 속에서 나는 「마이노리티라고 불리는 사람들의 학교체험을 열심히 고찰함으로써 학교문화의 변혁의 실마리를 찾아낼 수 있다」라는 전망을 가지기에 이르렀다. 왜냐하면, 사회적 약자들에게 있어 학교가 가지는 의미를 검토하는 일 없이 공정하고 민주적인 학교문화를 만들어가는 일은 불가능하기 때문이다. (중략)본 연구의 대상이 되는 「뉴커머」들은 지금 우리나라(필자: 일본)에서 가장 주목받아야 할 혹은 주목받지 않으면 안 되는 마이노리티 그룹이다.

한 가지 더 나에게는 뉴커머인 사람들의 교육적 경험을 학문적으로 다루게 된 개인적인 이유가 있다. 그것은 1991년부터 93년에 걸친 영국생활에서의 경험이다. 가족과 함께 영국의 지방도시에서 살게 된 나는 「내

아이들이 영국 학교에 매우 신세를 졌다」고 지금도 강하게 느끼고 있다. 영국인에게 있어 우리는 「손님」에 지나지 않는 존재였을 텐데 영국의 학교와 지역사회는 우리들에게도 매우 친절하고 따뜻한 것이었다. 그 은혜에 어떻게든 보답하고 싶다고 나는 생각해왔다.[33]

이렇게 시미즈는 자기 아이들이 영국의 지방도시에서 학교와 지역에 신세를 졌던 은혜를 잊지 않았다. 그리고 뉴커머 자녀들의 존재가 일본의 학교문화를 풍요롭게 하는 기회를 제공해줄 것이며, 일본의 진정한 개성화 교육을 위해서도 교사 한 사람 한 사람이 뉴커머 자녀들과 마주하며 함께 해갈 필요가 있다는 것을 강조하고 있다. 나아가 시미즈는 지금까지 「외국인이라고 특별 취급을 해서는 안 된다」는 생각에서 벗어나 「외국인이니까 특별 취급을 해야 한다」는 생각으로 전환할 것을 호소하고 있다.[34] 이러한 시미즈의 주장은 야마가타현의 국제화와 국제교류를 생각하는데 있어 매우 중요하다. 앞으로 야마가타현도 영국의 학교와 지역사회처럼 뉴커머 자녀들을 적극적으로 지원하는 친절하고 따뜻한 지역사회로 나아가야 하며, 그를 통해 공정하고 민주적인 학교문화를 만들어가야 한다. 특히 지역에 많이 살고 있는 동아시아인들과 함께 살기 위한 교육, 즉 동아시아 시민교육을 활성화할 필요가 있다.

---

33) 志水宏吉・清水睦美編著, 앞의 책, pp.376-377.
34) 志水宏吉・清水睦美編著, 위의 책, pp.372-375.

5 맺음말

　지금까지 야마가타현 지역의 「동아시아」에 초점을 맞추어 동아시아
로부터의 야마가타현에 시집온 외국인 배우자와 전전에 중국대륙에 만
주개척민으로 갔다가 전후에 일본으로 돌아온 중국귀국자에 대해 생각
해보았다. 앞에서 언급했듯이, 동아시아 외국인 배우자들이 야마가타
현에 와서 어느새 20여년의 세월이 흘렀다. 그 사이 지역 사람들은 한
국, 중국, 필리핀과 같은 동아시아인을 만나 시행착오를 하면서도 사람
과 사람의 교류를 깊게 해 왔다. 그러나 이제 더 큰 문제로 대두되고
있는 것은 그 자녀들의 문제다. 야마가타현의 뉴커머의 자녀들에 대한
지원은 일본어와 생활에 적응하는 지도에 머무르고 있는 상태다. 뉴커
머의 자녀들이 안고 있는 아이덴티티 형성의 문제를 지원할 단계에까
지 도달하지 못하고 있는 것이다. 이는 야마가타현만의 문제는 아니다.
하지만 거주 외국인의 9할에 가까운 사람들이 동아시아인인 야마가타
현에서는 그 특색을 살린 국제화와 국제교류를 어떻게 전개해나갈 것
인가를 고민할 필요가 있다.
　야마가타현의 경우, 외국출신자가 야마가타현의 전 지역에 흩어져
거주하고 있는 산재지역이라는 특징을 갖고 있다. 그렇기 때문에 외국
인이 밀집해서 살고 있는 지역에 비해 국제화와 국제교류를 진행시키
는데 어려움도 많다. 그러나 그것은 반대로 가능성이기도 하다. 예를
들면, 도자와무라의 한국인 배우자들이 성공적인 예를 보여주듯이, 행
정과 학교와 지역 주민들이 서로 협력해가며 소수 외국인 자녀들과 얼
굴을 맞대며 구체적인 지원을 해나가는 일이 밀집지역보다 가능할 수

도 있기 때문이다. 그러기 위해서는 다음과 같은 일들이 중요하다.

첫째, 도자와무라의 사례가 보여주었듯이 재원을 비롯한 행정적인 지원이 적극적으로 뒷받침되어야 한다. 그리고 둘째, 야마가타현 시정촌의 한 사람 한 사람이 뉴커머와 뉴커머의 자녀들과 지역 안에서 「함께 살아간다(live together)」는 의지를 가지고 교류에 적극적으로 참여하는 일이 필요하다. 즉, 야마가타현의 주민 한 사람 한 사람이 나와 다른 타자인 동아시아인에 대해 나는 어떻게 생각하고 어떻게 행동할 것인가를 배우고 함께 걸어가는 「함께 살기 위한 학습」이 중요하다. 그를 통해 야마가타현은 도자와무라의 실천이 주목을 받았듯이, 다시 지역에 자리잡은 동아시아 시민교육 및 시민성 육성의 한 거점으로서 일본 국내외에 새로운 가능성을 제시할 수 있을 것이다.

일찍이 아시아 여러 나라를 연구하며 일본이 아시아로부터 배울 것을 주장해온 나카무라 히사시(中村尚司)는 국제결혼을 한 여성들 사이에서 자기 지인이나 친구를 이웃의 일본남성에게 소개하는 선배가 늘어나고 있다는 점에 주목해가며, 과소지의 국제화 실천에서 「농업후계자 대책의 아시아인 배우자 도입도 아니고 이윤목적의 신부 수입도 아닌 함께 과소지에서 살아가는 동료의 상호부조」와 「같은 아시아인이라는 입장에서의 인간적인 연대」가 중요하다는 점을 강조하고 있다.[35] 이러한 나카무라의 주장은 야마가타현과 같은 과소지에 국제결혼을 통해 정착하게 된 외국인과 그 자녀들의 문제를 함께 생각하는데 있어 몇 번을 강조해도 좋을 것이다.

마지막으로, 「지역」이란 단어가 왜 중요한가를 다시 한 번 짚어보고자 한다. 야마가타현 출신으로 일본 동북지역에 뿌리내린 활동을 계속

---

35) 中村尚司(1994)『民衆史としての東北』岩波新書, p.26.

한 마카베 진(真壁仁)의 말은 지역에 자리잡은 동아시아를 생각하는데 있어 여전히 유효하다고 본다.

우리는 동북을 하나의 지역으로 본다. 지역 개념에 「중앙」에 종속되는 「지방」이라는 점을 거부하는 의사를 담고 있다. 지역은 주민의 자치를 원칙으로 하는 생활과 문화의 공간이지만, 다른 지역에 대해 스스로를 닫는 것은 아니다. 그 뿐만 아니라 다른 지역과의 제휴나 교류를 통해 자립을 확실한 것으로 할 수 있다고 생각한다. 세계도 또 몇 개 지역의 총체이다. 지역은 각각이 개성적인 가치를 가짐으로써 세계를 풍요롭게 한다. 동북은 실로 동북적이 됨으로써 일본과 세계에 참여할 수 있다.[36]

마카베 진의 말을 바꿔 말하자면, 중앙에 종속되는 지방으로서의 야마가타현이 아니라 야마가타현의 개성적인 가치를 발견하고 살려나갈 것, 그리고 그것만이 야마가타현이 일본과 동아시아 나아가 세계에 참여할 수 있다는 것이다. 이러한 마카베의 관점은 야마가타라고 하는 지역의 개성의 내부에 존재하는 「내부의 동아시아」를 재발견하고, 그와 동시에 「외부의 동아시아」라는 보다 넓은 관점에 서서 야마가타를 재발견하는 것, 그리고 그러한 다양성과 확대를 토대로 「지역-동아시아-세계」를 연결해가며 살아가는 것의 중요성을 분명하게 일깨워주고 있다. 결국 야마가타현이 동아시아와 세계에 참여하려면, 야마가타 지역의 「동아시아」라는 개성적인 가치를 다시 읽어내며 그 가치를 살려나가야 한다는 것이다.

본고는 동의대학교 인문사회연구소『인간과 문화 연구』제20집에 일본어로 쓴 「山形県のなか「東アジア」-地域に根差した「東アジア的シティズンシップ」育成へ-」의 내용을 수정, 보완한 것임을 밝혀둔다.

---

36) 真壁仁(1976)「序章 : 化外の風土 東北」,『民衆史としての東北』NHKブックス

제2부 : 어문학 편

한·중·일 근대문학과 번역

동아시아연구총서 제1권

동아시아 교류와 문화변용

마오둔(茅盾) 소설론

고레나가 슌(是永駿)

일본 국립오사카대학에서 언어문화학박사 학위를 받았으며, 현재 일본 리쓰메이칸아시아태평양대학(APU) 총장으로 재직하고 있다. 국립 오사카외국어대학 총장을 역임했고, 제29회 시마자키토손기념역정상(島崎藤村記念歷程賞)을 수상했다. 대표적 저서/역서로는 『茅盾小說論―幻想と現実―』, 『中国現代詩三十人集―モダニズム詩のルネッサンス』(編著), 『中国20世紀文学を学ぶ人のために』(共著), 『芒克詩集』(訳書), 『現代中国詩集』(共編), 『台湾現代詩集』(共編), 『北島(ペイ・タオ)詩集』(訳書) 등이 있으며, 이 밖에 다수의 논저가 있다.

번역 : 박희영(중앙대학교 외국학연구소 HK연구교수)

『무지개(虹)』論

1) 「무지개」의 성립과 「사실」

　『무지개』[1]는 마오둔(茅盾)이 일본망명 중(1928－1930)에 쓴 장편소설이다. 『무지개』는 모델 소설로 간주되는 요소를 갖추고 있고, 주요 모델은 후란치(胡蘭畦), 그 소재의 제공자는 친더쥔(秦德君)으로 생각된다. 1927년 7월 무한(武漢)정부가 붕괴하자, 마오둔은 지우장(九江), 루산(廬山)을 거쳐 상하이로 돌아가, 국민당의 체포령을 피해 칩거생활을 하면서 창작을 시작하여, 1928년 6월까지 약 1년간 『식(蝕)』3부작을 완성하였다. 1928년 7월 천왕다오(陳望道)의 권유에 따라 일본으로 「망명」, 그 때 동행한 여성이 친더쥔이다. 도쿄에서 몇 달 지낸 후, 1928년 12월 두 사람은 교토로 이사, 동거생활에 들어가, 1930년 4월 상하이로 돌아갈 때까지 교토에서의 동거는 계속됐다. 일본 「망명」 중 1년 9개월 동안, 마오둔의 문학 활동은 왕성하다고 할 정도로 소설, 산문, 문학평론, 문학개론, 신화연구 등 각 분야에서 눈부신 성과를 올리고 있다. 초기의 대표적인 문학평론인 「고령(牯嶺)에서 도쿄로」, 「『예환지(倪煥之)』를 읽다」, 『들장미(野薔薇)』에 수록된 단편 소설 4편[2], 마찬가지로 『숙망(宿莽)』속의 단편소설 3편[3] 등은 모두 이 시기에 쓰인 것이다.

---

1) 『무지개(虹)』10장 중 앞 3장은 『소설월보(小說月報)』지에 발표됨(1, 2장은 제20권 6호, 3장은 7호, 민국18년 6, 7월). 단행본은 민국19년(1930년)3월, 開明書店 간행.
2) 「자살(自殺)」, 「일개여성(一個女性)」, 「시여산문(詩與散文)」, 「담(曇)」. 단편소설집 『들장미(野薔薇)』는 1929년 7월, 上海大江書舖 간행.
3) 「색맹(色盲)」, 「이녕(泥濘)」, 「타라(陀螺)」, 단편소설·수필집 『숙망(宿莽)』은 민

이러한 성과 속에서 특히 주목되는 것은 자립을 추구하며 고투하는 중국 여성을 그린 장편소설 『무지개』이다.

마오둔은 1929년 4월『무지개』에 착수하여, 7월까지 집필을 계속했지만, 8월 이사하기 위하여 붓을 놓고, 1930년 2월에「발문」을 적었다. 『무지개』는 10장으로 구성되어, 앞의 7장의 무대는 쓰촨(四川), 뒤 3장은 상하이이다. 작품 중의 풍경이나 인물에 대해서 작자 본인의 창작 이야기가 남겨져 있는 경우는, 집필 의식을 찾아 볼 수 있는 적당한 소재가 된다. 마오둔은『무지개』집필 이전에 쓰촨을 방문한 적은 없지만, 삼협의 험난함 등 그 묘사는 현실감 있다. 마오둔 자신도 그러한 풍경 묘사를 마음에 들어 하는 대목이 보이고, 『회고록(回憶錄)』에서는 선치위(沈起予, 쓰촨사람)의「삼협을 다닌 적도 없는데, 그 묘사는 왠지 박진감 있다」라는 평가를 이끌어 내고 있다.[4] 삼협의 험난함에 대해서 마오둔은 집필 배경을 다음과 같이 말하고 있다.

> 도쿄에 머무는 동안 천치시우(陳啓修)와 잡담을 나눌 때, 대혁명 중의 에피소드(양선(楊森)의 출병-필자)에 대한 이야기를 하게 되자, 천치시우는 바로 양선은 반드시 패할 것이라고 당시 생각했었다고 한다. 왜 그렇게 생각했느냐고 묻자, 천치시우는 삼협의 험난함에 대하여 말하며, 쓰촨을 나오는 것은 손쉽지만, 퇴각하는 것은 쉬운 일이 아니기 때문이라고 한다. (중략)천치시우는 삼협의 험난함에 대해서 마치 그림으로 그린 것처럼 분명히 말했기 때문에, 나는 실제로 그 자리에 있는 것처럼 이끌려들어가, 나중에까지 그 상황을 잊을 수가 없었다. 1년 후『무지개』를 쓰게 되어, 처음에 삼협의 험난함을 묘사한 장면이 있는 것은, 이런 일이 있었던 덕택이다.[5]

국20년(1931년)5월, 開明書店 간행.
4) 茅盾(1984)『我走過的道路』中冊, 人民文学出版社, pp.38-39.

마오둔은 회고록 속에서 한 마디도 친더쥔에 대해 언급하고 있지 않기 때문에, 『무지개』집필 당시의 상황을 회상할 때에도 물론 그녀는 등장하지 않는다. 하지만 친더쥔의 회고록에 따르면 장편 『무지개』에 묘사된 쓰촨의 풍경도 주요 등장인물도 모두 친더쥔이 마오둔에게 들려주어서, 묘사해 낸 것이라는 전혀 다른 집필 배경이 나타나게 된다. 『무지개』를 집필하는 동안에, 마오둔과 친더쥔은 교토의 북쪽 교외, 다나카 다카하라(田中高原)마을의 한 허름한 단층집에 살고 있었다.6) 친더쥔의 말에 의하면, 「쓰촨 청두(成都), 루저우(瀘州)의 풍물, 충칭(重慶)에서 우샤(巫峽)를 나올 때까지의 산천의 모습, 이 모두가 마오둔의 상상의 산물일 수는 없습니다. 저는 바쁜 집안일과 공부하는 사이 틈을 내어 제 자신을 채찍질하며, 마오둔과 함께 장편소설 『무지개』를 완성시킨 것입니다. 소재는 제가 제공하고, 원고지에도 제가 옮겼습니다. 옮기면서 수정을 하여, 완성된 것이 상하이의 상무인서관(商務印書館)에서 발행하는 『소설월보(小說月報)』에 연재되어 주목을 받은 것입니다.」7) 그녀는 또한 이렇게도 말하고 있다. 「후란치의 경력은 제가 알고 있는 한의 것은 모두 그에게 들려주었습니다. 청두, 루저우의 풍토와 인정, 거리와 건물의 모습도 이야기 하였습니다. 특히 삼협을 지날 때의 감각은 전적으로 제 자신의 경험에 의한 것입니다.」8) 마오둔은 회고록 속에서 삼협의 험난한 묘사는 천치시우의 이야기 덕분이라고 말하며, 게다가 이렇게 덧붙이고 있다. 「이것으로도 알 수 있듯이 대강 풍경묘

---

5) 위의 책, pp.38-39.
6) 是永駿(1988) 「京都高原町調査」(1),(2),『茅盾硏究会会報』6, 7호 참조.
7) 「秦德君手記 - 櫻蠶」, 中国文芸研究会会誌 『野草』第41號(1988), pp.75-76.
8) 沈衛威(1990) 「一位曾給茅盾的生活與創作以很大影響的女性(1)-秦德君對話録」, 『許昌師專学報』(社会科学版)제2기(1990), p.53.

사 같은 것은 귀를 기울여 자세히 주워들은 것에 상상을 가미함으로써
도 가능한 것으로 반드시 자신의 경험이 요구되는 것은 아니다.」9) 하지
만 쌍방의 회상을 대조하여 알 수 있는 것은,『무지개』집필에 즈음하여
「귀를 기울여 자세히 주워들은 것」이라는 것은, 천치시우의 이야기도
도움은 되었겠지만, 쓰촨 각지의 풍경, 풍물을 세세하게 이야기하는 친
더쥔의 이야기를 그가 탐하여 듣고 얻어 낸 것을 가리키는 것일 것이다.
인물에 대해서도, 마오둔은 다음과 같이 회상을 술회하고 있다.

　　　작품 속의 주요 인물에 대해서도 염두에 둔 실제 인물이 있었다. 혜(惠)
　　사단장 (나중에 군단장이 되어 쓰촨 동부에 세력을 갖고, 군벌의 유력자
　　중의 하나가 된다)은 은근히 양선을 가리키며, (중략)매여사(梅女士)는 중
　　앙 군사 정치학교 무한(武漢)분교 당시 여학생 중에 후(胡)라는 성씨의
　　사람이 있었고, 부분적으로 모델로 삼았다. 이 여성의 이름에 란(蘭)이라
　　는 한 글자가 있었기 때문에, 매여사의 성으로 매(梅)라는 글자를 달은
　　것이다.10)

　　마오둔은 여기서도 친더쥔의 존재를 회피하고 있지만, 실제로 작품
속 인물에 대해서도 친더쥔은 결정적인 역할을 하고 있다. 마오둔의 처
녀작인『환멸(幻滅)』,『동요(動搖)』,『추구(追求)』3부작(후에『식』으
로 이름 지어 진다)은 중국 문단에 센세이션을 일으키지만, 문예계의
비판에도 직면한다. 친더쥔이 말하기를,「마오둔은 반복해서 제게 말했
다. 그 소설 때문에 이런 소동이 일어날 줄은 생각지도 못했다. 아무래
도 상당한 분량이 있는 소설을 써서 평판을 바꾸지 않으면 안 된다.
하지만 적절한 소재가 발견되지 않아서, 쓰려고 해도 쓸 수가 없어. (중

---

9) 주4와 동일함
10) 주4와 동일함

략) 그럴 때 그는 제 경력에 몹시 흥미를 가지고 저에게 끈질기게 예전 이야기를 말해달라고 하는 것입니다.[11] 그래서 그녀는 자신의 경력을 말하고, 그녀의 친구인 후란치의 신상에 대해서도 이야기하였다. 두 사람 모두 혁명여성이다.

친더쥔은 1905년 쓰촨성 쭝(忠)현에서 태어났다. 「5.4 운동」에 투신하여, 쓰촨에서 머리모양을 단발로 한 최초의 여성이 되었다. 1920년 여자의 단발, 남녀평등, 여성해방을 제창했기 때문에 학교에서 제적된 후, 천위성(陳愚生), 윈다이잉(惲代英), 덩중샤(鄧中夏), 리다자오(李大釗)등과 함께 혁명 활동에 종사했다. 1922년 난징(南京)의 국립 동남대학 교육학부에 진학, 1925년 서안에 부임하여 성립(省立)여자사범, 여자 중학교에서 교편을 잡는다. 1927년 북벌에 참군하여, 남북회사(南北会師)및 중원(中原)전쟁에 참가, 「4 · 12」쿠데타 이후 상하이에서 천왕다오의 소개를 받고서, 선옌빙(沈雁冰, 마오둔)과 함께 일본으로 건너가 일본을 경유하여 소련에 가려고 생각했다.[12] 후란치에 대해서는 친더쥔은 다음과 같이 적고 있다.

그녀는 청두에서 태어났고, 아버지는 한의사, 큰오빠는 미국에 유학, 그녀는 결혼 생활에서 도피하여 청두를 떠났습니다. 경위는 이렇습니다. 사촌인 양거즈(楊個之)가 부모를 잃고 외삼촌의 집, 즉 후란치의 집에 몸을 의지하고 있었습니다. 그는 어떤 모피가게 도제를 하고, 가게 주인의 마음에 들어서, 가게를 맡게까지 되었습니다. 후의 아버지는 이해 타산적으로 딸을 사촌인 양거즈에게 시집보냈습니다만, 후란치 자신은 군속인

---

11) 「我與茅盾的一段情——秦德君手記」, 「広角鏡」 제151기(1985년 4월 16일). 『식』, 『무지개』라는 타이틀도 친더쥔의 제안에 의한 것이라 한다.
12) 「친더쥔전략(秦德君伝略)」, 「야초」 제42호(1988년 8월). 「전략(伝略)」에 의하면 친더쥔은 명말의 여걸 친량위(秦良玉)의 일족이라 한다.

주계관(主計官) 웨이슈안요우(魏宣猷)를 연모하고 있었던 것입니다. 결혼 생활은 참으로 불행하였습니다. 사촌은 이해타산적인 상인인 만큼, 마음도 맞지 않고, 게다가 정부를 따로 두고 있었습니다. 어느 공연을 보러 간 날, 진을 치고 있었던 특별석에는 또 한명『관로대(管老大)』라 불리는 다른 여자가 있었고, 그 여자가 부착하고 있는 진주를 연결해서 만든 머리 장식이 사촌으로부터 받은 자신의 머리 장식과 한 쌍인 것임을 눈치 채게 됩니다. 사정을 알게 되어 도망갈 결심을 하고, 루저우로 도망쳐 초등학교 교사가 되어, 생계 자립의 길을 요구했습니다. 후란치는 매우 견고한 의지의 소유자로, 운명에 머리를 숙이고 굴복하지는 않고, 어디까지나 반항하는 그런 사람입니다. (중략) 얼마 지나지 않아 양선이 그녀를 광동에 파견하여, 부녀 간부 양성반으로 진학시켜, 후원위(胡蘊玉)라는 중년의 부인이 동행했습니다. 이렇게 후란치는 쓰촨에서 벗어나, 소용돌이치는 격류처럼 삼협을 벗어나 광활한 인생 속으로 향했던 것입니다.[13]

후란치 자신도 회고록을 쓰고 있다. 그 회고록 속의 기술에 의하여 친더쥔의 말은 입증된다. 『후란치회억록(胡蘭畦回憶録)』[14]에 따르면 후란치는 1901년 청두에서 태어나, 청두에서 최초로 설립된 사립 여학교에서 배우고 1921년 루저우의 천난(川南)사범 부속 초등학교 교사가 되었다. 당시 친더쥔도 같은 학교에서 교편을 잡고 있었다. 후란치의 혼인을 둘러싼 상황은 거의 친더쥔이 말하는 대로이다. 다만 그녀를 상인인 양거즈에게 시집보낸 것은 아버지가 아니라 어머니였다. 그녀가 16살 때 어머니가 중병으로 쓰러져, 어머니는 딸이 귀여운 나머지, 그녀의 혼담을 결정해 버리지 않으면 안심할 수 없었던 것이었다. 다른 점에서는 후란치가 후원위와 함께 배에서 청두를 떠난 것은 1924년 상하이

---

13) 「我與茅盾的一段情──秦德君手記」,「広角鏡」제151기(1985. 4.16)『식』,『무지개』라는 타이틀도 친더쥔의 제안에 의한 것이라 한다.
14) 『胡蘭畦回憶録(1901－1936)』(四川人民出版社, 1985.7)

에서 열린 전국 학련 제6회 대표 대회에 참가하기 위해서였다. 그리고 1925년 「5·30」사건이 일어났을 때, 그녀는 이미 상하이를 떠나 충칭에 돌아와 있었다. 후란치, 친더쥔 두 여사의 회고록에 기초하여 보면, 친더쥔이 마오둔에게 『무지개』의 소재를 제공한 것은 사실이라고 생각된다. 『무지개』 10장 중, 앞 7장은 거의 후란치의 경력에 비추어 쓰여 있는 것을 보더라도, (뒤 3장에서는 주인공인 메이싱수(梅行素)는 상하이에서 「5·30」운동에 참가한다), 그 사실은 믿을 만하다고 생각한다.

마오둔은 주인공에 대해서 「중앙 군사 정치학교 무한분교의 여학생 중에 '후'라는 성씨를 가진 자」를 부분적으로 모델로 삼았다고 한다. 후란치는 1926년 10월 충칭에서 중앙 군사 정치학교 시험을 치러 합격하였다. 1927년 2월 무한분교의 입학식이 거행되어, 참석한 3000여명 학생 중 200여명이 여학생이었다. 후란치의 학교생활은 같은 해 4월까지였다.[15] 마오둔도 바로 그 시기, 무한분교에서 가르치고 있었다. 하지만 후란치의 회고록에서 이 시기에 관한 부분에는 마오둔을 언급한 부분은 없었고, 오로지 덩옌다(鄧演達), 윈다이잉(惲代英)이 그곳 쓰촨에서 온 여학생에 관한 것만이 이야기되고 있다. 그녀가 두세 달에 분교를 떠난 적도 있지만, 분교 교단에 섰던 마오둔은 그녀에게 별다른 인상을 남기지 않은 것 같다.[16] 친더쥔도 「그는 1927년 중앙 군사 정치학교 무한분교에서 후란치를 만난 적이 있지만, 단지 그것뿐이고, 두 사람은 그리 친하지도 않은 그런 사이였습니다.」라고 말하고 있다.[17]

마오둔은 풍경 묘사 같은 것은 「반드시 자신의 경험이 요구되는 것은

---

15) 위의 책, pp.122-160.
16) 위의 책, pp.122-160.
17) 沈衛威, 「一位曾給茅盾的生活與創作以很大影響的女性(1) - 秦德君對話錄」 앞의 논문, pp.53-54.

아니다」고 하였다. 그렇다면 인물 묘사의 경우 어떠한가. 『무지개』집필을 회고하는 부분에서 그는 이렇게 말하고 있다. 「인물을 그리려면 그 사람을 종종 만나고, 또한 각 방면에서 오랜 시간에 걸쳐서 관찰해야 한다.」[18] 마오둔이 후란치를 「종종 만나고」, 「오랜 시간에 걸쳐 관찰」할 수 있었던 가능성은 없었던 것 같다. 만약 그것이 가능했다면, 마오둔의 회고록이 「'후'라는 성씨의 여학생」의 한마디로 끝날 리가 없었다. 그에게 있어서 「종종 만나고」, 「오랜 시간에 걸쳐 관찰」할 수 있었던 대상은 다름 아닌 동거하고 있었던 친더쥔이었다. 당시 이미 처자식이 있었던 마오둔은 사십 여년 후 당시를 회상하는 부분에서, 일본 「망명」시 동거생활을 한 상대인 친더쥔의 흔적을 지우려고 했을지도 모른다. 그것 때문에 『무지개』라는 작품의 성립에 대해 궤변을 늘어놓는 결과에 빠진 것이라고 추측할 수 있다.

마오둔은 친더쥔과 함께 상하이에 돌아온 1930년 4월을 회고할 때도 같은 방법을 사용하고 있다[19]. 회고록이라는 장르는 원래 과거 모든 것을 담고 있는 것이 아니라, 저자는 수시로 「여과법(濾過法)」을 사용하여 인물이나 사건을 여과하고 있다고 생각된다. 마오둔이 친더쥔을 피하려고 그녀를 여과해 버리는 것은 그의 자유이지만, 궤변을 늘어놓을 자유가 있다고는 생각할 수 없다. 마오둔에게 자신의 경험과 친구인 후란치에 대해서 이야기하는 친더쥔에게는 스스로를 소설에 등장시키는 쾌감도 수반하고 있었을 것이다. 이야기해준 친더쥔이란 존재가 있어서 『무지개』는 나오게 된 것이며, 『무지개』의 성립에 있어서 친더쥔

---

18) 주4와 동일함
19) 茅盾 「秦德君手記『櫻蜃』解説」(「野草」第42號) 및 「茅盾文学の光と影 - 秦德君手記의 파문」(「季刊中国研究」제16호, 中国研究所, 1989년 9월) 참조.

은 문학사에 올바른 위치를 차지할 만한 존재인 것이다[20]. 그에 반해, 『무지개』의 성립에 대한 마오둔의 회고가 진실성을 결여한 것으로 간주되어도 어쩔 수 없을 것이다.

2)「무지개」의 문체와 사실성

모델 소설로서『무지개』

작자 자신도 작품의 소재 제공자도『무지개』에는 모델이 있다고 인정하고 있다. 그러면『무지개』는「모델 소설」인 것일까.「모델」이라는 개념에 대해서 마오둔은 다음과 같이 말한다.

> 「모델」이라는 경우, 한 사람은 그에 해당하는 사람이 필요한 것이지만, 그렇다 해도 그「모델」의 신상, 처한 상황에서 목소리와 미소에 이르기까지 일일이 집착하고, 결국 그-또는 그녀-를 위해 한 폭의 행락 그림을 그려 아무런 변화도 없이 끝난다는 것은 안 되는 것이고, 그「모델」의 생각이나 성격 등을 다른 형태를 갖춘 육체(창작에 의한 것이라도 상관없다)에 주입해야 하는 것이다. 이렇게 함으로써 독자는 그 인물에 대해서 잘 아는 사람처럼 생각할 수 있지만, 그것이 누구인지는 특정할 수 없게 되는 것이다. 이래야만「모델」이 있는 사실적인 인물은 넓은 사회의 여러 사람들, 많은 대중 속의 하나라는 것이 되고, 독자가 그 인물을 특정하여 그 인간에 대해서 어떤 견해를 취해 버리는 것을 피할 수 있다. 이 방법을 「모델」의 중인화(衆人化)라고 한다.[21]

이「중인화」된「모델」은 이미 본래의「모델」의 면모를 잃은 것이며,

---

20) 위의 논문 참조.
21) 沈雁冰(1990)『小說研究ABC』上海書店 影印, p.83. 첫 출간은 世界書局, 1928년이다.

그 방법은 어느 쪽이라 말하자면 인물의 「전형화(典型化)」에 가깝다. 『무지개』 속의 「모델」은 다음과 같이 설정할 수 있다.

메이싱수(梅行素)＝후란치(胡蘭畦)、쉬치쥔(徐綺君)＝친더쥔(秦德君)、리우위춘(柳遇春)＝양거즈(楊個之)、웨이위(韋玉)＝웨이슈안요우(魏宣猷)、혜사단장(惠師長)＝양선(楊森)

마오둔은 「메이싱수」의 「메이(梅)」는 같은 꽃 이름 「난(蘭)」이라는 글자에서 생각해 냈다고 한다. 「싱수(行素)」는 아마도 「아행아소(我行我素)」(내 길을 간다)에서 착안한 것일 것이다. 친더쥔은 일본 체재 중, 이름을 바꾸어 왕팡(王芳)이라 자칭하고 있었지만, 일본으로 건너가기 이전 상하이에서는 쉬팡(徐舫)이라는 가명을 사용하고 있었다.[22] 후(胡), 친(秦)두 여인의 젊은 시절 사진[23]을 보면, 머리 모양을 제외하고 마오둔은 거의 그녀들의 외모를 본뜨고 있다. 특히 후란치의 아름다운 눈, 입가, 통통하고 희고 갸름한 얼굴은 그대로 묘사하고 있다고 해도 좋을 것이다. 매여사와 리우위춘 사이의 갈등에 대해서는 선웨이웨이(沈衛威)가 친더쥔에게 인터뷰했을 때의 대화에 다음과 같은 구절이 있다.

沈 : 메이싱수가 남편인 리우위춘과의 사이에서 벌어지는 타협, 반항, 결렬이라는 프로세스는 후란치를 원형으로 한 것이겠지만, 내 느낌으로는 그것은 또한 당신과 무지보(穆濟波)와의 결혼과정과도 흡사하다는 인상을 받았습니다. 특히 메이싱수의 심리상태, 그 중에서도 성심리(性心理)에 대해서는 상당 부분에 걸쳐서 당신과 무

---

22) 「秦德君手記 － 櫻蜃」앞의 책, p.65.
23) 『胡蘭畦回憶録』, 「秦德君手記 － 櫻蜃」에는 모두 그녀들의 젊은 시절의 사진이 첨부되어 있다.

지보와의 생활을 그대로 옮겨놓고 있다고 생각할 수 있습니다만,

秦 : 제 체험이 포함되어 있습니다. 왜냐하면 저는 제 경력으로 말할
만한 것은 빠짐없이 마오둔에게 들려주었습니다. 당시는 정말 마
음 속 깊이 그를 사랑했으니까요.[24)]

만약 친더쥔, 무지보 두 사람 사이의 불화가『무지개』의 묘사 속에서
가장 빛을 발하는 메이싱수, 리우위춘의 혼인을 둘러싼 장면[25)]에 투영
되고 있는 것이라고 하면,『무지개』의 구조는 더욱 다층화하고, 단순한
「모델」소설로 보기는 어려워진다. 왕덕위는 마오둔의『들장미』를 논한
구절에서, 마오둔의 male · feminism에 대해 이렇게 말하고 있다. 「마
오둔의 소설에 등장하는 여성은 상대 남성보다도 행동적이다」, 「마오
둔은 많은 여성을 묘사했는데, 그 필치가 매우 여성적인 것은 주목받아
도 좋다」, 「마오둔의 male · feminism 이야기에는 뿌리 깊은 양가성
(ambivalence)이 숨겨져 있다.」[26)] 이러한 논점은 우리들을 다음과 같
은 가설로 끌어 들인다. 즉 메이, 리우 사이의 결혼을 둘러싼 갈등을
써나가는 마오둔은 자신의 결혼에 얽힌 갈등에도 생각이 미쳤던 것이
아니냐는 것이다. 마오둔의 부모는 종이 인형 가게의 마오둔을 콩더즈
(孔德沚)에게 장가보내기로 되어 있었다. 마오둔은 18살 때 자신의 의
지로 결정하고 싶다고 부모에게 말했지만, 이미 아버지는 없었고, 어머

---

24) 沈衛威「一位曽給茅盾的生活與創作以很大影響的女性(1)－秦德君對話録」, 앞의
논문, p.54.
25) 샤즈칭(夏志清, C.T.Hsia)은 메이싱수와 리우위춘과의 결혼불화와 갈등의 심리묘사
를 마오둔의 소설 속에서 가장 절묘한 문장으로 들고 있다. 劉紹銘 편역『中国現代
小説史』[A History of MODERN CHINESE FICTION](友聯出版社, 1979. 7), pp.129－
130.
26) David Der－wei Wang, *Fictional Realism in 20th－Century China*(Columbia Uni－
versity Press, 1922), pp.78－80.

니는 완고하게 결정한 것을 굽히려고 하지 않았다.

게다가, 아버지 쪽의 사촌 「표고모(表姑母)」에 해당하는 왕후이우(王會悟)가 그에게 애정을 갖고 있던 것도 있고, 어머니는 신부의 출가를 재촉, 출가 당일 왕후이우는 피를 토하고 쓰러져 버리는 등의 사건이 있었다.[27] 왕후이우는 원래 옆집에 사는 여성으로 표고모라 하더라도 나이는 마오둔보다 아래였다.[28] 만일 마오둔이 자신의 결혼의 비극을 『무지개』의 메이싱수, 리우위춘 두 사람 사이의 불화로 담아낸 것이라면, 메이싱수의 고뇌에 마오둔의 그것이 감추어졌던 것이 되고, 그 성적 도착 의식을 동반하는 심리는 왕덕위의 논점을 보강하는 것이 된다. 허구(픽션)라는 것은, 독자에게 다층적, 다의적인 작품읽기를 가능하게 하기 때문에 허구로 성립될 것이다. 메이싱수, 리우위춘 사이의 불화는 후란치의 행적이 소재로 사용되고, 그 행적을 말하는 친더쥔은 스스로의 경험을 오버랩시켜 그것을 그려내는 마오둔 자신 스스로의 결혼과 관련된 고뇌를 중첩되게 하고 있었다면, 『무지개』를 단순한 「모델」소설이라 하기는 더욱 어렵게 되고, 그러한 관념을 벗어나 쓰인 픽션이라는 것이 된다.

픽션으로서의 『무지개』

소설 속의 메이싱수는 청두의 중산층 가정에서 자란 재색을 겸비한 여성이다. 그녀는 부모가 정한 결혼에 반항하지만, 때로는 남편의 생리적인 욕구(그것은 자신의 욕망이기도 하다)에 굴복한 적도 있었다. 그래도 반항 의지를 관철하여 달아나, 루저우에 부임해서 초등학교 교원

---

27) 「秦德君手記 － 櫻蜃」, 앞의 책, pp.66－67.
28) 茅盾(1981) 『我走過的道路』上冊, 人民文學出版社, p.145.

이 되어, 자립한 여성으로의 삶을 추구해 나간다. 하지만 새로운 문화를 제창하는 학교 교원 사이에는 여전히 봉건 의식이 만연하여, 연애유희의 광태가 벌어지고 있었고 그 와중에 휘말리게 된다. 그녀는 학교를 떠나, 청두로 돌아와서 성장(省長)인 군벌의 가정교사로 들어가게 되지만, 거기서도 질투를 받아, 마침내 장강을 떠나 상하이로 들어가 혁명에 몸을 던지려고 한다. 이것이 『무지개』의 대략적인 줄거리이다.

메이싱수의 여성 해방 사상이 어떻게 형성되었는지, 독자는 그녀의 신문, 잡지나 책을 읽는 행위에서 추측할 수밖에 없다. 그녀는 『매주평론(每周評論)』, 요사노 아키코(与謝野晶子)의 「정조론(貞操論)」이 게재된 『신청년(新青年)』, 『학생조(学生潮)』, 『짜라투스트라는 이렇게 말했다』 번역서 중의 몇 단인가를 살펴보았다. 메이싱수의 독서 행위 묘사는 일일이 셀 수가 없을 정도이지만, 독서를 하는 그녀의 시선이 머무는 곳에 무엇이 적혀 있는 것인가, 작품 속에서 요사노 아키코의 「정조론」의 내용에 대해 언급된 것은 없으며, 메이싱수의 마음을 사로잡았던 『짜라투스트라는 이렇게 말했다』 속의 경구가 어떤 것이었는지도 적혀 있지 않았다. 어떠한 사색이 도출되는, 혹은 그 사색이 다른 어떤 행위의 발단이 되는, 그러한 전개를 가져오지 않는 독서 행위라는 것은 작품 속에서 고립되어 버리고, 작중 인물의 사상형성에 어떠한 의미도 갖지 않는다. 『무지개』에 나타난 메이싱수의 독서 행위는 『인형의 집』(『노라』에 대한 언급(제3장)을 유일한 예외로 하고, 그 대부분이 그녀의 시선 저편에 있는 것에 대한 사색을 동반하지 않는 무의미한 것으로 끝나고 있다.

메이싱수의 「사상 해방」은 이러한 엉터리 독서 행위를 통해 그려지고 있었기 때문에, 결과적으로 당연한 일이지만, 그녀의 사상은 필연적인 발전도 없었고, 해방으로 향하는 전개도 나타나 있지 않았다. 메이싱수가 사회와 시대의 움직임에 대해 인식회피의 태도로 일관하는 일면을 볼 수 있고, 전국 학생 연합회에 참여하기 위해 상하이에 도착한지 얼마 안 된 그녀는 한때 수많은 신문, 잡지 서적을 접했음에도 불구하고, 그 의식은 「그녀의 지금까지 생활은 단지 호색한 주제에 오래된 도덕에 관해서는 언급할 수도 없는 말단 관료와 정객, 군인 따위를 어떻게 조종할까를 체득시켰을 뿐이었다. 그녀는 치우민(秋敏)여사와 같은 리우위춘의 인간의 안색이나 행동에서 그 마음을 읽을 수는 있지만, 신문기사 속에서 사회가 요구하는 것을 알아 낼 수는 없었다.」(제8장)라는 상태이다. 메이싱수의 이와 같은 의식은 그녀가 군벌과 관료 같은 통치자들의 영역에 속하고, 그 속에서 살아 왔다는 것을 의미하고 있다. 그녀가 학생 연합회 회의에 참가한 것도 「전국 학생 연합회에 참가한다는 구실로 요란스럽게 구는 별 볼일 없는 장군에게서 벗어나기 위함에 지나지 않았던」(제1장)것이다.

그래도 메이싱수의 독서행위가 이 소설의 가장 중요한 모티브와 관련된 장면이 없는 것은 아니다. 하나는 리우위춘이 메이싱수의 환심을 사기 위해 함부로 서적류를 사들여, 그의 이러한 행위가 무형의 속박이 되자, 차츰 그녀를 압박하고, 어느 날 그녀는 문득 리우위춘이 불쌍하게 생각되어 그의 포용을 받아들인다. 메이싱수의 리우위춘에 대한 생리적인 저항은 이와 같은 형태로 사라지고 굴복해 버리고 마는 것이었다. 또 하나는, 메이싱수가 황인명(黃因明)의 사상, 인격을 이해하기 어려운 것으로 생각하고, 그 생각을 단문으로 했기 때문에, 평소 읽고 있었던 『학생조(学生潮)』에 보낸 것이다. 그 단문을 접한 황인명이 메이싱수에게 자신의 신념을 밝힌다. 「나는 내 자신에게 이렇게 타 일렀어」. 『그녀가 그렇게 괜한 질투심을 품고 있다면, 정말 그녀의 남편(황여사의 사촌)과 관계를 가지고, 그녀의 반응을 볼게』 나는 내 스스로 생각했던 대로 했어요. 특별히 그녀의 남편을 빼앗은 것도 아니고, 남편 역시 그녀의 것이에요. 원래대로예요. 다리나 팔이 어느 하나 부족한 것도 아니고, 다른 어떤것이 부족한 것도 아니에요. (중략)사촌의 신부를 보더라도, 나는 그녀의 머리카락 하나 상처준 것이 아니에요.』(제4장)황여사의 이러한 신념은 대부분 「성(性)」의 해방을 제창하고 있는 것이다. 마오둔은 후에 「수조행(水藻行)」(1937년)속에서, 재희(財喜)라는 남자에게 이와 유사한 「성」의 해방을 연기하게 한다.[29]

『무지개』가 우리에게 보여준 소설세계는, 결국 「성」의 인습(因習)보다 발생하는 여러 가지 문제, 즉 「성」본능에의 굴복과 그 굴레에서의 탈출 및 「성」해방을 둘러싼 갈등이다. 작품 중에는 쉬, 메이 두 명의 「동성애」적으로 생각할 수 있는 행위(눈빛으로 포용하는, 얼굴과 머리카락을 쓰다듬는, 목에 달라붙는, 얼굴을 양손으로 바치듯이 하는, 가슴에 뛰어 들어 안는, 같은 침대에서 자는 등)도 종종 기록된다. 텍스트에 의하면, 『무지개』의 「사실성」은 메이싱수의 사상해방에 있는 것이 아니라 「성」의 인습을 둘러싸고 벌어지는 다양한 갈등에 있다고 말할 수 있으며, 그것은 또한 마오둔 스스로의 내면에 잠재되어 있는 갈등이기도 하였으리라 짐작할 수 있는 것이다.

작품의 텍스트에서 벗어나 작품의 사회적 배경으로 눈을 돌리면, 우리는 「5.4」에서 「5·30」에 이르는 이 시기에 쓰촨 루저우에서 진행된 교육개혁(원다이잉(惲代英)이 천난(川南)사범에서 이 개혁을 지도했다), 이 개혁의 흑막인 쓰촨군벌 양선이 일시적으로 취한 용공자세, 리

---

29) 『茅盾全集』제9권(人民文学出版社, 1985), p.299 참조.

우샹(劉湘)등 군벌 각파간의 싸움「5·30」운동을 추진한 노동운동 등을 생각할 것이다. 하지만 마오둔은 그것들을「사실적」으로 작품에 기술하지 않고, 그러한 사회동태는 작품의 점경(點景)으로 조롱하듯이 처리되어 있다. 장종칭(莊鍾慶)은「『무지개』는 비교적 리얼하게「5.4」에서「5·30」에 이르는 시기의 사회의 거대한 변화를 그려내고, 인민의 반제 반봉건의 혁명적 요구를 반영하고 있다」[30]고 말하고 있지만, 상하이 거리에서 펼쳐지는「5·30」의 군중 데모를 제외하고는 다른 어떤 것도 시대의 사회 동태 묘사를 찾아 볼 수 없다.

『무지개』에서 마오둔은 시대의 사회적 변화를 리얼하게 표현하고 있지는 않다. 만약 사실주의가「사회 현실을 리얼하게 그리는 것」을 의미하는 경우, 『무지개』는 그러한 사실주의의「사실성」을 갖추고 있지는 않다. 『무지개』가 획득한「사실성」은 또 다른「사실주의」에, 즉 작가가 자기의 실존적 존재를 그 안에 있게 함으로 인해 성립된「사실주의」로부터 유래한다고 생각할 수 있다. 이러한 의미를 갖춘 사실주의 작품에는 플로베르의『보봐리 부인』이 그러하듯이, 작가의 실존적 존재는 작품 깊이 감추어져 있고, 작품에 상통하는「기조저음(基調低音)」으로 울려 퍼지는 것이다. 마오둔은 그 자신의 의식의 내면을『무지개』에 잠재하게 하여, 자신의 이성관, 결혼관 그리고 결혼에 얽힌 갈등을 도려내고『무지개』를 관통하는「기조저음」으로 한 것이라는 소논문의 가설은『무지개』라는 작품을 해독하는 열쇠가 될 수 있다고 생각한다.

『무지개』의 문체

마오둔은 원래 견고한 상황 형성을 잘 만드는 작가이며, 그것이 그의

---

30) 莊鍾慶(1982)『茅盾的創作歷程』人民文學出版社, p.89.

소설 문체의 주요한 특징이 되기도 한다. 즉 등장인물의 시각, 청각의 기능과 그 반응이 그 인물의 동작, 행위와 함께 교묘하게 각 상황을 형성하고, 인물의 개성은 상황 속에서 인물의 행위를 통하여 묘사된다. 마오둔의 문체 관념은 1920년대 초에 이미 그 기초가 이루어 졌다고 볼 수 있다. 1922년에 발표된 「자연주의와 중국 현대 소설」은 마오둔의 자연주의 수용 방식을 알 수 있는 알맞은 평론이지만, 마오둔 자신의 창작 방법의 매니페스트로서 읽는 것도 가능하다. 「객관적 묘사」와 「현장 관찰」이라는 표현 방법으로 기울어진 자연주의 수용을 내세운 이 평론 속에서, 마오둔은 동시에 인물의 동작이나 인물이 등장할 때의 묘사를 매우 중시하고 있다. 「만약 살아 움직이고 있는 인간이라면 동작을 할 때, 그 전신에 표정이 나타날 것이며, 우리는 그러한 표정에서 그 사람의 내면의 움직임을 간접적으로 엿볼 수 있을 것이다. 진정한 예술가의 특성이라는 것은 수많은 동작 중에서 요긴한 것을 하나 골라, 그 동작의 묘사를 통하여 그 인물의 내면의 움직임을 표현할 수 있는 것임을 알아야 한다. 이렇게 하여 기록된 인생이야말로 예술적 가치가 있을 것이고, 예술작품이라고 말할 수 있다!」[31] 이 의식이 바로 마오둔의 표현 방법의 핵심 부분을 형성하게 된다.

후에 1929년 10월, 『무지개』집필과 같은 해에 마오둔은 『서양문학통론(西洋文学通論)』을 완성하였다. 폭 넓은 문학 통사 속에서 그는 플로베르와 낭만파의 차이에 대해서 자세히 언급하고, 낭만파가 「주관적, 열정적이고, 개성을 드러낸다」는 것에 대해, 플로베르는 「객관적이고 냉정한 마음으로 사물을 보고, 개성은 숨겨져 있다」, 「그 (플로베르)는

---

31) 沈雁冰(1922) 「自然主義與中国現代小説」『小説月報』第13卷7號, p.2.(書目文献出版社, 1981년 7월 영인)

전력을 다하여 그 자신의 이야기 속으로 뛰어 들지만, 소설 속에 표현되는 그의 태도는 매우 냉정하였다. 그는 이처럼 자신의 주관적 감정을 억제하고 그것이 작품 속에 섞이지 않도록 노력하고 있다」32) 고 지적하고 있다. 작가의 감정이입을 경계하고 있는 정도라고 생각할 수 있지만, 그와는 별도로 작품 속에 던져진 작가의 전신전령은 숨겨진 것이라고 마오둔은 여기에서 말하고 있다. 『무지개』의 일본 번역본 역자인 다케다 다이준(武田泰淳)은 『무지개』에 나타난 마오둔의 문체에 대해서 「마오둔은 마음 속 깊이 열정을 감춘 채 냉정한 개미처럼 중국의 여자생활을 살펴보며 나간다.」33)고 밝혔다. 다케다의 견해는 마오둔 자신의 문체관과 기이하게도 서로 상응하여, 마오둔의 문체의 특징을 정확하게 파악하고 있는 것처럼 보인다.

하지만, 『무지개』에서 우리는 마오둔이 자랑하는 냉정한 객관적 묘사, 그 특색 있는 상황 형성과 인물묘사를 좀처럼 만날 수 없다. 특히 메이싱수의 개성에 관해서는 작가가 항상 개입하여 그녀의 성격을 종종 논평한다. 예를 들어, 「그녀는 목표를 정하면 결코 돌아보지 않는 류의 인간이다」, 「그녀는 비범한 여자, 무지개 같은 사람이다」, 「그녀의 천성인 강건, 과감 그리고 자신감」, 「천성 속의 완고함과 자신감」이라는 식으로 재삼 메이싱수의 「천성」에 대해서 설명을 하는 것이다. 작자의 이러한 개입설명과 함께 주변 인물의 메이싱수에 대한 시선을 통하여 메이싱수의 윤리적, 지적 윤곽이 구성된다34). 메이싱수는 주위

---

32) 茅盾『西洋文学通論』(原署名方璧,上海世界書局, 1930. 8, 書目文献出版社, 1985. 5), p.107, 103.

33) 武田泰淳 役『虹』,『現代支那文学全集』제3권(東成社, 昭和15년[1940년]2월), 「解題」, p.1－5. 다케다는 1장부터 7장까지를 번역하고 나중 3장은 번역하지 않았다.

34) 작자의 개입에 의해 윤리적, 지적 틀를 구성하는 점에 대해서는, 웨인 씨 브스, 『픽션의 수사학(フィクションの修辞学)』(米本弘一・服部典之・渡辺克昭 역, 서

사람의 싸늘한 조소와 경멸을 받게 되면 그 사람들에게 복수한다. 주위의 남녀가 메이싱수의 외모나 신체에 던지는 호기심과 질투의 시선에 대해서는 냉소, 과감한 웃음 또는 무시로 답한다. 그러한 그녀의 의식의 움직임을 그리는 작자의 필체는 참으로 여성적이고, 미묘한 심리의 움직임을 정확하게 파악하고 있고, 여성의 심리묘사에 능숙한 마오둔의 면모를 생생하게 드러내고 있지만, 앞의 이러한 인물은 이러한 성격이라고 작자가 개입하여 논평하는 부분은, 어떤 인물의 이미지 형성에 어느 정도의 기능은 수행하겠지만 마오둔은 이 방법을 애용하는 작가는 아니었다.

『무지개』에서 이 방법이 많이 사용되는 것은 아마도 마오둔이 친더쥔이 말하는 이야기에 귀를 기울이면서 집필했다는 이 작품의 성립, 창작 배경에 기인하는 것일 것이다. 이러한 「전문(伝聞)」상태 속에서의 집필 상황은 작품 속에서 메이싱수가 항상 쉬치쥔의 충고, 추론, 정보에 귀를 기울여서, 쉬치쥔에게서 들어오는 소식을 기다리는 점에도 반영되고 있다. 이러한 「개입논평」, 「전문」수법은 마오둔 본래의 사실적 수법과는 거의 무관한 것이다. 게다가 마오둔이 메이싱수의 성격을 개입설명 할 때의 필치는 「사실」적 이라기보다는 오히려 「비사실」적이라고 할 수 있는 것이며, 주관적인 단정 어조로 메이싱수의 성격을 묘사하는 대목은 「낭만파」의 그것으로 잘못 볼 정도이다. 무엇보다도 마오둔은 자연주의를 고취하기 전에 한때 새로운 낭만주의를 제창한 적도 있다. 마오둔의 창작 의식의 복합적인 구조가 『무지개』속에 보이는 이러한 수법을 재촉했을지도 모른다.

마오둔이 잘 구성하는 상황 형성은 『무지개』의 제8장 이후, 즉 소설

사풍의 장미, 1991년 2월)을 참조.

의 무대가 쓰촨을 벗어난 후, 다시 말해서 「전문」상태에서 이탈한 후에 볼 수 있다. 예를 들어,

막 문에 들어서자마자, 사(謝)노선생의 걸걸한 웃음소리가 응접실로 쓰고 있는 아래층에서 흘러나오는 것을 들었다. 메이싱수는 쳐다보는 김에 문득 고개를 돌아보다가 전혀 뜻밖에도 그녀에게 웃음 짓고 있는 사람이 바로 ~걸 알게 되었다.

메이싱수는 변호사 간판이 걸린 윤기 흐르는 검은 대문을 넘어가면서, 전대인(轉貸人)인 변호사의 여자 하녀가 입을 삐죽거리며 한쪽 입 꼬리를 올리며 웃고 있는 것을 보았다. (중략) 그녀가 가볍고 천천히 기계처럼 걸어서 윗 층 곁채 문밖에 다다랐을 때, 문은 잠겨있었지만 량강푸(梁剛夫)의 목소리가 들려왔다.

이러한 감각(시각, 청각)반응이 인물의 동작과 함께 교묘하게 상황을 형성하는, 이것이 마오둔의 소설 문체의 기층을 이루는 구조이다. 하지만 『무지개』의 제1장에서 7장까지 이러한 묘사는 전무에 가까운 것이다. 지금까지 언급한 『무지개』의 문체의 특징, 즉 작가의 개입 논평, 전문의 수법, 전문 상황을 벗어나서 부활하는 상황 형성 등은 마오둔이 친더쥔이 제공한 자료에 의하여 『무지개』를 집필한 사실을 텍스트 자체가 말하고 있는 것을 나타내는 것일 것이다.

3) 「무지개」가 물어 보는 것 ― 작자의 실존

『무지개』에 나타나는 「사실」과 「비사실」의 경계에 대한 기본적인 분석은 이상과 같지만, 이 경계는 작품의 텍스트에만 존재하는 것이 아니

라, 그 원인은 작가의 실존적 존재, 존재 자체에 있다는 점에서 그 실존에 대하여 조금 언급해두고 싶다.

우리는『무지개』에 나타나는「사실성」이 시대사회의 움직임 속에 명백하게 드러나고 있는 것이 아니라, 메이싱수의 성적인 인습 하에서의 갈등에 명백하게 나타나고 있음을 살펴 볼 수 있었다. 메이싱수의 생리적인 굴복, 그 폐쇄적 상황에서의 탈출, 쉬치쥔, 메이싱수 두 사람간의「동성애」적인 행위 황인명(黃因明)과 사촌과의 불륜,『무지개』에서는 이러한 모티브가 마오둔의 글 속에서 빛을 발하고 있다. 또한, 처녀작인 『식』3부작 이후 볼 수 있는 특징으로, 여성의 신체 묘사에 대한 집착과 특히 가슴 묘사에 때로는 편집증적인 경향을 두드러지게 나타나고 있었음을 알게 되었다. 마오둔의 작가적 실존은 이러한 묘사 속에 깊이 감추어져 있는 것으로 생각되지만, 지금은 단지 깊이 숨겨져 있는 일종의 콤플렉스 또는 트라우마가 그의 실존을 구성하는 것이라고 추론할 수 있음에 지나지 않는다.

그 추론을 멈추게 되면 편집증적 경향을 보이는 묘사는 해석을 거부당하고 거기서 계속 머무르고 있을 뿐이라는 것이다. 신체 묘사 이외에도, 우리는『무지개』에서 여러 번「도둑고양이 같은」이라는 기묘한 형용어를 만난다(「이 도둑고양이 같은 황인명」,「도둑고양이 같은 얼굴, 음울한 눈매」,「이 도둑고양이 여사」등). 황인명의 외모를 형용할 때 사용되는 이 표현은, 마오둔이 친더쥔에게 자신의 결혼 상황을 이야기하는 중에서 콩더즈의 외모표현에 사용한「도둑고양이」[35]와 관련하는

---

35) 마오둔은 일본으로 건너가는 배위에서 자신의 상황을 친더쥔에게 말하고 결혼에 대하여 말할 때 신부 콩더즈를 표현하기를「도둑고양이」를 꼭 **빼닮았다**고 말하고 있다.(주7)앞의 수기, pp.66-67.

지 여부. 이러한 「미궁」을 파헤칠 수 있다면, 마오둔 작품의 사실성(리얼리티)이 있는가로 작가의 실존에 다가갈 수 있는지도 모른다. 여성의 경우에는 이상할 정도의 집착이 어떤 종류의 매개체처럼 견고히 마오둔의 심리에 머물고 있다. 『무지개』에서는 모든 사회 동태가 마치 메이싱수를 묘사하기 위해 존재하는 부속품 같은 것으로 다루어져, 마지막 장인 제10장에 묘사된 「5·30」의 가두시위도 소방차 물대포에 젖은 쥐와 같은 꼴이 된 그녀를 서자강(徐自强, 서기군의 사촌 동생)이 여관에 안내하고, 그녀는 거기에서 새로운 치파오를 제공받아, 병풍 너머에서 옷을 갈아입는다. 그 병풍에 서가 가까워지려고 하면 「허공에 느닷없는 냉소가 맴돌았다. 그렇게 섬뜩한 냉소가 그의 발걸음을 멈추게 만들어 버렸다」며 메이싱수의 통렬한 냉소가 들려오고, 병풍에서 나온 메이싱수는 「소파 옆으로 가서는 의자에 앉아 양말을 신었다. 치파오를 앞가슴 쪽부터 풀자, 하얗고 얇은 비단 속옷이 그녀의 풍만한 가슴을 감싸고 있었고, 은밀하지만 은은한 분홍빛이 내비치는 두 원형이 도드라져 있었다」는 자태에서 서를 현혹시킨다. 이러한 정경은 마오둔의 초기 소설 작품 중에서 자주 볼 수 있는 것으로, 우리는 바로 순우양(孫舞陽)(『동요(動搖)』)와 장치우리우(章秋柳)(『追求(추구)』)등의 요염하고 고혹적인 자태를 떠 올릴 수 있다. 마오둔의 작가적 실존 여부는 이러한 묘사 언저리에 어렴풋이 보이는 것은 아닐까 생각한다.

2 「수조행(水藻行)」론

마오둔의 단편소설 「수조행」(1936년)은 일본의 종합 잡지 『개조(改造)』36)에 먼저 발표되었고, 중국에서는 다소 늦게 단편 소설집 『연운집(煙雲集)』에 수록되었다. 중국 국내에서 발표되기 전에 일본에서 일본어로 번역되어 발표되었다는 이 작품은 성립 경위도 바뀌어 있고, 작품 내용도 중국 농민의 낙천적이고 씩씩한 생활관, 특히 성도덕에 초점을 맞춘 이색작품이다. 이 작품이 주목받는 것은, 우선 마오둔의 작품 중 유일하게 해외(홍콩제외)에서 발표된 작품, 그것도 일본에서 발표된 작품의 성립사가 흥미롭다는 점과 또 한 가지는 지금까지 이 작품에 대한 정당한 평가가 이루어지고 있지 않다는 점이다. 두 가지에 대해 조금 언급하겠다. 이른바 마오둔에 관한 「사전저(四專著)」37), 예즈밍(葉子銘), 사오보저우(邵伯周), 순중톈(孫中田), 장종칭(莊鍾慶) 등의 각각의 저작은 이 작품에 대해 전혀 언급하고 있지 않는 것인지, 작품명을 언급하는 정도에 머무르고 있는 것인지, 언급했다고 하더라도 반드시 정곡을 찔렀다고는 할 수 없는 그러한 정도이다.

「사전저」에서 유일한 작품 평가를 내린 장종칭은, 「수조행」은 「국민당의 폭정과 고리의 착취로 농민이 살아갈 수단을 잃고, 결국 반항하게 되는 과정을 묘사」한 것으로, 이 소설의 초점은 국민당 반동파의 심복인

---

36) 「개조」는 1919년 4월 창간, 1944년 6월 폐간, 1946년 복간, 1955년 종간. 전36권 455권. 마오둔은 「개조」에 두 번 등장한다. 두 번째는 1950년 8월호에 「모스크바로의 여행(モスクワへの旅)」(『소련견문록(ソ連見聞録)』의 초역)이 게재되었다.

37) 葉子銘(1978) 『論茅盾四十年的文學道路』上海文芸出版社, 邵伯周(1979) 『茅盾的文學道路』長江文芸出版社, 孫中田(1980) 『論茅盾的生活与創作』(百花文芸出版社, 莊鍾慶(1982) 『茅盾的創作道路』人民文學出版社

촌장의 횡포, 그것에 대한 재희(財喜)의 저항을 묘사함에 맞추어져 있다.[38] 폭정에 의한 생활고와 농민의 저항이 이 작품의 테마라는 것이다. 「수조행」의 초점인 성윤리에 대해서는 언급하고 있지 않다. 「사전저」를 평했던 우푸휘(吳福輝)의 평론[39]은 별도로 「수조행」을 중요하게 다루어 문제로 삼고 있는 것은 아니지만, 다음과 같은 흥미로운 비평을 하고 있다.

> 「그의 작품이 가지는 거대한 역사성은 종종 그의 사상이나 감정이나 깊은 인생관 등보다도 훨씬 커다란 존재로 자리매김하고 있다. 이 점은 루쉰(魯迅), 궈머러(郭沫若), 라오서(老舍), 바진(巴金)들과 비교해도 특출하다. 하지만 그에게는 지금까지 피해온 그 시대의 도덕(원문 「도덕 가치」)을 다룬 소설 「수조행」, 『연운(煙雲)』등도 있다.」[40]

우푸휘는 이 외에, 마오둔과 노사의 「현실주의(리얼리즘)」의 질적 차이에도 주목해야한다고 하는 등 지금까지의 연구의 미비점을 지적하고 있다. 「수조행」에 관한 지적은 당연한 것을 말함에 지나지 않는다는 느낌도 있지만, 「사전저」에서 다루어진 방식에 비하면 괄목할만한 지적인 것이다.

1) 작품의 성립 경위

마오둔의 회고록[41]에 따르면, 「수조행」은 대략 다음과 같은 경위로

---

38) 莊鍾慶 『茅盾的創作道路』앞의 책 p.216.
39) 吳福輝(1984) 「茅盾研究新起点的標識——評四本論述茅盾文学歷程的專著」「文学評論」
40) 위의 책, p.79.

생겨났다. 1936년 2월경, 루쉰으로부터의 서신에서 개조사(改造社)야 마모토 사네히코(山本実彦)의 원고 의뢰가 전해졌다. 루쉰이 일본어로 번역해준다고 하여 마오둔은 기뻐하며 집필에 착수하여 2월 26일에 탈고, 루쉰에게 건네주었다. 그런데 8월이 되어 루쉰에게서 아파서 번역을 할 수 없으므로 「아큐정전(阿Q正伝)」을 번역한 야마가미 마사요시(山上正義)에게 의뢰했다는 취지의 이야기를 전해 듣는다. 야마가미 마사요시에 의한 번역이 다음 1937년 5월호의 「개조」에 게재되었다.

마오둔이 외국 독자를 상정하고 「수조행」을 쓴 것은 「개조」로부터의 의뢰였기 때문에 당연한 것이지만, 다음의 집필 의식은 이 작품을 보는 핵심이 된다.

> 「수조행」은 농촌을 소재로 한 소설이지만, 나의 비슷한 류의 작품과는 다르다. 나는 농촌의 날카로운 사회모순을 제대로 묘사하지는 않고, 작품의 배경에 스케치했을 뿐이다. 내가 역점을 둔 것은 성격, 체격, 정력, 사상, 감정, 모두가 분명히 다른 두 농민을 묘사하는 것이었다. 나는 이 소설을 쓰는데 하나의 목적이 있었다. 그것은 진정한 중국 농민의 형상을 만들어 내는 것이었다. 건강하고 낙관적이고, 정직하고, 착하고, 용감한 농민의 모습을. 그는 노동을 사랑하고, 악의 세력을 비하하고, 봉건 도덕(원문 「봉건 윤리」)의 속박도 받지 않는다. 그야말로 중국 대지에서 살아가는 진정한 주인인 것이다. 나는 외국 독자에게 말하고 싶었다. 중국 농민의 모습은 이러한 것이고, 펄벅이 『대지(大地)』에서 묘사한 것과 같은 것은 아니라고.[42]

「수조행」은 두 인물의 대비 묘사에 주안점을 둔 것으로, 사회모순을

---

41) 茅盾(1983) 「抗戦前夕的文学活動」 「新文学資料」 3기
42) 위의 책, pp.4-5.

그리려고 한 것은 아니다. 도덕적인 점을 포함하여 중국 농민의 진정한 모습을 보여주고 싶었던 것을 작자 자신이 회상 속에서 말하고 있다. 또한 「수조행」은 보잘 것 없는 단편으로 펄벅의 장편 『대지』(1931년 작)에 도전한 마오둔의 의욕적인 작품이기도 한 것이다.

「수조행」을 일역한 것이 야마가미 마사요시임을 처음 밝힌 것은 마루야마 노보루(丸山昇)씨이다. 「어느 중국 특파원(ある中国特派員)」[43]에서 야마가미의 일기에 의해 그러한 것이 밝혀졌다는 취지를 기록한 후, 마루야마 씨는 다음과 같이 말하고 있다. 「(마오둔 단편집 『연운집』의) 『후기(後記)』에는 「수조행」을 제외한 모든 국내 정기 간행물에 발표된 것이라는 기술이 있다. 따라서 『개조』의 시작 부분에 원고 사진이 나와 있는 것과 아울러 생각하면, 마오둔에게서 직접 야마가미 또는 『개조』편집부에 보내 온 것으로 보인다. 요즘 중국 현대 문학 작품의 번역, 게재에 비교적 열심이었던 『개조』가 마오둔에게 기고를 요청한 것인가도 상상되지만, 자세한 것은 명확하지 않다.」[44] 그 알 수 없는 부분을 마오둔의 회고록이 보충한 것이다. 당시 「수조행」이외에 『개조』에 실린 단편 소설에는 소군(蕭軍) 「양(羊)」(1936년 6월호, 히다카(日高)・가지 와타루(鹿地亘)공역), 사정(沙汀) 「노인(老人)」(1937년 1월호 같은 역)이 있다. 「양」게재에 있어서 루쉰이 서문을 보내고 있다. 글 중에서 신문학의 어려움을 언급한 후, 루쉰은 이렇게 적고 있다.

..... 하지만 그 중에서도 단편 소설의 성적은 비교적 좋은 편에 속해 있었다. 물론 걸작이라고 할 정도의 것은 아니지만, 요즘 유행하고 있는 외국인이 쓴 중국에 대한 것을 다루는 것보다는 결코 뒤떨어져 있다고도

---

43) 丸山昇(1976) 『ある中国特派員-山上正義と魯迅-』中公新書
44) 위의 책, p.179.

할 수 없다. 그 진실한 점에 이르러서는 오히려 뛰어나다는 것이다. 외국 독자가 보면 진실하지 않은 점이 상당히 있을지도 모르지만, 하지만 그것은 대개 진실이다. 이번에 자신의 경박함을 돌아보지 않고 최신 작가의 단편 소설을 선정해서 일본에 소개하게 됐지만, ─ ─ 만약 쓸데없는 일로 끝나지 않는다면 실로 엄청난 행복이다.

1936년 4월 30일 노신

또한 「양」의 편말에는 다음과 같은 「개조」편집부의 기사가 있다.

현대 중국 작가의 역작으로 이어지는 연재!!
우리 잡지는 일본 문화의 종합 기관으로서 세계적으로 웅비하고 있지만, 특히 인근 국가인 중국에서 엄청난 독자를 가지고 있다. 이번 야마모토(山本)사장의 남경 ─ 상하이 유람을 기점으로 중국 문단의 모로호시(諸星)와 담합한 결과, 중일 문화 협력의 일보로서 앞으로 가급적 매월 한편씩 신예되는 역작을 소개하기로 하였다. 중국 문단에서는 본사의 새로운 계획 발표때문에 위한 예상치 못할 정도의 센세이션을 야기하고 있다.45)

편집부의 열의는 알겠지만 왠지 과장된 말들의 나열이다. 실제로는 매월 한 편이라고 할 수는 없고, 「양」, 「노인」, 「수조행」각 편은 몇 달의 간격을 두고 있다. 「수조행」을 게재한 호의 「편집공지」는 마오둔으로부터의 기고에 쾌재를 불렀다.

「중국 문단의 가장 중심인물인 마오둔 씨가 직접 기고한 역작을 얻는다는 것은 참으로 기분 좋은 일이다. 마오둔은 노신이 없는 이후의 중국 문화를 짊어지고 있다.」

___

45) 「改造」1936년 6월호, p.160.

「개조」1937년 5월호의 판권장에 따르면, 「쇼와(昭和)12년 4월 18일 인쇄 납본, 5월 1일 발행」으로 되어 있다. 마오둔의 집필 탈고에서 「개조」게재까지 약 1년 2개월이 지나고 있었다. 상하이 양우(良友)도서 인쇄회사 발행의 『연운집』[46]은 「1937년 3월 20일 조판에 넘긴다(조판에 낸다). 1937년 5월 20일 초판」이다. 5월 20일 출판인데, 5월 25일자의 마오둔 「후기」가 첨부되어 있다. 「후기」가 출판된 후의 날짜로 되어 있는 것은 무엇인가 잘못된 것이 아닌가 생각되지만, 어쨌든 바다 건너 일본에서 번역으로 먼저 빛을 본 1937년 4월 18일으로부터 약 한달 후 「수조행」은 중국 문단에 등장하였다.

2) 작품 세계 — 개방성과 민족성

「수조행」은 성도덕을 어떻게 묘사했는가. 마오둔은 펄벅을 의식하며 이 소설을 썼다고 하지만, 그것은 무엇을 의식하고 어떻게 묘사했는가. 소설은 중국의 대자연 속, 대지에서 살아가는 농민의 가난한 삶과 그 고통 속에서 살아가는 씩씩한 삶을 그리고 있다. 조카인 수생(秀生)부부의 집에 1년 전부터 기거하고 있는 삼촌 재희가 수생의 아내(남편은 폐인에 가까운 병자)와 관계를 갖으며, 세 사람의 갈등이 시작된다. 살아가기 위한 힘든 노동, 봉건 도덕 등을 신경 쓰고 있을 수 없는 허덕이는 생활, 그 속에서 맺어진 관계가 고뇌와 갈등을 가져온다. 이것은 딱

---

46) 판본은 신광(晨光)출판공사 발행의 『연운집(煙雲集)』(1946년 7월 재판)에 의한다. 양우판(良友版)은 아직 보지 못함. 양우판에 대해서는 마루야마 노보루씨의 교시에 따른다. 양우, 신광 양판 모두 내용물은 같고, 이하의 단편 7편을 수록한다. 「煙雲」, 「擬〈浪花〉」, 「搬的喜劇」, 「大鼻子的故事」, 「一個真正的中國人」, 「水藻行」, 「手的故事」. 신광판과 『茅盾文集』제8권(1959년)수록의 「水藻行」과의 사이에는 조그마한 자구의 상이점이 4군데 있을 뿐이다.

히 상상을 초월할만한 일은 아니고, 민족을 불문하고 이러한 극한 상황에 가까운 엄격한 생활과 그 안에서의 성관계는 있을 수 있는 것이라고 생각된다. 문제는 그 상황을 생성하는 요소로서 도덕, 수생부부와 재희 그들 세 사람의 관계에 대한 재희의 낙천적이고 개방적인 성도덕이 가지는 의미이다. 훌쩍 나타나서 부계(父系)의 친척 집에 기거한다는 습속이 갖는 민족성과 그 농촌 배경으로 펼쳐지는 대자연의 공간 개방성이 불가분으로 합쳐져, 재희의 개방적인 성도덕이 독자에게 일종의 카타르시스를 가져오는, 이 소설의 리얼리티(진실성)는 여기서 요구된다.

분명히 이 작품은 장종칭씨가 지적하는 것과 같은 일면, 생활고와 저항의 의지를 그려내고는 있다. 억압하는 자에 대한 저항을 재희는 조금 직정적으로 나타내고, 노역을 재촉하러 온 촌장을 냅다 들이받고, 할 테면 해봐라는 기개를 보여준다. 그리고 그의 저항의지 아래에는 노동하는 자의 자부심이 있고, 마음 속에서 노동을 사랑하는 남자, 씩씩한 남자로 재희는 그려지고 있다. 펄벅 『대지』의 주인공 왕용(王龍)도 대지에서 일하는 것을 보람으로 삼는 남자이다. 두 사람은 어떤 점이 다를까. 왕용은 두려움의 심리라는 것이 있었고, 행운을 손에 넣었을 때도 불안에 쫓겨, 곧 재앙이 닥쳐온다고 생각하고, 신을 받들며 그것을 막으려고 한다. 두려움에서 오는 신불에의 귀의가 묘사되고 있지만, 재희에게 그러한 점은 조금도 없다. 그러한 점이 우선 결정적으로 다르다. 중국의 새로운 진정한 농민상을 마오둔은 그리고 싶었던 것이라고 스스로 말하였다. 그 진정한 농민상을 형성하는 핵심으로 노동하는 자의 자부심과 그 자부심에서 발생하는 저항의 의지를 마오둔은 그린 것이다. 하지만 마오둔이 묘사한 것은 그 뿐만이 아니다. 또 다른 중요한 의미를 이 작품에 부여하고 있다. 그것이 개방적이고 낙천적인 성도덕인 것이다. 재희는 임신한 수생의 아내에게 말한다.

　저 녀석이 너를 짓밟고 걷어차는구나. 아 나 참을 수 없어. 뱃속의 자식
이 잘못되면 어떡해야하나, 배 속의 자식이 녀석의 자식이라도 상관없어.
내 자식이라도 상관없다. 결국 너의 뱃속에서 나온다는 것이지. 모두 우리
집의 씨임에 틀림없다!(이하, 이치에 맞지 않는 경우에는 야마가미 마사요
시 역)

　이 부분만 보면 재희는 단지 거친 감각, 좋게 말하면 망양한 대범함
을 지닌 남자로 밖에 생각되지 않을지도 모른다. 그러나 비료로 쓸 수초
를 찾으러 나간 배 위에서 수생에게 「나 말이야 고집이 세지 않아서,
오히려 굶어 죽더라도, 마누라가 서방질하는 것을 보고 있을 수 있는
건지…」, 「여자가 다른 남자에게 말이야, 정조를 팔더라도 양심은 지킬
수 있을까?」라고 듣게 되고, 그는 다음과 같이 생각한다.

　그의 견해에 따르면, 하나의 폐인 같은 남자 세군(細君)이 다른 곳에
서……것과, 그 세군에게 양심이 있는가 없는가 말하는 것은 완전히 다른
두 가지 사항이다. 그렇다고 해도, 수생의 세군이 다른 한 남자와………
말하는 것 이외, 따로 어떠한 변화가 있는 것은 아니다. 수생의 세군은
여전히 수생의 세군이다. 그녀는 아내로서 해야 할 모든 것은 가능한 해두
었고, 게다가 실제로 매우 능숙한 것이 아닌가……(밑줄 ─ 고레나가(是
永). 밑줄 부분은 야마가미 역을 바꾸고 있다.[47]

---

[47] 밑줄부분은 야마가미역이 오역이라 생각되기 때문에 수정한 부분이다. 야마가미역
에서는 「そうだとも」(「さうだとも」)라고 표기해야만 하지만, 편의적으로 현대표
기로 해둔다.)「仮りにさうでないとしても──彼は考へた──」, 「彼女は妻とし
てのつとめは……」의 부분은 「一切はその細君が責任をとつてやればよい事であ
り、事実その細君はさうやつて居り」로 되어 있다. 참고로 인용부분의 원문을 소
개한다. 「在他看来，一個等于病廃的男人的老婆有了外遇，和這女人的有没有良
心，完全是両件事。可不是，秀生老婆除了多和一個男人睡過覚，什麼也没有

인용에서 다른 남자와 관계를 맺는다는 의미의 두 군데, 원문에서 「외도한 적이 있다(有了外偶)」, 「대부분 다른 남자와 잔 적이 있어(多和一個男人睡過覺)」부분이 생략되어 있다. 번역하지 않은 것인지, 번역을 했어도 인쇄할 때 복자(伏字)로 된 것인지, 지금 그러한 내용에 관하여 꼬치꼬치 따지지는 않겠다. 문제로 삼고 싶은 것은, 재희가 수생의 아내와의 관계에 대해, 적어도 그녀에게 뭐라 아무런 책망을 할 관계는 아니라고 보고 있다는 점이다. immoral(부도덕)이라는 관념이 아닌, amoral(unmoral)(도덕과는 관계가 없는, 초도덕(超道德))의 의식이다. 그것이야말로 이 소설이 가지는, 속박을 뚫는 개방성, 예견을 감춘 리얼리티가 있는 것은 아닐까. 세 사람의 관계, 노역에 대한 저항, 모두 아무런 해결을 보지 못한 채 소설은 끝난다. 그 후의 이야기 전개는 독자의 창조적인 상상 앞에 열려 있다는 의미에서, 이 소설은 「개방성」을 가지고 있다는 지적이 있지[48])만, 그것과는 다른 차원에서 작품 내부에 숨겨져 있는 개방성은 독자의 상상력을 자극한다. 인간의 자유에의 희구, 욕망은 어떤 작가도 쓰는 것이다. 『대지』의 왕용이든, 빈농에서 출세하여 대지주가 되는 그의 욕망과 의지가 묘사되고 있는 것의 차이는 없다. 펄벅은 중국 농민의 기아 상황, 토지와 돈과 여자에 대한 집착을 교묘하게 그려 냈다. 왕용은 욕망을 충족한다. 하지만 욕망 충족의 비탈길을 오르는 왕용은 자신의 정신을 욕망에 팔아 버리고 있다. 한편, 재희는 수생의 아내와의 행위를 후회할 때도 있지만, 그 행위에 대해서 적어도

変, 依然是秀生的老婆, 凡是她本分内的事, 她都尽力做而且做得很好」 야마가미 역에 대해서는 是永(1984) 『水藻行』の日本語訳について)」 『茅盾研究会会報』 第2号

48) 미시간대학 매이자(梅貽慈)교수의 지적. 樂黛雲(1983) 「批評方法与中国現代小説研討会"述評」 『読書』 4月號

상대방인 수생의 아내에게는 아무런 비난할 점이 없다는 새로운 인식을 보여주고 있다. 인간의 양심의 문제로서 수생의 아내는 아무런 책망을 받을 일은 아니라는 도덕은, 성과 성애의 의식해방을 볼 수 있다. 욕망 충족의 언덕을 올라가는 것밖에 머리 속에 없는 왕용과는 달리, 그는 정신 · 지성의 빛을 잃지 않았다. 마오둔이 펄벅의 『대지』를 의식해서 「수조행」을 쓴 집필 의식에는 앞서 언급한 노동의 자부심과 그 자부심에서 생겨난 저항, 그리고 이러한 기성도덕에 얽매이지 않는 정신들을 그려내고 싶다는 일념이 있었던 것은 아닐까. 농민의 어려운 생활과 풍습을 그리는 가운데, 저항의 의지와 대담하고 예측 가능한 도덕을 제기하여 중국 농민의 진실된 모습을 부각시키는, 그것이 이 소설의 리얼리티인 것이다. 루쉰이 「양」의 서문에서 말하는 「진실」, 「그 진실에 이르러서는 오히려 뛰어나 있는 것이다. 외국 독자가 보게 되면 진실되지 않은 점이 상당히 있을지도 모르겠지만, 하지만 그것은 대개 진실이다」라는 경우의 「진실」도 예견적인, 때문에 충격성을 가지는 리얼리티를 의미하고 있는 것이다.

　「수조행」은 일본 문학계에 어떻게 받아들여졌던 것일까. 야마가미 마사요시의 일역문은 대화 부분을 이른바 농민들의 언어로 옮긴 힘찬 문장이다. 당시의 독자가 이 「개조」 5월호의 창작 란의 권두를 차지했던 「수조행」과 창작 란의 마지막을 장식한 가와바타 야스나리(川端康成)의 「수구가(手毬歌)」(「설국(雪国)」의 한 구절)의 날카로운 문장과의 대비 속에서, 일본과 중국과의 문학 풍토의 차이까지 생각이 이르렀던 것은 아닌가하는 것은 추측의 영역을 벗어나지 않는다. 단지 마루야마 씨가 인용하는 혼다 아키라(本多顕彰)의 비평(「요미우리 신문」1937년 4월 28일)은, 이 야마가미 번역에 의한 「수조행」이 일본 문단에 어느 정도의 충격을 주었는지를 말하는 것은, 매우 흥미로운 것이다. 「주인 공 재희, 조금 망막한 성격이 망막한 배경과 전체 조화를 이루고, 그 안에 녹아있는 것이다. 거기서 우리는 스케일이 큰 유구한 것을 느끼는 것이다」고 평한 후, 혼다는 같은 것을 일본, 특히 일본적인 작가가 그렸 다고 한다면 어떠한가라고 물어보고, 아마도 「망막한 환경을 날카롭지 만 얕은 감각으로 번역되어, 전체적으로 볼 수 있는 대신에, 감각의 과 시가 있을 뿐이다. 기복하는 개별 사물에 대한 놀라운 감각이 종종 표시 되지만, 성격과 개별 사물 사이간의 관련에서 작동하는 지성은 종종 심히 희박한 것이다」[49]라고 한다. 이 비평은 그대로 「개조」동월호의 가와바타 야스나리의 문장으로 대표되는 일본적인 감각, 일본 문학 풍 토에 대한 비평이 된다. 「수조행」이 그러한 일본적인 것과는 정반대인 존재로 혼다에 의해 포착된 것은 주목받아도 좋을 것이다. 「수조행」은 각각의 단편이지만, 펄벅의 『대지』와는 다른 차원에서 진정한 리얼리 티를 생성하는 작가 마오둔의 문학적 정신이 마음껏 발휘된 걸작이라 할 수 있다.

3 회상의 마오둔 - 친더쥔 탐방록

마오둔은 1928년 7월 초순부터 30년 4월초까지 1년 9개월 동안 일본 에서 「망명생활」을 보냈다. 그동안 소설, 산문, 평론 각 분야에 걸쳐 활발한 문필 활동을 전개, 특히 장편소설 『무지개』는 이 시기를 대표하

---

49) 주8)앞의 책 pp.177-178.

는 작품으로 높은 평가를 받아 왔다. 쓰촨 출신의 여성 메이싱수의 사랑과 혁명의 편력을 그린 이 작품은 총 10장으로 구성되고, 앞 7장의 무대는 쓰촨, 나중 3장은 상하이이다. 마오둔은『무지개』집필 이전에 쓰촨을 방문한 적은 없지만, 작품 속에서 장강 삼협의 험난함을 비롯한 쓰촨의 풍토, 풍물은 리얼리티를 가지고 묘사되고 있다. 마오둔의 사후, 일본 체류 중에 마오둔과 동거 생활을 보낸 여성 친더쥔이 수기를 발표하여, 이『무지개』라는 작품이 그녀와의 공동 집필에 가까운 형태로 생겨난 것임이 밝혀졌다. 친더쥔(1905－)은 쓰촨성 쭝현 출신으로, 「5.4 운동」 때부터 중국 혁명에 투신한 여성이었다. 천왕다오의 소개로 마오둔의 일본행에 동행, 당초 그녀는 일본 체류를 거쳐 소련연방으로 향할 작정이었다. 두 사람은 28년 12월에 동경에서 교토로 이사한 후, 귀국할 때까지의 1년 4개월간 교토에서 동거하였다. 그 교토에 머무는 동안『무지개』가 쓰여 졌다. 수기에 의하면, 주인공의 모델은 원래 무대가 되는 쓰촨의 풍물, 인정의 모든 것은 그녀가 마오둔에게 말하고 들려주었던 것으로, 원고는 그녀가 정서하고 쓰촨에서는 사용하지 않는 표현 등 실수를 고쳤다고 한다. 「삼협을 다닌 적도 없는데 왠지 모르게 박진감이 있다」라고 쓰촨 사람들에게 평가받은 작품의 배경에는 의외의 장치가 숨겨져 있었던 것이다.

마오둔은 1927년 4월의 국공합작 붕괴 후, 무한에서 상하이로 돌아가 칩거 생활을 하면서 첫 작품『식』3부작의 집필을 시작하였지만, 좌익분자 대청소를 노리는 국민당의 「체포령」리스트에 올랐다. 그 추적의 손길을 벗어나기 위해, 아내와 두 아이를 상하이에 두고 일본에 「망명」하였다. 「망명」이라고 해도 실제로는 「일시피난」인 것이다. 당시는 일본에서도 좌익에 대한 탄압이 엄격해지던 시기에 해당하고, 마오둔은 일본 체재 중 특별 고등 경찰에 집중마크를 당하고 있었다고 회고록에 기술하고 있다. 동거 생활을 보내던 중, 두 사람은 미래를 약속하게 된다. 귀국 후에 이혼 소동이 일어나고 소동은 결국 친더쥔의 자살미수로 막을 내린 형태가 되어, 마오둔은 처자식이 있는 곳으로 돌아간다. 그동안 친더쥔은 일본 체재 중을 포함하여 두 번 임신하고, 두 번이나 마오둔의 입장을 받아들여 낙태를 하였다. 마오둔은 회고록 「내가 걸어온 길」 3권을 남기고 있지만, 친더쥔에 관해서는 한마디도 언급하고 있지 않았다. 마오둔은 자신의 작품 성립 과정에 대해 꼼꼼히 언급하는 타입의 작가이며, 그의 회고록은 집필의식을 탐구하는데 있어서 귀중한 자료이지만, 그 회고록에 친더쥔은 등장하지 않는다. 그녀의 존재는 지워져 있다. 일반적으로, 실생활은 허구의 작품과는 직접적으로 이어지는 것이 아니고, 작품의 상상력에 어떤 방향성을 제시해주는 역할을 함에 불과한 것일 것이다. 실생활의 세세한 면을 살펴봄으로 작품의 문학성이 해명될 것으로 생각하는 것은 착각에 불과하다. 마오둔과 친더쥔의 실생활의 자질구레한 일 등은 본래 다른 이들이 알 필요가 있는 것이 아니고, 하나하나 따져볼 필요도 없는 것이다. 문제는 단한 가지, 작품 『무지개』가 어떻게 성립했는가에 있다. 회고록에서 한마디도 친더쥔을 언급하고 있지 않는 것은, 언급하고 싶지 않았거나 언급하고 싶어도 언급할 수 없는 사정이 있었거나 했을 것이고, 어쨌든 회고록 집필시의 마오둔은 「언급하지 않는」 것으로 했다는 점이다. 하지만 친더쥔의 헌신적인 협력 하에 『무지개』가 성립한 것은 의심할 여지가 없을 텐데, 그녀의 존재를 언급하지 않고 『무지개』의 성립 과정을 과연 어떻게 적을 수 있었을까.

마오둔은 회고록 속에서 주인공의 모델은 우한 시대에 가르치고 있던 학생 중의 하나로, 삼협의 묘사는 동경 시절에 친구 청치시우로부터 들은 이야기를 바탕으로 한 것이라고 기술하고 있다. 주인공의 모델인 후란치는 같은 쓰촨 출신으로 친더쥔의 둘도 없는 친구이다. 마오둔은 1927년 무한에 있었고, 중앙 군사 정치학교 무한분교 강단에 선 적이 있었다. 『후란치회고록』에 따르면, 그녀는 1927년 2월부터 4월까지 3개월 동안 그 분교에서 수학하고 있었다. 분교의 학생 수 3000여명, 그 중 여학생 200여명, 그녀의 분교시절 회고에 마오둔은 등장하고 있지 않지만, 이 미인이 마오둔의 눈에 띄어 기억에 남았다는 것은 있을 수 있다. 회고록에 「중앙 군사 정치학교 무한분교의 여학생인 후라는 성씨의 사람」을 부분적으로 모델로 삼았다는 그 자체는 그대로인 것이다. 하지만 「'후'라는 성씨의 사람」의 구체적인 경력 사항은 누구에게 들었는가. 그것에 관해서는 어떠한 것도 적혀 있지 않았기 때문에, 회고록의 독자는 무한 시대에 본인이나 누군가에게 들었을 것이라고 추측하며 읽어가게 된다. 본인에게 들었다면 다른 작품의 성립과정에 대해서 회고록에 상세한 기록을 남긴 마오둔이 『무지개』의 주인공에 대해서는 「'후'라는 성씨의 여학생」이라고 한마디로 끝냈다는 것은 생각하기 어렵다. 본인과 만나 어떤 인상을 가지고, 어떤 집필 구상을 했는가를 쓰는 것이다(왕샤오메이(王曉梅)의 담화 기록 속에서 후란치는 「마오둔을 만난 적이 없다」고 말하고 있다). 누군가에게 들었을 것이라고, 그 누군가가 친더쥔의 수기에서 판명된 것이다. 풍경 묘사도 「(『무지개』에 그려진)삼협을 지날 때의 감각은 오로지 내 자신의 경험에 의한 것」이라고 친더쥔은 어느 인터뷰에서 답하고 있다. 그녀의 수기와 그녀의 존재에 관해서는 입을 닫고 있는 반면, 다른 사람의 이야기를 꺼내는 마오둔의 회고록을 너그러운 마음가짐으로 읽고 비교해 본다면, 마오둔이 사건의 진실을 언급하는 것을 피하고 있다는 것은 분명하다. 원래 대로라면 헌사(獻辭)를 곁들일만한『무지개』의 집필 협력자의 존재에 관해 입을 닫는다고 한다면,『무지개』의 성립과 관련해서는 다른 사람을 끄집어내거나 하는 등의 수단에 의존할 것이 아니라, 일체 언급하지 않았어야 했을 것이었다. 친더쥔의 수기는 우선「나와 마오둔과의 애정의 한 구절」이라는 제목으로 1985년 4월 홍콩의 잡지『광각경(広角鏡)』(151기)에 발표되었다. 같은 해 9월, 북경의 자택에 친여사를 처음으로 방문하였다. 이후 홍콩에서 발표한 수기는 원래의 수기를 일부 수정한 것이며, 본의가 아닌 있는 그대로의 형태로 발표하고 싶다는 제안이 있어서, 중국 문예 연구회의 연구 잡지『야초(野草)』에 게재하였다(41호, 1988년 2월. 42호, 같은 해 8월). 본의가 아니라고 하는 것은 홍콩판에서는 그녀의 임신, 낙태, 자살시도와 이혼 소동 등 마오둔의 실생활과 관련된 중요한 세세한 부분이 삭제되어, 그녀의 자살의 또 다른 원인이 었던 마오둔「반도(叛徒)」문제에 대해서는 언급하지 않고, 죽은 거장을 그리워하는 필체로 수정 된 것을 가리킨다. 중국 국내에서는 도저히 출판사가 나서지 않았고, 필체를 고치고 나서야 비로소 홍콩에서 출판되게 되었지만, 원래의 형태로 복원하고 싶다는 친더쥔의 염원은 실현되어야한다는 생각에 그 요청에 응하여 공표한 것이다. 같은 해 12월, 북경의 여사 댁에서 두 번째 만났다. 85, 88년의 방문에 대해서는 다른 기회에 간단히 언급하겠다. 마오둔과 친더쥔을 둘러싼 문제, 이른바「친더쥔 문제」에 대해서는 그녀의 수기에 대한「해설」(『야초』42호)과 평론「마오둔 문학의 빛과 그림자 - 친더쥔 수기의 파문 --」(중국연구소『계간 중국연구』제16호)등에서 필자의 견해를 밝혀 왔고, 일본에서도 마오둔 회고록에는 여과되어 숨겨진 부분이 있다는 것이 공통된 인식으로 자리매김하고 있다고 해도 괜찮을 것이다. 지난해 마오둔 탄생 100주년 기념 심포지엄(북경)에 참가하여 중국에서 친더쥔을 다룸에 있어서, 마오둔의 문학적 명성과 품성에 상처를 준 여성으로 본다는 점에서 여전히 수기 발표당시와 기본적으로 인식의 차이가 없다는 것을 알게 되었다.

마오둔은 20세기 중국문학을 대표하는 작가의 한 사람이며, 그의 작품은 「사회」와 「성」이라는 인간 존재의 근원과 관계되는 의식을 시대상 속에 교묘하게 그려내는 독특한 매력을 갖추고 있다. 하지만 아무리 뛰어난 작가일지라도, 그 작가의 회고록 속에 궤변이 그대로 비판되지 않고 통용되어 좋을 리는 없을 것이다. 85년에 처음 만났을 때, 친여사는 입을 열자마자 「큰 뜻(大義)은 부모를 멸하다」라는 말로 이야기를 꺼냈다. 수기를 써서 건네 것은 사적인 원한관계에 의한 것이 아니라, 마오둔이 스스로 과거를 왜곡하고 있다는 것에 의분을 느꼈기 때문이라고 한다. 그 「의분(義憤)」은 작년(1996년)심포지움 때 잠시 틈을 내서 찾아가 세 번째 회견할 때에도, 시간은 지났지만 역시 변함은 없었다. 곧 91살이 될 정도의 고령으로, 친척에게서 면회도 한 시간정도로 해줬으면 한다는 제한이 있었지만 본인은 기억도 말도 분명히 하고 있었다. 방문한 이야기를 동행한 침위위(沈衛威)씨가 정리해 주셔서, 필자의 주를 붙여 번역을 하여 공표해 두고 싶다. 친더쥔 관계문헌은 끝에 정리해 두겠다.

친더쥔 탐방록

일시 : 1996년 7월 7일 오후 7시-8시
장소 : 북경 부흥문(復興門)외대길(外大街)의 자택

방문자 : 고레나가 슌(是永駿), 선웨이웨이(沈衛威)(이하 「是」는 고레
　　　　나가의 질문, 「沈」은 선웨이웨이의 질문이다)

沈 : 지금도 여전히 일본에서의 일을 생각해내실 수 있나요?

秦 : 할 수 있어요. 그(마오둔)는 소설을 쓰기 위해 저에게 소재를 제공하
게 하였습니다. 제가 이야기를 하고 그가 쓰고, 그것을 또 제가 정서
하고 다시 수정하였습니다. 두 사람의 합작이라고 해도 좋을 것입니
다. 소설 『무지개』의 주인공은 후란치입니다. 소설이 출판되자, 쓰
촨 사람이 쓴 것이라고 말하는 사람이 있었습니다. 쓰촨의 풍물이나
인정은 모두 제가 이야기 한대로 그가 쓰고, 그것을 제가 정서하면
서 수정한 것입니다. 어떤 독자는 이것은 쓰촨 사람의 손길이 닿은
소설이라고 했지만, 그는 쓰촨에는 가본 적이 없었습니다.

是 : 마오둔의 소설에는 여성의 신체 묘사가 많고, 발과 가슴 묘사가
자주 나옵니다. 여기에는 당신의 어떠한 영향이 있었습니까?

秦 : 저는 전족(纏足)을 도중에 그만둔 발(「대소각(大小脚)」)이여서 전
족(「소각(小脚)」)이 아닙니다. 오래된 풍습인 전족을 그만두었습
니다. 그가 발에 관해 자주 쓰고 있던 줄은 몰랐습니다. 중국에서
는 예전에 전족의 풍습이 있었습니다. 우리 시대의 신여성은 작은
조끼를 입고 있으며, 가슴의 형태는 선명하게 나와 있었고, 피부가
선명한 부분도 많았습니다. 옛날 여자들은 빡빡한 속옷으로 가슴
을 조이고 있었기 때문에, 가슴은 평평했습니다. 저는 신여성이었
기 때문에, 가슴을 풀어헤치고 다녔습니다. 당시 여성 해방은 발과
가슴을 해방시키는 것으로부터 시작되었습니다.

[주 : 당시의 여성해방운동 속에서 여성들은 전족으로부터의 「발의 해방」
(방각(放脚)), 「가슴 해방」(방흉(放胸))과 함께 「단발로 하기」(전발(剪
髮))이라는 신체적 행동을 취하였다. 친더쥔이 쓰촨에서 제일 먼저 천
주잉(陳竹影), 리치엔윈(李倩雲)과 함께 「전발」모습으로 학생운동을 일
으킨 것은 『후란치회고록』에도 기술되어 있다(같은 책 30-31페이지).]

是 : 교토에서 한번 이사 하셨지요?

秦 : 했습니다. 비교적 번화한 곳이었습니다. 이층집에 정원이 있었습니다. 양현강(楊賢江)이 거기에 있었습니다. 그가 쓴 원고는 내가 정서할 때, 부적당한 부분은 제가 고쳤습니다. 쓰촨의 말, 문자를 사용했기 때문에 말도 문자도 모두 쓰촨어였습니다. 제가 그를 대신해서 써준 것입니다. 제가 말하고 그가 썼던 것입니다. 정서하면서 고쳤습니다.

[주 : 마오둔과 친더쥔은 동경 시절에는 따로 살았었다. 마오둔은 혼고관(本郷館)(현재도 혼고 6번가(本郷六丁目)에 당시 그대로 남아있다), 친더쥔은 백산(白山)여자 기숙사, 모두 분쿄구(文京区)에 있고, 걸어서 20분 정도의 거리에 있었다. 동경 시절의 주거에 관해서는 요코하마(横浜)국립대학 시로우즈 노리코(白水紀子)씨의 조사가 있다. 교토 시절 거처와 관련하여 신세를 진 양현강은 교육가로, 마오둔보다도 한발 앞서 귀국하였다. 교토로 옮기고 나서는, 처음에는 다나카다카하라(田中高原)마을(마을이라고 해도 당시는 농지가 대부분을 차지하고 있었다)의 동이 나누어진 단층집에 거주하며, 거기서 『무지개』를 집필하였다. 8월에 이사를 한 것을 계기로 각필(擱筆), 「발문」의 날짜는 30년 2월이다. 발문에 「집 뒤의 산에 다시 무지개가 걸려 있을 때, 이 원고를 이어서 쓰기로 하자」로 되어 있다는 점에서 산과 가까운 곳이라는 것은 알겠는데, 이사한 곳이 어디에 있었는가는 미상.]

륜 : 1930년 4월 고베에서 승선하여 상하이로 돌아갔을 때의 일을 듣고 싶습니다. 탔던 배는 기억하고 계십니까?

秦 : 기억하고 있습니다. 상하이환(上海丸)입니다.

[참고 : 상하이환(上海丸)은 일본 우편선의 고베(神戸)상하이항로로 취항, 5259톤. 일본 우편선 역사 자료관에 현존하는 1930년 4월 상하이환의 배선표에 따르면 3월 31일 고베 출발, 4월 1일 나가사키 도착, 4월 2일 상하이 도착으로 되어 있다(동 자료관 제공). 이 배선표는 「4월 4일에 기록된 것」이지만, 「다만 실제 이대로 운항하고 있었는지는 분명하지 않습니다.」(동 자료관)라는 것이다.]

륜 : 엽성도(葉聖陶)가 당신과 마오둔을 마중 나왔습니다. 상하이에 도

착한 날은 기억하고 계십니까?

秦 : 엽성도는 도와주러 왔습니다.

是 : 엽성도는 4월 4일이라고 합니다. 『엽성도연보(葉聖陶年譜)』에 이렇게 되어 있습니다. 하지만 마오둔은 4월 5일이라고 말하고 있습니다.

秦 : 하루 차이 정도는 아무것도 아니겠지요. 돌아온 첫날 저와 마오둔은 노신을 찾아 갔습니다.

[주 : 『엽성도연보』에는 「4월 4일, 마오둔이 일본에서 상하이로 돌아간다. 엽성도는 부두까지 마중 나온다. 다음날, 마오둔 부부와 함께 노신을 찾아간다.」로 되어 있다. 친더쥔이 마오둔과 동행하고 있던 것에 관해서는 언급하고 있지 않는다. 마오둔의 회고록은 4월 15일에 상하이로 돌아가고, 그날 노신을 찾은 것으로 되어있다. 친더쥔이 말하는 「첫날」을 글자 그대로 도착한 그날로 해석한다 해도, 마오둔, 엽성도 각각의 기술은 도착하는 날이 하루 어긋나있어, 몇 칠인가는 확정지을 수 없다. 확정하려면 상하이환의 항해일지가 필요하지만, 현존하고 있지 않다.(보주 : 상하이환은 스코틀랜드의 조선소에서 1923년 건조, 1943년 10월, 양자강 연안에서 충돌, 침몰. 상하이항로에서 활약한 동형의 나가사키환(長崎丸)도 1942년 5월, 이왕도(伊王島)북방에서 일본군의 기뢰에 부딪혀 침몰하였다. -- 기즈 시게토시(木津重俊)편 『일본우편선선박 100년사(日本郵船船舶100年史)』해인사(海人社), 1984년)

是 : 『노신일기(魯迅日記)』에는, 4월 5일에 마오둔이 찾아 왔다고 되어 있습니다.

秦 : 우리는 상하이로 돌아와서 여장을 풀자마자 노신을 찾아갔습니다. 저도 함께 갔습니다. 주해영(周海嬰)은 아직 이 정도로 조그마한 아기였습니다.(라며 손짓으로 그 조그만 정도를 보여 주었다)

[주 : 『노신일기』1930년 4월 5일 경에 「저녁, 성도(聖陶), 침여(沈余)및 그 부인 오다」로 기록된 「침여」는 마오둔(침안빙(沈雁冰))을 가리키는 것이므로, 「그 부인」은 당연히 콩더즈를 가리킨다고 생각되어 왔다. 마오둔의 회고록도 귀국한 당일 5일에 부인인 콩더즈를 동반하여 엽성

도와 함께 노신을 찾았다고 적혀 있다. 노신을 찾은 것이 5일이었던 것은 각 자료와 일치하고 있지만, 『엽성도연보』는 그 날이 마오둔이 귀국한 다음 날이었다는 점에서 마오둔의 회고록과 부합하지 않는다. 「그 부인」이 친더쥔이였을 가능성도 부정할 수 없다. 노신은 29년 9월, 허광평(許広平)과의 사이에 해영(海嬰)이라는 한 아이를 가지고 있다.]

沈 : 정진탁(鄭振鐸)은 어떻게 말을 했습니까. 당신에 대한 태도는 어땠습니까?

秦 : 정은 저에게 잘 해주셨고, 정중한 태도를 취해주셨습니다. 마오둔의 어머니도 저에게 잘 해주셨습니다.

是 : 엽성도 부인도 잘 해준 것은 아닌지요?

秦 : 엽성도 부인은 정말 잘 해주셨습니다. 제 옷은 전부 엽부인인 호묵림(胡墨林)이 만들어 주셨습니다.

沈 : 당신이 병원에서 낙태수술을 받았을 때, 마오둔은 이미 당신 곁을 떠나 있었습니까.

秦 : 아니요, 서로 왕래하고 있었습니다. 그는 효자입니다. 어머니를 만나러 돌아와 있었습니다.

[주 : 이것은 두 번째 낙태 수술 때의 일이다. 첫 번째는 일본에서 일부러 상하이까지 돌아와서 수술을 받고 있었다. 다시는 상하이 북쓰촨로에 있는 일본병원 「복민의원(福民医院)」의 이타사카(板坂)의사(「수기」에서는 「이타이타(板板)」로 되어 있지만, 「이타사카(板坂)가 아닐까 생각한다. 중국어로는 같은 발음이 된다)가 수술을 하였다. 복민의원은 당시 많은 일본인 거류민이 살았던 이른바 「반조계(半租界)」에 있던 병원으로, 중국인도 자주 이용하고 있었다고 한다. 1927년 여름에는 마오둔의 부인 콩더즈가 이 병원에서 유산 수술을 받고 있었다.]

[보주 : 마오둔은 복민의원까지 친더쥔을 보내고, 그녀가 수술대에 오르는 것을 지켜보며, 두 눈을 빨갛게 물들이며 친더쥔의 어깨를 감싸 안고 「여동생 여동생」(「가엽은 사람, 내가 곁에 있을테니까」)라며 격려하였다. 마오둔은 병원에서 사흘 동안 그녀 곁에 있었다. 친더쥔의 자살 시도 후 쓰촨으로 돌아갈 때도 부두로 배웅 나와 승선하는 그녀에게

여행 중 먹을 음식을 건네주며 헤어지기 어려워하는 모습이었다. --
친더쥔의 전기 『화봉황(火鳳凰)—秦德君和她的一個世紀』(진덕군·류
준(劉准)저 북경·중앙 편역출판사, 1999년 2월)에 기록된 당시의 모습
이다. 이 250페이지 정도의 전기 속에서 마오둔과의 일본행은 페이지
수에 의하면 1할을 차지하는데 불과하지만, 복민의원에서 마오둔 간병
이후의 모습 등 「수기」에는 없는 기술이 있다. 이외에도 귀국 후 친더
쥔과 마오둔은 정령(丁玲)을 찾아가서, 자신들의 결의, 즉 마오둔이 콩
더즈와의 이혼을 성립시킬 때까지 잠시 헤어지고 4년 후에 다시 만난
다는 약속을 전했지만, 정령은 친더쥔에게 불리하고 불공평하다며 단
호히 반대했던 것, 게다가 당시 상하이의 타블로이드에 친더쥔을 매도
하는 문장이 나오는 등, 이 전기에는 새로운 기술이 있었다. 상하이
귀국 후 4개월 동안 마오둔의 행동 자체는 분신술을 생각하게 할정도
로 이해하기 어려웠지만, 이 작은 타블로이드 기사도 콩더즈를 옹호하
는 것, 마오둔을 비난하는 것 두 종류가 있었다고 한다. 주변의 움직임
도 일부 모략과 같은 이상한 양상을 나타내고 있었다.]
是 : 당신이 마신 수면제는 마오둔의 것이었습니까?
[주 : 친더쥔은 귀국 후 4개월째인 1930년 8월, 두 번째 낙태 수술을
마치고, 당시 마오둔과 함께 몸을 의지하고 있었던 양현강의 집에 돌아
와 보니, 마오둔의 모습은 보이지 않았고, 양현강에게서 마오둔이 「반
도(叛徒)」라는 말을 듣게 된다. 자신의 사랑과 정치 생명에 절망한 그
녀는 2병 200정의 수면제를 먹고 자살을 시도한다. 일주일 후 소생하여
목숨을 건졌다. 마오둔의 「반도」문제는 「당의 지령을 거역하고 공금을
착복하고 전열에서 이탈하였다」는 것이다. 마오둔의 회고록에는 1927
년의 무한정부 붕괴 후 남창(南昌)행 지령을 받았지만, 도로가 연결되
어 있지 않았기 때문에 남창행을 포기하고, 맡은 수표는 기명 수표이므
로 사용될 걱정도 없었기 때문에 상하이로 돌아가는 길에, 경비병에게
건네주고 난을 피했다고 적혀 있었다. 이 기술에 의하면 「반도」는 누명
이라는 것이다. 다만 그의 「탈당」 상황은 명확하지 않은 부분이 있어,
1930년 당시 중국 공산당의 당내 항쟁도 얽혀 있다고 생각되므로, 당시

의 상황, 경위에 대해 다방면의 조사연구가 요구된다.]

秦 : 그렇습니다. 마오둔은 매일 밤 수면제를 마시고 있었으니까,『무지
    개』의 소재는 제공된 것이고 후란치에 대한 것을 쓴 것입니다.

沈 : 후란치도 당신도 두 사람 다 모델입니까?

秦 : 네, 모델입니다.

是 :『무지개』에는 동성애 묘사도 나오고 있지만, 당시 동성애는 있었
    습니까.

秦 : 저는 아니었습니다. 그 수는 적었지요. 정령과 왕검홍(王劍虹)은
    그랬습니다만, 나중에 헤어졌습니다. 두 사람은 상하이로 나와 정
    령이 남자 친구와 사귀게 되자, 왕검홍과는 사이가 좋지 않게 되었
    습니다.

沈 : 일본에서는 당신이 식사를 만들었습니까. 아니면 마오둔이?

秦 : 제가 만들었습니다. 당시 소설을 쓰기에는 그는 소재가 없었고,
    어디서든지 소재를 구하고 있었습니다. 사소한 것이라도 메모해
    두고 있었습니다. 당시 고이송(高爾松), 고이백(高爾柏)형제와 우
    리, 함께 식사를 하였습니다. 저와 고이백 부인이 식사를 만들었습
    니다. 고이송 부인은 오지 않았습니다. 고이백 부인은 양한생(陽
    翰笙)부인의 언니입니다.

沈 : 마오둔은 당체화(唐棣華)와는 관계없었는지요?

秦 : 없었습니다. 저와 양한생은 쓰촨 동향으로 서로 잘 알고 있었습니
    다. 당체화는 양한생의 부인입니다. 밖에서 떠도는 정보나 쓰인
    것은 편향되어 있었고 제대로 된 것이 없었습니다. 누군가를 띄우
    려하면 무작정 띄우고, 짓밟으려 하면 한없이 바닥까지 짓밟으려
    하였습니다.

是 : 마오둔은 일본어를 할 수 있었습니까?

秦 : 아니오. 제가 좀 더 할 줄 아는 편입니다. 저는 학교에 다니면서
    배웠으니까요. 그는 배우지 못했습니다. 글 쓰는데 바빴습니다.

沈 : 당체화는 아직 건강하십니까?

秦 : 범지초(范志超), 당체화 두 사람 모두 돌아가셨습니다.

[참고 : 범지초는 1927년 당시 한구(漢口)시 해외부에 근무하고 있던 여성. 무한 시대에 마오둔과 교우가 있었고, 마오둔이 지우장, 루산을 거쳐 상하이로 돌아오자마자 그를 도와주었다.]

沈 : 마오둔은 몸이 약하고, 눈도 좋지 않았습니다.

秦 : 그렇죠. 씩씩하지도 튼튼하지도 않았습니다. 눈병도 있었습니다.

是 : 교토에서 처음으로 살았던 장소는 기억하고 계십니까?

秦 : 대단한 시골 마을이었고 어수선한 곳이었습니다. 논이 있고 벚나무가 있었습니다. 다카하라 마을이라 하여, 살고 있는 사람들은 가난한 이들 뿐이었습니다.

是 : 수기에 테이블이 나옵니다만, 도중에 테이블이 의자대신이 되더군요.

秦 : 일본에서는 방석을 깔고, 양 무릎을 꿇고 앉습니다. 엉덩이는 발 뒷꿈치에 얹습니다. 오래 앉아 있으면 다리가 저려옵니다.

[주 : 수기에 당시의 모습이 이렇게 기록되어 있다. 「저와 마오둔은 한 개씩 정방형의 면으로 된 것을 깔고 있었습니다. 일본에서는 그것을 「자부톤(방석)」이라고 합니다. 마오둔은 「자부톤」에 앉아서 「테이블」을 마주하고, 불가의 제자처럼 다리를 꼬고 앉아서, 글쓰기에 몰두하고 있었습니다. 저는 일본인처럼 양 무릎을 꿇고 앉을 수가 없어서, 그렇다고 마오둔처럼 다리를 꼬고 앉을 수도 없었기 때문에, 어쩔 수없이 양다리를 구부려 「자부톤」에 앉아 등을 구부리고, 한 손으로 무릎을 지탱하고, 다른 한 손으로 원고를 옮겨 적었습니다만, 조금이라도 오랜 시간 그 자세로 있으면 양다리가 아파서 저려옵니다. 결국 저희 두 사람 모두 참을 수 없었습니다. 그래서 한 가지 안을 내어, 작은 책상을 두 개 사와서 테이블을 의자대신으로 삼아 앉기로 하였습니다. 그래서 훨씬 편해졌습니다.」]

是 : 근처에 교토대학이 있었습니다만, 당신과 마오둔은 가보셨나요?

秦 : 간 적이 있습니다. 장난삼아 놀러갔습니다.

沈 : 이혼할 때는 옥신각신 했습니까?

秦 : 그다지. 콩더즈도 결혼하고 싶은 상대가 있었습니다. 그는 효자이기 때문에, 어머니가 그를 데리고 돌아갔습니다. 저는 그에게 양심

이 없다고 생각해본 적은 없었습니다. 어머니가 돌아오라고 말하면 그는 돌아갈 수 있었던 교활한 사람입니다.

沈 : 콩더즈는 2000원(元)을 요구했다고 하던데요.

秦 : 결혼하는 데는 돈이 들었고, 돈이 있으면 상대도 찾을 수 있었겠지요.

是 : 이전 편지에서 그는 진세미(陳世美)라고 말씀하고 계십니다만, 지금도 그렇게 생각하고 계십니까?

秦 : 그는 진세미입니다.

[주 : 진세미는 전통 희곡 속의 인물. 송(宋)의 독서인(인텔리)인 진세미는 진향련(秦香蓮)을 아내로 맞아, 일남일녀를 가졌다. 과거에 응시하기 위해 수도에 올라가, 수석인 장원으로 합격하자 부귀를 탐내어 왕의 부름을 받아 공주의 사위가 되었다. 3년후, 진향련이 아이를 데리고 남편을 찾았지만, 진은 자신의 처자식이라고 인정하기는 커녕 살인을 꾀하였다. 살인을 명령받은 무관은 의분에 휩싸여 진향련과 그 아이들을 놓아준 후 스스로 목숨을 끊자, 진향련은 윗사람에게 이와 같은 상황을 호소한다. 재판관 포증(包拯)은 공주 주변의 압력을 물리치고 진세미를 처형한다. 이 이야기를 도입한 전통극은 수없이 많다. 「진세미」는 「변심한 매정한 남자」의 대명사로 불리운다.]

沈 : 생전에 얼굴을 마주하셨을 때는 어떻게 하셨습니까?

秦 : 얼굴을 맞대고도 인사를 나누지 않았습니다. 그도 인사하지 않았고, 저도 인사하지 않았습니다.

친더쥔 관계자료(秦德君関係資料)

* **基礎資料**

　秦德君 : 手記 我與茅盾的一段情」(『広角鏡』1985年4月16日, 151期)

　　　　　手記 櫻蜃」(『野草』41, 42号。1988年2, 8月)

　　　　　「秦德君伝略」(『野草』42号)

　　　　　『火鳳凰——秦德君和她的一個世紀』(秦德君, 劉准著)

　　　　　中央編譯出版社、1999年

　茅盾 : 小説 『虹』

『小説月報』20巻6号(1，2章)，7号(3章)

単行本＝民国19年(1930年)3月初版，開明書店

回憶録『我走過的道路』上冊(1981年10月)，中冊(1984年)，下
冊(1988年)，人民文学出版社

胡蘭畦：『胡蘭畦回憶録(一九〇一～一九三六年)』，四川人民出版
社，1985年7月

王暁梅：「胡蘭畦関於『虹』的談話記録」(『新文学史資料』年期)

* **参考資料**

是永駿：「京都高原町調査(一)(二)」(『茅盾研究会会報』6,7号，1988
年2月，6月)

「秦徳君手記解説」(『野草』42号)

「秦徳君手記に関する二，三の事」(『中国文芸研究会会報』
81号，1988年8月)

「茅盾文学の光と影──秦徳君手記の波紋」
(『季刊中国研究』16号，1989年9月)

「茅盾『虹』論」(『太田進先生退休記念中国文学論集』，1995
年8月)

「茅盾生誕百年シンポジウム余聞」
(『中国文芸研究会会報』184号，1997年2月)

沈衛威：「一位曾給茅盾的生活與創作以很大影響的女性──秦徳君
対話録」(一)~(五)(『許昌師専学報』社会科学版1990年2, 3期，91
年1, 2, 3期)

『艱辛的人生──茅盾伝』(台湾業強出版社1991年10月)

李広徳：「茅盾與孔徳沚，秦徳君関係初探」
(『湖州師専学報』哲学社会科学版1989年3期)

『一代文豪：茅盾的一生』(上海文芸出版社，1988年10月)

丁爾綱：「茅盾的『虹』和"易卜生命題"」(『茅盾研究』五期，1991年3月)

「潑向逝者的汚泥應該清洗──澄清秦徳君関於茅盾的不實
之詞」(『茅盾研究』六期，1995年2月)

『茅盾 孔德沚』(中国青年出版社，1995年2月)

白水紀子：「日本滞在期の茅盾」

「분쿄구(文京区)에 살았던 모순과 침택민(沈沢民)·장문천(張聞天)」(『中国語』1995年3月号，特集：中国の文学者·思想家と東京·関東)

武田泰淳：『虹』日訳，『現代支那文学全集』第三巻(東成社, 昭和15年2月)。다케다(武田)씨는 1장에서 7장까지를 번역하고 나중 3장은 번역하지 않았다.

본고는 2012년 1월 일본 汲古書院에서 간행된 졸고『茅盾小説論－幻想と現実』속에 수록된 2. 3장의 내용을 바탕으로, 본 동아시아연구총서의 주제와 발간 취지에 맞게 내용을 수정, 보완하여 한국어로 번역한 것이다.

동아시아연구총서 제1권

동아시아 교류와 문화변용

한·중 현대 가족사 소설의 비교
—염상섭과 바진(巴金), 그리고 채만식과 라오서(老舍)의 소설을 중심으로—

강경구

부산대학교 중어중문학과를 졸업하고 영남대학교에서 문학박사 학위를 받았으며 현재 동의대학교 중어중문학과 교수로 재직 중이다. 동의대학교 2부대학장을 역임했고, 현재는 동의대학교 인문대학장을 맡고 있다. 관심 연구분야는 한중일 현대문학 교류, 불교와 문학이며 저서로는 『중국현대소설의 탐색적 연구』, 『한자이야기 365』을 비롯한 다수의 저서와 논문이 있다.

1 머리말

가족[1]은 무엇인가? 사회를 이루는 기본 단위이고, 연대 단위인가? 혹은 사회에서 필요로 하는 노동력의 생산단위인가? 아니면 또 다른 무엇인가? 가족의 기능은 무엇인가? 사회권위를 재생산하는 곳인가? 사회의 공적분야에 반하는 대표적인 사적분야인가? 아니면 다른 무엇인가? 가족의 앞날은 어떤 것이 될 것인가? 따뜻한 정을 느끼는 삶의 고향으로 유지될 것인가? 해체될 것인가?

가족의 정의와 기능, 그리고 그 미래에 대해서 많은 토론이 있어왔고, 앞으로도 계속될 것이다. 대체적으로 가족의 기능과 의미는 사회학적, 심리학적 범위에서 논의되어 왔고, 그 특수성보다는 보편성을 중심으로 논의되어 온 것으로 파악된다.

그러나 가족은 당연히 문학적 연구의 대상이 되어야 한다. 가족 내에서의 체험은 인간적 정서의 기원이며, 문학적 상상력의 뿌리가 되기 때문이다. 특히 한국과 중국의 경우, 전통적으로 가족은 개인의 정신생활에 가장 큰 영향력을 발휘해온 단위였다. 그런데 한·중 양국은 공히 강요된 근대화 과정에서 전통적 대가족의 울타리가 일시에 허물어지는 체험을 하였다. 그것은 외적 충격이 주된 원인으로 작용한 결과[2]였음

---

1) 일반적으로 가족은 핵가족, 확대가족, 복합가족으로 분류되는 바, 공히 성생활, 자녀출산, 자녀양육, 경제욕구의 충족을 그 기능으로 한다고 이해된다. 이와 관련하여 미국의 인류학자 머독(Murdock)은 인류가족의 가장 원초적인 형태는 핵가족이었음을 주장한 바 있다. 그러나 가족의 형성원인에 대해서는 생물학적으로 설명하는 경우와 사회학적으로 설명하는 경우 등 많은 논의가 있어왔다. 이에 관해서는 李効再(1984)『가족과 사회』경문사, pp.13-19 참조.
2) 중국의 역사연구가들은 명대 이후 상품경제의 발전으로 전통적 경제구조 및 그것

은 말할 나위 없지만, 내적 동인도 무시해서는 안될 것으로 파악된다. 따라서 각 구성원들의 체험과 반응 역시 복잡한 양상으로 나타날 수밖에 없었다.

여기 그러한 대가족 붕괴의 시기를 겪은 각 구성원들의 체험과 정서적 반응을 읽을 수 있는 한·중 양국의 네 편의 장편소설이 있다. 염상섭의『삼대』와 채만식의『태평천하』, 바진(巴金)의『가(家)』와 라오서(老舍)의『사세동당(四世同堂)』이 그것이다. 이 소설들은 모두 가족의 동양적 이상형이었던 사세동당의 성취와 붕괴의 과정을 그리고 있다. 또한 이 소설들은 모두 봉건체제가 무너지고, 외세의 영향, 혹은 침입이 가속화되던 시기를 역사적 배경으로 하고 있다. 나아가 작품에 나타나는 각 세대들의 갈등의 양상, 가장과의 충돌 및 가출, 대가족 내 여성의 운명 등에 있어서 극단적 유사성과 흥미있는 차별성이 발견된다. 특히 이러한 유사성은 우연한 일치가 아니라 동양적 전통의 현대적 변용과정에서 필연적으로 나타날 수밖에 없는 것으로 보인다. 또 이 네 편의 소설은 그 창작시기나 역사적 배경에 있어서도 극히 유사하다. 구체적으로 살펴보면, 우선 염상섭의『삼대』와 바진의『가』는 같은 해 양국의 유명신문에 연재된 소설이라는 공통점을 갖고 있다. 즉『삼대』는 1931년 1월에서 9월까지 〈조선일보〉에 연재되었고,『가』는 같은 해인 1931년 4월에서 이듬해 4월까지『상해시보(上海時報)』에 연재되었다. 두 작품 모두 세대간 갈등을 그리는데 치중하고 있다는 공통점을 갖는다. 다음으로 채만식의『태평천하』와 라오서의『사세동당』을 살펴보자. 두

을 기반으로 하는 대가족 제도에 변화가 일기 시작했다는 관점을 가지고 있다. 그럼에도 불구하고 농촌경제와 봉건가족제도의 붕괴에 가장 직접적인 동인이 된 것은 아편전쟁으로 촉발된 외국 자본주의의 침입 때문이었다고 보고 있다. 자세한 것은 徐揚杰 저, 윤재석 역(2000)『중국가족제도사』아카넷, pp.735-741 참조.

작품이 쓰여진 시기는 약간의 시기적 차이가 있어서, 『태평천하』가 1939년 『조광』에 연재된 반면, 『사세동당』은 1944~1945년에 걸쳐 『소탕보(掃蕩報)』와 『세계일보(世界日報)』 등에 나누어 연재되었다. 두 작품에는 일본제국주의에 의한 외세의 침입과 그에 대한 반응이 특히 두드러지게 표현되어 있다.

원래 사세동당은 가족의 번성과 화목을 지향하는 동양 가족주의의 이상이었다. 이 네 편의 소설에서는 바로 이 동양 가족주의의 이상이었던 사세동당을 실현한 뒤의 가족사를 그리고 있다. 이 4편의 소설에 나타난 대가족의 완성과 동요, 그리고 그것의 붕괴와 신생의 과정을 통해 한·중 양국의 근대화 과정의 진면목을 볼 수 있음은 물론, 전통의 현대적 변형의 궤적을 읽을 수도 있을 것이다. 특히 시대적 조류와 숙제를 앞에 둔 각 세대의 반응양식을 상호비교 해봄으로써 그 다양한 내용을 살펴보는 한편 그 속에 담긴 일관된 논리, 혹은 구조를 살펴보고자 한다.

개인과 가정, 나아가 사회와 국가가 하나의 통합된 원리에 의해 움직이던 시절이 있었다. 즉 수신제가치국평천하(修身齊家治國平天下)의 원리가 과거의 어느 시기에 당위가 아니라 현실로 구현되던 적이 있었던 것이다. 물론 대부분의 경우, 이것은 하나의 당위적 원칙으로 제시되었을 뿐, 현실은 항상 그와 괴리된 어느 지점에 떨어져 있었음에 틀림없다. 사회적 이데올로기와 역사적 현실은 이처럼 짧은 시간동안 통일되었다가 오랜 시간동안의 괴리되어 가는 과정을 거친다. 그것이 극에 달하면 이제 사회적 이데올로기는 그 실질은 물론 명분까지 폐지되게 된다. 1910년 한일합병과 1911년 신해혁명이라는 각기 다른 동인으로 황제가 퇴위하게 되면서 한·중 양국의 전통적 이데올로기는 형식적인 측면에서도 그 종언을 고하게 된다. 여기서 황제의 퇴위로 인해 개인과 가정, 개인과 사회, 개인과 국가의 관계를 통일적으로 규정하고 있던 충효의 원리 중, 충의 대상이 사라지게 되었다는 점에 주목하는 일은 특히 중요하다. 이에 따라 효의 규범 또한 그 힘을 상실하게 되었기 때문이다. 사회적 아버지인 황제와 혈연적 아버지는 그 운명을 함께 하는 것으로 얘기되고 있지 않은가?[3]

이로 인해 사회의 구성원들은 각기 다른 입장에서 그 새로운 충의 대상을 찾게 된다. 이 논문에서 가족사 소설을 통해 살펴보게 될 세대 간의 갈등과 차이라는 것도 결국은 충의 대상이 다른 데서 오는 갈등, 혹은 차이가 되는 것이다. 그러면 각 세대가 발견한 새로운 충의 대상, 그리고 그에 따라 달라지는 가족에 대한 태도를 살펴보기로 하자.

2 제1세대와 사세동당(四世同堂)의 완성

먼저 네 편의 소설에서 동양 가족의 이상형인 사세동당을 완성한 주인공이 되는 제1세대를 살펴보기로 하자.

우선 바진 『가』의 고(高)노인은 선조들로부터 완성된 가족, 즉 사세동당을 이어받은 후계자이다. 따라서 그는 자신에게 익숙한 봉건이데

---

3) 필리프 쥘리엥은 그의 『노아의 외투』에서 아버지와 국가의 지도자 간의 유사성을 다음과 같이 설명한다. 「원래 아버지로 불린 것은 한 여자의 남편이 아니라 지배자, 즉 국가를 이끄는 사람이었다. 그리하여 아버지란 처음에는 정치적·종교적 아버지였으며, 가족적 의미의 아버지는 파생된 개념이었다.」자세한 것은 필리프 쥘리엥 저/홍준기 역(2000) 『노아의 외투』한길사, pp.18-19 참조.

올로기에 충실하다. 다음으로 염상섭『삼대』의 조의관은 근면함과 인색함을 바탕으로 부를 이루어 사세동당의 이상적 가족을 완성한 인물이다. 조상으로부터 이렇다 할 만한 것을 물려받은 바 없는 그는 돈의 힘으로 지난 시대의 지배층이었던 양반을 흉내내려 한다. 돈으로 족보를 사고, 새로 사당을 짓는데 힘을 쏟는 것도 그 때문이다. 채만식『태평천하』의 윤직원은 그 아버지인 윤용규가 출처가 분명하지 않은 돈 200냥을 가지고 시작한 치부사업을 이어받아 큰 재산을 모았고, 이것을 바탕으로 사세동당의 가족을 완성하였다. 라오서『사세동당』의 기(祈)노인은 무식하나 타고난 부지런함으로 자수성가하여 대가족을 완성한 인물이다. 이들은 공통적으로 자신이 완성한 대가족에 과거의 것이 되어버린 봉건적 원리를 구현하고자 한다.

노인은 어릴 때부터 북경에서 자랐기 때문에 자연스럽게 청조 귀족들의 제반 예절을 배우게 되었다. 며느리가 시아버지를 뵐 때에는 손을 아래로 내리고 시립해야 하는 것도 그 중의 하나였다.[4]

자신이 경험한 사회의 지배원리와 가정의 지배원리가 서로 통해야 한다고 믿고 있는 것이다. 그러나 이들은 급변하는 사회적 상황이 그것을 위협한다는 것을 감지한다. 이로 인해 이들은 외부세계의 위협에 대비하여 문을 닫아거는 공통점을 갖게 된다.

윤직원 영감은 큰대문을 열어 놓고 있노라면 어쩐지 집안엣 것이 형적 없이 자꾸만 대문으로 해서 빠져나가는 것만 같고 그 대신 상서롭지 못한

---

4) 老人自幼長在北平, 耳習目染的和旗籍人學了許多規矩禮路. 兒媳婦見了公公, 當然要垂手侍立. 老舍(1984)『老舍文集』人民文學出版社, p.4.

것이 자꾸만 술술 들어오는 것만 같고 하여, 간혹 장작바리나 큰짐이 들어올 때가 아니면 큰대문은 결단코 열어놓는 법이 없습니다. 이것은 아주 이 집의 엄한 가헌(?)입니다.[5]

마찬가지로 『사세동당』의 기노인은 3개월분의 양식만 준비되면 대문을 닫아걸고 돌을 채운 항아리로 받쳐두면 아무 일이 없을 것으로 믿는다.[6] 『삼대』의 조의관은 어떤가? 그는 금고문과 사당문을 만들고 지키는데 일생을 바쳐온 사람으로 규정된다.[7] 『가』의 고노인 또한 영원한 비밀을 간직하고 있는 어두운 동굴과도 같은 대문 안을 지배하며, 문 밖의 인물로 규정되는 거지 아이나 하인이었던 고승(高升)은 물론, 심지어 점령군의 중대장 둘째 부인과 같은 사람들도 외부사람으로 치부되어 이 문안으로 들어설 수 없다.

그러면 왜 이들은 이렇게 한사코 대문을 닫아거는가? 앞에서 말한 바 수신제가치국평천하의 원리는 개인과 가정과 지역사회와 국가의 소통을 전제로 한다. 말하자면 개인은 가정을 향하여 열려있고, 가정은 다시 지역사회를 향해 열려 있으며, 지역사회는 국가를 향해 열려있을 때 가능한 원리라는 것이다. 그러기에 가정의 가장, 지역사회의 원로나 관리, 그리고 국가의 군주가 같은 원리로 그 세계를 지배할 수 있었던 것이다. 그런데 이 구조의 최상위에 있던 군주가 사라져버린 것이다.

---

5) 유보선 외 편 『한국소설문학대계·채만식』동아출판사, p.30.
6) 最値得說的是他的家裡老存着全家够吃三個月的糧食與鹹菜. 這樣, 卽使砲彈在空中飛, 兵在街上亂跑, 他也會關上大門, 再用裝滿石頭的破缸頂上, 便足以消滅災難. 老舍(1984) 『老舍文集』第4卷, 人民文學出版社, p.3.
7) 조의관은 임종을 앞두고 덕기에게 금고열쇠를 맡기면서 그와 함께 사당관리를 유언한다. 덕기는 「조부의 일생은 말하자면 이 금고를 지키기에 소모되고 만 것이다」라고 규정한다. 자세한 것은 염상섭(2000) 『염상섭선집·삼대』실천문학사, pp.318-319 참조.

그리고 이제 밖의 문을 통해 들어오는 것은 양복쟁이로 대표되는 불청
객8)(『태평천하』)아니면, 자신과 가족들의 생명을 위협하는 외국군대나
매국노9)이고(『사세동당』), 점령군 중대장의 첩과 같은 음탕한 독기를
뿜어내는 계집10)(『가』), 혹은 조상들을 무시하는 예수쟁이 아들이나
금고를 노리는 외부세력11)(『삼대』)일 뿐이다. 따라서 그들에게 있어서
대문은 이 완성된 가족세계를 지키는 진시황의 만리장성에 비유된다.
그리고 이들 제1세대는 당연히 진시황에 비유된다.

    윤직원 영감이 재산을 고이고이 지키면서 더욱더욱 늘리고, 일변 양반
  을 만들어 내고자 군수와 경찰서장을 양성하고 하는 것은, 진시황으로 치
  면 오랑캐를 막아 진나라를 보전하기 위해 만리장성을 쌓던 역사적이요
  세계적인 그 토목사업과 다름없는 역사적인 정신적 토목사업입니다.12)

---

8) 윤직원이 체험한 양복쟁이는 독립군 자금책, 보험사 직원, 기부를 요구하는 교육사
   업가 등인데 이들은 윤직원이 보기에 모두 자신의 돈을 뺏으러 오는 사람, 그러므
   로 결국은 자신은 물론 가족을 위태롭게 하는 존재라는 동일한 범주로 이해된다.
   하는, 『태평천하』, 국은 자신은 물론 가족을 위태롭게 하는 존재이다. 유보선 외
   편『한국소설문학대계 · 채만식』앞의 책, pp.210-211 참조.
9) 祈노인은 자신의 문을 넘어 들어온 일본형사가 손자를 잡아가는 곤욕을 치르게
   되는데, 여기서 문은 다양한 함의로 사용되고 있다. 예컨대 서선(瑞宣)을 잡기 위
   해 문을 통하지 않고 들어오는 일본인(日本人捕人幷不敲門, 而是在天快亮的時候,
   由墻外跳進來.)을 묘사하는 대목에서는 닫힌 문의 허약함을, 문이 닫히는 소리를
   들으면서 안도하는 서선을 묘사하는 부분(聽見關門的微響, 瑞宣的心中更痛快了
   些—家關在後面, 他可以放膽往前迎接自己的命運了!)에서는 끝내 개인의 존재를
   안정시키는 가족을 상징하고 있다. 老舍(1984)『老舍文集』앞의 책, pp.164-166
   참조.
10) 不管他怎樣反對, 上流社會休息聚談的地方現在居然變成了一個下等土娼的臥室! 他
    幾乎不能相信這是事實, 然而在客廳裡分明地現着那張紅紅的粉臉, 而且還聽見她
    用下流的腔調跟馬弁談話. 那張粉臉刺痛他的眼睛, 那些話刺痛他的耳朵, 他不能
    夠忍耐下去. 巴金(1986)『巴金全集』第1卷, p.220.
11) 조의관이 아들 조상훈을 볼 때마다 「어서 가거라」고 내쫓는데 이것은 아들이 가족
    을 파괴하는 힘을 가지고 있기 때문이었던 것으로 밝혀진다. 염상섭(2000)『염상
    섭선집 · 삼대』실천문학사, pp.97-100 참조.
12) 채만식(1987)『태평천하』, 유보선 외 편『한국소설문학대계 · 채만식』앞의 책,

진시황이 대위업을 완성한 뒤 그것을 지키기 위해 울타리를 공고히 했던 것처럼, 이들 제1세대들은 담을 높이고 대문을 닫아걸었던 것이다. 그래서 그들의 대문은 돌사자를 세워 동굴의 입구를 지키게 하거나[13], 남대문보다 조금 작은 솟을대문[14]으로 묘사되거나, 방향을 찾을 수 없는 으리으리한 문전[15]으로 묘사된다. 나아가 이들 제1세대들이 이렇게 완성된 세계를 지키려는 사람들이었기 때문에 항상 집안에 있는 모습만 묘사된다. 『삼대』의 조의관이나, 『사세동당』의 기노인이 그러하다. 물론 『가』의 고노인은 각신의 사무실에 들르기 위해 한번, 그리고 포격을 피해 한번 집을 비웠던 적이 있고, 『태평천하』의 윤직원도 두 번의 외출을 한 적이 있기는 하다. 그러나 고노인의 피난은 가족의 몰살을 막자는 생각에서 비롯된 것이었고, 윤직원의 두 번의 외출은 모두 그의 돈을 아끼는 지독함을 보여주기 위한 장치에 불과하다. 외출 자체가 가족을 지키기 위한 것으로, 비유하자면 그것은 완성된 천하를 살피고 다지기 위해 떠난 진시황의 순행에 가깝다. 이것은 이후 제2세대들이 집을 나가 딴 집 살림을 차리는 일, 혹은 제3세대들이 새로운 가족을 만들기 위해 노력하거나 존재적 결단으로 가출을 감행하는 일과 극단적으로 대비된다. 여기에 바로 이들 제1세대의 특징이 있다. 그들은 우리의 고찰대상이 되는 소설로서는 제1세대이지만 전체의 역사

---

p.199.
13) 兩個永遠沈默的石獅子蹲在門口. 門開着, 好象一隻怪獸的大口. 裡面是一個黑洞, 這裡面有什麽東西, 誰也望不見. 巴金(1986) 『巴金全集』人民文學出版社, p.17.
14) …… 마침내 남대문보다 조금만 작은 솟을대문 앞에 채장을 내려놓곤, 무릎에 드렸던 담요를 걷기까지에 성공을 했습니다. 채만식『태평천하』, 유보선 외 편『한국소설문학대계 · 채만식』앞의 책, p.12.
15) 「생각하였던 것보다도 문전이 너무나 으리으리하고 대문 안에 들어서서도 어느 문으로 들어가야 안이 되는지 몰라서 어름거리다가……」염상섭(2000) 『염상섭선집 · 삼대』앞의 책, p.417.

적 과정에서 보면 대가족사의 마지막 세대가 된다. 그래서 이들의 이러한 폐쇄적 가족 지키기에는 일종의 단말마적 몸부림이 발견되는 것이다. 사실 진시황의 만리장성 구축도 「진(秦)나라는 호(胡)에 의해 망할 것」16)이라는 예언으로 촉발된 극단적 불안감의 소산으로 얘기되고 있지 않은가?

제1세대들은 이렇게 구축된 담장 안의 폐쇄적 세계에서 개인과 가족의 영속을 희구한다. 그것은 주로 자손의 번성과 자신의 무병장수를 위한 노력으로 표현된다. 이들의 자손번성에 대한 욕망 역시 마찬가지이다. 예컨대 『사세동당』의 기노인을 제외하면 이들은 모두 첩을 거느리며 꺼지지 않는 번식욕을 자랑한다. 조의관은 똥오줌을 받아낼 지경이 된 상태에서도 손자며느리의 임신소식에 궁금해하며, 다른 한편으로 수원집의 몸에서 자기의 소생이 생기기를 기대한다. 『태평천하』의 윤직원에게는 증손자 경손과 같은 나이의 아들 태식이 있다.

개인의 영생에 대해서는 이보다 훨씬 강한 희구가 발견된다. 예컨대 윤직원은 전국을 다니며 보양음식을 먹고, 아침마다 아이의 오줌을 마신다. 『사세동당』의 기노인은 국가가 풍전등화의 위기에 처한 상황에서도 오직 자신의 80세 생일을 치를 수 있게 되기만을 희구한다. 그런데 이러한 개인적 영생의 추구는 앞에서 말한 바와 같이 일종의 피해망상증과 같은 강박관념으로 나타나기도 한다. 『삼대』의 조의관을 보자. 그는 약을 먹으면서도 누가 독약을 탈까봐 양약을 쓰고17) 나중에 한약

---

16) 亡秦者, 胡也. 『史記‧秦始皇帝本紀』
17) 한약에 반대를 하는 것은 정말 양약을 믿기 때문이 아니라, 양약은 병마개를 종이로 풀칠까지 해서 꼭 봉해오는 것을 머리맡에 두고 자기 손으로나 혹은 자기가 보는 앞에서 따라먹는 것이요, 또 만일에 약에 무슨 병통이 생기더라도 즉시 의사만 불러대서 남은 약을 검사만 해보면 당장 해혹도 되고 또 의사도 그만큼 책임을 지고 약을 쓰겠지만, 한약이면 달여서 사랑에 내올 때까지 일일이 감독도 할 수

을 쓰게 되자 사람들을 믿지 못해 사랑에서 안채로 거처를 옮긴다. 그의
의심은 심지어 아들과 며느리라 하여 예외가 되지 않는다.

　　너희 연놈들이 짜고서 나를 어서 죽으라고 기도를 하는고나? 그놈은
　　하느님한테 기도를 한다더니 너는 산천 기도를 올리니? 너 같은 년이 내
　　앞에 있다가는 약에 무엇을 타서 먹일지 모르겠다.18)

　사실 이러한 피해망상의 이상심리가 전혀 근거 없이 생긴 것은 아니
다. 결국 조의관은 가장 믿었던 수원집의 무리에게 독살당하고, 『가』의
고노인 역시 병중에 무당의 굿에 놀래어 병이 깊어지지 않았던가? 말하
자면 이미 형해만 남아 있을 뿐이었던 대가족의 마지막 기둥이었던 제1
세대는 동물적 감각으로 자신들의 몰락을 예감하고 있었던 것이다.
　일반적으로 하나의 이데올로기는 사회적·역사적 당위로서 힘을 발
휘할 때가 있고, 그 당위성을 상실하고 형식만 남게 될 때가 있다. 그렇
다면 대가족 이데올로기가 사회적·역사적 당위였을 때는 언제였을까?
말할 것도 없이 농경사회19)였지 않겠는가? 많은 인구는 부강한 나라의
기초가 되고, 또 순조로운 농사일은 많은 인구의 기초가 되는 사회20)에

　없거니와 그 중간에 몇 사람의 손을 거치느니만큼 안심이 아니 되는 것이다.」염상
　섭(2000)『염상섭선집·삼대』앞의 책, pp.148－149.
18) 위의 책, p.125.
19) 대가족의 물질적 근거는 대규모 토지의 소유에 기초한 봉건적 농업경제였다. 그리
　고 그것의 해체는 파산농민을 만들고, 파산농민들은 상공업의 발전함에 따라 다수
　의 노동력이 필요하게 된 도시로 몰려들어 노동시장에 투신하게 된다. 자세한 것
　은 徐揚杰 저, 윤재석 역(2000)『중국가족제도사』앞의 책, p.738 참조.
20) 『孟子·梁惠王』에 다음과 같은 왕의 질문을 보면 많은 백성이 왕의 희구하는 바라
　는 점이 묘사되고 있다. 그것이 국력이었기 때문이다. 「寡人之於國也, 盡心焉耳矣!
　河內凶, 則移其民於河東, 移其粟於河內, 河內凶, 亦然. 察隣國之政, 無如寡人之用
　心者, 隣國之民不加少, 寡人之民不加多, 何也?」이에 대해 맹자는 다음과 같이 대
　답한다. 「五畝之宅, 樹之以桑, 可以五十者衣帛矣, 鷄豚狗彘之畜, 無失其時, 七十

서 대가족이 이상적 가족으로 제시될 수 있었던 것이다. 앞에서 말한 바, 충과 효 역시 이러한 대가족이 이상이었던 시대의 지배이데올로기 였다고 보아 무리가 없다. 원래 이 충이나 효과 같은 도덕규범이 역사적 당위였던 시기에는 일방적으로 강요되는 것이 아니었다. 예컨대 군신 관계만 해도 신하가 충성을 다하면 군주는 예를 다하는 쌍방관계였던 것이다. 이와 관련하여 노(魯)나라 정공(定公)과 공자 간에 오간 다음과 같은 대화를 보자.

> 정공이 물었다. "임금이 신하를 부리고, 신하가 임금을 섬기는데 어떻게 하면 되겠습니까?"
> 공자가 대답했다. "임금은 예절을 지켜 신하를 부리고, 신하는 충성으로써 임금을 섬겨야 합니다."21)

그런데 이것이 사회적 당위성을 상실하는 시기가 되면 다음과 같은 폭력으로 변한다.

> 임금이 신하더러 죽으라 하는데 죽지 않으면 충신이 아니요, 아비가 자식더러 죽으라 하는데 죽지 않으면 효자가 아니니라.22)

이렇게 상호간의 소통과 화합을 특징으로 하던 이데올로기가 폭력으로 변하는 시점이 되면, 그것은 하나의 도그마가 되어 시대인들의 정신을 구속하기 시작한다. 실질적이고 창조적인 정신생활을 불가능하게

者可以食肉矣, 百畝之田, 勿奪其時, 八口之家, 可以無飢矣.」결국 농사야말로 많은 백성을 키우는 기초로 이해되었던 것이다.
21) 君使臣, 臣事君, 如之何? 孔子對曰, 君使臣以禮, 臣事君以忠. 『論語 · 八佾』
22) 君要臣死, 不死不忠, 父要子亡, 不亡不孝. 巴金(1986) 『巴金全集』第1卷, p.96.

한다는 것이다. 제1세대들이 바로 그랬다. 그들은 대가족의 이데올로기에 묶여 그것의 출발이 가족 간의 호혜적 사랑과 존경이었다는 것을 망각하고, 일방적 복종만을 강요한다. 당연히 가족 간에는 미움과 반항만이 팽배하게 된다. 윤직원에게 모든 가족은「잡어 뽑을 놈 아니면, 짝 찢을 년」23)이 되고, 고노인에게 자식과 손자들의 진실한 감정은 불효의 증거가 될 뿐이다. 그래서 이들은 주변의 사람들을 물질화한다. 가족의 감정을 고려하지 않음은 물론, 심지어 여성들조차 자손을 낳기 위한 수단이거나 자신을 즐겁게 해주는 도구로밖에 이해되지 않는다. 『삼대』의 조의관에게 수원집은 아들을 낳아줄 가능성 때문에 의미가 있고,『태평천하』의 윤직원에게 춘심이는 다섯 차례나 바뀐 여러 동기(童妓)들 중 하나일 뿐이다. 거기에는 개인적 감정의 친밀성은 아무런 의미가 없다. 단지 조건에 맞는 어린 소녀이면 족한 것이다. 이처럼 이들은 시효를 상실한 이데올로기에 묶여 있다 보니 정신의 창조성을 잃고 자신과 주변 사람들을 모두 물질화시키고 말았던 것이다. 이들의 돈을 비롯한 물질에 대한 집착은 그 본질의 발현이었던 것이다. 제1세대들의 이러한 물질화 경향은 앞으로 살펴보게 될 제2세대의 본능화, 제3세대의 정신화와 크게 구별되는 특징이 아닐 수 없다.

그러면 이러한 제1세대의 폐쇄적 대문 닫기, 집 지키기, 그리고 물질화 경향과 상대적으로 구별되는 제2세대, 제3세대들은 어떤 특징을 갖고 있는지 살펴보기로 하자.

---

23) 윤직원 영감은 며느리더러 이렇게 욕을 하던 것입니다. 그는 며느리뿐만 아니라, 딸이고 손자며느리고, 또 지금은 죽고 없지만 자기 부인이고, 전에 데리고 살던 첩이고, 누구한테든지 욕을 하려면 우선 그 '짝 찢을 년'이라는 서양말의 관사같은 것을 붙입니다. 남잘 것 같으면 '잡어 뽑을 놈'을 붙이고……. 채만식『태평천하』, 유보선 외 편『한국소설문학대계・채만식』동아출판사, p.32.

3 제2세대와 가족 허물기

제2세대는 중년의 나이에도 자기 정체성을 확보하지 못하고 끝없이 동요하는 세대로 묘사된다. 이들은 제1세대인 가장으로부터 완성된 가족의 수호를 요구받지만, 그와 같은 신념이나 의지가 전혀 없어 동요하기를 반복한다. 그래서『가』의 극정(克定)이나『삼대』의 조상훈과 같이 봉건적 가치관념을 버렸으되, 새로운 가치관에 대한 신념을 확보하지 못한 채 갖가지 비정상적 행동양식을 보여주거나,『태평천하』의 윤창식이나『사세동당』의 기천우(祈天佑)와 같이 세상의 조류에 몸을 맡긴 채 표류하는 무골호인의 비주체적 삶을 살고 있는 것이다. 이들은 제1세대를 이어 가족의 중심이 되어야 할 입장이지만 그것에서 회피하거나 거부하는 태도를 취한다. 심지어 여기서 한 걸음 더 나아가 스스로 그 완성된 가족의 한쪽 울타리를 허무는 역할까지 한다. 이들 제2세대가 모두 밖에 딴살림을 차린 것이 그 증거이다. 즉『가』의 극정이 밖에 금릉고우(金陵高寓)를 차려놓고 이중생활을 하는 일,『삼대』의 조상훈이 조의관과의 불화로 딴살림을 하는 일,『태평천하』의 윤창식이 따로 나가 살면서 여기에 더해 그 밖에 제1, 제2의 첩 살림을 차린 일,『사세동당』의 기천우가 집안의 대소사를 제3세대인 서선(瑞宣)에게 맡기고 밖에서 생활하는 일 등이 모두 그렇다. 심지어 이들은 조상훈의 경우처럼 제1세대와 실질적 부자관계를 끊거나, 윤창식처럼 아버지에게 금치산자 조치를 당하거나, 기천우처럼 자살을 하거나 하는 등, 실질적인 측면에서도 완성된 가족의 한 귀퉁이를 허무는 역할을 담당한다.

그러면 이들을 움직이는 동인은 무엇인가? 제1세대가 어렴풋하게 대가족을 특징으로 하는 전통적 세계가 몰락해가고 있다는 위기감을 느꼈던 것과는 달리, 이들 제2세대들은 그것이 이미 시대성을 상실한 낡은 형식에 불과하다는 것을 분명하게 알고 있다. 따라서 그들은 대가족적 규범에 전혀 구속받지 않거나, 한 걸음 더 나아가 그것을 적극적으로 폐기하고자 한다. 예컨대『삼대』의 조상훈은 조상에 대한 제사를 거부할 뿐만 아니라 족보 만들고, 산소 꾸미는 일이 시대적으로 이미 옳지 않다는 점을 아버지 조의관 앞에서 역설하기까지 한다.

> 지난 일은 어쨌든 지금 이 판에 별안간 치산이란 당한 일입니까. 치산만 한 대도 모르겠습니다마는 서원을 짓고 유생들을 몰아다 놓으시렵니까? 돈도 돈이거니와 지금 시대에 당한 일입니까?[24]

여기서「지금 시대」란 왕조가 붕괴된 이후의 시대를 말하는 것이겠지만, 내용적으로 볼 때 그것은 산업사회를 가리키는 것으로 보아 무리가 없다. 그들의 직업부터 그러하다. 구체적으로 보면 조상훈은 월급교사이고,『가』의 극명은 변호사이며,『사세동당』의 기천우는 포목상의 월급사장이다. 그리고『태평천하』의 윤창식은 아버지의 가업을 계승하지 않는 룸펜이다. 농경사회의 주된 생산력이 인력이었으므로 대가족이 가족의 이상형이 될 수 있었다는 점은 전술한 바 있다. 반면각기 서로 다른 직업을 갖고 생활해야 하는 산업사회에서 대가족은 그 효율적 활동을 가로막는 장애가 될 뿐이라 이해된다. 따라서 이들은 자식을 버리거나 방치한다.

---

24) 염상섭(2000)『염상섭선집·삼대』앞의 책, p.100.

아이는 뉘게 맡기고 우선 이것을 가지고 어디로든지 가시오. 자식은 꼭 내 자식이란 법도 없고 내 자식이라고 없었던 셈만 치면 그만 아니 오.[25]

제1세대들이 자식을 얻기 위해 첩을 들이고, 거기서 난 소생은 물론, 심지어 술집작부의 몸에서 난 자식까지 애지중지하던 것과 얼마나 다른가? 다른 제2세대들의 경우 역시 다를 바 없다.『삼대』의 윤창식이 그렇다. 그는 일본에 유학중이던 종학이 경찰에 체포되었다는 소식에 하늘이 무너질 듯 절망하는 제1세대 윤직원과 대조적으로 여전히 마작에 열중한다. 아들의 체포가 손에 잡은 마작패보다도 의미가 없는 것이다. 또『사세동당』의 기천우는 셋째 아들 서전(瑞全)과 둘째 아들 서풍(瑞豐)의 가출에도 전혀 걱정하지 않는다. 이것은 대가족이 이미 그 시대적 효용성을 상실하여 그들에게 절실한 것이 아니었다는 점, 나아가 새로운 산업사회가 가족과 분리된 개인을 요구하고 있다는 사실과 관련시켜 이해해야 한다. 물론 제2세대들의 행동양식에 그러한 시대성을 읽을 수 있는 리얼리티가 발견된다는 것이지, 그들이 이것을 분명히 인지하고 의도적으로 가족을 깨거나 자식을 버리고 새로운 세계를 추구했다는 것은 아니다.

사실 그들은 새로운 시대와 새로운 가치관에 대해서도 확신을 갖고 있지 못하다. 독실한 기독교도를 자처하며 평등과 박애를 주장하는 조상훈이 집안에서는 극히 봉건적인 태도로 하인들을 부리는 일이 그렇고, 일본유학까지 했던『가』의 극명이 무당의 손에 놀아나는 것도 그렇다.

---

25) 위의 책, p.123.

극명이 부끄러워 얼굴을 붉혔다. 그는 각혜의 말이 모두 옳다는 것을 알고 있었다. 일본에 유학을 다녀왔고, 도시에서 유명한 대변호사인 그는 물론 귀신을 잡는다는 것을 믿지 않았다. 그도 이것이 별로 좋은 것이 없다는 것을 알고 있었다. 그러나 자기로 인해 집안에 분란이 일어나고 다툼이 일어나는 것을 원치 않았고, 사회적으로 효자라는 이름도 얻고 싶었다. 그래서 그는 스스로 원치 않는 일을 하게 된 것이었다.[26]

이처럼 제2세대들은 전통적 가치관을 버렸지만 새로운 가치관은 확립되지 못한 상태에 있었다. 일종의 가치관의 진공상태에 처하게 된 것이다. 그렇다면 그들을 움직이는 힘은 무엇인가? 자아를 통제하는 힘이 사라졌으므로 자아의 본능이 무한정한 힘을 발휘하게 되는 것은 당연한 일 아니겠는가? 그 본능의 힘은 철저하게 쾌락충족의 원칙에 충실하며 극히 파괴적이다. 종교인이며, 교육자이며, 사회사업가로 주변 사람들의 존경을 한 몸에 받던 조상훈이 가치관의 진공상태에서 변해 가는 모습을 보라. 그것은 처음에는 남몰래 술을 먹고 노름을 하는 단계에서, 경애와 불륜의 애정행각을 벌이는 단계로 발전한다. 쾌락충족의 원칙에 의해 새로운 도덕원칙이 조금씩 허물어지는 단계이다. 다음에는 아예 공개적으로 김의경과의 살림을 시작하며, 아편을 하고, 도둑질을 하는 단계로 발전한다. 특히 그 도둑질한 돈과 문서는 자기 가족들의 생계를 책임질 유산이었고, 아들 덕기의 관리하에 있는 재산이었다. 해방된 본능의 힘이 최소한의 인륜조차 무시하게 할 정도로 파괴적이라는 점을 읽게 해주는 대목이다. 이 점에 있어서는 『가』의 극정 역시 마찬가지이다.

---

26) 克明慚愧地紅了臉. 他明白覺慧說的都是眞話. 他這個日本留學生, 省城有名的大律士, 自然不會相信捉鬼的辦法. 他也知道這個辦法沒有好處, 然而爲了在家裡不給自己招來麻煩, 引起爭吵, 在外面又博得孝順的名聲, 他居然做了他所不願意做的事. 巴金(1986)『巴金全集』第1卷, pp.368－369.

극정은 부친이 자기를 감독하지 못하게 되자 하루 종일 금릉고우에 들어앉아 마작을 하거나 계집과 놀아났다. 아침저녁에만 법도에 따라 부친의 방에 들어가 문안을 드리는 것이었다.[27]

그에게 있어 부친의 병이란 자신의 본능적 욕망을 통제하던 구속을 벗어버리는 계기일 뿐이다. 한편 다른 두 작품의 제2세대는 이와 약간 달라서 『태평천하』의 윤창식이나 『사세동당』의 기천우는 가치관의 공백상태에서 무골호인의 삶을 살아간다. 그러나 이들 역시 역사의 도태자라는 점은 일본인에게 처참하게 살해당하는 기천우의 경우를 통해서 극적으로 잘 나타나 있다. 그들의 선량함은 사회적·역사적 효용성을 얻지 못하는 소극적 힘[28]에 불과한 것이었다. 윤창식이 주변사람들을 조건 없이 도와주는 사람이었음에도 불구하고, 사회적 의미를 갖는 돈 쓰기를 한사코 거부했던 것도 그들의 선량함이 소극적 상태에 머물러 있다는 것을 알게 해주는 대목이다.

따라서 4편의 소설, 어느 경우나 제2세대의 방황은 외세의 개방요구 앞에 대책 없이 문을 열었던 양국이 체험한 극단적 혼란상을 반영하고 있다고 보아 무리가 없다. 그렇다면 제3세대는 이러한 혼란을 어떻게 극복했을까?

---

27) 克定趁着老太爺生病管不到他的時候, 整天躲在"金陵高寓"裡面打牌, 跟女人調笑. 他只有早晚在家, 而且照規矩早晚到老太爺的房裡問安一次. 巴金(1986) 『巴金全集』 第1卷, p.214.
28) 『論語·先進』에서 子張이 선량한 사람이 걷는 길에 대해 묻자 공자는 악한 길로 접어들지는 않겠지만(不踐迹), 진정한 성취를 볼 수는 없으리라(亦未入於室)대답한다. 윤창식과 기천우(祈天佑)의 경우에 들어맞는 언설이라 하겠다.

4 제3세대와 새로운 가족

제2세대가 비자각적으로 대가족을 허물고 역사적 지표를 상실한 채 본능과 천성으로 살아갔던 세대라면, 제3세대는 자각과 신생을 특징으로 하는 세대이다. 자각이란 과거시대의 대가족이 이미 역사적 가치를 상실한 가족형태라는 것을 분명하게 알고있다는 뜻이며, 신생이란 가족의 본래적 특징인 사랑과 믿음을 기둥으로 하는 새로운 가족을 만들고자 한다는 뜻이다. 그런데 이 제3세대에는 하나로 묶을 수 없는 두 개의 그룹이 발견된다. 하나는 혈연가족의 형태를 계속 유지하려는 덕기(『삼대』), 서선(『사세동당』), 각신(『가』)의 그룹이고, 다른 하나는 혈연가족을 반사회적인 것으로 보고 그 대신 사회적 공동체를 형성하려는 병화(『삼대』), 서전(『사세동당』), 각혜(『가』), 종학(『태평천하』)의 그룹이다. 그것은 동양에서 봉건제를 부정한 자리에 나타난 두 개의 상이한 사상조류29)와도 궤를 같이 한다. 따라서 우선 이것을 가족지향적 제3세대, 사회지향적 제3세대의 두 그룹으로 나누어 고찰한 뒤 그 특징에 대해 논술하고자 한다.

먼저 대가족에는 반대하지만 혈연가족의 가치를 믿고 그것을 구현하려는 가족지향적 제3세대 그룹을 보자. 이들 제3세대들은 집을 떠났다가 다시 가족으로 복귀한다는 공통점을 갖는다.

학교를 다니며 가족 밖의 세계를 꿈꾸다 돌아온 『가』의 각신, 일본

---

29) 봉건제가 무너진 한·중 양국에는 부르주아 민주주의, 무정부주의, 입헌민주주의 등 다양한 편차를 갖는 사상이 출현한다. 그러나 이것은 결국 자본주의와 공산주의의 양대 진영으로 나뉘어 사회와 개인에 대한 영향력을 갖게 되는 것으로 얘기된다. 이에 대해서는 徐揚杰 저, 윤재석 역(2000) 『중국가족제도사』 앞의 책, p.747.

유학 중 조부의 유언을 받기 위해 돌아온『삼대』의 덕기, 늘 가출을 꿈꾸지만 가족에 대한 걱정으로 집을 떠나지 못하는『태평천하』의 서선 등이 모두 그러하다.

　제1세대가 대문을 닫아걸고 집에서 한 걸음도 나아가지 않았고, 제2세대는 문을 열어놓고 밖으로 나가 돌아오지 않았다는 점은 전술한 바 있다. 그렇다면 집을 떠났다가 복귀한 이들 가족지향적 제3세대의 문은 필요에 따라 열리고 닫히는 문의 기능을 회복한 것이라 할 수 있다. 따라서 그들은 문밖과 문안에 대해서 기본적으로 포용적인 태도를 취한다.『삼대』덕기의 경우를 보자.

　　　포용과 감화도 투쟁만큼 적극적일세. 지금 자네는 자네 춘부(椿府)게 대하여 당당한 포진을 하고 지구전을 하는 듯 싶지만 나 보기에는 그 조그만 감정과 결벽과 장상(長上)에 대하여 어찌하는 수 없다는 단념으로 퇴각한 셈이 아닌가? 훌륭한 패전일세. 이렇게 말하면 춘부께는 실경일지 모르지만 포용과 감화라는 적극수단으로 종교의 성루(城壘)에 돌진할 용기는 없나?[30]

　부친과의 갈등으로 집에서 나와 생활하고 있는 사회지향적 제3세대인 병화에게 보내는 덕기의 편지이다. 가족에 대한 부정과 투쟁은 가족 내에서 이루어져야 한다는 생각을 표현하고 있다. 그래서 그는 할아버지 조의관이나 아버지 조상훈의 단점을 명백히 보면서도 그들을 완전히 부정하지 않는다. 또『가』의 각신은 틈만 있으면 자기 형제들의 약점을 잡는 숙모들에 대해서도 조카로서의 역할을 다하고자 한다. 그러면서 그는 자신의 아내와 아들, 그리고 동생들에 대해 진실한 사랑을

---

30)　염상섭(2000)『염상섭선집・삼대』, p.215.

보여준다. 그런데 그의 가정에 대한 사랑은 대가족의 입장에서 볼 때 법도에 어긋나는 것으로 비판받게 된다. 예를 들어 그는 아들의 양육을 유모에게 맡기지 않고 아내의 젖을 먹도록 하는데, 이것은 상류 대가족 사회에서는 상식에 어긋나는 일로 비판의 대상이 되었던 것이다. 가정에 대한 사랑과 대가족의 규범이 상호 충돌하고 있었던 것이다. 이로 인해 그는 자학적인 괴로움에 빠지게 된다. 각신이 대가족의 규범을 깨지 않고, 처자와 형제들에 대한 책임과 사랑을 다하고자 하였기 때문이다. 이러한 자학은 가족지향적 제3세대들에게 공통적으로 발견되는 특징이다. 각신은 자신의 첫사랑이었던 매분의 불행에 대한 책임감으로 괴로워하고, 아내 서각의 죽음에 책임을 느끼고 괴로워하며, 동생 각혜의 가출에 책임을 느끼고 괴로워한다. 또 『사세동당』의 서선은 위기에 처한 나라를 위해 적극적인 항전을 해야 한다고 믿으면서도 가족에 대한 책임감 때문에 집을 떠나지 못해 괴로워한다. 말하자면 이들의 괴로움은 가족의 문제, 사회의 문제를 자기의 책임으로 인정하면서도 그것의 해결을 위한 구체적 행동이 쉽지 않은데서 오는 것이었다. 나아가 이들은 그 개인적 괴로움을 감내하면서 궁극적으로 가족에 대한 사랑을 회복했던 것으로 이해된다. 본질적 의미의 가족을 회복하였던 것이다. 다만 여기서 그들의 사랑과 보호가 미치는 범위가 소가족으로 줄어들었다는 점을 지적할 필요가 있을 것이다. 『삼대』의 덕기가 조부의 첩이었던 수원집을 비롯한 다른 친척들을 내보냈던 것도 바로 이 진정한 가정을 회복하기 위한 작업이었던 것이다. 이런 점에서 이들은 가족이나 사회에 무책임했던 제2세대와 크게 구별된다.

다음으로 혈연적 가족이 사회적 역할을 수행하는데 방해가 된다고 보고 그것을 부정하는[31] 사회지향적 제3세대 그룹의 경우를 보자. 대가족 관계에서 요구되는 제반 사항들을 개인에 대한 살인적 폭력으로 이해하고, 그것에 반대하여 가출하는『가』의 각혜, 가족에 대한 애착이 순수한 애국심의 발현에 장애가 된다고 생각하여 가출하는『사세동당』의 서전, 자신과 같은 가치관을 갖기를 강요하는 아버지와 결별하고 가출한『삼대』의 병화, 입신양명하여 가문을 빛내줄 것을 기대하는 조부의 기대와는 달리 사회주의 운동을 하다 경찰에 체포되는『태평천하』의 종학이 그들이다. 당연히 그들은 집에 대해 적대적인 태도를 취한다.『가』의 각혜의 경우를 보자.

> 그의 눈에 보이는 집이라는 것은 사막이었으며 낡은 세력의 근거지였으며 적들의 대본영이었다.[32]

이처럼 그들은 제1세대나 제2세대의 어떤 특정한 대상을 부정하는 것이 아니라 가족 그 자체를 부정한다. 이들은 그 사상이 투철하며 구체적인 행동으로 실천하고 있다는 점에서 앞의 두 세대는 물론 동시대의 가족지향형 그룹에 대해서도 도덕적 우위를 점한다. 형 각신의 행동을 읍례철학, 혹은 무저항주의[33]로 비판하며 공세를 취하는 각혜, 형 서전에게 교단에서 지하운동을 하라고 조언하며 형의 사상적 협애성을 깨우쳐주는 서전이 그렇다. 나아가『삼대』의 병화는 덕기에게 보내는 편지에서 자신이 시대인들을 깨우쳐주는 사람이라 자처한다.

---

31) 이들은 가정과 대가족을 구분하지 않고 개별 소가정까지 소멸의 대상으로 인식한다. 각 사상적 편차를 발견할 수 있는 대가족, 혹은 소가정에 대한 관점의 차이에 대해서는 徐揚杰 저, 윤재석 역『중국가족제도사』앞의 책, pp.747-748 참조.
32) 家, 在他看來只是一個沙漠, 或者更可以說是舊勢力的根據地, 他的敵人的大本營. 巴金(1986)『巴金全集』第1卷, 앞의 책, p.329.
33) 위의 책, p.331 참조.

시대란 무엇이냐고 내게 질문은 하지 말게. 여기서는 장황한 설명이 필요치 않으니까. 그러나 다만 한 가지 할말은 나와 및 나의 동지는 시대라는 큰 수레에 타기를 꺼려하는 자네네와 자네네 이하 사람에게 어서 올라타라고 군호하고 재촉하는 임무를 우선 맡았다는 것일세.[34]

이들이 생각하는 시대가 무엇인지는 병화 스스로 설명을 유보한다. 그러나 분명한 것은 병화가 가정에 묶이는 일을 부정적으로 생각하고 있다는 점이다. 그러기에 필순이가 가정사에 대한 걱정 때문에 새로운 세계에 투신하지 못하는 것을 보고 실망하였던 것이다.[35] 어쨌든 병화를 비롯한 이들 사회지향적 제3세대들은 자신들이 사회적 사랑을 확보한 것으로 믿는다. 그런데 이들의 행동은 이데올로기적 차원에서 행해진다. 그 이데올로기는 당연히 가족보다 큰 범주인 국가·사회에 대한 책무를 강조한다. 그런데 그들이 대가족의 피해를 입은 당사자가 아니라는 점이 발견된다. 구체적으로 『가』의 각혜는 각민(覺民)이나 각신과 같이 마음에 없는 결혼을 하도록 강요받지 않았다. 그저 그 진상을 가까운 곳에서 보게 된 목격자였을 뿐이다. 『삼대』의 병화 역시 가장의 간섭으로 큰 고통을 겪지 않았다. 결벽증에 가까운 고집으로 인해 스스로 부친과 결별했을 뿐인 것이다. 『태평천하』의 종학도 마찬가지이다. 조부가 보내주는 돈으로 일본에서 학교를 다니고 있었을 뿐, 그 역시 피해의 당사자는 아니었다. 『사세동당』의 서전 또한 마찬가지이다. 형인 서선이 가족간에 일어나는 모든 문제의 해결을 위해 동분서주하는 동안, 집을 나갈 계기를 마련해주기를 기다리고 있었을 뿐이다. 따라서 가족

---

34) 염상섭(2000) 『염상섭선집·삼대』 앞의 책, p.291.
35) 병화는 필순을 러시아에 보내 혁명후예로 키우고자 한다. 그러나 필순은 남아 있는 부모를 핑계로 그의 제안을 거절하고, 병화는 실망하여 필순을 혁명가로 키우는 일을 포기한다. 자세한 것은 위의 책, pp.284-291 참조.

주의에 대한 이들의 투쟁은 관념적 성격이 강하다.

　그런데 그들 역시 새로운 형태의 가족을 제시한다. 병화가 피혁의 돈을 받아 구상하고 시작한 혁명생활 공동체,『사세동당』의 서전이 속해 있는 애국 결사, 그리고『가』에서 여명주보를 중심으로 결성된 각혜의 그룹은 가족이 갖고 있던 사랑과 보호의 기능을 발휘하는 것으로 묘사된다. 그럼에도 불구하고 사실 이들은 혈연적 가족에 더 강하게 기대고 있다. 각혜는 상하이로 가기 위해 친구들의 도움을 받는 것으로 묘사되지만 현실적으로 도움이 되는 도피자금은 모두 각신의 손에서 나온 것이었다. 또 피혁의 돈으로 장사를 시작한 병화는 결국 덕기에게 손을 벌리며, 서전의 영웅주의적 애국활동은 형인 서선의 가족을 위한 희생에 기초하고 있다. 말하자면 가족지향적 제3세대와 사회지향적 제3세대가 완전히 다른 것이 아니라 상호 소통하고 있었다는 것이다.

　그런 점에서 일본군의 패전으로 가출의 목적을 완수한 서전이 가족으로 돌아온다는『사세동당』의 결말이 시사하는 바가 크다 하겠다.

5　소설 창작공간의 차이에 대한 모색

　이상으로 한·중 가족사 소설에 공통적으로 나타나는 특징들을 살펴보았다. 대체적으로 그것은 봉건주의 세계가 붕괴하고 자본주의 세계가 도입되던 당시의 시대상을 반영한 것이라 볼 수 있겠다. 그것은 이전 시기와 비교할 때 확연하게 구분되는 특징들이었다. 이에 비해 양국 가족사 소설에 나타나는 차이점은 매우 미묘하여 쉽게 구분하기 어렵다.

나아가 양국의 소설에서 발견되는 차이점들이 국가간의 문화적 차이 때문이 아니라, 각기 상이한 작가의 개인적 체험 때문이라고 해석될 수도 있기 때문에 그것의 논술에는 자칫 관중규표(管中窺豹)의 위험성이 있다. 이러한 위험성을 고려하면서 그 미묘한 차이점들에 대해 살펴보기로 하자.

우선 일본의 전일적 지배하에 있었던 한국과 반식민지 상태에 있었던 중국의 정치적 환경으로 인한 차이점이다. 즉 한국의 작가들이 창작 과정에서 일본 총독부의 통제로 인한 타율적·자율적인 검열을 행하고 있었다면, 후방을 가지고 있었던 중국의 작가들은 일본으로 인한 자기 검열에서 비교적 자유로울 수 있었던 것으로 보인다. 염상섭『삼대』에서 일본인 형사부장이 조상훈의 패륜적 행위에 대해 훈계하는 다음과 같은 내용을 보자.

> 아니 원체 글을 거꾸로 배웠으니까 종심지년이 되면 게다가 망령도 겹쳐서 내 마음대로 하겠다고 한층 더 뛸 거 아니오? 조선이 오늘날 왜 이렇게 되었소? 모두 당신 같은 늙은이 때문이 아니오? 그 큰일났소! 난 이 덕기 군이 가엾소. 부모 때문에 얼굴을 쳐들고 세상에 나다닐 수가 없게 돼서야 이걸 어디 가서 호소를 한단 말요! 벙어리 냉가슴 앓기지……36)

소설의 전개로 볼 때 일본의 강점상황만 고려하지 않는다면 구구절절이 옳은 말이다. 나아가 소설의 전개에 빠져 있던 독자라면 이 일본인 형사부장의 훈계는 통쾌하고 후련한 결말일 수밖에 없다. 그러나 조상훈의 파탄은 어디에서 시작되었는가? 바로 일본의 강점에도 그 한 원인이 있지 않았던가? 작가에게는 이것에 대한 표현이 허락되어 있지 않았

---

36) 위의 책, p.483.

다. 그래서 그는 가장 반면적인 인물인 일본인 형사부장에게 정면인물의 역할을 맡긴다. 이 순간 하고자 하는 말은 행간으로 숨게 되는 것이다. 분명한 자기 검열, 내지 글쓰는 기술이 발휘된 부분이라 하겠다. 이것은 『태평천하』의 경우도 마찬가지이다. 손자 종학이 일본경찰에 체포된 소식을 들은 윤직원의 반응을 보자.

> 화적패가 있너냐야? 부랑당 같은 수령들이 있더냐? ……재산이 있대야 도적놈의 것이요, 목숨은 파리 목숨 같던 말세넌 다 지내 가고오……자부아라, 거리거리 순사요, 골골마다 공명헌 정사(政事), 오죽이나 좋은 세상이여……남은 수십만 동병(動兵)을 히여서, 우리 조선놈 보호히여 주니, 오죽이나 고마운 세상이여? 으응……? 제것 지니고 앉아서 편안허게 살 태평세상, 이걸 태평천하라구 허는 것이여, 태평천하……!37)

판소리에서 빌려온 것으로 얘기되는 이 반어적 표현법 자체가 일제의 검열을 피하는 효과가 있었다는 지적도 있거니와38), 그렇다면 반어적 풍자로 일관된 『태평천하』 전체가 일본의 검열로 인해 생겨난 작품이라 볼 수도 있을 것이다.

이에 비해 비슷한 시기, 일본의 통제 하에 있었던 북경의 갖가지 인간군상을 그린 노사의 『사세동당』에는 매우 직설적인 일본 비판이 수시로 등장한다. 일본은 언제나 악마 일본(日本鬼子)로 표현된다. 그래서 전체 소설에서 일본군은 항상 북경인들을 죽음으로 몰아넣는 검은 손으로 표현된다. 전중석(錢仲石), 맹석(孟石) 형제의 죽음, 우동방(尤桐

---

37) 채만식『태평천하』, 유보선 외 편, 『한국소설문학대계 · 채만식』 앞의 책, p.219.
38) 이선영은 「창조적 주체와 반어의 미학」에서 채만식 소설의 반어적 표현법이 판소리 사설에서 유래한 것이며, 이 형식의 수용이 일제의 검열을 피하기 위한 책략으로 이해하고 있다. 문학과사상연구회(1999)『채만식문학의 재인식』소명출판사, pp.32－33 참조.

芳)의 죽음, 천우(天佑)의 죽음, 상이야(常二爺)의 죽음, 그리고 부정적 인물이기는 하지만 관효하(冠曉荷), 서풍(瑞豊), 대적포(大赤包)의 죽음 등, 작품 내 모든 죽음은 직간접으로 일본군의 점령과 연관되어 있는 것이다.

이 밖의 일본에 대한 묘사도 일본에 대한 적개심을 불러일으키기 위한 목적에 충실한 것이다. 예컨대 무기 생산을 위한 구리와 철의 징발, 중국군의 은신처를 없애기 위해 고구마만을 심도록 한 조치, 물건의 판매와 가격에 대한 무리한 통제 등이 모두 그러하다.

다음으로 가족내 여성들의 생활방식에 대한 양국 소설의 묘사에 차이가 보인다는 점을 지적할 수 있을 것이다. 『가』와 『사세동당』의 경우, 여인들은 가족들과 함께 밥과 술을 먹는다. 『가』의 설날 연회를 보면 가족들은 남녀의 구분없이 항렬에 따라 식탁에 앉아 음식과 술을 먹는다. 이에 비해 한국의 『삼대』나 『태평천하』의 가족내에서는 남녀가 같은 상에 앉아 밥을 먹는 경우를 찾아보기 힘들다. 『삼대』에서 덕기가 필순이와 일본 우동집에서 국수를 함께 먹는 일, 병화와 경애가 겸상을 하여 밥을 먹는 일, 『태평천하』의 윤직원이 춘심이와 함께 중국 음식을 먹는 일 등이 있으나 이들은 가족관계에 있지 않다.

이것이 의미하는 바는 무엇인가? 같은 봉건질서 하에 있었지만 한국의 여성들이 중국의 여성에 비해 보다 심각한 불평등 대우를 받았던 것일까? 분명한 것은 남녀간의 내외하는 일이 봉건예법으로 분명하게 규정되어 있었음에도 불구하고, 중국의 대가족내 남녀관계는 비교적 자유로왔던 것으로 보이고, 한국은 전혀 그렇지 못했던 것으로 보인다는 점이다.

다음으로 같은 대가족이라 해도 가족의 규모에 있어 큰 차이가 난다는 점이다. 즉『가』의 가족이 20여명이고,『사세동당』의 가족이 9명인데 대해,『삼대』의 가족은 7명,『태평천하』의 가족은 9명이다. 일견『사세동당』과『삼대』,『태평천하』와의 사이에는 질적 차이가 없어 보인다. 그렇다면『가』의 20여명은 어떻게 보아야 할까. 기본적으로 대가족에도 두 유형이 있었던 것으로 얘기된다. 즉 모든 아들들이 그들의 처자들과 함께 부친의 지배와 통솔 하에서 동거하는 유형과 맏아들만이 본가에 남아 부모를 모시고 그 밖의 아들들은 분가하는 직계가족의 유형이 그것이다.[39] 그리고 중국에서는 전자의 확대가족 유형을 택했고, 한국의 경우 직계가족의 유형을 택했으므로 가족의 크기 자체에 차이가 생기는 것은 당연한 일이라 하겠다.

이상 텍스트로 삼은 4편의 소설들에 나타나는 차이점들은 양국의 상이한 문화적 차이로 인한 것으로 설명할 수 있을 것으로 생각되는 바, 보다 많은 작품들에 대한 비교연구를 통해 그 설득력을 확보할 수 있을 것으로 보인다.

---

39) 이에 대해서는 이효재(1984)『가족과 사회』경문사, pp.82－90 참조.

한·일 근대문학에 묘사된 기차 안 승객의
근대화 인식 비교

권혁건

일본 규슈대학(九州大學)에서 박사학위를 받았고 현재 동의대학교 일어일문학과 교수로 재직 중이다. 동의대학교 교양교육원장, 외국어교육원장 등을 역임했고 현재는 한국일본학회장과 동의대학교 중앙도서관장을 맡고 있다. 관심 연구 분야는 동아시아근대문학비교, 일본근현대문학이며, 저서로는 『나쓰메 소세키 생애와 작품』, 『테마가 있는 일본기행』을 비롯한 다수의 저서와 논문이 있다.

1 머리말

1910년 10월에 초대 조선 총독으로 취임한 데라우치 마사타케(寺内正毅, 1852~1919)는 「조선인은 일본 법규에 복종하든지 죽든지 하나를 선택」[1]해야 한다며 폭압적으로 조선 민중들을 무단통치하려고 했다. 데라우치 마사타케 총독의 무단통치 정책은 한국 근대화에 어두운 그림자를 안겨 주었다. 한국의 근대문명 수용은 일제강점기가 시작되는 시기부터 일본 제국주의의 정책과 자본, 기술에 의해 진행된 것이 많았기 때문에 일반 민중들이 외면하고 무관심을 나타내는 경우가 많았다.

한국에서 근대화가 이루어진 지난 약 130년간의 세월동안 근대성을 표상하는 문명의 이기(利器)의 하나인 「철도」만큼 크나큰 역할을 한 교통기관도 없다. 철도가 한국의 근현대사에 끼친 영향은 「1970년대 이후 고속도로나 자동차가 초래한 영향을 능가」[2]한다. 철도는 이전의 교통수단인 마차, 수레에 비해 속도와 수송량에서 기적을 실감케 하는 근대문명을 상징하는 것임에 틀림없다.

일본에 의해 1899년 9월 18일 경인선(노량진~제물포간)이 개통을 시작으로, 1905년 1월 1일에는 경부선(영등포~부산 초량간)이 개통되어 우리나라의 철도역사가 시작 되었다. 근대의 표상이었던 철도가 개통되어 서울과 부산을 기차가 다니기 시작했으나 일본이 건설한 기차를 바라보는 한국 민중들의 시선은 근대화와 식민지화를 동시에 지켜

---

1) 하일식(2002)『연표와 사진으로 보는 한국사』일빛, p.251.
2) 정재정(2004)『일제침략과 한국철도』서울대학교 출판부, p.ⅲ.

봐야 했기 때문에 「혼란하고 불안한 인식」3)을 갖고 있었다. 한국의 철도는 서양이나 일본에서처럼 혁신과 진보의 의미가 아니라 철도용지 및 방대한 양의 철도재료가 수탈당하고, 조선인 노동자가 강제 동원되어 건설되었기 때문에 「강제와 침탈의 상징」4)으로 조선 땅에 출현했던 것이다.

위와 같은 과정에 의해 출현한 기차는 조선 민중들의 일상생활에 물질적 근대화를 체험하게 하는 엄청난 변화를 주어, 한국 근대문학을 대표하는 작가 염상섭의 창작 영역에 영향을 끼쳤다.

메이지유신(明治維新)이후 일본은 제도만이 아니라 문화적 영역의 전면에 걸쳐서 여러 개혁이 시도되었다. 메이지 정부가 주축이 되어 강제적으로 근대화를 이룩해 나가려고 했던 일본은 온힘을 다해 서구문명을 급속하게 받아들이는 것이 개량이고 진화로 생각했다.

근대문명을 상징하는 철도는 메이지유신 당시 중앙집권과 부국강병을 위한 통치수단으로 부설되기 시작했다. 일본에서 최초로 기차가 다니기 시작한 것은 「1872년(明治5)6월 12일, 도쿄 시나가와(品川)~요코하마(横浜)구간이었다. (중략)1872년 10월 14일에 메이지천황을 모시고 도쿄 신바시(新橋)~요코하마(横浜)구간의 철도 개업식」5) 행사를 마친 뒤, 다음날인 10월 15일부터 문명개화의 심벌인 기차가 정식으로 운행되었다. 그 후 철도는 「일본 근대화의 주요 수단으로 그 역할이 기대되어」6) 급속하게 확장되어 추진되었다.

3) 김중철(2005)「근대 기행 담론 속의 기차와 차내 풍경-1910~1920년대 기행문을 중심으로-」『우리말글』제33집, 우리말글학회, p.309.
4) 정재정(2004)『일제침략과 한국철도』앞의 책, pp.245-370.
5) 世界文化社CULTURE編輯部 編(2006)『さらば日本國有鐵道』世界文化社, p.42.
6) 한국철도기술원(2003)『일본철도의 역사와 발전』도서출판BG북갤러리, p.38.

서구 근대문명의 섭취와 모방을 축으로 하는 문명개화의 추진 기능을 기대하고 시작된 일본 철도는「사회시스템의 변혁과 이용자의 의식 변화를 유도하는 의미에서 근대화를 추진하였다. 더욱이 철도의 수송 기능은 자본주의 경제체재를 정착」[7]시키는 역할을 했다.

일본국민들에게 문명개화의 심벌로 인식되며 일상생활에 큰 변화를 준 기차는 일본근대문학을 대표하는 작가인 나쓰메 소세키(夏目漱石, 1867~1916:이하 소세키로 간략하게 표기함)의 창작 영역에도 커다란 영향을 끼쳤다.

한국과 일본의 근현대사의 전개 과정에 있어서 명암(明暗)을 점검하면서 서양으로부터 문명·문화가 물밀 듯이 들어와 근대화가 이루어지기 시작했던 시대에 근대성을 표상하는 기차를 이용했던 승객들이 근대화를 어떻게 인식하고 있었는지에 대하여 비교, 분석해 보는 것은 동북아시아 근현대사 비교 연구를 포함한 관련 학문 분야에 기여할 수 있는 가치 있는 연구라고 생각한다.

따라서 본고(本稿)에서는 한·일 근대문학을 대표하는 작가 소세키의 작품『산시로(三四郞)』(1908년)와 염상섭(廉想涉,1867-1916)작품『만세전(萬歲前)』(1922년)을 비교하려고 한다. 우선 근대화 수단으로 이용되고 발전되어 온 기차의 의미, 두 작품의 주인공들이 관찰한 기차내 승객들의 현실 인식을 살펴보려고 한다. 특히『산시로』와『만세전』두 작품에 기차를 이용하는 승객인「히로타 선생(広田先生)」과「갓(笠)장수」의 현실 인식을 면밀하게 분석하여, 당시 근대를 살아가던 민중들의 근대화에 대한 인식의 차이점을 점검하는데 연구 목적이 있다.

---

7) 위의 책, p.43.

2 선행연구

『산시로』한 작품에 대해 1908년(明治41)부터 1993년(平成5)까지 85
년간 일본에서 발표된 선행연구를 조사하여 한 권의 단행본으로 간행
한 무라타 요시야(村田好哉)의『漱石『三四郎』書誌』8)의 내용을 분석해
보면, 이제까지 국내외에서 발표된『산시로』에 관련된 선행 연구물은
1,200편을 상회할 것으로 생각된다.『만세전』에 관련된 선행연구는『산
시로』에 비교할 만큼의 수량은 아니라고 해도 한국 근대문학의 다른
어느 작품보다 연구물 수량이 많다. 그 가운데 본 연구와 관련 된 선행
연구를 간략하게 소개해 보면 아래와 같다.

세키카와 나쓰오(関川夏央)는 소세키는 기차를 싫어했고, 경멸했지
만 그에 비해서는 「작품 속에 많은 기차를 등장시켰고, 본인도 자주
승차했다. 작품 속 묘사도 정확」9)했다고 주장했다.

에비이 에이지(海老井英次)는 산시로가 「히로타 선생으로 불리는 한
사람의 남자와의 만남은 컬처 쇼크(culture shock)의 첫 번째 파도」10)
였다고 주장했다.

김윤식(金允植)은 염상섭이 「일본문단에서 배울 만한 것은 〈기교밖
에 없다〉고 말한 것은 한낱 헛소리이다. (중략) 그가 일본문단에서 배울
것이 기교 밖에 없다고 한 것은 그의 눈엔 일본문단이 너무 낯익어,
이상한 점이 조금도 없었다는 뜻에 지나지 않는다」11)고 냉혹하게 지적

8) 村田好哉(1994)『漱石『三四郎』書誌』翰林書房, pp.7－269.
9) 関川夏央(2004)「漱石と汽車」『夏目漱石と明治日本』文藝春秋, p.49.
10) 海老井英次(2001)『開化・戀愛・東京－漱石・龍之介－』おうふう, p.46.
11) 김윤식(2004)『염상섭연구』서울대학교 출판부, p.348.

했다.

김지연(金志娟)은『만세전』은 식민지 근대에 의한 경제적 착취가 이루어지는 현실 속에서 많은「조선인들이 사회적 구도를 정확하게 조명하지도, 문제의 심각성을 깨닫지도, 적극적으로 투쟁을 실천하지도 못하는 모습」12)을 보여주고 있다고 논했다.

오준영(吳俊永)은『산시로』연구가 쇼와(昭和)40년대(1965-1974) 이후에「주제파악이라는 큰 테두리 속에서 이루어져왔던 연구의 흐름으로부터 작품의 부분적 요소에 대한 정밀한 분석을 토대로 주제에 접근하려는 방식으로 바뀌어」13)왔다고 논했다.

최해수(崔海秀)는 소세키와 염상섭의 문학적 영향관계에 대하여「염상섭 문학에서 소오세키의 영향은 고등유민 등의 명사 차용 외에도 고백체 등의 문장에서도 발견」14)된다고 주장했고,「산시로의 아픔이 실연으로 인한, 개인적인 아픔이라면 이인화의 그것은 시대와 정체성의 아픔」15) 이라고 논했다.

그러나 이제까지 발표된 선행 연구물 가운데 소세키의『산시로』와 염상섭의『만세전』에 묘사된 기차 안 승객 가운데 히로타 선생과 갓장수에게 스포트라이트(spotlight)를 집중적으로 비추어 근대화가 이루어지기 시작한 시대에 한·일 양국 민중들의 근대화 인식을 하나의 테마

---

12) 金志娟(2009)「일상성을 통해 본「만세전」의 근대성 연구」단국대학교 교육대학원, p.52.
13) 오준영(2005)「일본에서의『산시로(三四郎)』연구경향과 성과 조명」『나쓰메 소세키의 전기삼부작 연구』제이앤씨, p.69.
14) 崔海秀(2004)「나츠메 소오세키(夏目漱石)와 염상섭문학의 영향관계 연구-『나는 고양이로소이다(吾輩は猫である)』와『박래묘(舶來猫)』-」『일본근대문학-연구와 비평-』3, 도서출판月印, p.331.
15) 崔海秀(2005)「청년지식인 근대체험의 두 양상-나쓰메 소세키(夏目漱石)의『三四郎』와 廉想涉의『萬歲前』의 비교-」『日本學報』제62집, 한국일본학회, p.248.

로 선정하여 비교 분석한 연구물은 아쉽게도 발견하지 못했다.

# 3 기차의 의미

기차의 외연적 의미는 디젤기관 또는 증기기관을 이용한 기관차에 객차나 화물차를 연결하여 궤도 위를 운행하는 차량으로 사람이나 화물을 실어 나르는 것이다. 철도는 「서양문명의 위력」[16]을 보여준 근대성을 표상하는 문명의 이기이다. 근대시대에 탄생한 기차는 개인에게는 시공간을 정복하는 새로운 경험을 안겨 주었다.

일본이 영국의 재정원조를 받아 도쿄 신바시(新橋)와 요코하마(橫浜)간 철도 건설에 착수한 것은 1870년(明治3)3월 25일의 일로, 영국인 기사 에드먼드 모렐(エドモンド・モレル)의 기술 지도를 받아 작업을 강행한 끝에 「1872년(明治5)9월 12일에 무사히 개통식을 거행하여 문명개화에 대한 강한 인상」[17]을 심어줄 수 있었다.

한국 철도는 「1899년 9월 18일 노량진－제물포간 33.2km의 경인선이 개통」[18]된 것이 효시다. 이후 일제 강점기였던 1905년 1월에 경부선, 1906년 4월에 경의선, 1914년 1월에 호남선, 같은 해 9월에 경원선, 그리고 1942년 4월에 중앙선이 개통되어 기차가 전국을 잇는 교통망으로 체계를 구축했다.

---

16) 湯本豪一(1998)『圖說明治事物起源事典』柏書房, p.324.
17) 위의 책, p.324.
18) http://theme.archives.go.kr/next/content/listSubjectDescription.do?id=006449&page Flag=C참조 (검색일:2011.12.12)

근대시대에 탄생된 기차는 한·일 근대문학자의 창작 영역에도 큰 영향을 끼친다. 소세키는 1895년 시코쿠(四国)마쓰야마중학교(松山中學校)와 1896년 제오고등학교(第五高等學校)교사로 근무하기 위해 도쿄↔구마모토(熊本)간을 기차로 왕복했던 경험이 있다. 그는 영국유학을 떠나 런던에 도착한 후 1900년 12월 26일(水)에 아내 나쓰메 교코에게 보낸 편지에 「런던의 번성은 직접 본 사람이 아니면 모를 정도이다. 마차, 철도, 전철지하철, 지하전철 등이 거미줄처럼 둘러 처져」[19]있다고 런던의 철도와 지하철에 대하여 표현했던 적이 있다. 런던에서 기차를 이용해 본 경험 때문인지 그는 기차를 여러 작품에서 작품의 소재로 사용했다.

1906년(明治 39) 4월에 잡지 「호토토기스(ホトトギス)」에 발표된 『도련님(坊っちゃん)』의 주인공인 봇짱은 도쿄에서 물리학교를 졸업하고 시코쿠(四国)에 있는 어느 중학교의 수학 선생님으로 부임한다. 봇짱은 시코쿠에 도착하여 정거장에서 3전에 차표를 구입하여 「성냥갑 같은 기차」[20]를 타고 약 5분쯤 가니 자신이 근무할 중학교 주위에 내려야 했다. 『도련님』에 묘사된 기차는 당시 시코쿠 마쓰야마(松山)에서 운행되던 성냥갑 같이 만들어진 작은 기차가 소재로 사용된 것이다.

1906년(明治39) 9월에 춘양당(春陽堂)에서 발행했던 잡지 『신소설(新小說)』에 발표된 중편소설 『풀베개(草枕)』에서 「기차만큼 이십 세기 문명을 대표하는 것은 없을 것이다」[21] 라고 표현했다. 또한 기차를 「하얗게 반짝이는 철로 위를 문명이라는 긴 뱀」[22]이 꿈틀대며 달려온다고

---

19) 夏目金之助(1995) 「日記」『漱石全集 第19卷』, 岩波書店, pp.199-201.
20) 夏目漱石(2005) 『坊っちゃん』2, 岩波書店, p.18.
21) 夏目漱石(2003) 『草枕』13, 岩波書店, p.172.
22) 위의 책, p.174.

묘사했다.

『산시로』(1908년)에서는 주인공 산시로가 시모노세키(下關)에서 도쿄의 신바시(新橋)까지 삼등열차를 타고 이동하는 과정을 통해, 기차 안에서 만난 사람들과의 대화, 연변의 주변풍경 등을 상세하게 묘사했다.

『행인(行人)』(1912년)주인공 형은 인간의 불안은 과학의 발전에서 비롯되었다고 주장한다. 「앞서가기만 하고 멈출 줄 모르는 과학은 일찍이 우리에게 멈추도록 허락한 적이 없다. 도보에서 인력거, 인력거에서 마차, 마차에서 기차, 기차에서 자동차」[23] 그 다음엔 비행기, 어디까지 끌려갈지 알 수 없는 일이기 때문에 참으로 두렵다고 기차를 포함한 과학의 발전이 인간을 불안하게 만드는 원인이 되고 있다고 표현했다.

염상섭이 일본유학을 떠난 것은 1912년 9월 초순이었다. 관립사범부속보통학교, 보성소·중학교를 거쳐 1912년 9월 일본으로 건너가 1915년 9월 교토(京都)부립 제2중학교를 졸업하고, 게이오대학(慶應大學) 문과에 입학했으나 병으로 자퇴했다.

그도 일본유학을 하기 위해 서울↔부산, 시모노세키↔도쿄 간을 운행하는 기차를 이용하여 도쿄와 서울을 왕복했다. 그때의 경험 때문인지 그의 작품『만세전』에는 부산, 김천, 영동, 심천, 대전, 서울 등 철도역을 중심으로 정차와 승차가 반복적으로 이루어진다. 기차 안에서 만난 승객들의 다양한 모습은 일제강점기의 현실을 드러내고 있는 것은 물론이고, 각 기차역 대합실 풍경, 시내 및 거리풍경이 이인화라는 관찰자의 시선에 의해 상세하게 묘사되어 있다.

---

23) 夏目漱石(2005)『行人』32, 岩波書店, p.347.

4 『산시로』에 나타난 히로타 선생의 근대화 인식

『산시로』는 1908년(明治41) 9월 1일부터 같은 해 12월 29일까지 117회에 걸쳐서 도쿄·오사카의 아사히신문(朝日新聞)에 연재된 소설이다. 주인공 23세의 오가와 산시로(小川三四郎)는 구마모토를 출발하여 도쿄로 향하는 기차 안에서 우연찮게 만난 한 여성과 나고야(名古屋)의 여관에서 하룻밤을 같은 방에서 묵게 된다.

작품의 정확한 이해를 위하여 산시로의 고향과 소세키의 제자 고미야 도요타카(小宮豊隆, 1884－1966)의 관계에 대하여 살펴보겠다. 산시로는 나고야의 어느 여관의 숙박부에 자신이 살고 있는 주소를 규슈(九州)「후쿠오카현(福岡懸) 미야코군(京都郡)마사키무라(眞崎村)」[24] 라고 적었다. 산시로가 숙박부에 쓴「후쿠오카현 미야코군 마사키무라」라는 이 주소는 소세키가 창작을 위해 가공의 지명을 만들어 쓴 것이다.

하지만 후쿠오카현 미야코군은 소세키에게 가장 사랑받았던 제자 고미야 도요타카의 고향이다. 산시로의 주소가 미야코군으로 나와 있는 것을 기념하여 고미야 도요타카의 출신학교인 도요쓰중학(豊津中学), 현재의 이쿠토쿠칸고등학교(育德館高等学校)의 교내에는「산시로 숲(三四郎の森)」을 만들어 안내 간판「산시로 숲 유래(三四郎の森の由來)」에「산시로의 모델은 고미야 도요타카」[25]라고 표기해 놓았다.

---

24) 夏目漱石(2003)『三四郎』(1)岩波書店, p.12.
25) 논자가 2011년 8월에 직접 후쿠오카현(福岡懸) 미야코군(京都郡)미야코초(みやこ町)도요쓰(豊津)973번지에 있는 이쿠토쿠칸고등학교(育德館高等学校) 교내의「산시로 숲(三四郎の森)」을 방문하여 간판에 쓰여 있는「산시로의 모델은 고미야 도요타카」라는 글 내용을 확인했음.

고미야 도요타카가 도쿄제국대학 재학 중일 때 런던에서 소세키와 같은 하숙집에 살았던 그의 사촌형 이누즈카 다케오(犬塚武夫)의 소개로 소세키가 보증인이 되어준 것, 소세키의 추천으로 고미야 도요타카가 게이오대학(慶應大学)문학부 강사가 된 것, 고미야 도요타카가 아사히문예란(朝日文藝欄)을 주무대로 한 평론활동을 시작하게 된 것도 소세키에게 인정받은 것이 계기가 되었던 것, 산시로의 고향을 고미야 도요타카의 고향으로 사용한 것 등을 고려해 보면, 소세키는 산시로의 모델을 제자 고미야 도요타카를 소재로 사용했을 가능성이 충분하다고 판단된다.

산시로가 규슈에서 도쿄까지 이동하는 경로를 살펴보면 고등학교를 졸업했던 구마모토에서 출발을 했는지 자신의 고향인 후쿠오카현 미야코군에서 출발을 했는지 명확하지 않다.

『산시로』가 발표된 것이 1908년(明治41)인 것을 고려해서 살펴보면 「혼슈(本州)야마구치현(山口県)시모노세키시(下関市)와 규슈(九州)후쿠오카현(福岡県)기타큐슈시(北九州市)모지(門司)간을 연결하는 간몬해저철도터널(関門海底鐵道トンネル)의 복선화가 완성된 것이 1944년(昭和 19)9월 9일」[26]이었으므로 산시로가 규슈에서 기차를 타고 바로 시모노세키까지 갈 수 없었던 시대였다. 산시로는 규슈 기타큐슈시의 모지(門司)에서 연락선을 타고 바다 건너인 시모노세키까지 건너간 후, 1901년(明治 34)에 개통된 고베↔시모노세키 구간을 운행하는 산요선(山陽線)을 타고 고베까지 간 것이다. 산요선은 현재의 JR 산요본선(山陽本線)이다.

---

26) http://ja.wikipedia.org/wiki/%E9%96%A2%E9%96%80%E9%89%84%E9%81%93%E3%83%88%E3%83%B3%E3%83%8D%E3%83%AB 참조(검색일:2011.12.04)

산시로가 시모노세키에서 운임이 저렴한 삼등열차를 타고 도쿄로 이동하는 경로는 시모노세키→히로시마(広島)→고베(神戸)→오사카(大阪)→교토(京都)→나고야(名古屋)→도요하시(豊橋)→하마마쓰(浜松)→도쿄의 신바시(新橋)에 이르는 공간이다. 그 가운데 산시로와 히로타 선생이 기차 안에서 주로 대화를 나누는 구간은 도요하시→하마마쓰 주변을 지날 때이다.

도쿄에 있는 고등학교의 영어교사로 40세 정도 되는 아직 독신인 히로타 선생을 산시로가 기차 안에서 처음 보았을 때, 히로타 선생은 짙은 수염을 기르고 있었다. 히로타 선생의 외모를 구체적으로 분석해보면 오똑한 콧대에 갸름한 얼굴을 하고 있으며 여윈 체구로 신사(神社)의 신관(神官)같은 인상이었다. 그의 이름이 「초(萇)」[27]이므로 성명은 히로타 초(広田萇)이며 고등학교 선생으로 근무한지는 12-13년 정도 된다. 산시로와 히로타 선생은 도쿄행 기차 안에서 우연히 만나 창으로 목을 내밀어 구입한 복숭아를 함께 먹는 사이에 제법 친해져서 여러 이야기를 나눈다. 산시로는 자신이 구마모토에 있는 고등학교를 졸업하고 대학 문과에 들어가기 위해 도쿄로 가고 있다고 말한다.

히로타 선생은 산시로에게 소세키의 가장 친한 친구였던 마사오카 시키(正岡子規, 1867-1902)가 과일을 아주 좋아했다는 이야기를 한다. 그는 산시로에게 레오나르도 다 빈치(Leonardo da Vinci, 1452-1519)는 복숭아나무 줄기에 비소(砒石)를 주사해서 그 열매에 독이 퍼지는지 시험한 적이 있었다고 말한다. 그런데 그 복숭아를 먹고 죽은 사람이 있었다면서 「위험해. 조심하지 않으면 위험해!」하고 말하고는 잔뜩 어질러진 복숭아씨며 껍질 등을 한꺼번에 신문지로 둘둘 말아서 창밖으

---

27) 앞의 책, 夏目漱石『三四郎』(4), p.79.

로 던져버린다.

　히로타 선생으로부터 이탈리아 르네상스를 대표하는 화가이자 건축가
였던 레오나르도 다 빈치라는 이름을 들은 산시로는 서양에 대한 지식이
얕아 다소 주눅이 든다. 실제로「서양을 가본 적」[28]이 없이 서양 문명에
대해 서적과 사진을 통해 이해하고 있는 히로타 선생이 레오나르도 다
빈치의 복숭아나무 줄기에 비소를 주사하는 이야기를 한 것은 근대의 과
학실험, 호기심, 탐구심이 잉태할 수 있는 위험성을 제기한 것이다. 이에
관해 에비이 에이지는「호기심과 과학적 실험이 간접적이라고 해도 결과
적으로 인간의 생명을 빼앗은 결과가 되면 그것은 위험한 것이고, 과학적
합리성의 추구와 인간적 것과의 격차를 위험하다고 경고(警告)」[29]한 것
이라고 주장했다. 현상을 관찰하고 측정하기 위해 자주 실험을 하는 자연
과학을 전공하는 과학자들에게 소세키가 전하는 실험의 위험성에 대한
경종(警鐘)하는 메시지라고 생각된다.

　도쿄에 도착한 산시로는 우선 전차가 땡땡 울리는 데 놀랐다. 그리고
그 땡땡 거리는 동안 수많은 사람들이 타고 내리는 데 놀랐다. 가장
놀라운 것은 아무리 가더라도 끝이 보이지 않는다는 점이었다. 더구나
어디를 가나 목재가 널브러져 있고, 돌이 쌓여 있어, 모든 것이 파괴되
고, 동시에 모든 것이 건설되고 있는 듯이 보였다.

　산시로는 어느 날 저녁 도쿄 한복판에서 열차 사고가 난 것을 목격하
게 된다. 제등 불빛에 비친 젊은 여자는 기차에 치여 절반 정도 잘려
나갔다. 기차가 젊은 여자의「오른쪽 어깨에서 젖가슴 밑을 지나 허리
위까지 완전히 절단하고는 비스듬히 잘린 동체를 남겨둔 채」[30] 지나가

---

28) 위의 책, p.80.
29) 앞의 책, 海老井英次(2001)『開化・戀愛・東京－漱石・龍之介－』, p.50.
30) 앞의 책, 夏目漱石『三四郎』(3), p.57.

버린 것이다.

실제로 일본에 철도가 개설된 이래 일어난 철도사고에 대하여 살펴보겠다.

1872년 10월 도쿄 신바시에서 요코하마 사이를 처음으로 기차가 다니기 시작한 이래 일본정부와 민간 자본이 쌍방으로 추진한 철도건설로 인해 일본은 순식간에 아시아 지역에서 인도와 함께 철도 대국이 되었다. 한편 「철도의 영업노선이 늘어나면서 수십 명의 사망자가 나타나는 철도사고가 주기적으로 발생하기도 했다. 따라서 철도의 역사는 비극과 슬픔의 역사」31)라고 해도 무리가 아니다. 초창기 철도사에 있어서 최초로 일어난 중대 사고는 「1900년 10월 도치기현(栃木県)에서 일본 철도 열차가 강으로 추락했던 사고다. 이 사고로 인해 사망자는 20명, 중·경상자는 45명」32)이나 발생했다.

위와 같이 철도가 개설된 이래 철도사고가 주기적으로 발생하던 시대에 산시로는 도쿄에서 열차 사고를 목격한 후, 너무 놀라 즉시 그 자리를 떠나 되돌아가려고 발길을 돌렸지만 발이 움츠러들어서 움직일 수 없었다. 제방을 기어올라 집으로 돌아오니 가슴이 두근거려 견딜 수가 없었다. 산시로의 눈앞에는 아까 본 여자 얼굴이 생생하게 떠올랐다. 그 얼굴과 「아아……」 하는 힘없는 목소리. 그 두 가지 속 깊은 곳에 잠재해 있을 비참한 운명을 연결시켜 생각해보니, 인생이라는 억센 생명의 뿌리가 어느새 헐거워져 언제라도 어둠 속에 그 모습을 드러낼 것처럼 여겨졌다. 그는 다른 생각을 할 수 없을 정도로 두려움을 느낀다.

산시로는 이때 문득 도쿄행 기차 안에서 복숭아를 준 히로타 선생이

---

31) 앞의 책, 한국철도기술원(2003) 『일본철도의 역사와 발전』, p.160.
32) 위의 책, p.160.

복숭아나무 줄기에 비소를 주사해서 그 열매에 독이 퍼지는지 시험한 적이 있었는데, 그 복숭아를 먹고 죽은 사람이 있었다며 「위험해, 위험해, 조심하지 않으면 위험해!」[33] 하고 말했던 것을 떠올린다.

근대시대에 탄생한 기차는 근대문명을 상징하는 것으로 철(鐵)로 만들어진 묵중한 무게를 갖고 있음에도 불구하고 승객을 싣고 빠른 속도로 달림으로 인해 시간의 표준화와 공간의 정복화로 일상생활권의 범위를 확장시켰다. 한번 속력을 내면 멈추려고 해도 쉽게 멈출 수 없는 것이 기차의 속성이다.

소세키는 복숭아나무 줄기에 비소를 주사한 이야기와 젊은 여자가 열차 사고로 끔찍하게 죽는 이야기를 통해, 인간을 편리하고 이롭게 하기 위해 실험을 포함한 과학의 발전을 기본으로 해서 탄생한 근대문명이 항상 인간을 이롭게 하는 것이 아니라 경우에 따라서는 인간의 목숨까지 앗아갈 수 있는 위험성을 내포하고 있다는 것을 독자들에게 호소하려 했다고 생각한다.

하마마쓰(浜松)에서 기차가 서 있을 때 산시로와 히로타 선생은 기차 안에서 함께 도시락을 먹었다. 히로타 선생은 산시로에게 「이런 얼굴을 하고 이렇게 빈약해서야 아무리 러일전쟁에서 승리하고 일등국이 되더라고 소용」없다고 러일전쟁에서 승리하여 일등국이 되었다고 우쭐대는 당시의 일본을 비판하기 시작한다.

히로타 선생은 도쿄행 기차를 타고 가다가 곧 나타날 후지산이 일본 최고의 명물이며, 그것 외에 일본을 자랑할 만한 것은 아무것도 없다고 단언한다. 산시로는 러일전쟁 이후에 이와 같은 히로타 선생을 만날 것이라고는 상상도 못했고, 그가 일본인이 아닌 것 같은 느낌을 받는다. 산시

---

33) 앞의 책, 夏目漱石 『三四郎』(3), p.58. 『三四郎』(1), p.20.

로가 「하지만 이제부터 일본도 점차 발전하겠죠」 라고 말하자 히로타 선생은 담담하게 「망할 거야(亡びるね)」[34]라고 단정하여 말한다.

산시로는 규슈 구마모토에서 이런 말을 꺼내면 즉시 몰매를 맞거나 역적(逆賊)취급당할 수도 있다고 생각한다. 산시로는 자신이 어리다고 「업신여기고 우롱하는 게 아닐까」 하는 생각을 하고 있는데, 히로타 선생은 「구마모토보다 도쿄가 넓어, 도쿄보다는 일본이 넓고, (중략)일본보다는 머릿속」이 넓다고 말한다. 이 말을 들었을 때 산시로는 정말로 구마모토를 떠났다는 실감을 하며 동시에 구마모토에 있었던 자신은 무척이나 비겁했다는 것을 깨닫는다.

『산시로』가 아사히신문에 연재된 1908년경의 일본은 한국·중국에서 정치적·군사적 권익을 둘러싸고 팽팽하게 맞서 오던 러시아와 1904년(明治37)2월에 정면으로 충돌하여 러일전쟁이 일어난다. 일본은 세계 최강의 육군이라 불리던 러시아 육군을 여순(旅順)·대련(大連)·봉천(奉天)등지에서 격파하고, 러시아의 발틱함대마저 침몰시킨다. 1905年(明治 38)8月에 미국 대통령 루즈벨트의 알선으로 포오츠머스에서 강화 회의를 열고 9월에 조약을 체결하여 전쟁은 일본에 유리한 방향으로 종식된 것이다.

러일전쟁 이후 조약에 반대하는 사람들이 히비야 폭동 사건(日比谷燒き打ち事件)을 일으키기도 했지만 일본은 자본주의의 산업 체제가 급속히 발전하였고, 전쟁 승리로 인해 높아진 국제적인 신용을 이용해서 외자를 도입하여 산업을 진흥시켜 호황을 이루어 나갔다.

메이지 신정부가 러일전쟁(1904 − 1905)을 승리로 이끌고, 조선을 사실상 식민지로 만들어 버리자 일본 국민들 사이에는 세계의 일등국이

---

34) 위의 책, 夏目漱石 『三四郎』1, p.23.

되었다는 의식이 만연했으며, 제등행렬과 불꽃놀이 등을 하며 전승(戰勝)을 기뻐했다.

『산시로』를 발표하기 8년 전에 영국 유학을 떠나 1900년 9월부터 1902년 12월까지 약 2년간 런던에서 유학을 했던 소세키는 서양 문명의 마이너스적인 면, 서양문명이 지닌 어두운 면을 동양의 어느 사람보다 먼저 체험했다. 그는 합리주의와 자유, 평등으로 대표되는 서양의 「근대문명이 반드시 인간의 행복으로 연결되지 않는다는 것을 실감」[35] 했다. 때문에 겉으로는 서양의 근대를 모방하는 모습을 취하고 있지만 속으로는 천황제 등을 포함한 봉건적 제도를 취하며 타 민족을 억압하는 제국주의 팽창 정책을 추구해 나가고 있는 「일본의 현실과 미래를 우려의 시선」[36]으로 바라보았다.

그러므로 『산시로』에서 일본이 발전하지 못하고 「망할 거야」 라고 단언한 히로타 선생의 표현은 소세키가 서양 근대문명의 부정적인 측면을 도외시하고 문명의 밝은 빛에 눈이 멀어 경망스럽게 급진적으로 서구문명을 수용하는 과정에서의 어둠을 예측하여 사전에 그 「위험을 경고」[37]한 것이라고 생각한다.

---

35) 윤혜영(2006) 「일본 근대화에 대한 소세키(漱石)고뇌-'動'과 '靜'을 중심으로-」 『인문학연구』33-3, 충남대학교 인문과학연구소, p.232.
36) 위의 논문, p.229.
37) 앞의 책, 海老井英次(2001) 『開化 · 戀愛 · 東京-漱石 · 龍之介-』, p.51.

5 『만세전』에 나타난 갓장수의 근대화 인식

염상섭의『만세전』은 1922년『신생활』에 연재한『묘지』를 제목을 바꿔서 1924년 단행본으로 출판한 작품이다. 도쿄 유학생 이인화가 조선에 만세(萬歲)운동이 일어나기 전 해 겨울, 도쿄 W대학 문과에 재학하며 학기말 고사를 준비하던 중에 서울에 있는 아내가 위독하다는 급전(急電)을 받고 갑자기 귀국하게 되는 것에서 작품이 시작된다.

이인화가 도쿄에서 기차를 타고 서울로 오는 이동경로는 도쿄→고베→시모노세키, 부산(釜山)→김천(金泉)→영동(永東)→심천(深川)→대전(大田)→서울에 이르는 공간이다. 아내의 장례를 치르고 나서는 왔던 길을 반대로 기차를 타고 서울에서 도쿄로 되돌아가는 형식으로 구성되어 있다.

이인화는 시모노세키에서 배를 타고 부산에 들어와 부산 시가지를 둘러본 후 서울행 기차를 타고 가다가 김천역에서 내려 마중 나온 큰형님을 만난다. 오랜만에 찾은 형님의 집에는 늙은 형수와 새 형수가 묘한 조화를 이루고 있었고, 새 형수는 공교롭게도 어린 시절에 알고 지내던 청주 읍내 최참봉의 둘째 딸이었다.

이인화는 김천의 형님의 집을 나와 서울행 기차 안에서 여러 종류의 사람들을 만난다. 그 가운데 영동 역에서 올라온 갓을 쓰고 곰방담뱃대를 갖고 다니는 30세 전후로 성(姓)이 김(金)씨인「갓장수」를 만나 많은 대화를 나눈다. 이인화가 갓장수와 기차 안에서 주로 대화를 나누는 구간은 기차가 영동(永東)에서 심천(深川)역에 도착할 부렵까지이다.

이인화는 갓장수에게 왜 머리는 안 깎고 다니느냐고 물으니 그는「머리만 깎고 내지사람을 만나도 말대답 하나 똑똑히 못 하면 관청에 가서든지 순사를 만나서든지 더 성이 가신 때가 많지요. 이렇게 망건을 쓰고 있으면 「요보」38)라고 해서 좀 잘못하는 게 있어도 웬만한 것은 용서를 해주니까 그것만 해도 깎을 필요」39)가 없다고 주장한다.

이 말을 들은 이인화는 갓장수에게 머리를 깎는 것이 일본 사람들에게 천대를 덜 받고, 함부로 취급받지 않는다고 갓을 벗어버리고 머리 깎을 것을 권한다. 그러자 갓장수는 「머리나 깎고 모자를 쓰고 개화장이나 짚고 다녀 보슈. 가는 데마다 시달리고 조금만 하면 뺨따귀나 얻어 맞고 유치장 구경을 한 달에 한두 번쯤은 할 테니! (중략)우리 같은 놈이야 맞으면 맞았지 별수 있나요?」40) 라고 머리를 깎는 것이 살아가는데 어려움만 안겨준다고 주장한다.

일본 헌병 앞에서는 「바보 노릇을 해야 학대를 덜 받는다고」41) 생각한 갓장수는 천대를 받아도 얻어맞는 것보다는 낫다고 생각하기 때문에 상투를 틀고 갓을 쓰고 다니는 것이다. 조선인들이 일본인들로부터 「요보」 라고 낮추어 불리며 경멸받던 시대에 갓장수는 스스로를 「요보」 처럼 취급받고자 한다. 자신처럼 갓을 쓰고 다니며 다소 배우지 못한 무지한 사람처럼 보이면 일본 헌병과 조선인 헌병 보조인들에게 천대를 받기는 하지만 유치장에 들어가거나 시달리고 얻어맞고 하는 일은 없다는 것이다.

신양금(申良今)은 위와 같은 갓장수의 행동에 대하여 일제 식민지하

---

38) 일제 때 일본인들이 조선인들을 낮추어 부르는 말. 조선어의 여보(ヨボ)라는 말에서 유래됨.
39) 염상섭(2008 『만세전』열림원, p.218.
40) 위의 책, p.218.
41) 申良今(1973) 「横步의 抗日文學考 -「萬歲前」을 中心으로-」梨花女子大學校 敎育大學院, p.44.

에서 「왜곡되어 있는 전형적인 민중의 모습」[42]으로 보았다. 강송석은 일제강점기하에 「갓장수는 '요보'라고 천대를 받는 것이 개화되는 것보다 낫다고 생각하고 있다. (중략)조선인들의 가장 유리한 생활방도이며 억압당하는 조선인의 생활상을 극명하게 드러내 주는 모습」[43]이라고 논했다.

이인화는 「어떻든지 저편의 호감을 사고 저편을 웃기기만 하면 목전에 닥쳐오는 핍박은 면할 것이다. 속으로는 요놈 하면서라도 얼굴에만 웃는 빛을 띠면 당장의 급한 욕은 면할 것이다. 공포, 경계, 미봉(彌縫), 가식, 굴복, 도회(韜晦), 비굴…… 이러한 모든 것에 숨어 사는 것이 조선 사람의 가장 유리한 생활방도요, 현명한 처세술」[44]로 이해한다.

그러면서 실상을 생각하면 갓장수의 이러한 생활철학은 갑자기 오늘에 터득한 것이 아니고, 오랫동안 봉건적 성장과 관료 전제 밑에서 더께가 앉고 굳어 빠진 껍질이지마는, 그 껍질 속으로 점점 더 파고들어 갔기 때문이라고 조선역사 속의 봉건적 관료 전제가 갓장수에게 영향을 미쳤다고 이인화는 생각한다.

이어서 갓장수는 공동묘지만 하더라도 일본에 그런 법률이 있다 하면 싫든 좋든 우리도 따라갈 수 밖에 없겠지만 조선에는 예로부터 내려오는 「우리의 유풍이 있지 않습니까」[45] 라고 당시 조선총독부에서 실시하려고 하는 공동묘지법에 반대하는 의사를 당대의 지식인 이인화에게 분명하게 표한다.

조선시대의 장묘문화(葬墓文化)를 간략하게 살펴보면 조선 왕조는

---

42) 위의 논문, pp.44 - 45.
43) 강송석(2009) 「염상섭의 『만세전』 고찰」 동국대학교 교육대학원, p.17.
44) 앞의 책, 염상섭 『만세전』, p.219.
45) 위의 책, p.219.

숭유억불(崇儒抑佛)을 통치이념으로 삼아 화장과 매장, 그 이외의 장법(葬法)형태가 혼재하는 가운데에서 유교 가치관의 영향으로 매장만의 장묘문화를 선택하였다. 특히 「성종 1년(1470)에 화장을 법으로 금지」[46] 시키면서 매장은 조선인의 관습으로 자리잡았다.

조선시대에는 묘지의 경우에는 사회계급에 따라 그 크기를 제한하는 등 검소한 장사문화를 조성하였고, 매장 중심의 장묘제도를 정착시키기 위해 묘지 보호에 대한 적극적인 정책을 취했다. 조선 후기에는 풍수사상의 성행으로 양택의 택지를 모두 풍수지리설에 비추어 행하였고, 그 가운데서도 「묘지 풍수신앙은 크게 성행하여 자손의 번성, 부의 획득, 영달의 소망」[47]을 묘지 선정과 관리에 걸었기 때문에 묘역의 광역화, 호화분묘가 나타났다.

하지만 일제강점기가 되자 조선총독부는 철도나 기지 건설, 광산 개발 등 각종 사업을 벌이는 데 묘지가 장애가 되는 것을 인식하고, 「1912년 6월 조선총독부령 123호에 의해 「묘지·화장장·매장 및 화장취체규칙」이 공포됨에 따라 조선시대를 거치면서 금지되고 기피되어 왔던 화장이 일본식 화장법」[48]이라는 새롭고도 낯선 모습으로 등장했다. 이 법령은 조선총독부가 효율적인 식민지 경영을 위한 임야조사 사업의 일환으로 제정한 것으로서, 매장보다는 화장을 권장하여 공동묘지를 이용하도록 법률로 정해 집행하려고 했던 것이다.

그런데 당시 조선총독부가 강제로 집행하려고 했던 공동묘지법은 그때까지 풍수지리적인 명당을 찾는 등 자유로웠던 조선인의 개인 묘지

---

46) 송현동(2001) 「한국 장묘문화의 변화 요인에 관한 연구」한신대학교 대학원, p.5.
47) 허한양(2007) 「한국 장사(葬事)제도에 관한 연구－화장 후 유골안치 방법을 중심으로－」한양대학교 행정대학원, p.xxvi.
48) 위의 논문, p.xxvii.

의 조성 자유에 규제를 가하는 것이었다. 때문에 당시 공동묘지법 실시로 인해 조선총독부와 조선인들 사이에 분쟁이 끊이지 않았다. 조선의 전통 문화, 그 가운데에서도 부모 사후(死後)에도 정성을 다해 섬기려고 하는 매장관습(埋葬慣習), 장묘문화, 산소(山所)보존 풍속을 올바로 이해하지 못하고 조선총독부가 공동묘지법을 법률로 정해 일방적으로 집행하려고 했기 때문에 갓장수도 반발하고 그 폭력성에 저항하려고 했던 것이다.

쉽게 설면하면 조선시대 후기까지 우리나라에는 부모가 돌아가면 장사지내는 일을 살아서 섬기듯이 하는 「생사장제(生事葬祭)」[49]의 고유한 문화가 이어내려 왔다. 조선에 그런 문화가 존재하고 있는 것을 제대로 이해하지 못하고 부모가 죽더라도 일본에서 행하여지고 있는 것처럼 화장을 하여 공동묘지에 묻으라고 조선총독부가 법률을 정해 강제로 집행하려고 했던 것이다. 이에 대해 갓장수는 노골적으로 조선총독부의 조선 문화파괴(文化破壞)의 폭력성(暴力性)과 부당(不當)함을 토로한다.

『만세전』의 갓장수는 외모(外貌)로 천대를 받더라도 일본 헌병과 조선인 헌병 보조인들에게 얻어맞는 것보다는 낫다고 생각하여 상투를 틀고 갓을 쓰고 다닌다. 그러나 조선의 고유한 매장관습과 장묘문화 등 현실을 이해하지 못하고 공동묘지법을 앞세워 막무가내(莫無可奈)로 밀어붙이려고 하는 조선총독부의 폭력적 억압정책(抑壓政策)에는 순응하지 않고 강력하게 이의(異議)를 제기한다.

당시의 지식인 이인화가 「뱃속에서 쪼르륵 소리가 나도 죽은 뒤에 파묻힐 곳부터 염려를 하고 앉았을 때인지? (중략) 앞으로의 문제와 자

---

49) 앞의 책, 염상섭『만세전』, p.221.

식의 문제」[50] 등에 관해서 이야기하자고 제안을 해도「형장께서도 양친이 계시겠지요? 어떻게 하실 텐가요?」[51] 라고 조금도 물러서지 않으면서 울분(鬱憤)을 터트리며 조선총독부의 정책에 조금도 굴종(屈從)하지 않고 반발하는 조선민중의 저항정신을 내비치고 있다.

6 맺는말

이제까지 분석한 것을 요약하면 아래와 같다.

첫째, 근대화가 시작되는 시대에 한국과 일본의 근대인들에게 기차는 서양문명의 위력을 보여주고, 20세기 문명을 대표하는 것으로 개화의 실상을 피부로 느끼게 하는 의미를 갖고 있었다. 소세키는『풀베개』에서 기차를 문명이라는 긴 뱀으로 묘사했으며,『행인』에서는 기차를 포함한 과학의 발전이 인간을 두렵고 불안하게 만드는 원인이 되고 있다고 주장했다. 염상섭은『만세전』에서 기차 안 승객들의 다양하게 살아가는 삶의 모습을 통해 일제강점기 조선의 무겁고 어두운 현실을 투영시켰다.

둘째,『산시로』의 히로타 선생이 도쿄행 기차 안에서 일본이「망할거야」라고 표현한 것은 근대문명의 부정적인 측면을 도외시하고 문명의 밝은 빛에 눈이 멀어 앞뒤 가리지 않고 서양문명을 필사적으로 받아들여 근대화를 이루어 나가려고 하는 일본 미래의 어둠·위험을 경고했

---

50) 위의 책, p.222.
51) 위의 책, p.222-223.

던 것이다. 그에 비해『만세전』의 갓장수가 식민지 조선의 미래에 대하여는 깊이 있게 생각하지 않으면서 머리를 깎지 않고 갓을 쓰고 다니며, 외모로는 일부러 어리숙한 모습을 보였던 것은 일제의 혹독한 헌병 경찰 탄압이 있던 현실을 고려해 살아남기 위한 생존방법의 하나였다. 그러나 갓장수가 조선총독부의 공동묘지 정책에 굴종하려고 하지 않는 것은, 조선 고유의 매장관습과 장묘문화 등을 무시하고 공동묘지법을 앞세워 막무가내로 밀어붙이는 현실에 절망하여, 문화파괴와 폭력적 억압정치의 부당함을 알리고 저항하는 것이라고 판단된다.

셋째,『산시로』의 히로타 선생은 일본의 근대화가 서양으로부터 문화·문명 섭취에 의해 급진적으로 이루어지는 것에 대해 우려를 표명하며, 서양의 과학실험을 바탕으로 하는 근대문명에는 합리성과 편리함만이 있는 것이 아니라 위험성이 내재되어 있다는 것을 경고하고 있다. 그에 반해『만세전』의 갓장수는 조선의 근대화는 서양이 아니라 일본, 구체적으로는 조선총독부의 정책에 의해 이루어지고 있고, 조선인들이 일본인들이 개설해 놓은 근대문명을 상징하는 기차 등을 이용은 하고 있지만 일본인들에게 고맙게 생각하는 의식은 찾아볼 수 없다. 오히려 조선 민중들의 생사장제의 고유한 문화와 매장관습, 묘지보존문화 등을 제대로 이해하지 못하고 공동묘지법을 만들어 밀어붙이는 조선총독부의 폭력적 근대화 정책에 굴종하지 않고 저항하려고 하는 특징이 작품 속에 아로새겨져 있는 차이점이 있다.『산시로』와『만세전』에 등장하는 기차 안 승객 히로타 선생과 갓(笠)장수의 주장으로 폭을 좁혀서 분석한 결과, 한·일 근대문학을 대표하는 소세키와 염상섭 두 작가가 요란스럽게 문명개화를 캐치프레이즈(catchphrase)로 내 걸고 성취해 내려고 하는 급진적 근대화의 현실에 대해 고민(苦悶)·한탄(恨歎)·우려(憂慮)·

경고(警告)하는 육성(肉聲)메시지가 담겨져 있다고 판단된다.

이 논문은 「나쓰메 소세키의 『산시로』와 염상섭의 『만세전』 비교 연구-기차 안 승객의 현실인식을 중심으로-」(『日本近代學研究』第35輯, 韓國日本近代學會, 2012)를 기초로 수정 보완하여 작성한 것이다.

동아시아연구총서 제1권

동아시아 교류와 문화변용

근대일본의 번역전통과 문화변용

양호성

　한국외국어대학교 통역대학원에서 번역학 전공으로 문학석사 학위를 받았으며 동의대학교 일반대학원 일어일문학전공 박사과정을 수료하였다. 배화여자대학 강사를 거쳐 현재 대구외국어대학교 일본어통번역 전공 조교수로 재직 중이다. 학술활동으로 한국일본근대학회 학술상(2010)을 수상했으며 현재 한국일본근대학회 부회장을 맡고 있다. 관심분야는 일한 번역론, 어휘론, 대조연구이다.

1 머리말

번역은 주로 선진문명에서 후진문명으로 이동함을 의미한다. 번역이라 함은 외국의 선진 지식을 배운 것을 자국에 수용하기 위한 과정이다. 물론 예를 들어 포교를 위한 번역과 같이 선진국의 인물이 후진국의 사람들을 가르치기 위한 번역이 없는 것은 아니다. 또한 자국의 지식의 국제적인 평가를 받기 위해 당대의 국제어로 번역하는 일이 없지는 않다. 그러나 이들은 세계 역사 속에서도 번역의 역사 속에서도 주류는 되지 못한다. 번역이라 함은 주로 인류가 축적해온 영지를 배우고 호흡하기 위한 도구이기도 하다.

번역의 원동력이 되는 것은 물론 외국의 선진 지식을 배우려고 하는 열정이지만 그와 동시에 자국어에 대한 자신감과 애정이 중요하다. 자국과 자국어를 소중히 하지 않는 외국 지식은 외국어로 받아들이면 된다. 번역할 이유가 없기 때문이다. 문명이 꽃피는 시기에는 언제나 그 초기에 대번역 시대가 있었다. 문명이 꽃피는 시기에는 그 이전의 문명, 동시대의 선진 문명에서 번역에 의해 지식을 흡수하는 방법을 채택했다. 외국어를 배우고 외국어로 직접 지식을 배우는 편이 효율적이라는 생각이 들고 얼핏 비효율적인 방법이 번역이라고 할 수 있다.

그러나 번역에 의해 그 이전의 문명이나 동시대의 선진 문명에서 지식을 흡수하고 자국어로 소화되고 융합된 이후에 독창성 꽃피게 된다. 따라서 번역 없이는 계승할 수 없고 계승 없이는 독창성도 없다. 번역에 관한 담론을 할 때 흔히 번역은 문학의 일부로 간주되곤 한다. 물론 문학번역이 중요하지만 그것이 번역의 전체를 대표한다고는 할 수 없다. 일본의 근대기에는 서양의 역사학, 지리학은 물론이거니와 화학, 사회학, 법학, 생물학, 물리학, 군사학을 넘나들었기 때문이다. 근대일본에 있어서 번역은 단순한 서구의 선진문물과 지식이나 사상을 수용하는 차원을 넘어서 오래되고 낡은 막부의 봉건체제와 정치제도를 새롭게 바꾸지 않으면 일본은 이른바 사회진화론에서 주장하는 적자생존의 법칙에 의해 서구열강의 식민지가 되거나 소멸될지도 모른다는 절박함을 배경으로 하는 사상적인 조류에서 찾아 볼 수 있다.

본고에서는 근대일본에 있어서 근대 지식인들의 고뇌와 함께 번역을 둘러싼 사상가들의 사고방식의 전환, 번역에 대한 열정과 노력 등을 문헌자료를 통하여 고찰하고 시사점을 얻고자 하는데 목적이 있다. 특히 근대일본의 번역에 관한 참고서적으로 번역활동의 결과물은 방대하지만 번역을 주제로 한 일본근대를 조명한 참고서는 그다지 많지 않다. 몇 안 되는 참고문헌 중에서도 단연 마루야마 마사오와 가토 슈이치의 대담집 『翻訳と日本の近代』(1998)라는 저작을 참고하여 고찰하였다.[1]

1) 연구범주와 근대의 시대구분

근대의 역사상 시대구분에 대하여 검토할 필요가 있다. 세계사에서 근대란 봉건시대·봉건사회 단계가 끝난 다음에 전개되는 시대를 말하는데 봉건시대의 다음 시대를 지칭하는 관점에서 공동체에 대한 「나」라는 개인의식의 성립이나 개인존중 등의 「개인우월 사상」을 내세워 따진다면 유럽에서는 보통 15~16세기 르네상스나 종교개혁의 시기 이후가 되고, 자본주의의 형성이나 시민사회의 성립이라는 관점에서 본

---

1) 丸山正男·加藤周一(1998) 『翻訳と日本の近代』岩波新書

다면 17~18세기 이후가 된다. 일반적으로 후자를 근대라고 한다. 특히 르네상스부터 절대주의 · 중상주의가 전개되는 17~18세기까지의 시기를 근세(近世)라고 한다. 그러므로 근세와 근대는 구분되어 근세 다음에 근대가 시작된다.

19세기 이후 유럽에서 완성된 이들 사회체제는 일본을 비롯한 외부세계로 퍼져나가 전세계로 확대되었다. 이리하여 지구상의 대부분의 사람들을 배타적 주권국가의 국민으로 변화시켰으며 국민이 모여 만들어진 국가에 국민이 구성원으로서 참가하는 국제사회로 변모하였다. 이러한 일련의 과정이 세계 역사에 있어서 「근대」이며 근대 이전의 단계에 있는 사회가 근대적인 사회로 변하는 것을 근대화(modernization)라고 정의하고 있다.

또한 「근대」라는 용어는 현대의 정치체제와 국제사회의 시대(현대)보다 바로 한 시대 이전의 시대라는 의미로 통용되고 있다. 이러한 이유로 아시아 역사에서는 제2차 세계대전 종결(1945)을 경계로 「근대」와 「현대」로 구분한다.

아시아 역사에서는 구미열강에 의한 식민지화에 주목하여 아편전쟁에서 제2차 세계대전까지를 「근대」로 간주한다. 다만 아편전쟁 이전부터 구미열강에 의해 식민지화되어 있던 국가(예:인도네시아)가 존재한 점에도 주의할 필요가 있다. 일본사에서는 에도시대를 「근세」, 제2차 세계대전 이전을 근대, 전후를 현대로 보는 것이 일반적이다. 그러나 근대의 시점에 대해서는 메이지 신정부의 성립에 따라 메이지유신(1868)에 의한 황실의 대정봉환(大政奉還)왕정복고(王政復古)라는 설과 에도시대 말기의 미일화친조약에 의한 개국(1854)이라는 두 가지 설이 있는데 최근의 역사학에서는 일본의 근세를 근대사회를 성립시킨 전제

조건이 성장한 시대로 평가하는 시각이 늘고 있다.

따라서 본고에서의 「근대」의 일반적 시대적 구분으로서는 「근대」는 메이지유신(1858)부터 제2차 세계대전의 패전(1945)까지로 보는 것이 타당한 것으로 보는데 근대가 있게 한 에도시대 말기 근세의 유학과 난학의 사상적 배경에 대해서도 연구범주에 넣기로 한다.

2) 선행연구의 검토

일본근대와 번역에 관한 선행연구 논문은 극히 미미한 수준이다. 이건상(2004)의 「일본의 근대화에 영향을 끼친 번역문화」가 그 중의 하나이다.[2] 이 논문은 근대화 과정의 번역활동을 다룬 것이 아니라 근대 이전, 즉 일본 근세(막부시대)의 난학을 중심으로 번역문화에 관해 고찰한 논문이다. 16세기 이전의 주자학 중심의 유학에서 가톨릭 선교사 프란시스코 사비엘이 가고시마를 방문함으로써 시작된 남만문화를 시작으로 한 서양문물의 수용과 그 이후의 난학과 양학의 발전을 다루고 있으며, 주로 번역물의 내용을 다루기보다 번역을 둘러싼 역사적 배경과 사상적 조류를 다룬 논문으로 평가할 만하다.

에도시대에 나가사키의 데지마(出島)를 중심으로 한 일본과 교역관계에 있었던 네덜란드의 학문이 유입되기 시작하였다. 그 중에서도 나가사키 통사와 난학자가 주체적·능동적으로 참여하기 위해 네덜란드어를 학습하였고 다시 네덜란드어로 쓰여진 각종 학술서를 번역하게 되었다. 이 때 활약하게 되는 난학자들이 네덜란드어를 매개로 하여 근

---

2) 이건상(2004) 「일본의 근대화에 영향을 끼친 번역문화」,『일본학보』58, 한국일본학회, pp.443－456

대 서구제국의 선진 과학과 학문을 학습하였고 이후 일본의 근대화에 커다란 영향을 끼치게 된다. 메이지유신 이전에 난학이라는 학문을 통해 일본의 근대화는 이미 시작되었다고도 볼 수 있다.

초기 난학의 특징은 전란을 배경으로 실용성이 큰 병학과 의학, 그리고 천문학 등 실용기술이 먼저 도입되었다는 점일 것이다. 그 이후 생물학과 화학, 물리학 등 다시 기초 과학으로 그 범위가 확대되었다. 그리고 막부 말기에는 전체 양학(洋学)으로 다시 확대되어 발전을 거듭하게 되었다. 즉 이들의 사상적·학문적 성과와 과학·기술의 습득은 곧 근대 문화의 전개였으며, 이는 메이지 학술의 근대적 배경으로 작용하여 이후 일본 사회에 큰 영향을 미친다.

당시 나가사키의 데지마는 막부의 쇄국 정책 기간 중 서양지식 도입의 유일한 창구였고, 이곳을 통해 일본은 선별적으로 서양문화를 수입하였다.3) 즉 일본의 근세는 쇄국이 아니라 이른바 선별적인 쇄국인 것으로, 양질의 서양 문화는 지속적으로 수입되었다고 할 수 있다.

이후 일본은 메이지 유신이라는 개국(開国)정책을 펴게 되는데, 그 핵심에는 난학자가 위치하게 되었다. 즉 에도 시대의 난학은 이후 일본의 근대화에 큰 역할을 담당하였던 것이다. 예를 들면 니시 아마네·후쿠자와 유키치·모리 오가이 같은 메이지의 진보적 문화인은 모두 난학의 영향을 받은 자들이다.

서양화라고도 할 수 있는 일본의 근대화는 이른바 선별적 쇄국기간

---

3) 데지마(出島)란 1634년 에도 막부의 쇄국정책의 일환으로 나가사키에 건설된 인공섬이다. 부채꼴모양의 섬으로, 전체넓이는 약 1.3ha정도이다. 1641년에서 1859년 사이에 네덜란드와의 무역은 오직 이곳에서만 독점적으로 허용되었으며, 쇄국일본 시기에 서양과의 교류라는 숨통을 터놓았던 상징적인 장소이다.

중 나가사키와 에도의 서양 연구와 번역 작업을 통해 가능했던 것이다. 또 막부, 정확하게는 가이세이조에서 양성된 인재가 유신 이후 활약하였다. 메이지 시대 이전에 이미 난학자와 양학자에 의해 또는 막부의 외국어 연구·교육기관인 반쇼시라베쇼·가이세이조의 외국어 학습과 교육, 그리고 난학의 발전으로 인해 서양의 지식과 문화는 지속적으로 일본어로 옮겨졌으며, 그러한 바탕이 있었기에 이후 메이지 시대에 이른바 근대화가 가능하였다고 정리하고 있다.

이 논문은 에도막부 서양문물의 쇄국기부터 선별수입 과정을 상세히 고찰하고 있으며 특히 일본정부의 번역에 관한 열정과 제도적인 지원에 이르기까지의 과정을 고찰한 논문으로 이 분야의 논문이 거의 전무한 시점에서 나온 논문으로써 평가할 만하다.

2 근대일본의 번역문화

1) 근대이전의 번역문화의 배경

서양사학자 박상익은 『번역은 반역인가』라는 책에서 일본의 근대와 번역에 대하여 다음과 같이 지적한다. 메이지시대(1867-1912)는 근본적으로 일본이 서양 문명을 배우고 본받아 점차 소화해간 시기로 일본이 이렇게 대규모로 해외문물을 배운 것은 그때가 처음은 아니었다고 전제한다. 1천여년 이전에도 이런 식으로 중국이나 한반도의 문물을 배운 예가 있었기 때문이다. 그런데 이번 경우엔 그때보다 규모가 훨씬 크고 또 조직적이었으며 일본인들은 서양 각국에 유학생을 파견하여 그들의 우수한 점을 번역하기로 했다. 영국에서는 해군제도와 해상무역을 배우고, 독일에서는 육군제도와 의학을 배우고 프랑스에서는 법률을 미국에서는 기업경영을 배우게 했다. 그들은 전 세계를 하나의 거대한 교실로 삼아 각 분야의 정수만을 배우기로 한 것이다. 이 시기의 일본은 마치 스펀지가 물을 빨아들이듯 서양 문명을 받아들였고 그 과정에서 수많은 서양 서적들이 대대적으로 번역되었다고 적고 있다.4)

18세기 말까지 일본의 대외관계는 조선통신사나 나가사키를 통한 네덜란드와의 관계 및 중국과의 관계로 대별할 수 있다. 일본은 중국과의 대외관계에서 정보는 많았지만 접촉은 거의 없었다. 이와 달리 서양은 19세기 초부터 직접적인 접촉의 형태로 이루어졌다. 중국과는 다르게 직접 상대하면서 교섭 상대로서 등장한 셈이다. 서양은 대항해 시대 이래 증기기관과 항해술의 발달로 마음만 먹으면 일본까지 진출할 수 있었다. 일본은 가까운 중국의 정보는 많았지만 사람은 오지 않고 멀리 서양은 사람은 오는데 정보는 없는 그런 역전현상과 영국과 아편전쟁(1840-42)을 치른 청나라를 예의주시하고 있었다. 일본은 아편전쟁의 결과 소스라치게 놀랐으며 그것이 극단적으로 표출된 사건이 메이지 유신이었다. 메이지 유신 직후에 많은 유학생을 서양으로 보내고 구미 시찰을 위해 이와쿠라 사절단을 파견하고 서양을 모델로 한 근대화를 추진하기로 한 것이다.5)

19세기 후반은 일본에게 놀라울 만큼 행운이었던 시기였다. 서구 열

---

4) 박상익(2006)『번역은 반역인가』도서출판 푸른역사, p.20
5) 메이지 신정부가 열강과 체결한 불평등조약의 개정을 준비하기 위해 1871-1873년에 우대신 이와쿠라 도모미를 특명 전권대사로, 기도 다카요시, 오쿠보 도시미치, 이토 히로부미 등을 부사로 하여 미국과 유럽에 파견한 사절단이다.

강 속에서 일본이 침략당하지 않고 빠른 기간 내에 근대화를 이룰 수 있었던 것은 당시 서양이 일본을 침략할 만한 여건이 아니었기 때문이다. 프랑스는 프로이센과 보불전쟁6)을 치렀고 미국은 남북전쟁7)의 와중이었고 그 전에는 영국, 프랑스와 러시아가 크림전쟁8)을 치렀으니 아시아 침략에 신경 쓸 틈이 없을 때 일본은 민첩하게 근대화를 이룰 수 있었다.

일본은 서양이 자신들의 문제 해결에 정신이 없을 때 최소한의 노력으로 근대국가를 만들어야 한다고 생각하고 있었기 때문에 개혁개방에 앞서 준비 작업으로서 철저하게 정보를 서둘러 입수할 필요가 있었고 그 과정에서 번역은 필연적인 도구였던 것이다.

1853년 미국의 페리가 내항한 뒤 현실로 드러난 서양 열강의 압력에 대하여 교토의 조정은 서양을 배척하려 했으나 막부는 천황의 의향을 무시하고 1858년 미일수호통상조약을 체결하였다. 이를 빌미로 조약에 반대한 정치세력들은 존왕양이를 내세워 결집하여 막부정치를 비판하기 시작하였다. 이 운동은 1860년대 초에 이르러 한층 격렬해졌으며 사쓰마와 조슈번이 중심역할을 맡았다. 1863년에서 이듬해 1864년에

---

6) 보불전쟁(1870-71) : 프로이센과 프랑스가 치룬 전쟁으로 프로이센의 지도하에 통일 독일을 이룩하려는 비스마르크 정책과 이를 저지하려던 나폴레옹 3세 정책이 충돌해 일어난 전쟁으로 이 전쟁에서 프랑스가 패배하여 전쟁 배상금 50억 프랑을 지불하고 알자스 로렌의 대부분을 할양하게 되었다.
7) 남북전쟁(1861-65)에 미합중국의 북부와 남부가 벌인 내전(內戰) : 4년에 걸친 격전 끝에 남부는 패하여 다시 연방(聯邦)으로 복귀하는 데 10여 년이 걸렸다. 나라가 갈라져서 싸운다는 것은 확실히 민족적 비극이었으나, 미합중국은 이 엄청난 시련을 이겨내고 자유와 평등을 위해 국가적 단결을 한층 굳혔다.
8) 크림전쟁(1853-1856) : 러시아와 오스만투르크 · 영국 · 프랑스 · 프로이센 · 사르데냐 연합군이 크림반도 · 흑해를 둘러싸고 벌인 전쟁으로 이 전쟁에서 패한 후 러시아는 본격적으로 근대화를 추진하게 된다. 「백의의 천사」 플로렌스 나이팅게일이 야전병원에서 활동하여 간호학의 발전을 가져왔으며, 여성들이 전쟁에 참여할 수 있는 장을 열었다.

걸쳐 덴츄구미의 난(天誅組の変)[9], 이쿠노의 난, 덴구토의 난 등을 거치
면서 요원의 불길처럼 전국으로 번졌다.

이와 동시에 천황의 전통적인 권위를 이용하여 막부 정치를 개혁하
려는 공무합체(公武合体)운동도 전개되었다.[10] 사쓰마번, 이이즈번 등
이 주도한 공무합체파는 1863년 8월 정변을 일으켜 존왕양이派를 교토
에서 추방하였다. 한편 존왕양이파는 사쓰마에이전쟁(1863)[11]과 4국
함대의 시모노세키 전쟁(1864)[12]을 계기로 서양을 몰아내는 것은 불가
능하다는 것을 인식하게 되었다. 1865 - 67년 무렵부터 존왕양이 운동
에서 탈피한 막부타도 세력은 개국 정책을 주장하고 현실적 정책을 바
탕으로 막부 타도운동을 전개해 나갔다. 일찍이 중국이나 조선에서 볼
수 없었던 민첩한 전환을 통해 일본은 양이론을 극적으로 반전시켰던
것이다.

---

9) 1863년 전반기는 존왕양이 운동이 최고조에 달한 시기였다. 조슈번과 각지에서
   결집한 영주가 없는 무사 양이파는 조정에도 강한 영향력을 갖고 있었다. 존양파
   의 주장에는 조정이 직접 각번에 양이를 명하는 한편 기내(畿內)를 조정의 직할령
   으로 하는 등의 의견을 내었는데 덴츄구미(天誅組)의 봉기는 막부에 대한 존왕양
   이파의 최초의 무력봉기라는 점에서 획기적인 것이었다. 덴츄구미의 거병 자체는
   단기간에 실패로 끝났지만 막부령 지배의 거점인 번청(陣屋)이 있는 저택과 작은
   다이묘라고는 하나 성이 공공연히 습격을 당하는 등 막부와 막번 영주들이 큰
   충격을 받았으며 막부의 권위가 실추되거나 더 진행되는 결과를 낳았다.
10) 공무합체운동은 막부말기(1850년대부터 1860년대)의 일본에 있어서 조정(公)의 전
    통적 권위와 막부 및 여러 번(武)를 결부시켜 막번체제의 개편강화를 위한 정책론
    으로 정치운동을 말한다.
11) 薩英戦争(Anglo - Satsuma War,Bombardment of Kagoshima) : 1863년8월15일 - 7
    월4일(8월17일)은 나마무기사건의 해결을 요구하는 영국과 사쓰마번 사이에 싸운
    가고시마만에서 일어난 전투를 말한다.
12) 시모노세키전쟁은 막부말기 조슈번과 영국 프랑스 네덜란드 미국 등 열강 4개국과
    사이에 일어난 전쟁이다. 1863년과 1864년의 전후 2차례에 걸쳐 양이사상에 바탕
    을 둔 무력충돌사건이다.

2) 원문주의에서 번역주의로

일본은 조선, 중국과 오랜 관계를 유지해 오면서 적어도 일본의 지식
계급은 한문을 읽고 쓰는데는 불편이 없었으며 중국 고전을 완전히 교
양으로 삼았다. 그런데 이런 전통에 대해 오규 소라이(荻生徂徠)13)는
「우리가 읽고 있는 『논어』 『맹자』라는 것은 한문으로 쓰여 있다. 우리
는 옛날부터 번역해서 읽고 있을 뿐」이라고 폭탄선언을 한다. 이 선언
은 마치 콜럼버스의 달걀과도 같은 것으로 모두들 어안이 벙벙했다고
한다. 이는 일본인들이 중국어를 일본어로 바꿔 읽고 있는 행위에 대해
그것이 번역행위라는 사실을 인식하지 못하고 있었음을 의미한다.14)

오규 소라이는 『역문전제』에서 훈은 같지만 의미는 다른 경우를 예
로 들고 있다. 정(靜)이라는 글자도 한(閑)이라는 글자도 훈은 모두 시
즈카(しずか)이다. 하지만 정(靜)과 한(閑)은 한어, 즉 고전 중국어에서
의미가 전혀 다른 것이다. 중국어로는 다른 한자로 표기되지만 훈이 같
아 일본식으로 훈독할 경우에 일본인들은 중국의 시나 문장의 진정한
의미를 잃어버릴지도 모른다는 것이다. 한편 일본인들이 전통적인 한
문독법에는 유리한 점이 있다고 주장한다. 만약 일본인이 번역을 인식
하고 읽기만 한다면 중국어의 구조를 중국인 이상으로 잘 알 수 있다.

---

13) 소라이는 중국 고대 「성인(선왕(先王))의 도(道)」를 명확히 하는 것을 학문의 궁극
적인 목표로 삼았다. 이를 위해서는 그 전제로서 「성인의 도(道)」가 기재되어 있는
『육경(六經)』에서 사용된 고어의 자의(字義) · 고문의 문리에 정통해야 한다고 하
여 고문사학을 제창하였다. 통치자에게는 언어의 변천은 물론 제도의 변천에 대한
지식도 요구된다. 그러나 그것을 위해서는 우선 언어의 변천에 뜻을 두고 「고문사
(古文辭)」에 정통할 필요가 있다. 왜냐하면 제도의 변천도 또한 남겨진 문헌을
통해서 알 수밖에 없기 때문이다.
14) 마루야마 마사오 · 가토 슈이치 저, 임성모 옮김(2000) 『번역과 일본의 근대』이산,
p.31

지금 식으로 말하면 비교언어학을 말하는 것이다.15)

당시 대다수의 일본인들은 언어라고 하면 일본어밖에 의식하지 못했다. 따라서 소라이가 일본어를 수많은 언어 중의 하나라고 자신을 객관화하여 생각한 것은 일종의 의식혁명이라고 볼 수 있다. 소라이 시대는에도 시대를 통틀어 최고의 지식인들이 다른 문화의 존재를 의식하기시작한 시대였으며 당대의 번역문제에 관해 날카롭게 표현한 학자가오규 소라이였다. 이렇게 한문을 외국어로 인식하는 전통이 이어져 근대일본에 이르러서는 영어도 외국어로 인식하게 되었고 따라서 원문주의 전통에서 자연스럽게 번역주의로 사상적 흐름을 바꾸어 놓았다.

한참 시대를 내려와 1873년에 바바 다쓰이와 모리 아리노리의 논쟁이 그것이다. 후자는 영어를 국어로 삼고 그대로 읽고 쓰자는 원문주의를 주장하는 사람이었고 전자는 번역주의를 주장하는 사람이었다. 자유 민권 운동의 투사였던 바바 다쓰이(馬場辰猪)는 영국으로 유학하여1873년에 영문으로 된『Elementary Grammar of the Japanese Language with easy progressive Exercises』(日本語文典)라는 책을 펴낸다. 이 책은 아마도 최초의 체계적인 일본어 문법사전이라고 할 수 있다. 바바는 유학중에 영어로 일본어 grammar를 썼다. 이 책의 서문에서 왜 번역주의인가에 대하여 말하고 있다. 사실 이 책은 모리 아리노리에 대한 반박이라고 할 수 있다.

모리 아리노리(森有礼)16)는 1873년『일본의 교육(Education in Japan)』

---

15) 출전은『소동파(蘇東坡)의 詩 제서임벽(題西林壁)』으로「여산 속에 있는 사람은 여산의 진면목을 알 수 없다(不識廬山眞面目, 只緣身在此山中)」식으로 중국인은 별 생각 없이 자기 언어를 사용하니까 마치 여사 속에 있는 것과 같아서 오리혀 여산의 참모습을 모른다.

16) 모리 아리노리(森有礼)는 영국과 미국에서 교육받고 미국에서 공부하는 동안 기독교에도 깊은 관심을 가질 정도로 개화된 인물로서 일본이 세계에 진출하여 부강한

이라는 유명한 책을 출간하였다. 이 책의 서문에서 모리는 영어를 국어로 삼자고 하는 유명한 주장을 내놓았다. 야마토 말에는 추상어가 없기 때문에 야마토 말을 가지고서는 도저히 서양문명을 일본 것으로 만들 수 없다. 그러므로 이 기회에 차라리 영어를 국어로 채택하자는 주장이다. 그의 주장에 대한 반박이 이 바바의 서문인 것이다.

만일 일본에서 영어를 국어로 채택한다면 어찌될 것인가, 상류계급과 하층계급 사이에 말이 전혀 통하지 않게 되고 말 것이라는 의견을 바바는 개진한다. 바바는 상류계급의 지식인과 민중의 언어가 달라져버리면 하나의 나라를 이룰 수 없을 뿐만 아니라 하층계급의 대다수가 국사라는 중대한 문제로부터 배제당하고 말 것이라는 우려를 표명했다. 이것은 현재 인도가 안고 있는 문제를 생각해 볼 수 있어 시사하는 바가 크다. 사회를 상하 계급적 구조로 보는 것, 그 계급을 각자의 문화와 결부시켜 생각하는 것은 당시에 그 누구도 분명하게 의식하지 못했던 통찰이 아닐 수 없었다.

몇 년 전, 한국에서도 영어 공론화 논쟁이 뜨거웠던 시기(1998)가 있었다. 한창 여론을 들끓게 했던 영어 공론화의 중심에 있던 소설가 복거일은 「모국어와 이별한다는 것은 당장 쓰라린 일이지만 큰맘 먹고 후손을 위하여 한국어를 버리자」고 진심어린 격정을 털어놓았다. 원문주의보다 번역주의를 택한다면 한 사회를 귀족사회 평민사회 천민사회와 같이 계층적 층위를 두지 않고 귀족이나 평민 서민들이 모두 같은 생각

국가로 발전해 가기 위해서는 교육을 통한 인재양성의 길 밖에는 없다고 생각했고 교육의 효과를 극대화하기 위해서는 일본 사람들이 당시에도 이미 세계어로서 자리잡고 있던 영어를 배우지 않으면 안 된다고 믿었다. 성인이 되서 영국과 미국에 유학하면서 겪었던 자신과 동년배 일본 엘리트들이 경험한 바에 의해 그는 일본이 진정으로 세계 속에서 중심국가 역할을 하기 위해서는 국어를 일본어 대신 아예 영어로 바꾸어야 한다고 주장했다.

을 가지고 토론하고 지혜를 모은다면 좀 더 행복해 질 수 있을 것이다.

이에 대해 박상익(2006)은 「모국어 사랑을 실천하는 방법에는 여러 가지가 있겠지만 나는 번역작업 또한 그 극진한 사랑을 드러내는 한 방식」이라고 주장한다. 지적 권위주의에 물든 일부 지식인은 우리말이 세상만물의 현상을 담을 수 없는 결합이 있는 언어라고 말하곤 한다. 그러나 번역이 왕성해야 우리말도 풍부해지고, 우리말이 풍부해져야 세상의 지식이 우리의 지식으로 융화 되는 법이다. 「앞에서 언급한 메이지 시대의 일본의 경우가 이를 보여준다. 그렇게 함으로써 우리사회의 정신적 지적역량은 향상되고 지식과 정보의 민주화를 이룰 수 있을 것」이라고 주장한 바 있다.[17]

3) 최초의 의학서를 번역하다

일본 최초의 서양서 번역서로서 흔히 『해체신서(解體新書)』(1774)를 꼽는다. 이 책의 번역을 둘러싼 일화를 소개한 책이 바로『난학사시(蘭學事始)』이다. 난학사시는 만년에 접어든 스기타 겐파쿠(杉田玄白)가 난학의 창시를 둘러싼 옛일을 회상하여 기록한 것으로, 『난학사시』라는 書名의 기원은 1869년 후쿠자와 유키치가『화란사시(和蘭事始)』라는 책의 사본을 찾아낸 시기로 거슬러 올라간다. 후쿠자와 유키치는 이 책을『난학사시』라는 제목으로 바꾸어 상,하 2권으로 간행했다. 메이지 시대 이전에는 사본으로만 전해졌는데 당시의 서명은『난동사시(蘭東事始)』 또는 『화란사시』였다. 이 가운데『화란사시』는 스기타 겐파쿠의 초고를 토대로 오쓰키 겐타쿠[18]가 편집해서 펴낸 것이다. 난학이

---

17) 박상익(2006)『번역은 반역이다』도서출판 푸른역사, p.76

동으로 오게 된 기원에 대해 자세히 쓰고 있어 『난학사시』라는 이름을 붙였다고 한다.[19]

『난학사시』에 의하면 1771년 삼월 삼짓날 밤, 마치부교(町奉行)마키리부치의 가신인 도쿠노 만베로부터 스기타 겐파쿠의 집으로 편지 한 통이 날아왔다. 다음날 센주오네가하라[20]에서 인체해부를 할 것이니 원한다면 그곳으로 오라는 내용이었다. 다음날 아침 일찍 서둘러 그곳에 가보니 료타쿠는 벌써 와 있었고 다른 몇몇의 친구들도 이미 도착해 겐파쿠를 맞이했다.[21]

당시의 사형집행장이었던 센주오네가하라에서 사형집행이 끝나자 뼈의 형태까지 확인하기 위해 형장에 여기저기 흩어져 있는 뼈를 한데 모아 살펴보니 옛 학설과는 달랐다. 대부분이 네덜란드 책 속의 그림과 일치했다. 모두가 놀라지 않을 수 없었다. 료타쿠와 준안 그리고 겐파쿠 세 사람은 돌아오는 길에 많은 이야기를 주고 받았다.

이렇게 같은 의술을 펼치던 동료들과 번역작업에 착수하게 되어 정해진 날에 같이 모여 책을 읽어 나간지 1년쯤 지나자 번역어도 점차 늘어 저절로 알게 되었고 그 이후에는 글자가 듬성듬성한 부분은 하루에 10줄이나 그 이상도 큰 무리 없이 이해할 수 있게 되었다. 이렇게 4년 동안 초고를 11번이나 다시 쓴 끝에 마침내『해체신서』 번역을 완성했다. 그것이 1774년 8월의 일이었다. 이로써 서양 학문이 에도에 본

---

18) 에도말기의 의사로 겐파쿠와 료타쿠의 난학 제자
19) 스키타 겐파쿠(1733－1817)가 『해체신서』(독일의 인체해부도)의 번역 회고담을 중심으로 쓴 초창기 난학의 기록이다. 상하 2권으로 각 권은 모두 작은 절로 나누어져 있고 상권 21절과 하권 24절을 합해 45절로 구성되어 있음. 당시의 번역작업의 어려움과 번역자의 정열이 생생하게 드러나 있다.
20) 에도 시대의 사형 집행장
21) 마쓰무라 아키라 외(2008)『일본지식』이다미디어, p.273

격적으로 도입되었고 누구나 할 것 없이 「난학」이라는 새로운 이름을 사용하게 되자 난학은 저절로 일본 전국에 통하는 명칭이 되었다.

센주오네가하라에서 인체해부를 실제 두 눈으로 목격하고 『타펠아나토미아』를 번역하게 된 경위와 또 번역에 따른 고생담을 요약한 위의 대목은 『난학사시』의 압권이라고 할 수 있는 부분이다. 이 앞부분에는 서양인들의 출현과 네덜란드 의학의 전래, 네덜란드 어학의 성행, 겐파쿠 자신이 어학에 눈을 뜨게 된 경위와 『타펠아나토미아』의 입수과정 등이 적혀 있다. 그리고 책의 후반부에서는 『해체신서』의 출판을 통해 난학의 도입과 전파가 점차 활발해졌다는 점을 밝히면서 끝맺고 있다. 이로써 일본에서 최초의 서양번역서가 탄생되었다.

4) 번역군대가 승리하다

근대 일본은 서구의 문헌번역으로부터 시작되었다고 해도 과언이 아니다. 누구나 알고 있는 『해체신서』가 간행된 것은 1774년이다. 메이지유신보다 거의 백 년 전이다. 그러나 난학이 주목 받은 것은 1853년 흑선 내항부터이다. 아편전쟁으로 중국이 반식민지화되었던 직후였던 만큼 일본은 충격을 받았다. 일본도 식민지화될 수 있다는 위기감을 느낀 사람들이 구미에 맞서 싸울 결의에 차 있었다. 그러나 싸우는 데는 우선 적을 알지 않으면 안 된다. 적을 알기 위한 수단으로써 「난학」에 주목하게 되었다.

이 시대에 난학자가 얼마나 커다란 역할을 했는지는 예를 들어 시바 료타로의 『화신(花神)』을 읽어보면 짐작할 수 있다. 이 소설에서 그린 무라타 조로쿠(村田蔵六)는 막부말기를 대표하는 번역가인 동시에 보신전쟁[22]을 승리로 이끈 근대일본의 군사제도의 기초를 닦은 인물이기도 하다.

무라타 조로쿠가 조슈번에 출사하여 오무라 마스지로로 개명한 이후부터가 중심이 된다. 번역가 무라타 조로구는 군사지도자 오무라 마스지로의 이전의 역사에 지나지 않는다. 「번역」이라는 입장에서 중요한 것은 오무라 마스지로가 아니라 무라타 조로쿠로 개명 이후이다.

그 점에서 시바 료타로의 『화신』은 개명 후에도 「조로쿠」라는 이름으로 기술하고 있는 점에서도 알 수 있듯이 어디까지나 번역가로서의 무라타 조로쿠의 생애를 그렸다는 점에서 획기적이다. 시바 료타로는 역사의 그늘에서 활약한 사람들에게 깊은 관심과 공감을 가지고 있는 작가이다. 직업으로서 번역을 지망하는 사람에게는 비슷한 종류의 책을 찾아보기 힘들 정도로 잘 그려진 내용이다. 그 때문에 이하에서는 주로 『화신』을 중심으로 전술한 『오무라 마스지로(大村益次郎)』도 참고하면서 무라타 조로쿠의 업적을 고찰하기로 한다.

무라타 조로쿠는 1824년 현재 야마구치(山口)현, 당시의 수오(周防)라는 벽촌에서 마을 의사의 아들로 태어났다. 1846년, 21살 때 오사카의 데키주쿠(適塾)에 입문하여 단기간에 난학을 배워 3년 후에 주쿠 대표가 되었다. 1850년, 26세 때 고향으로 돌아가 가업인 마을 의사를 이어받았다. 『오무라 마스지로』에는 업적이 부진하면 앞으로 3년 후에 문을 닫겠다고 기록되어 있다.

3년 동안에 근대일본의 역사는 크게 동요한다. 1853년 6월 미국의

---

22) 보신전쟁(戊辰戰爭)(1868-1869)은 왕정복고를 거쳐 메이지 정부를 수립한 사쓰마번과 조슈번을 중심으로 신정부군과 구막부 세력 및 열번동맹(列藩同盟)이 싸운 일본내전으로 메이지 신정부가 이 전쟁에서 승리하고 국내에 다른 교전단체가 소멸함으로써 이후 이 정부가 일본을 통치하는 정부로서 국제적으로 인정받게 되었다.

흑선이 내항함으로서 난학의 인기가 갑자기 높아지자 그 때까지 의학에 의존하던 것이 병학이 필요하게 되었다. 그 해 9월, 29세의 무라타 조로쿠는 고향을 떠나 우와지마(宇和島)번을 위해 일하게 되었다. 병서를 번역하게 되는 것은 이때부터이다. 여기서 네덜란드어 문헌에만 의존하여 증기선을 만든 후, 1856년 32세 때 번주(藩主)의 참근교대(參勤交代)[23]에 따라 에도로 옮겨갔다. 같은 해 일찍이 막부의 번서조소(飜書調所, 나중에 동경제국대학)교수 호슈덴(方手傳)이 되어 병서번역을 담당했다. 이듬해 1857년에는 막부호무소 교수가 되어 신흥 병학을 가르치게 되었다. 1860년, 35세의 무라타 조로쿠는 가쓰라 코고로(桂小五郎)의 추천으로 조슈번으로 옮겨 서양병학을 가르치고 동시에 병제개혁을 담당하게 되었다.

보신전쟁(戊辰戰爭)에서 막부가 패배한 원인은 물론 몇 가지 있다. 특히 대세의 흐름이라는 힘이 작용한 것은 부정할 수 없다. 그러나 각개전투에서 보더라도 거액의 자금을 들인 막부군보다 조슈군 쪽이 강했던 원인으로서 시바 료타로는 번역의 힘을 들고 있다. 불어로 배우고 불어로 생각하고 불어로 구령을 외치는 본고장 막부군은, 번역된 일본어로 배우고 일본어로 생각하고 일본어로 구령을 외치는 조슈군에게 패배한 것이다. 번역의 힘을 보여주는 좋은 사례이다.

번역이라 함은 원문의 표면만 보고 대응하는 어휘를 찾아 번역문을 완성해 가는 작업이 아니다. 그것은 영문독해, 혹은 난문독해이지 번역이 아니다. 번역은, 적어도 무라타 조로쿠가 매진한 번역은 가로쓰기를 세로쓰기로 바꾼 작업이 아니다. 번역이라 함은 출발어의 의미를 읽어

---

23) 에도시대에 막부가 다이묘의 통제책으로 다이묘들을 1년 걸러 에도에 출사(出仕)시킨 제도. 그들의 처자는 인질로서 에도에 거주시켰음.

내어 읽어낸 의미를 도착어로 표현하는 작업이다. 배운 내용을 전달하고, 전달하기 위해 배운다. 능력 있는 번역자라면 그 과정에서 어떤 전문가에 비할 수 없을 정도로 깊이 있게 이해한다.

무라타 조로쿠는 29세 때, 처음으로 본격적인 병서를 번역하게 되었으며 32세 때 이미 막부의 번서조소(蕃書調所)에서 가르치게 되었다. 그 후 42세 때, 실전을 지휘하게 될 때까지 번역학과 교수가 주된 업무였다. 10년 이상에 걸쳐 구미 군사기술을 배워 전달하는 책임을 맡아온 것이다. 이점을 살펴보면 번역의 힘을 좀 더 쉽게 이해할 수 있을 것이다.

무라타 조로쿠가 왜 번역을 하고 번역군대를 만들었는가. 이 점을 생각하는데 힌트가 되는 일화가 몇 가지 남아 있다. 『오무라 마스지로』는 무라타 조로쿠가 외국인을 숭배하지 않았다고 거듭 강조하고 있다. 그는 경박한 개국주의자도 아니었으며 서구의 앞잡이도 아니었다. 오히려 양이주의자(攘夷主義者)였던 것이다. 보신전쟁이 끝나고 불과 4개월 후인 1869년 9월에 자객의 습격을 받는데 11월에 그 때의 부상으로 패혈증(敗血症)에 걸려 고열로 사망했다. 오무라 마스지로로 개명한 지 3년이 채 되던 않은 45세의 젊은 나이였다.

3 근대 이후의 번역문화

1)『사회계약론』을 번역하다

번역을 통하여 이룰 수 있는 것은 비단 인체에 관한 지식이나 물리적인 군사지식에 국한되는 것은 아니다. 지식만큼이나 중요한 것은 일본인의 사상에 영향을 끼친 번역서이다. 루소의『사회계약론』이 바로 그것이다.『사회계약론』은 루소(J.J. Rousseau)의 저서『사회계약, 또는 정치권의 원리(Du contrat social, ou principes du droit politique)』에서 이론적 토대를 형성한다. 루소는 이 저서에서 자연 상태의 인간이 사회계약을 통해 사회와 국가를 형성하고 시민적 신분을 갖게 된다고 주장한다. 이것은 인간이 사회적 질서 속에서 살아갈 수밖에 없는 존재라는 것을 말해준다. 그는 이 사회적 질서를 신성한 권리로 보고 이것은 다른 모든 것의 기초를 이룬다고 말한다. 그런데 이 권리는 자연에서 나오는 것이 아니라 계약에 기초를 둔다는 것이 그의 주장이다.

이 책은 메이지시대「민권」이란 개념조차 생소하던 시절 자유민권을 주창한 번역자이자 사상가인 나카에 조민(中江兆民 1847-1901)이 번역한 것이다. 나카에 조민은 메이지기의 사상가이자 번역가로, 교육가이자 저널리스트로 알려져 있다. 그의 발상의 유연성과 예리한 비판정신은 오늘날에도 시사하는 바가 크다.[24] 조민은 지금까지 자유민권 사상가로

---

24) 자유 민권 사상을 대표하는 이론가. 본명은 도쿠스케. 도사 번의 아시가루 출신. 프랑스로 유학을 가서「동양의 루소」라고 일컬어졌다. 평생 인민주권을 위한 이론을 구축하는 데 힘썼다.

서 알려져 있지만 번역가로서는 그다지 알려져 있지 않다. 대표적인 번역서로서는 루소의 『사회계약론』(1762)이 있는데, 서명은 『민약역해(民約譯解)』(1882-83)이다. 본 장에서는 조민의 번역사상에 대하여 논한 연구서로서 山田博雄著 『中江兆民 翻訳の思想』[25]를 중심으로 하여 조민의 『민약역해』의 번역과정과 번역의도에 관하여 고찰하기로 한다.

민권, 이것은 지당한 이치이며 자유와 평등, 이것은 대의다. 이러한 이치와 대의에 반하는 자는 필경 처벌받지 않을 수 없고, 백 개의 제국주의가 있다고 해도 이러한 이치와 대의를 멸하여 없애는 일은 결국 불가능하며, 제왕이 존귀하다고 해도 이 이치와 대의를 존중함으로써 그 존엄성을 유지할 수 있다. 이 원리는 중국에서도 맹가(孟軻), 유종원(柳宗元)이 일찍이 꿰뚫고 있었으니, 서양 세계의 전유물이 아니다. (『1년 반』 1901)

조민은 본인 자신에 대한 얘기를 거의 하지 않았기 때문에, 특히 청소년기의 경력에 관해서는 불명확한 점이 많다. 막말에 존왕양이 운동에 가담했던 흔적은 없다. 영재로서 나가사키로 가서 영어를 배우라는 번의 명령을 받았는데, 어떤 연유에서인지 거기서 프랑스 어학을 배우게 된다. 이것이 뒷날 나카에 조민의 일생을 결정짓게 된다.[26] 메이지 유신 후인 1871년 오쿠보 도시미치[27]에게 직소(直訴)하여 이와쿠라 도모미를 전권대사로 하는 구미사절단[28]에 유학생으로 참가했고 프랑스에서 3년 동안 유학했다. 유학 생활은 조민에게 두 가지 선물을 주었다.

---

25) 山田博雄(2009) 『中江兆民 翻訳の思想』慶應義塾大学 出版会
26) 나가사키에서는 사카모토 료마를 만나 존경심을 품었다고 한다.
27) 사쓰마 번 출신의 메이지유신 정치 지도자
28) 정부 수뇌부와 유학생으로 구성되어 1871년 12월부터 대략 1873년 9월까지 미국과 유럽을 시찰함.

하나는 볼테르, 몽테스키외, 루소, 위고 등의 작품을 읽고 프랑스 혁명에 대한 견식을 넓힌 일이었다. 그 중에서도 루소의 『사회계약론』 첫머리의 한 구절에 매력을 느꼈다. 거기에는 이런 구절이 있다. 「인간은 자유로운 존재로 태어났다. 그럼에도 이런저런 사슬에 얽매여 있다.」 다른 하나는 귀국 길에 아프리카와 아시아 여러 나라에서 문명국의 영국인, 프랑스인들이 원주민들을 짐승보다 못하게 다루는 것을 목격한 일이었다.

그의 대표 번역서 『민약역해(民約譯解)』가 번역의 관점에서 중요한 의미를 갖는 것은 이중의 번역 사상을 제시하고 있기 때문이다. 하나는 「어떻게 번역했느냐」의 문제, 즉 How의 문제이고, 두 번째는 「어떠한 생각을 가지고 번역했는가」라고 하는 번역자의 의도, 즉, Why의 문제다. 지금까지 나카에 조민에 관한 연구로서는 주로 사상사적인 시도가 주류를 이루고 있는데 반하여 번역사적인 시도는 거의 찾아보기 힘들 정도이다.

그가 번역을 했을 때 스스로 정한 번역규범을 밝히는데 있어서 우선 주목해야 하는 것은 『민약역해』 출간 이전의 성립사정이다. 조민은 『민약역해』 이전에 미간행본인 『민약론』(1874)으로서 루소의 『사회계약론』을 번역하였다. 『민약론』과 『민약역해』의 공통점은 제2편 6장의 율례에 관한 부분에서 번역이 중단된 점이다. 조민은 자신을 민중(民)의 입장에서 서서 동시에 민중에게 「율례(律例)」를 「민약(民約)」의 장치로서 제시한 것만으로 번역의 목적을 달성하고 있다는 것이다. 한편 『민약역해』와 『민약론』의 최대의 차이점은 문체에서도 찾아 볼 수 있다. 『민약론』은 한자 가나 혼용문이고, 『민약역해』는 한문으로 적었다는 점이다. 저자는 이 개역을 단순히 『민약론』을 다시 한문으로 고쳤다기보다는 아마 다른 사람들과 논쟁을 거친 후에 번역문을 추고했을 것으로 예상된다. 그러나 민중의 입장임에도 불구하고 민중이 독해하기 어려운 한문을 선택한 것은 조민의 「번역사상」과는 거리가 멀다. 그러한 모순에 대한 이유를 제시하자면, 민중에게도 자유민권이 중요하지만, 이를 설득하는 데에는 민중보다 식자층을 먼저 설득할 필요성이 있었기 때문이라고 본다.

『민약역해』에 있어서 조민은 원저를 정확하게 이해한 뒤에 「그 정신을 규명하여 하나의 질서 있는 세계를 재창조」하고 있는데(p.157), 그 과정에서 논리를 종종 생략한다. 특히 사회계약=「민약」에 대한 부분은 『민약역해』의 근간이며 동시에 조민이 독자들을 설득하는 절호의 재료가 될 수 있다. 「민약」은 자기 보존과 자유를 목적으로 한다. 그 계약은 각자의 신체와 힘을 일반의지(「衆意」)에 전면적으로 양도한 후 전체에서 불가분의 일부로서 받는다.

서구사상을 어떻게 수용하고 그것을 어떻게 독자에게 전달할 것인가 하는 조민의 번역사상을 메이지기의 계몽이라는 역동성으로 부연하자면, 메이지 시대의 사상적 전환은 서구사상을 유학적 전통의 기반 위에서 수용함으로서 가능하다는 일반론 외에, 그것으로 부족한 부분에 대해 수용 이후 더 나아가 「재창조」가 이루어졌고 그것이 바로 메이지시대의 번역과 계몽이었다. 『민약역해』의 경우 『사회계약론』에 대하여 훈고학적, 유학적 사상을 보충함으로써 루소의 사상과 유학이 조민으로 인해 「역해」라는 행간번역 형태로서 나타난 것이다.

이러한 행간번역은 텍스트 사상을 풍요롭게 하는 것은 물론이며 같은 언어 공동체에 있어서 번역, 즉 위에서 언급한 독서과정에 있어서 언어간 번역에 있어서도 중요한 의미가 있다. 그렇기에 『민약역해』의 번역문체는 의역적, 주석적, 대화적인 것이라고 할 수 있다.

2) 『역서독법』을 출간하다

문명개화 시대의 번역을 생각해 봤을 때 편리한 자료로 가토 슈이치, 마루야마 마사오의 『일본근대사상체계 15 번역사상』(이와나미서점)이 있다. 이 책에서 소개하고 있는 메이지 초기의 번역은 시나 희곡 같은 것도 있지만 사상 법률 역사와 같은 분야도 많다.

최근 일본 국립정보학연구소가 공개한 대학도서관 소장도서 데이터 베이스 「연상 검색」기능을 갖춘 정보 검색 서비스 「Webcat Plus」에서 어느 정도 윤곽을 파악할 수 있었다. 이것은 전국 대학의 도서관이 소장한 목록이며 출판된 도서 전권의 목록이 아니다. 그래도 출판연도별로 표로 만들 수 있기 때문에 번역서의 점수(권수)를 찾아보는 정도까지는 가능하다. 그 결과는 아래의 표와 같다.

	총점수	번역서 점수	번역서순 점수
1868	290	25	19
1869	279	37	32
1870	275	35	22
1871	356	76	53
1872	410	108	84
1873	668	132	106
1874	757	155	116
1875	781	168	130
1876	780	172	124
1877	793	155	114
1878	789	182	128
1879	818	188	159
1880	805	117	88
1881	934	138	89
1882	978	181	146
합계	9713	1869	1410

(일본 대학도서관 소장도서 목록)[29]

---

29) Webcat Plus(http://webcatplus.nii.ac.jp/의 자료에 의해 작성

이 시기 15년 동안에 목록에 수록된 일본서적 총 권수는 9713권(상당량의 문서가 중복되어 있기 때문에 출판권수는 아님), 그 중 번역서가 1869권이고(번역서인지 아닌지를 서지정보에서 확인할 수 없는 것은 제외), 그 중 확실하게 중복된 것을 빼면 순수한 번역 권수는 1410권이다. 지리, 역사, 도덕, 종교, 정치, 법률, 경제, 예의, 의학, 심리, 논리, 물리, 화학, 생물, 천문 등의 번역서를 소개하고 이후에 잡서로서 진화론, 문명사, 사회, 전기, 난세사, 기행, 소설을 들고 있다. 예를 들어 역사에서는 Hume의『영국의 역사』, 종교에서는『구약성서』와『신약성서』, 정치에서는 토크빌의『자유원서』(미국의 민주주의), 벤담의『입법론 개요』, 경제 분야에서는 밀의『경제론』, 생물학 분야에서는 다윈의『인조론』, 사회학 분야에서는 스펜서의『사회학』, 밀의『이학』(공리설)과『자유지리』, 전기 분야에서는 스마일스의『서양입지론』이 나왔다. 소설은 9권 소개하고 있다.『경제미담』도 물론 들어 있고 그 이외에『이솝이야기』, 베론의『80일간 세계일주』와『달세계 여행』, 디포의『로빈슨 표류기』 등이 나왔다. 1883년까지 15년간 번역 출간된 1500권에 가까운 목록을 보면 소설은 의외로 많지 않다. 야노가 소개한 9권 이외에 번연의『천로역정』이 눈에 들어올 정도이다. 번역권수가 특히 많은 것은 의학, 공업기술, 농업기술, 법률 등의 분야였다. 당시 번역의 필요성을 느끼고 있었던 분야에서 대량 번역작업이 이루어지고 있었을 것이다. 또한 초, 중학교 교과서나 각종 분야의 입문서가 다수 번역되어 있는 것을 알 수 있다. 외국에서 배워서 국민을 교육, 계몽시키는 것이 목적임을 번역서의 서명을 보면 확실히 알 수 있다. 여기서 대상으로 다루고 있는 것은 1883년까지의 번역이다. 그 시대에는 제대로 된 사전조차 없었을 것이다(당시 번역서에는,『웹스터 영어사전』같은 것도 있지만).

그리고 번역에 있어서 현실의 차이, 사고의 차이, 개념의 차이를 이해하는 것만으로는 충분하지 않다. 이해한 결과를 독자에게 전달하지 않으면 안 된다. 서양의 현실, 사고, 개념을 알지 못하는 독자에게 원작의 내용을 전달하려고 했을 때 직역식으로는 그 무엇도 전달할 수 없다. 번안으로밖에는 전달이 되지 않는다. 그리고 번안에 있어서는 한문이라는 틀 안에서 표현할 수밖에 없었을 것이다. 한문은 중국의 고전을 받아들이기 위해 만들어진 수단이기 때문에 일본어의 문장체 안에서 번역에 특히 적합하다. 이후 예를 들어 liberty는 「자유(自由)」, society는 「사회(社會)」, individual은 「개인(個人)」, nature는 「자연(自然)」이라는 식으로 번역어가 정해졌다. 이러한 단어가 나타내는 개념이 이해되어지게 된 건 아니다. 예를 들어 하나의 문장에서 social를 「인륜교제」로 번역하고 society를 「한패거리」라고 번역하는 것은 이해하기 어려웠을 것이다. 더욱이 「바로 정부」라고 주석을 다는 경우에는. 이렇게 메이지 초기의 대번역시대 이후에는 출발어와 도착어의 일대일 대응번역을 추구한 직역식 번역이 처음으로 이루어졌을 것이다. 이 점에 대해서 논하자면 메이지 초기의 번역과 그 이후의 번역을 비교 검토하면서 고찰할 필요가 있다.

3) 근대일본의 번역문학

메이지시대에 출판된 서양문학의 번역은 일반적으로 세 가지로 분류되는데 첫째는 스마일스의 『서국입지편(西國立志編)』과 같은 부녀자나 아동의 계몽을 목표로 한 것이고, 둘째는 J.S 밀의 『자유론(自由之理)』과 같은 메이지 10년대에 대두한 자유민권운동과 관련된 정치적 이상을 널리 알리기 위한 것이다. 셋째는 순수하게 문학적 가치 그 자체를 중시한 것인데, 당시 번역된 작품의 성격을 살펴보면 위와 같은 분류가 반드시 확연히 이루어지지 않는 작품 또한 상당수 존재한다. 예를 들면 『화류춘화(花柳春話)』와 같은 소설은 정치소설의 범주에 들면서도 한 편으로는 연애소설의 성격도 띠고 있다. 나카무라 미쓰오(中村光夫)는 당시의 번역소설의 융성을 가져온 두 가지 동인에 대해서 언급하면서, 과학에 기초한 「문명」에 대한 호기심과, 법률이나 제도에는 드러나지 않는 서양 생활상에 대한 인간적 관심을 들어, 일반적으로 메이지 10년 대의 번역, 번안물은 「계몽」의 의도 하에 출판된 것이 주류를 이루고 있으며 이것은 서양을 기준으로 한 제도 및 의식개량을 향해 매진하던 당시의 사회 분위기를 잘 반영하는 것이라고 할 수 있다고 하였다. 따라 서 보다 순수한 문학적 의도에 의한 번역, 번안의 본격적 출판은 서양의 제도나 문물에 어느 정도 익숙해지기 시작한 메이지 20년대에 이르러 서야 가능하게 된다. 이 시기에 구로이와 루이코(黑岩淚香), 모리타 시켄(森田思軒), 모리 오가이(森鷗外), 고가네이 기미코(古金井喜美子), 후타바테이 시메이(二葉亭四迷), 우치다 로안(内田魯庵), 다야마 가타이(田山花袋) 등에 의해 호프만, 위고, 테니슨, 알퐁스 도데, 톨스토이, 찰스 디킨즈, 투르게네프 등의 작품이 번역되었다. 이와 같이 순수 문학을 중심으로 한 메이지 20년대 이후의 서양문학의 번역은 근대적 장르로서의 소설(novel)을 본격적으로 이식하는 기틀을 마련하였다. 또한 동시에 연애나 자연과 같은 새로운 주제와 근대적인 인물유형을 창조해냄으로써 도야마 마사카즈(外山正一), 야타베 료키치(矢田部良吉), 이노우에 데쓰지로(井上哲次郎) 등 3명의 도쿄제국대 교수들이 펴낸 번역시집 『신타이시쇼(新体詩抄)』(1882)는 시의 부문에서 최초로 「문학적 근대」를 지향한 시도로 평가할 수 있다. 즉 스펜서의 사회진화론의 영향을 받은 이들은 메이지 일본 사회에 서양문화를 이식하는 작업의 구체적 실천으로서 우선 시 (詩)의 근대화를 꾀해 최초의 서양 번역시집『신타이시쇼』를 출판, 그들의 번역시 14편 및 창작시 5편을 담은 이 번역시집을 내면서 밝힌 「대저 메이지의 시가는 메이지의 시가이어야만 하며 고가(古歌)이어서는 안 된다. 일본의 시(詩)는 일본의 詩이어야만 하지 한시(漢詩)이어서도 안 된다. 이것이 신체(新体)의 시를 만드는 까닭이다.」라는 주장에는 한학 교양이나 전통미학에 의존하지 않고, 서양을 기준으로 한 문학의 개량에 대한 의지가 담겨 있었다.『신타이시쇼』에 이어 출판된 역시집『오모카게[於母影]』(1889)는 독일 유학을 마치고 돌아온 모리 오가이가 펴낸 것으로 서구의 낭만주의를 소개하는데 큰 기여를 했으며, 마침내 기타무라 도코쿠(北村透谷), 시마자키 도손(島崎藤村), 스스기다 규킨(薄田泣菫), 간바라 아리아케(蒲原有明), 히라타 도쿠보쿠(平田禿木), 바바 고초(馬場孤蝶) 등이 주도하게 되는 초기 일본 시단의 낭만주의적 경향의 효시를 이루었다. 그러나 진정한 의미에서의 「詩의 근대」에 대한 모색은 우에다 빈(上田敏)의『가이초온[海潮音]』(1905)의 두 역시집의 출현을 기다리지 않으면 안 된다, 이 두 역시집의 의의는 무엇보다도 상징주의 시풍과 더불어 자유시를 일본 시단에 본격적으로 이식함으로써 비로소 일본의 근대시가 세계적 조류에 동참할 수 있는 계기를 마련한 점에서 찾아 볼 수 있다. 외국문학의 번역이 새로운 문체를 창조함으로써 전혀 새로운 사고와 감수성을 개발하는 역할을 하며, 그로 인해 한 나라의 문학에 신선한 영향을 미쳐 문학의 혁신에 결정적인 공헌을 한다는 사실에 비추어 보면 메이지 10년대에 활발하게 이루어진 서양문학 번역, 번안은 이른바 「근대」의 씨앗이었다고 말할 수 있을 것이다.

출발어와 도착어를 이어주는 중개자의 역할은 오로지 번역자만이 전담하는 것이 아니다. 남보다 먼저 외국문학을 접하고 그것을 국내에 소개하는 학자 및 평론가의 역할도 번역자 못지 않게 중요하다고 할 수 있다. 그런 점에서 소설(novel)을 「미술(=예술)」로 규정하고, 과거의 모노가타리(物語, romance)가 지닌 공리성(예컨대, 권선징악의 주제)을 거부하고 소설에 있어서 사실(寫實)의 필요성을 주장한 쓰보우치 쇼요(坪内逍遥)의 『소설신수(小説神髓)』(1885-1886)는 가장 중요한 저작이다. 도쿄제국대학 재학 시절 페놀로사(ErnestFenollosa), 도야마 등으로부터 사회진화론의 영향을 받은 쓰보우치는 문학의 역사를 장르 변천의 역사로 파악하고 사실을 근본으로 삼는 소설(쓰보우치의 표현에 의하면 「사실소설(=realistic novel)」)만이 가장 진화한 형태의 문학이라고 주장함으로써 소설을 근대문학의 중심 장르로 자리매김하고, 게사쿠와 정치소설이 혼재하던 과도기적 문학 상황을 근대의 방향 축으로 새롭게 편성하는 결정적 계기를 마련하게 된다. 도쿄외국어학교 러시아어과에 재학 중이던 후타바테이 시메이(二葉亭四迷)는 비사리온 베린스키의 「미술의 본의」에 의거하여 「실상을 빌어 허상을 옮긴다」는 정의로 유명한 리얼리즘 이론에 바탕을 두고 『소설신수』보다 한층 본격적인 리얼리즘 소설론 『소설총론(小説総論)』(1886)을 발표하였고 아울러 자신이 직접 쓴 언문일치체의 소설 『우키구모(浮雲)』(1887-1888)에서 개인과 사회의 관계 속에서 고뇌하는 근대적인 인물 우치미 분조(内海文三)를 객관적 리얼리즘의 수법으로 그려냄으로써 근대소설의 효시가 되었다. 상술한 바와 같이 문명개화기의 초기 단계에서 서구 소설을 활발히 번역, 번안한 것은 다분히 계몽적, 공리적 목적에 의한 것이다, 그러나 그러한 번역 소설에 접하면서 점차로 「문학」적인 개념을 이해하게 되었고 아울러 「소설」과 「시」와 같은 장르를 「근대적인」 문학의 중심으로 자리매김하게 되었다. 소설이나 시와 같은 장르와 함께 유입된 서구의 문예 사조는 메이지의 문학자들이 막 받아들인 새로운 예술의 개념을 구체적으로 구현하는 이론적 기반이 되었다. 또한 주제나 소재의 면에서도 연애, 자연, 개인(자아)과 사회(또는 가정)등이 새롭게 등장하게 되었고 메이지 전반기에 이식된 서양문학은 장르, 사조, 주제의 측면에서 일본문학의 근대를 향한 이정표가 되었다.

4) 진화론과 만유인력을 번역하다

오늘날 자연과학 분야에서 이미 고전이 된 다윈의 진화론과 뉴턴의 만유인력은 처음부터 일본에 쉽게 수용되지 않았다. 여러 가지 우여곡절을 겪으며 동양의 주자학의 척도로 서양학문을 이해하려다보니 시행착오 또한 많았던 것 같다. 근대일본의 과학번역 사정에 대해서는 마루야마 마사오와 가토슈이치 저 『번역과 일본의 근대』를 바탕으로 정리하기로 한다.[30]

일본에 진화론이 전해진 것은 대략 1877년(메이지 10년)이후의 일이다. 1878년 이후에 헉슬리(Thomas Huxley, 1825-1895)의 『만물진화요론』이 번역된다. 하지만 원조격인 다윈에 대한 관심보다 스펜서[31]를 통해서였다고 할 수 있다. 독일학자 가토 히로유키가 관여한 것을 보면 오히려 헤켈(Ernst Haeckel, 1834-1919)등 독일의 영향이 컸다고 할

---

30) 마루야마 마사오·가토 슈이치 저, 임성모 옮김(2001) 『번역과 일본의 근대』이산, pp.450-159

31) 스펜서의 『사회정학(社会静学)Social Statics』(1851)은 그의 진화(evolution)라는 발상을 일관되게 주장하고 있다. 사회진화론이라는 개념은 이 저작에서 나왔다. 그의 저작 『제일원리』는 현실세계의 모든 영역에 통하는 진화론적 원리의 자세한 설명이다.

수 있다. 진화론의 영향을 받았는지 여부는 나카에 조민과 후쿠자와의 결정적인 차이점이라고 할 수 있는데 특히 「진화신」을 주장한 조민과는 대조적이다. 오히려 후쿠자와의 진보사상으로 두 사람을 비교하면 진화사상과 진보사상의 차이가 잘 드러난다고 볼 수 있다.

후쿠자와의 진보사상은 18세기에 등장했고, 진화사상은 19세기 후반에 비로소 등장한다. 진보는 「바람직한 것」으로 정해져 있지만 진화는 반드시 그렇지 않다. 조민은 좋은 것도 나쁜 것도 다시 말해서 전쟁까지도 모두 「진화신」의 영향으로 본다. 따라서 진화론은 자유민권 사상에도 영향을 미칠 수 있지만 가토 히로유키(加藤弘之)[32]처럼 반동적인 입장에서도 이용해서 처음부터 이중적인 의미를 갖고 일본에 유입되었다.

적자생존(survival of the fittest)과 자연도태(natural selection)의 해석은 제국주의적인 사회진화론(Social Darwinism)의 한 흐름을 만든다. 흔히 옌푸 이후 중국의 진화론 수용방식과는 정반대인 셈이다. 중국에서는 같은 적자생존이라도 약자편이 강조된다. 그와 반대로 일본의 경우에는 강자 즉, 적자(適者)가 되어야 한다고 생각한 것이 제국주의 군국주의 입장을 취한다.

후쿠자와는 초기부터 복옹자전(福翁自傳, 1897)[33]에 이르기까지 일

---

32) 가토의 사상은 현실적으로 유물론자로 처음 천부인권설에 근거한 계몽사상의 경향이 강해 1873년(메이지 6년)에는 후쿠자와 유키치, 모리 아리노리, 니시 아마네와 같이 명륙사(明六社)를 결성, 계몽활동을 전개했다. 하지만 훗날에는 사회진화론의 입장에서 민권사상을 비판하게 되어 180도 전환이 평생 공격의 대상이 되었다. 가토는 1879년(메이지12년)에는 강연 「天賦人権説ナキノ説并善悪ノ別天然ニアラザルノ説」에서 진화론의 입장에서 천부인권설을 부정했지만 1881년(메이지 14년)에 가이에다 노부요시(海江田信義)가 이것을 비판하자 이 문제는 정부 안에서도 논란을 불러일으켰다.

33) 1898년 7월 1일부터 1899년 2월 16일까지 67차례에 걸쳐 「시사신보(時事新報)」에 실렸다. 단행본은 1899년 6월 15일에 발행되었다. 오늘날에도 게이오대학에서는 매년 신입생에게 배포한다고 한다. 후쿠자와 자신의 성격이 나타날 뿐만 아니라,

관되게 비속한 실용주의와 구별을 하여 일상생활과 동떨어진 「공리공론」의 의미를 강조하였다. 17세기 이래 자연과학의 방법이 서양문명의 핵심이라는 점을 간파하였다. 일반적으로는 오히려 진화론에 대해 말할 때, 세계관적으로 사상의 혁명을 일으켰던 것은 지식인에 국한해서 말한다면 오히려 중국이라고 할 수 있다.

19세기 말 서양에서도 뉴턴과 같은 추상적인 자연, 즉 물리학은 기술과 다르다고 생각하였다. 철도라든지 연금술이 고도의 추상적인 물리적 세계관과 결합되지 못하다가 19세기 후반에 열역학과 같은 것이 나타나면서 달라졌다. 후쿠자와가 그런 것을 예측했다면 대단한 통찰력이라고 할 수 있다. 적어도 통찰과 상상이 뒤섞여 있음에 틀림없다.

동양에는 없고 서양에는 있는 것이 두 가지가 있는데 그 중의 하나는 인민의 독립정신이고 또 하나는 과학관이었다. 19세기 생물학의 일대 사건은 다윈이지만 또 하나는 클로드 베르나르(Claude Bernard, 1813－1878)의 『실험의학 서설』(1865)이다.[34] 실험이라는 것은 앞서 후쿠자와가 거듭 지적한 동양에는 없는 것인데, 즉, 동양에서는 음양오행이라는 경험적인 범주로 이해하려 하였다. 「실험」이라는 말 자체는 예부터 있었지만 「시험」이라는 말과 같은 의미로 후쿠자와는 「무릇 세상의 사물은 시험하지 않으면 나아가지 않는다」, 「개벽부터 오늘날까지 어쩌면 이를 시험의 세상이라고도 할 수 있다」라고 『문명론 개략』에서 말하고

막부말기부터 메이지유신에 거쳐 동란기, 근대사상의 선구자로서 일본 근대화를 크게 이끈 인물로서 이 책은 일본근대사의 중요한 문헌이기도하다.
34) 클로드 베르나드 (Claude Bernard, 1813 - 1878)는 프랑스의 의사이자 생물학자로 「내부환경의 고정성」이라는 이론을 주장했다. 이 주장은 훗날 미국 생물학자·월터 브래드포드 캐넌(Walter Bradford Cannon)에 의해 「항상성(Homeostasis)」이라는 개념으로 발전하였다. 또한 1862년에 루이 파스퇴르(Louis Pasteur)와 같이 저온 살균법 실험을 하기도 했다.

있다. 즉, 실험으로 가설을 세우고 그것을 수정해 가는 것을 말한다. 따라서 「문명이라는 것은 오류의 진보다」라는 말도 나온다. 가토 히로 유키와 극명하게 다른 점이 바로 그 점인데 가토는 인과당연, 인과필연의 이론으로 모두 설명하려고 하였다. 후쿠자와가 특이하게 실험에 주목한 것은 오히려 듀이(John Dewey, 1853-1952)35)의 도구주의에 가깝다.

유럽의 경우 실험이라는 것은 베이컨(Roger Bacon, 1220-1292)무렵부터인 것 같다. 그런 실험이 기술과 결합되어 생물학의 영역으로 들어왔다. 19세기 후반 서양과학의 중요한 부분으로서 뉴턴과 함께 실험이 있었다. 후쿠자와는 그 두 가지를 연관시키고 있는 것이 아니라 그저 동양에 없는 것이라는데 주목하였다. 유럽의 경우에도 콩트 같은 철학자가 논하고 있을 정도였다. 실험적인 방법과 수학적인 방법이 확실히 결합하게 되는 것은 역시 20세기. 후쿠자와가 당시에 이 두 가지를 의식하고 있었다는 것만으로도 대단하다고 할 수 있다.

---

35) 개념도구설(槪念道具說 , instrumentalism) 듀이의 말에 따르면 인간은 다른 동물과 마찬가지로 환경에 적응하며 살고 있는데, 그 적응을 보다 유효하게 하기 위해 개념을 만들어 사용해 왔다고 한다. 그래서 개념은 플라톤 이후 많은 철학자들이 생각한 것처럼 생활 경험에서 유리된 불변의 것도 아니고, 또 영국의 경험론자들이 말하는 것처럼 외부로부터 주어지는 수동적 경험도 아니다. 그것은 어디까지나 환경에 보다 잘 적응하기 위한 지적 도구이다. 일반적으로 도구의 가치가 그 기능으로 결정되듯이 지적 도구로서의 개념도 환경에서 생긴 여러 가지 문제를 해결할 수 있는 힘이 있는가 없는가에 따라서 그 의의를 찾을 수 있다.

4 결론 및 시사점

메이지시대의 번역에 관해 논할 때 반드시 주목해야 하는 점이 있다. 일본 근대화에 있어서 번역이 이룩한 역할이 바로 그것이다. 일본은 19세기 중반에 구미열강의 군사적인 압력을 받았을 때 구미 선진문물을 가능한 한 빨리 도입해서 대응에 나섰다. 그리고 구미의 선진 문물을 배우기 위해 번역이라는 수단을 강구하였다. 구미와 일본은 언어가 다르기 때문에 오늘날에 보면 당연하다고 생각할지 모르지만 실제로는 어떤 의미에서 상식을 뒤집는 전략이었다.

메이지 초기의 번역이라는 주제를 공시적(synchronic)으로 보면 일본의 근대화 과정과 분리해서 생각할 수 없다. 서양사회를 모델로 하는 근대화 조건의 하나는 다방면에 걸친 서양문헌의 번역이었다. 또한 같은 화제를 통시적(diachronic)으로 보면 그 이전 단계인 도쿠가와 막부 문화를 거론하지 않을 수 없다. 그 놀라울 만큼 단기간에 문화의 거의 모든 영역에 걸쳐 고도의 세련된 번역을 하는데 성공하기 위해서는 일본사회에 그럴 수밖에 없는 역사적인 경험과 언어학적 수단과 지적능력이 따라야 한다. 본고에서는 메이지 초기의 사상적 상황 일반을 논하고 다음으로 에도시대의 유학적 전통의 지적 영위에 할애한 것은 그때문이다.

도쿠가와 시대 문화의 큰 부분 다시 말해서 주로 지적 사상적인 영역에서 커다란 부분은 번역문화였다. 한문 훈독식에 대해 3장에서 소라이(徂来)도 지적했듯이 중국어 문헌 주로 고전번역이며 그 어휘의 표현법을 채택하여 소화한 일본어를 매개로 한 문화 즉 도쿠가와 문화 전체가 그런 의미에서 번역문화였다. 그러한 경험이 메이지 서양어 문헌에서 대대적인 번역을 뒷받침하였으며 근대일본을 일구어냈다.

번역문화는 반드시 독창을 배제하지는 않는다. 도쿠가와 막부시대의 문화의 독창성은 한문 훈독식과 관련이 적은 죠루리(浄瑠璃)나 하이카이(俳諧)뿐만 아니라 한문의 개념을 구사하여 유학의 사상적인 작업을 계승한 것이다. 일본의 학자는 반드시 동시대의 중국학자를 모방한 것은 아니었다. 메이지 이후의 문화에 있어서도 어느 정도 같은 것을 말할 수 있을 것이다.

번역문화는 적어도 그 나라의 문화의 자립을 위협하지는 않는다. 오히려 반대로 문화적 자립을 강화시킨다. 번역은 외국의 개념이나 사상을 단순히 수용할 뿐만 아니라 항상 외래문화의 의한 자국문화 전통의 변용이기 때문이다. 또한 외국의 사상은 반드시 지식층과 대중과의 틈새를 장기간에 걸쳐 넓히는 작용을 하지 않는다. 그것을 메이지 초기 번역자들은 적어도 그 일부는 분명히 인식하고 있었다. 만약 문화적 창조나 혁신적인 사상이 지식인과 대중의 접촉을 통해서 가능하다면 번역문화는 창조력을 자극 했으면 했지 억압하지는 않았을 것이다.

다만 지나친 문화적 일방통행은 문화에 있어서 고립을 의미한다. 오늘날 일부 역사학자들은 당시 유신 세력은 젊고 혁신적이었지만, 옛것을 정비해 새롭게 한다는 유신의 본래 뜻에 충실하지는 못했다고 평가한다. 입으로는 화혼양재, 즉 일본의 정신에 서양의 기술을 접목시킨다고 부르짖었지만, 실제로는 서양의 것을 이것저것 베끼는 데 불과했다고 주장한다. 근대일본의 유신 세력은 유럽과 미국에 대규모 사절단을 보내 서양의 문물과 제도를 철저히 조사한 결과 여러 가지 모방이 이루어졌는데 이를테면 교육제도와 육군은 프랑스, 체신과 철도, 해군은 영국, 대학은 미국을 따랐고, 법 제도는 헌법과 민법은 독일, 형법은 프랑스를 모방했기 때문이다. 그러나 남의 나라의 이론과 지식으로 이룬 근대사상이나 과학지식과 군사기술이 낳은 눈부신 성과마저도 평가절하해서는 안 된다고 본다.

오늘날 한 나라의 과학기술의 수준을 논할 때 대략적인 기준으로 국가별 노벨상 수상자 현황으로 나타낼 수 있다. 일본은 1949년 유카와 히데키의 노벨 물리학상을 비롯하여 2012년 생리의학상을 수상한 야마나카 신야까지 총 19명의 노벨상 수상자를 배출하였다. 이 중 과학기술 분야와 관계가 없는 문학상 평화상을 제외하면 16명이 물리, 화학, 생리의학상을 수상하였다. 이 같은 결과는 같은 시기에 과학기술 분야에 4명의 노벨상 수상자를 배출한 13억 인구의 중국과 비교해도 대조적이다. 따라서 오늘날 과학 기술 강국이 된 것은 근대일본의 번역역할이 없이는 불가능했으며 결코 우연이 아니기 때문이다.

한중번역과정에서 나타난 문제

이영희

중국 연변대학교 중어중문학과에서 학사, 석사과정을 졸업하고 서울대학교 중어중문학과에서 박사과정을 수료하였다. 이화여자대학교 중어중문학과 초빙교수를 거쳐 현재 동의대학교 중어중문학과 교수로 재직 중이다. 전공분야는 통사론이며 관심분야는 언어비교와 언어교육, 통번역 분야이며 저역서로는 『실용중국어회화』, 『인터뷰중국어』, 『현대중국어문법론』, 『HSK중국어문법개요』 등이 있으며, 논문은 「"看起來、看上去"對比分析」, 「"在"字演化小考」, 「試探動詞重疊式及句法功能和語法意義」, 「한국어 부사어와 중국어 부사어의 비교연구」 등이 있다.

1 머리말

인간이 다양한 언어를 사용하는 한 교류를 위하여 통역과 번역은 언어장벽을 극복하기 위한 필수적인 노력이다. 인간은 오랜 기간 동안 번역활동을 해왔음에도 불구하고 번역에 대한 정확한 정의를 내리기는 좀 버거운 듯싶다.[1] 엄복(严复)은 번역에 대한 「신信, 달达, 아雅」원칙을 제시하였고[2], 18세기 활동했던 알레산더 타이틀러(Alexander Tytler)는 원본 텍스트와 번역 텍스트 사이의 관계에 대한 번역규칙을 다음과 같이 제시하였다. a. 번역본은 원본의 관념들을 완벽하게 옮겨놓아야 한다. b. 번역본의 글쓰기 스타일과 방식은 원본의 것과 동일한 특성을 지니고 있어야 한다. c. 번역본은 원본의 편안함을 모두 간직하고 있어야 한다. 엄복과 알레산더 타이틀러의 세 가지 원칙이 거의 동일하다.

현재에 이르기까지 번역 작품은 다른 언어를 사용하는 민족간 교류에서 중요한 역할을 해왔으며, 나름의 번역 분야의 방법론을 가지고 있지만 오늘날까지도 학문적으로 기술하는 데까지는 이르지 못하고 있다. 그러나 번역에 관한 수많은 비평과 비판은 여전히 말 그대로 개별적인 사례와 연관되어 있을 뿐 엄밀한 의미에서의 이론으로 확립되어 있지 않고 있다. 우리는 또한 대강의 규칙으로 「충실한」 번역과 「자유로운」 번역을 가르쳤고, 외국어 수업에서도 이런 순환을 반복하고 있다.

---

1) 『브록하우스 대백과사전』(Der Große Brockhaus, 16. Auflage, Wiesbaden 1957. Bd. XI)을 시작하여 여러 백과사전에서는 번역에 대한 정의를 내리고 수정하고 재수정하는 작업을 끊임없이 해왔다.

2) 엄복은 1898년에 헉슬리의 저작을 번역함에 있어서 『天演论・译例言』에서 「信(신뢰성), 达(명확성), 雅(세련미)」 등 번역의 기준을 제시하였다.

본 논문도 여전히 위와 같은 상황 한계를 벗어나지 못하고 개별 사례에 대한 연구를 통해 귀납하는 것을 방법론으로 금후의 중한·한중 번역학 이론에 자그마한 기여가 되기를 바랄 뿐이다.

2 번역에서 나타난 어휘적 문제

언어간 전이로서 한중번역과정에서 여전히 어휘번역은 형식적으로 가장 간단하고 가장 기본적이며 가장 쉬운 번역이라고 하지만, 실제 번역에서는 그렇지 않다는 것을 우리는 아래의 사례를 통하여 알 수 있다.

사람 혹은 사물을 지칭하는 언어표현부터 살펴보기로 하자. 한국어는 일반적으로 아래와 같은 「NP」형식으로 「빵장수 아저씨, 철수네 엄마, 대추나무집 할머니, 앵두나무집 할아버지, 콜라텍, 처음처럼(소주명칭)」으로 사람 혹은 사물을 지칭 혹은 호칭할 때 많이 사용된다. 중국어는 지칭 혹은 호칭 사용에 있어서 수식어를 별로 사용하지 않는다.

(1) 빵장수 아저씨
→ *面包叔叔
→ 卖面包的(叔叔)→ 卖面包的那个人／那位叔叔 → 那个／位卖面包的
(2) 철수네 어머니
→ *哲洙你的妈妈
→ 哲洙他的妈妈 → 哲洙他妈妈 → 哲洙他妈

(3) 배나무집 할머니

　　→ ˙梨树家奶奶 → ˙梨树家的奶奶

　　→ 种有梨树的那家奶奶 → ？那家种有梨树的奶奶 → ？那家种有梨树的家的奶奶

(4) 대추나무집 아들

　　→ ˙大枣树家儿子 → ˙大枣树家的儿子

　　→ 种有大枣树的那家儿子 → ？那家种有大枣树的儿子 → ？那个种有大枣树的家的儿子

(5) 콜라텍(colatack)

　　→ ˙可乐食物 → ˙喝可乐的封闭场所

　　→ 喝可乐的舞厅 → 可乐舞厅

(6) 처음처럼-부드럽게(소주이름)

　　→ 像刚开始一样(舒服)→ 像初始状态般(舒适)→ 像初次见面般(激动)→ 像初恋般(激动)→ 像初饮般(高兴)→ 像初饮般快乐 → 初饮初乐

　예문(1)은 「직업+호칭」 형식을 지닌 출발언어 「빵장수」가 언어구조 면에서 임시직업[3]을 나타내며 「의사, 선생님」처럼 하나의 명사로 어휘화되지 않고 어휘화 과정에 놓여 있다고 볼 수 있기 때문에 「빵을 파는 사람」이라는 심층구조를 지니고 있다. 목표어인 중국어에 상응하는 직업표시법에는 「VP的」가 있는데, 이 표현방식은 의미면에서 화자가 겸손함을 나타낼 때 사용되거나 혹은 자랑할 만한 직업이 아닐 때 사용된다. 한국어의 「빵장수 아저씨/엿장수 아저씨/과일장수 아저씨」도 임시적인 직업일 때 사용되는 호칭어이다. 그러고 보면 이 두 형식은 구조적으로 다른 형식을 취하였지만 임시 혹은 고정적이지 않다는 의미에서

---

3) 「임시직업」은 그야말로 생계를 꾸려나가기 위하여 단기적, 일정치 않은 장소에서 종사하는 직업을 가리킨다.

비슷한 양상을 지니고 있다.

예문(2)는 「호칭1+네+호칭2」로 구성된 호칭어이다. 한국어에는 「호칭1+의+호칭2」로 구성된 방식도 있는데, 조사 「의」나 「네」는 여기에서 모두 종속을 나타내지만 목표어로 옮길 때 두 가지 형식이 모두 존재한다. 「호칭1+의+호칭2」는 「N1+的+N2」 「호칭1+네+호칭2」일 경우 「N1+他的+N2」형식으로 옮긴다. 「N1+的+N2」는 종속의 의미도 있지만 뒤의 명사를 꾸며준다는 의미가 더 강하고[4), 「호칭1+네+호칭2」의 「네」는 「너의」라는 관형격이며[5) 2인칭 용법이다. 다시 풀이하자면 한국어는 「호칭1+2인칭대명사+관형격조사+호칭2」가 중국어로 직역하면 「N1+你的+N2」가 된다. 즉 「哲洙你的妈妈」가 되어야 하는데 호칭은 항상 제3자의 입장에서 부르기 때문에 중국어는 3인칭 대명사로 대체하여 「哲洙他的妈妈」로 사용되어야 하지만 중국어에서 가족관계일 경우 「的」을 사용하지 않는 것이 보편문법이다.[6) 중국어에서는 「哲洙他妈」가 사용된다.

예문(3)(4)는 모두 「(식물명칭+집)+호칭」형식을 지닌 출발언어 「배나무 집」이 언어구조면에서 「식물명칭」은 상징적 의미를 띤 집이 되었다. 마치 우리는 「에펠탑」하면 파리를, 「만리장성」하면 중국을 연상하듯이 출발언어 텍스트에서 「배나무 집/대추나무 집」하면 그 집을 지시하고 「배나무 집/대추나무 집+호칭」하면 그 집 주인을 호칭한다. 목표어인

---

4) 중국어는 형태변화가 거의 없는 언어이지만 어순과 「的」와 같은 조사로 통사관계가 구성된다.

5) 한국어의 내(〈나의), 제(〈저의), 네(〈너의), 뉘(〈누구의)와 같은 대명사와 관형격 조사가 결합하여 이루어진 성분 중에 3인칭 「그의」는 존재하지 않는다. 『표준 국어문법론』, p.98

6) 「我的爸爸」와 「我爸爸」의 차이점은 「的」의 첨가여부에 있다. 「我爸爸」는 호칭으로 사용되며, 「我的爸爸」는 비교의 의미를 지니고 있다. 즉 다른 애의 아버지가 아닌 나의 아버지라는 의미가 있다. 한국어의 조사와는 달리 중국어의 형태표지 유무는 통사구조에 큰 기능을 한다.

중국어에 상응되는 표현법은 특수존현문「V有」문의 변형으로 나타낸다.「NL+V有+NP」즉「那家种有一棵梨树」서술의미를 나타내는 존현문이지만 관형어 형식으로 변형하자면, 술어도치(predecite inversion)형식을 취하여「种有一棵梨树的那家」다시 2차 변형을 하면「种有梨树的那家」형식이 되고 호칭어를 첨가하면「种有梨树的那家奶奶/种有大枣树的那家儿子」가 된다.

예문(5)는 새로운 문화현상이 새로운 개념으로 굳어지면서 생긴 신조어이다. 신조어의 구성 규칙은 출발어든 목표어든 본 언어의 통사론적 규칙에 의하여 생긴다. 예를 들면 스마트 폰이 생기면서 젊은 세대를「엄지족(拇指族)」이라고 칭하는 신조어가 생기고, 중국도 마찬가지로 머리 숙여 액정화면을 들여다보는 사람들이라는「低头族(저두족)」[7]이라고 칭하다가 현재는 신세대를 칭하는 지칭이 되었다. 인간이 기술을 개발하여 상품을 만들고 그 상품이 우리 문화나 언어를 생산하는 전형적인「진화」와「융합」의 일면을 언어학적으로 보여주는 면이라고 할 수 있다.「콜라텍(colatack)」은 통사 구조론적으로는 보면 아마도 특정한 장소인 배 혹은 비행기에서 사용되는 전문용어인「hardtack/softtack」복합어의 영향을 받아 생긴 것으로 추론된다. 의미론적으로 보면 영어속어「on the tack」는「금주하여(teetotally)」의 의미를 나타내기에 충분하다.「콜라텍」은 콜라는 되고 술은 금지라는 의미를 나타내게 되었고,「콜라」또한 모든 음료의 상징이 되어버린 오늘날의 문화적 코드를 잘 반영한 신조어라 할 수 있다. 목표어인 중국어로는 표면층위로부터 인지적 문화적 파생을 통하여 아래와 같은「可乐食物－喝可乐禁酒－喝

---

7) 이와 상반되는「抬头族」도 신조어로 생겼다. 즉「"低头族"vs"抬头族"的论坛」이라는 신세대와 소통을 위한 프로그램도 방영되고 있다.

可乐禁酒的场所－喝可乐禁酒的舞厅－只喝可乐的舞厅－可乐舞厅」과정을 통하여「可乐舞厅」라는 신조어가 생겼다. 중국어로「可乐舞厅」[8]은 여러 가지 메타포가 들어있는데 즐겁게 사교춤을 추는 클럽의 의미도 있고, 콜라를 비롯한 음료를 마시면서 사교춤을 춘다는 의미도 있어 번역이 지향하고 있는「음역+의역」의 좋은 사례로 볼 수도 있다.

예문(6)은「명사+후치사」형식을 지닌 출발어「처음처럼」이 통사론적으로 후치사구이며, 화용론적으로는 의사소통의 단위이기도 하다. 그러나 목표어인 중국어에 상응하는「전치사구」는 문장성분을 구성하는 단위이기는 하지만 화용론적인 면에서 볼 때 의사소통의 단위가 될 수 없기 때문에 단독으로 사용할 수 없다. 그러므로 지칭/명칭으로 단독사용이 불가능하기 때문에 출발어에서 사용된 부제「－부드럽게」까지 포함하여 번역되어야 목표어가 성립된다.「像初饮般(高兴) → 像初饮般快乐 → 初饮初乐」와 같은 표층에서 심층에 이르는 통사적 규칙과 의미론적 규칙, 화용론적 규칙에 근거한 일련의 인지론적 추론 과정을 통하여「初饮初乐」가 되었다.「初饮初乐」역시 여러 가지 메타포를 가지고 있어 아주 잘 된 번역의 예로 꼽을 수 있다.

---

8) 중국어에서「舞厅」개념과 한국어의「무도장」개념이 언어색채 면에서 조금 문화적 차이가 있다.

3 번역에서 나타난 문법적 문제

한국어는 유형학적으로 SOV 언어에 속한다. 「주어+목적어+동사」의 어순으로 이루어지는 것이 가장 기본적이다. 주어, 목적어, 동사의 상대적 위치에 따른 어순의 유형은 SOV, SVO, VSO가 가장 대표적인 것이지만, SOV 언어는 후치사 언어이며, 중국어는 전형적인 고립어인 SVO 언어에 속한다.[9] 「주어+동사+목적어」의 어순으로 이루어졌다. 인류언어의 발전단계를 관찰해 보면 SOV형 언어가 점차적으로 SVO형 언어로 변화된 것은 있어도 그 반대의 예는 아직까지 없었다. 한 언어가 SOV형 언어에서 SVO형 언어로의 변화는 또한 복잡한 형태변화가 점차 간소화됨을 알 수 있다. 언어유형학적 연구에 따르면, 인류의 언어는 두 가지 정보 원칙이 있는데,[10] 한국어와 중국어는 수식구를 구성함에 있어서 모두 중심어가 수식어의 뒤에 위치하고, 한국어가 「특징/상태/결과+중심동사」로 이루어진 정보 배열이라면 중국어는 「동반특징+중심동사+결과성분」으로 이루어진 정보구성의 원칙을 갖고 있다. 이 원칙에서 「결과성분」이란 품사의 한계를 벗어난 개념이다. 시간사이든 형용사이든 동사이든 간에 중심동사의 동작 결과의미를 나타내면 모두 결과성분이 될 수 있으며, 전치사구도 중심동사의 동작 결과의 의미를 나타내면 결과성분이 될 수 있다. 한국어를 중국어로 번역함에 있어서

---

9) 지리학적 분포로 보면 중국 북부, 서부, 남서부에는 SOV형 언어를 사용하고, 남부와 남동부에서는 SVO형 언어를 사용하고 있다. 중국어가 현재의 SVO 어순을 지니게 된 것은 선사시대 때 SVO형 언어의 영향을 받았을 것이라는 추론이 있다. Jerry Norman 『Chinese』 전광진 역, p.25

10) Hopper와 Traugott에 따르면, 1) 중심어와 수식어의 배열순서, 2) 낡은 정보와 새 정보의 배열순석을 가리킨다. (1993, P.51)

이러한 통사적 특징을 파악하지 못하면 오류가 생기게 된다. 올바른 번역을 위하여 출발언어의 의미 파악에서부터 목표어에 대응되는 통사구조를 선택해야 한다. 아래의 예문들은 한국인이 가장 많이 혼동하는 통사구조이다.

(7) 지금은 그 수의사를 따라나서는 게 최선일 것 같지만 **시간**이 <u>지나면</u> 또다시 마찬가지가 될 거라고 했지요. 〈딸기밭〉
  a. 现在跟那个兽医走, 也许是最佳的选择, 可随着时间的流逝, 生活又会是原样。
  b. 现在跟那个兽医走, 也许是最佳的选择, 可过了**一段时间,** 生活又会是原样。
(8) 그날부터 **일년**이 <u>지났어요</u> 어머니……
  a. 打那天起一年过去了, 妈……
  b. 打那天起, <u>过了**一年**</u>, 妈……

예문(7)은 명사 「시간」에 주격조사가 동반되어 「시간」이 주어가 된 문장이다. 그런데 이 문장에서 「시간」은 「한 동안」이라는 시간의 길이를 가리킨다. 동작 「지나가다/흘러가다」가 통과되는 흔적을 가리키는 것이기 때문에 직역하여 「시간时间」이라고 하면 안 된다. 「시간이 지나다」는 「한 동안 시간이 지나가다」의 의미이다. 한국어에서 「한 동안」과 「시간」은 동위적인 개념이기 때문에 언어의 경제원칙에 따라 하나만 사용된 것이다. (7a)는 한국어의 「시간」 개념과 중국어의 「时间」 개념을 동일시하여 생긴 오류이며11) 중국어의 「时间」 개념은 한국어의 「시간」 개념보다 작다. 「시간을 낭비하다」에서의 「시간」은 중국어의 「时间」과

---

11) 「随着时间的流逝」 자체는 비문이 아니며 「시간이 지나다」와 나타내는 의미가 다르다.

같은 개념이기 때문에 「浪费时间」이라 번역할 수 있다. (7b)는 중국어의 정보배열 원칙 「중심동사+시간의 길이」에 기초하여 구성된 문장이다. 예문(8)은 「일 년」이라는 시간명사에 주격조사가 동반되었지만, 「일 년」은 동작이 진행된 시간의 길이이기 때문에 (8b)로 표현된다. (8a)의 형식으로 시간사가 주어인 문장으로 번역이 되면 의미전달이 완성이 되기 때문에 뒤에 「어머니……」절이 올 수 없게 된다. 텍스트 구조 원칙에 의하여 (8a)는 어색한 문장이 된다.

(9) 너만 곁에 있었어두 니 아베는 **삼 년**은 더 <u>살았을 것이다.</u> 〈딸기밭〉
   a. *如果你在身边，你爸他三年还能活。
   b. 如果你在身边，你爸他还能<u>活</u>三年。

(10) 하루종일 **스물네 시간** 내내 <u>일에 묻혀 지내기도 했다.</u> 〈딸기밭〉
   a. *一天到晚二十四小时<u>埋头工作了</u>。
   b. 一天到晚<u>埋头工作</u>了二十四小时。

(11) **한 시간쯤**이나 <u>지났을까,</u> 승희 방에서 나온 아내가 방문을 열었어요. 〈딸기밭〉
   a. *好象一个多钟头过去了，从昇姬屋里出来的妻子进了卧室。
   b. 好象<u>过了</u>**一个多钟头**，妻子从昇姬屋里出来进了卧室。

예문(9)－(11)은 모두 동작이 경과한 시간을 나타내는 문장들이다. 경과한 시간은 시간의 길이로 표시되며, 한국어로는 「수사+양사」 통사구조 즉 수량구로 시간의 길이를 나타낸다. 한국어와 중국어는 수식구를 구성함에 있어서 같은 구조 즉 「수식어성분+중심어성분」 형식을 취하여 「三年／二十四小时／一个多小时」이다. 그러나 시간의 길이를 나타내는 수량구는 동작동사의 앞에 위치할 수 없다. (9a)(10a)(11a)는 중국어 정보처리 원칙 즉 「동작동사+시량을 나태내는 수량구」에 부합되지 않기 때문에 「중심동사+시간의 길이」형식을 취한 (9b)(10b)(11b)로 번역되어야 텍스트 속에서 기능을 하게 된다.

    (12) 나는 결혼 이후 지금까지 **십여 년 동안** 회사 일을 내일처럼 여기고 <u>열심히했어요</u>. 〈딸기밭〉

        a. *结婚以来，几十年，把公司当作自己的家，认真地干了。

        b. 结婚以来，把公司当作自己的家，认真地干了几十年。

    (13) **사흘 동안** 서로 문을 사이에 두고 말 한마디 없이 <u>지냈습니다</u>. 〈딸기밭〉

        a. 整整三天，我们隔着一扇门一句也没说。

        b. 我们隔着一扇门一句没吭<u>渡</u>过了三天。

    예문(12)(13)의 시간의 길이를 나타내는 시간사구와 동사 사이에서는 다른 성분들이 첨가되어 있다 하더라도 여전히 이 시간사구는 동작이 경과한 시간이기 때문에 「중심동사+시간사구」로 번역해야 한다. 한국어는 형태 변화가 복잡하고 후치사가 발달하였기 때문에 문장 성분들은 조사에 의하여 결정되며 어순에 의하여 결정되지는 않는다.[12] 예문(12)의 「십여 년 동안 회사 일을 내 일처럼 여기고 열심히 하다」와 「회사 일을 내 일처럼 여기고 십여 년 동안 열심히 하다」는 같은 의미를 나타낸다. 또 예문(13)의 「사흘 동안 서로 문을 사이에 두고 말 한마디 없이 지냈습니다」와 「서로 문을 사이에 두고 말 한마디 없이 사흘

---

12) 한국어   중국어
    철수가 영희를 사랑한다.(주어+목적어+동사) 哲洙爱英姬。(주어+동사+목적어)
    영희를 철수가 사랑한다.(목적어+주어+동사) *英姬哲洙爱。
    위의 제시처럼 한국어는 주격조사와 목격조사로 문장성분을 구분할 수 있기에 위치 이동이 상대적으로 자유롭지만 중국어는 고립어이기에 어순이 문장성분을 구분하는데 중요한 기능을 하기에 위치이동이 자유롭지 못하다.

동안 지냈습니다」는 같은 의미를 나타내는 문장이다. 같은 정보처리 원칙이 작용되어 (12b)는 「干了几十年」, (13b)는 「渡过了三天」으로 번역해야 한다. (13a)처럼 「整整三天」이 절 형식으로 표현되면, 다른 의미를 나타내기 때문에 (13)의 의미전달이라고 볼 수 없다. 그러나 예문(14)는 이와 다른 상황이다. 시간을 나타내는 시간사가 한 동작 「하다」가 경과한 시간이 아니라 「어머니 몰래하다+아내의 마음을 돌려놓으려 하다+최선을 다하다」와 같이 여러 개의 이벤트를 진행한 시간이기 때문에 이 사건들 앞에 위치하여 「시간+사건」이라는 통사구조를 완성하는 문장이다.[13] 그러므로 「어머니 몰래 아내의 마음을 돌려놓으려고 최선을 다하다」는 「일 년 동안」에 발생한 일련의 사건이므로 (14a)의 형식을 취하며 (14b)의 형식은 취하지 않는다.

(14) 지난 일 년 동안 <u>어머니 몰래 아내의 마음을 돌려놓으려고 최선을 다했어요.</u> 〈딸기밭〉
  a. 整整一年, <u>我背着母亲尽全力使妻子回心转义</u>。
  b. *我背着母亲一年尽了全力一年使妻子回心转义一年。

위에서 시량을 나타내는 수량사구의 통사론적 구조를 살펴봤다면 이번에는 동량을 나타내는 수량구의 통사론적 구조를 살펴보기로 하자.

(16) 좀처럼 그런 일이 없었는데, 자신을 사랑하느냐고 **빈번히** <u>묻는 거</u>
  <u>예요.</u> 〈딸기밭〉
  a. *从来没有过的事，频频地/好几次问道爱不爱她。

---

13) 한국어나 중국어 모두 한 기간 동안 발생한 사건을 열거할 때 모두 같은 형식을 취한다. 예를 들면 「1시간동안 나는 받아 적기도 하고 열심히 듣기도 하였다.」 「一个多小时，我又做笔记又认真听讲。」

b. 从来没有过的事，<u>问过**好几次**</u>爱不爱她。

(17) 대상을 아무리 **수십 수백번** 들여다 보아도 직접 그려보지 않고는
제대로 파악한 것이 아니다. 〈야생초편지〉

　a. *<u>**数十遍数百遍**看过去</u>，不亲手去画，决不可能掌握其本质的。

　b. 再<u>看它**数十遍数百遍**</u>，不亲手去画是决不可能掌握的。

(18) **한번** <u>그려 봐서는</u> 부족하다. **두 번 세 번** <u>그려 보면</u> 처음 그린
것이 얼마나 허술하고 엉성한 것인지 알게 되지. 〈야생초편지〉

　a. *<u>**一遍**画</u>是不够的，<u>**两遍三遍**画</u>才能发现第一次画的有多么不象个样。

　b. <u>画**一遍**</u>是不够的，<u>画它**两遍三遍**</u>才能发现第一次画的有多么不象
个样。

　예문(16)-(18)의 수량사는 모두 동사와 의미관계가 발생한다. 명사
의 개체양사는 명사를 꾸며주는 기능을 하지만[14] 동사와 의미연결이
있는 수량사는 동작이 진행된 횟수를 나타내므로 동작이 진행된 결과
라고 볼 수 있다. 정보처리 원칙에 따라 동작의 결과라면 시간이든 횟수
든 모두 중심동사의 뒤에 위치하는 것이 중국어 통사구조이기 때문에
(16)-(18)의 (b)형식을 취한다. 여기에서 알 수 있듯이 중국어의 수량
구는 명량구, 시량구와 동량구의 통사구조가 충돌하지 않는다. 명량구
(명사성 수량구)는 명사를 수식하기 때문에 명사의 앞에 위치하며, 시
량구(시간의 길이를 나타내는 수량구)는 동작이 진행된 시간이기 때문
에 중심동사 뒤에 위치한다. 그리고 동량구(동작의 횟수를 나타내는 수
량구)는 동작이 진행된 횟수이기 때문에 역시 중심동사 뒤에 위치한다.

---

14) 개체양사가 명사를 꾸며줄 때 중국어는 한 가지 형식만 존재한다. 즉「수량사+명사」
이지만 한국어는 두 가지 형식이 병존한다. 즉「수량사+명사」와「명사+수량사」,
예를 들면 중국어는「三本书」,「*书三本」, 한국어는「세 권 책」,「책 세권」이다. 고대
중국어에도「명사+수사」혹은「명사+수량사」형식이 존재하였지만 현대중국어에
서는 한 가지 형식만 허용된다.

이렇게 명량구와 동량구, 시량구는 통사구조에서 위치 분포가 명확하게 다름을 나타낸다. 또한 예문(16)의 「빈번히」가 품사로는 형용사이지만, 나타내는 의미는 동작의 수량을 나타내기 때문에 여기에서는 수량구처럼 기능을 한다.

한국어는 형태 변화가 풍부한 언어일 뿐만 아니라 의성어와 의태어[15]도 아주 발달한 언어이다. 이에 비해 중국어는 상대적으로 의성어·의태어 표현이 많지 않다. 그렇다면 출발언어의 풍부한 의성어·의태어가 상대적으로 빈약한 목적언어에서 어떻게 표현되는가를 살펴보기로 하자.

(19) 그는 손깍지를 낀 채 잠시 **타닥타닥** 타고있는 불을 바라보았다. 〈딸기밭〉

   a. 他两手交叉着看着**噼里啪啦**燃烧的火花

(20) 올려 묶었던 머리도 풀고 언제 저런 옷이 있었나 싶게 무릎이 나오는 원피스를 입고서 아주 발그레해진 뺨을 하고서 **또각또각** 걸어가는 거예요. 〈딸기밭〉

   a. ˙随便扎起来的马尾巴，解开披在肩上，穿着不知哪儿来的露大腿的连衣裙，两腮红通通的，**咯噔咯噔**走起路来。

   b. 随便扎起来的马尾巴，解开披在肩上，穿着不知哪儿来的露大腿的连衣裙，两腮红通通的，走起路来**咯噔咯噔**响。

예문(19)(20)은 모두 소리를 모방한 것이다. 예문(19)는 장작이 타 들어가는 소리 「타닥타닥」이고, 예문(20)는 하이힐이 콘크리트 바닥에 부

---

15) 남기심·고영근에 따르면 「땡땡(울린다), 도란도란(이야기를 하다), 까옥까옥(운다)…」는 의성부사, 「데굴데굴(구른다), 사뿐사뿐(걷는다), 깡충깡충(뛴다)…」는 의태부사이며 두 가지를 합하여 상징부사라 하였다. 『표준 국어문법론』, p.177.

딪치면서 나는 소리 「또각또각」이다. 중국어에서는 물건이 서로 부딪쳐서 내는 소리는 모두 「噼里啪啦」로 표현한다. 스스로 나는 소리는 「噼噼啪啪」로 표현하기 때문에 폭죽이 터지는 소리도 「噼噼啪啪」로 표현한다.16) 두 물체에 힘이 가해져서 나는 소리는 중국어에 「咯噔咯噔」 하나로 표현된다. 그래서 이빨 가는 소리도 「咯噔咯噔」으로 표현한다. 소리를 모방하는 것은 인류 언어가 생기면서 사용되었다 해도 과언이 아닐 것이다. 출발언어의 의성어가 아무리 풍부하고 목적어가 아무리 빈약하다 하더라도 상위 단위에서는 1대1 대응구조를 이룬다. 그러나 표현에 있어서 출발어의 생동성을 살리지 못할 수는 있다. 이것이 언어와 언어가 소통이 목적이라는 면에서는 모순되지 않는다. 예문(19)는 「의성어+동작」으로 구성된 동사구이기 때문에 중국어와 같은 수식구조 「수식어+동사」, 예문(20)은 「의성어+동작」의 구조를 취하였지만 의성어 「또각또각」은 「소리」라는 명사를 지향하기 때문에 (20a)는 비문이고 (20b)인 「의성어+명사」 형식을 취해야 한다. 한국어의 의성어와 의태어가 중국어로 번역될 때는 다른 양상을 보인다. 아래 예문은 소리가 아닌 상태나 모양을 나타내는 의태어의 용법이다.

(21) 지느러미가 얼마나 세차던지 그놈 몸통에 묻은 물방울이 이마에 **톡톡** <u>튀었어요</u>. 〈딸기밭〉
　　a. 好厉害的脊鳍啊，那家伙身上的水**一滴一滴**<u>溅到</u>了额头上。
(22) 그날 집으로 돌아오는 길, 그 혼란이 생각나 그는 얼굴을 **벅벅** 문질렀다. 〈딸기밭〉
　　a. 那天回家的路上，突然想起了乱麻事儿，不由自主地**用手**搓起了脸。

---

16) 여기에서 언급하는 폭죽은 퓨전 폭죽을 가리키는 것이 아니라, 한 꿰미에 죽 꿴 연발폭죽 「小鞭炮」를 가리킨다.

(23) 그리고 따로 꾸민 야생초 화단에는 다년생 야생초들이 **속속** 싹을
내밀고 있다. 〈야생초편지〉

   a. 另修的花坛里多年生野生花草**一个接一个**<u>破土而出</u>。

    예문(21)의 「톡톡」은 물방울이 떨어지는 모양, 즉 한 방울 한 방울
떨어지는 모양을 「톡」으로 표현한 것이다. 중국어는 의성어·의태어가
빈약하지만 그렇다고 하여 이런 감정이나 모양을 표현하지 않는 것은
아니다. 다만 언어표현이 다를 뿐이다. 중국어는 풍부한 수량구[17]의 파
생용법이 여러 문법적 의미를 나타낸다. 중첩은 중국어 문법의 아주 중
요한 통사구조이다. 수량구가 중첩되면 동작의 방식이나 모양을 나타
내는 문법적 의미를 지니고 있다. 예문(21)이 바로 물방울이 떨어지는
방식이며 「튀다」는 결과동작이라고 할 수 있다. (21a)가 바로 수량사
중첩형식 「一滴一滴」로 물방울이 떨어지는 모양과 방식을 모두 표현하
였다. 개체수량구 「一滴」는 「물방울」이라는 사물을 대체하는 기능도
하고 있다.

    예문(22)의 「벅벅」은 「찢다/긋다/긁다」와 사용되는 것을 보아 손으
로 하는 동작의 모양이나 양태를 나타낸다. 「벅벅」거리는 동작은 당연
히 손이라는 도구에 의해 이루어진다는 원형 의미를 파악하였다면, 번
역에서는 그다지 어려움이 없다. 즉 중국어로는 「用手撕／划／搔／搓」
의 전치사구로 표현하면 된다.[18] 예문(22)의 의성어와 의태어 표현은

---

17) 현대중국어에서 수사가 명사를 수식할 때 해당되는 개체양사(individual measure)
   의 사용은 필수 불가결하다. 양사를 분류사(classifier)라고도 한다. 王力(1957)에
   따르면, 남북조 시대에 이미 수량구는 광범위하게 사용되었다고 기술하고 있다.
18) 중국어는 「전치사+명사」 형식으로 사용되지만 한국어는 「명사+후치사」로 사용된
   다. 중국어 도구를 나타내는 전치사는 「用－」이며 한국어는 도구격조사 「－로」로
   표현한다.

(22a)처럼 전치사구 「用手」를 사용하여 표현하고 있다.

예문(23)은 예문(21)과 같은 범주이다. 싹은 하나씩 자라난다는 의미에서 「속속」은 땅에서 싹 하나가 불쑥 비집고 나오는 모양인데, 한꺼번에 나오는 것이 아니라 「하나씩」 혹은 「앞다투어」 나오는 모양을 표현한 의성어·의태어이기 때문에 중국어로 표현하자면 해당되는 명사의 수량사를 중첩하여 사용한다. 수량사 중첩형식[19]은 여러 가지 의미를 나타내는데, (i)동작의 방식을 나타낸다. 예를 들면 「一页一页翻(한 페이지 한 페이지씩 넘기다)」, (ii)「…마다」의 의미를 나타낸다. 예를 들어 「一个个撅着嘴(사람마다 지루퉁해서)」, (iii)「많다」의 의미를 나타낸다. 예를 들면 「一次一次打电话(전화를 수차례하다)」. 예문(23b)는 (iii)의 용법으로 사용된 것이다. 이와 같이 출발어를 목표어로 번역 가능하게 하는 기제들이 여러 가지 형식으로 존재한다. 이로 인하여 한 언어를 사용하는 집단과 다른 언어를 사용하는 집단의 소통이 가능하다. 인간에 있어서 감정과 생각의 전달은 언어로 표현되며 언어화하여 전달되어 소통을 이루는 것이다.

(24) 털을 못 깎아 **더펄더펄**거리고 다니니까 아이들이 더펄아 더펄아, 자연스럽게 불렀던 것이 더펄이가 되었다고 하더군요. 〈딸기밭〉

    a. 没能及时剪掉毛，全身**蓬蓬松松**的到处溜哒，孩子们就叫它"蓬蓬儿，蓬蓬儿"，自然而然它就被称为"蓬蓬儿"了[20]。

---

19) 수량사의 중첩형식은 「一个一个」 원형이지만 파생용법으로 「一个个」 처럼 양사만 중첩하기도 하고, 「一个接着一个」 처럼 수량사 사이에 동사를 첨가하여 동작의 반복을 부각시키기도 한다.

20) 중국어에서 「一儿」는 명사접미사이며, 귀여운 사물이나 동물에게 명명할 때 늘 사용되는 용법은 「AA+儿」 조어법이다. 예를 들면 「강아지」는 「狗狗儿」 이고 두 번째 한자 성조는 1성으로의 변조를 감수하면서 중첩하여 사용된다.

예문(24)의 「더펄더펄」은 긴 머리카락이나 긴 털이 바람에 날리는 모양을 묘사하는 의태어이다. 중국어에서 의태어는 발달하지 않았지만, 상태형용사가 의태어의 기능을 한다. 중첩법(reduplicate)과 반중첩법을 통하여 상태형용사나 부사가 만들어지는데 이렇게 구성된 상태형용사나 부사들은 의미를 강조하거나 혹은 묘사를 생생하게 하기 위한 것이다. 상태형용사가 그 중 대표적인 한 예이다.[21] 「蓬松」은 풀이나 머리카락이 흐트러진 모양을 나타낼 때 사용되는 형용사이다. 흐트러진 모양의 강도를 높이거나 흐트러진 모양을 더 생동감 있게 묘사하려면 중첩이라는 형식 「蓬蓬松松」 혹은 「蓬松松」을 사용하여 나타낸다. 한국어의 의태어가 중국어의 상태형용사 혹은 형용사 중첩형식으로 대체되는 것이다. 예문(24)와 같이 어떤 카테고리에 사용된 의태어인지를 파악하고 이에 상응하는 목표어의 통사구조를 선택해야 한다.

    (25) 입으로 **나불나불** 대다가 세월만 보내었던가? 〈야생초편지〉
      a. 只顾**耍嘴皮子**，这不得过且过了嘛?

예문(25)의 「나불나불」은 입을 가볍게 움직이는 모양을 나타내는 의태어이다. 물론 원형적 의미는 얇은 물체가 바람에 날리어 가볍게 움직이는 모양에서 파생된 의미이다. 예문(25)의 「나불나불」은 「입으로 나불나불 대다」와 같이 사용된 의태어이기 때문에 이 전체를 한 덩어리로 보아야 한다. 비유적인 의미가 내포된 관용어로서 목표어에 해당되는 관용어로 대체하는 것이 번역에서 추구하는 바이다. 만일 문화적인 차

---

21) 중국어의 상태형용사는 a. 雪白/滚圆/蓬松 b. 红通通/黑乎乎 c. 黄不啦叽형식으로 구성된 것과 성질형용사 「红/黑/高兴」를 중첩하여 「红红/黑黑/高高兴兴」형식으로 구성되었다.

이로 인하여 대응되는 관용어가 없다면 목표언어 사용자의 언어습관을 토대로 하여 번역을 해야 한다. 예문(25)은 「도구+의태어+동사」 형식이 중국어로 직역하여 대응되는 형식은 「V+O+V+결과상태」이다. 즉 「要嘴要得一閃一閃的」 「一閃一閃」하는 대상이 「嘴唇／嘴皮子」이기 때문에 의태어가 명사로 대체되는 기법이 사용된 것이다. 예문(25a)와 같이 「要嘴皮子」로 번역해야 하며, 관용어로 사용된 의태어를 예문(24)와 같이 처리해서는 안 된다.

4 결론

정보의 불변성은 커뮤니케이션학의 관점에서는 논리적이고 타당할지 몰라도 번역의 근본 문제가 발생하게 된다. 소쉬르가 구상한 랑그와 빠롤의 차이 때문일 것이다. 콜러(Koller, 1992)는 이에 대하여 언급한 바 있다. 「언어학적 번역학의 관계는, 일반적으로 1:1 대응관계는 성립하지 않지만, 텍스트 층위(빠롤)에서, 다시 말해 잠재적인 체계적 대응을 텍스트에서 현실화하는 층위에서, 출발언어 텍스트와 목표언어 텍스트 사이에 1:1 관계가 유지될 수 있게 해 주는 체계 층위(랑그)의 대응관계를 기술하는 것이다.」 어떤 정보를 다른 언어로 동일하게 전달한다는 원칙은 먼저 언어들의 어휘 영역(본문 2장)과 통사층위(본문 3장)에서의 잠재적 등가관계[22]를 주목하게 된다. 1대1의 등가관계를 제외

---

22) 카데(Kade, 1968)의 개별언어 간 사전에 성립하는 4가지 종류의 「잠재적 등가관계」를 말한다.

한 다른 등가관계는 아마도 언어철학에서 개별적으로 각자 다른 이해 배경 때문에 의미 차이가 발생한다고 지적하였다. 이러한 지적들이 번역학적 이론으로 승화하기에는 아마도 무수한 사례 분석을 통한 추상화된 귀납과정이 필요할 것이다. 본고는 번역에 나타난 어휘문제, 통사론적 문제의 개별 사항들을 통해서[23] 대조언어학이 아닌 정보처리과정의 일환으로 분석하였다. 이와 같은 수많은 개체범주 분석이 귀납되어 번역학 이론 발전에 기여하리라 의심하지 않는다. 본고에서는 번역에서의 문화적 문제를 포함한 연구의 일환으로서 초보적인 구상을 제시하였다. 번역을 두 언어에 의한 커뮤니케이션 과정으로 인식하는 사례들에 대해서는 금후 연구를 계속할 것이다.

---

23) 본문에서 다룬 각 예문이 하나의 개별사항이 아니라 한 범주에서 귀납되는 사항이며, 유추귀납 단계에 있음을 설명한다.

일본어는 어떻게 우리말을 잠식하였나?

－일본어 (번역)투의 과잉 양상과 극복 방안－

이경규

일본 도카이대학에서 문학박사 학위를 받았으며 도카이대학 외국어교육센터 전임강사를 거쳐 현재 동의대학교 일어일문학과 교수로 재직 중이다. 한국일본근대학회 회장, 동의대학교 학생상담센터 소장 등을 역임했으며 현재 동의대학교 인문사회연구소 소장을 맡고 있다. 관심 연구 분야는 일한번역과 한중일 한자어 비교이며, 『중세기 일본한어의 연구』, 『일어학 연구의 전개』(공저), 「일본어 한어 인정에 관한 제 문제」, 「일본 자음어 연구의 한 시점」을 비롯한 다수의 논저가 있다.

오경순

고려대학교에서 문학박사 학위를 받았으며, 일본 무사시대학 객원연구원을 지냈다. 현재 고려대 일본연구센터 번역연구원이며, 세종대학교 겸임교수로 재직하고 있다. 관심 연구 및 강의 분야는 「일한 번역의 번역투」 및 「한·일 양 언어의 표현구조론」이다. 논저로 『번역투의 유혹』, 『한국인도 모르는 한국어』, 『번역과 일본문학』(공저)이 있으며 다수의 번역서와 일한 번역 관련 논문 등이 있다.

393

1 머리말

현대 지식사회에서 번역은 문화의 힘으로 간주되며, 모든 문화 한 가운데에 번역이 존재한다. 또한 번역은 자국어와 자국 문화를 지켜내는 힘이 되며 현대 사회에서 다양한 문화와 올바른 지식을 접할 수 있는 길잡이와도 같다.

번역이 자국어와 자국 문화를 지켜내는 힘이 된다는 사실은 이웃 나라 일본의 메이지유신(明治維新)만 봐도 잘 알 수 있다. 당시 일본의 선각자들은 국가 생존 전략의 첫 단계로 번역을 내세웠다. 번역은 단순히 정보 전달의 수단이 아니라 문화의 이질성에 대해 자각하고 서구 문화를 이해하고 수용하는 창구 역할을 했다. 따라서 번역이란 단순한 언어의 번역을 뛰어넘어 한 국가의 문화 경쟁력을 가늠하는 잣대로 새롭게 인식되며 그 역할과 기능이 과거 어느 때보다도 확대되고 있다. 이러한 시대의 흐름과 맞물려 번역의 중요성이 재인식되고 번역 교육의 필요성이 대두되고 강조되는 것은 지극히 자연스러운 추세이다.

우리나라 출판 시장에서 번역 도서가 차지하는 비중은 대단히 크다. 우리가 읽는 책의 3분의 2가 번역서이다. 2012년도 우리나라 출판 통계를 보면 신간 도서 발행 종수는 총 3만 9767종이었으며, 이 가운데 번역 도서는 1만 224종으로 전체 도서 발행 총수 중 번역도서가 차지하는 비중은 25.7%였다. (2012년도 대한출판문화협회 출판 통계 자료 참조) 우리나라에서 출판되는 도서 네 권 중 한 권 정도가 번역도서인 셈이다. 「뉴욕타임스」도 한국에서 발행되는 책 중 번역서 비율이 29%로 세계에서 번역서 출판 비율이 가장 높다고 보도한 바 있다.

한 예로 미국작가 댄 브라운(Dan Brown)의 베스트셀러 소설『다빈치 코드(DaVinci Code)』는 한국어 번역본이 320만부가 팔려 프랑스어 번역본(540만부)에 이어 두 번째였고, 세계 7위 출판 시장을 가진 한국이 이제는 번역에서도 대국이 되었다. 최근엔 외국어 원저와 한국어 번역본이 동시 출간되기도 한다.1)

또한 일본어 번역서의 경우를 살펴보면 판매부수와 출판 횟수, 작품 편수 등에서 기록적인 성공을 거두며, 우리나라 일본문학 번역 60년 (1945~2005)의 역사에서 가장 대중성이 강하고 가장 획기적인 반향을 불러일으킨 대표적인 작가와 작품을 꼽는다면 단연 미우라 아야코(三浦 綾子)의『빙점(氷點)』과 무라카미 하루키의『상실의 시대(ノルウェイの森)』를 꼽을 수 있다. 우리나라 일본문학 번역의 대부분은 소설 중심이며 그것도 대중성이 강한 작품들이 대부분을 차지한다. 일본 대중소설 번역의 가장 괄목할 만한 기록으로는 미우라 아야코(三浦綾子)의 장편소설『빙점(氷點)』을 들 수 있는데, 1965년에 이어 1966년에도『빙점(氷點)』은 베스트셀러 1위를 차지하였으며, 미우라 아야코는 1990년대 무라카미 하루키 등장 전까지는 한국인들에게 가장 친숙한 외국작가로 존재하였다. 1965년 국내의 두 출판사가 출판한『빙점(氷點)』은 이후 40년 동안 40회 이상 중복 출판되면서 한국소설과 외국소설을 막론하고 가장 많은 판매부수를 기록한 것으로 추정된다고 한다.2) 한국에서 번역된 미우라 아야코의 작품 편수는 총 146편이며, 번역출판 횟수는 총 306회로 최다 작품에 최다 번역출판 횟수 1위를 기록했다. 그 다음이 1990년대 한국의 일본문학 번역에서 빼놓을 수 없는 존재로 무라카

---

1)「번역대국 한국」조선일보, 2007. 4. 17
2) 윤상인 외(2008)『일본문학 번역 60년 현황과 분석』소명출판, p.23

미 하루키를 들 수 있다. 무라카미 하루키의 『상실의 시대(ノルウェイの森)』는 5개 출판사에서 각각 역자를 달리하여 5회 출판되었는데 지금까지 70만부 이상 판매되었다 한다. 한국에서 번역된 무라카미 하루키의 총 작품 편수는 110편이며, 번역출판 횟수는 256회로 미우라 아야코에 이어 2위를 기록했다.[3]

또한 2012년도 외국도서 번역 출판 현황을 살펴보면 번역은 여전히 일본, 미국 중심으로 편중되어 있는 것을 알 수 있다. 국가별로는 일본(3948종), 미국(3107종), 영국(914종), 프랑스(561종), 독일(387종), 중국(364종)순이었고[4], 전체 번역도서 1만 224종 가운데 일본어 번역도서 비중은 38.6%로 압도적 1위를 차지했다.

이처럼 번역서의 양, 특히 일본어 번역서의 양은 압도적으로 늘어나는 데 비해 번역의 질은 그 양을 따라가지 못한다는 데에 문제가 있다. 이러한 현실의 문제를 고려할 때 번역에 대한 체계적인 연구와 교육이 절실히 필요하지만, 번역 현장이나 번역 교육에서 활용할 수 있는 번역학 논문이나 번역 연구서, 번역 지침서 등은 그리 많지 않은 실정이다. 그러므로 앞으로의 번역학 연구는 질 좋은 번역물 생산에 실질적으로 도움을 줄 수 있어야 하고 가독성 높은 양질의 번역을 바라는 독자의 요구와 기대치를 충족시켜줄 수 있는 구체적인 방향 제시가 필요하다고 본다.

질 좋은 번역에 대한 논의는 언어권별로 다양하고 활발하게 이루어져왔으나, 모든 번역에 적용할 수 있는 번역 이론과 번역 방법은 존재하지 않는다. 그러나 질이 좋지 않은 번역은 쉽게 선별할 수 있고 체계적

---

3) 윤상인 외(2008) 『일본문학 번역 60년 현황과 분석』소명출판, p.37
4) 대한출판문화협회홈페이지 자료 참조: http://www.kpa21.or.kr

인 번역 교육과 훈련을 통해 줄여나갈 수 있다. 질이 좋지 않은 번역은 오역(誤譯)이 아닐지라도 반복되다 보면 오역으로 이어지기 쉽다.

특히 일본어의 한국어 번역 평가에서 문제점으로 자주 거론되는 사항은 오역과 번역투 및 가독성에 관련된 문제일 것이다. 이러한 맥락에서 본고는 일본어의 간섭과 일본어 번역 과정에서 나타난 일본어투 및 오역과 일본어 번역투가 한국어 어휘와 문체를 어떻게 잠식하였는지 일한 번역문과 한국어 문장의 실례(實例)를 들어 고찰하고 일한 번역문의 경우는 가독성을 고려한 자연스런 한국어 표현을 집중 논의한다.

우리말에 걸맞은 표현이 없거나 우리말에 두드러지게 어긋나지 않는 감당할 만한 수준이라면 일본식 어휘나 문체를 써도 그다지 문제 될 것은 없다. 그러나 문제가 되는 것은 우리말 어법에 맞지 않거나 부자연스러운 일본식 어휘나 문체 즉 일본어투 및 일본어 번역투의 남용과 오용이다.

이러한 문제의식에서 출발한 본고는 오랜 세월 일본어의 간섭 및 일본어 번역 과정의 결과 한국어 어휘와 문체에 나타난 일련의 변화 양상을 짚어보고 해결 가능한 문제에는 대안도 함께 제시할 것이다.

 어휘면

「간절기(間節氣)」란 일본식 표현을 오역한 것이다. 일본어에는 환절기에 해당하는 한 단어로 된 용어가 없다. 대신 「절기의 사이」라고 표현한다. 일본어로 표기하면 「節氣の間」이다. 「間(あいだ)」는 공간적·시간

적 간격을 나타내는 용어다. 또는 「季節の変わり目」라고도 한다. 일본어를 번역하면서 무분별하게 오역한 결과이다.

또한 고령화 사회하면 떠오르는 「실버산업(silver industry)」「실버시터(silver sitter)」 등의 「실버(silver)」는 정식 영어가 아니다. 1970년대 후반 일본 기업이 노인을 대상으로 한 비즈니스에 관심을 갖기 시작하면서 만든 말이다. 영어 「실버(silver)」에는 노인이란 뜻이 없다. 일본에서 은빛 또는 은백색의 머리를 뜻하는 영어 「실버」를 따다 「노인」을 은유적으로 이르는 말로 사용한 것이다. 또 다른 예로 일본에서는 라디오·텔레비전에서 골든아워 다음으로 시청률이 높은 아침 시간대인 오전 7시부터 9시까지를 「실버 아워(silver hour)」라 하며 9월 3일 월요일 경로의 날을 중심으로 한 휴일이 이어지는 연휴를 「실버 위크(silver week)」라 부른다.

「기라성(綺羅星)」의 경우, 일본 사전 『고지엔広辞苑』을 보면 「綺羅星(きらぼし)」은 「綺羅, 星の如く」에서 나온 말이며, 「밤하늘에 반짝반짝 빛나는 무수한 별」을 뜻한다고 되어 있다. 다시 말해서 「綺羅, 星の如く」에서 실수로 쉼표를 빼고 「綺羅星の如く」로 잘못 쓴 데서 온 말로, 즉 「반짝 반짝 빛나는 별(星)과 같다」라는 말을 「기라보시(綺羅星)」와 같다고 잘못 쓴 데서 온 말이다. 소리만을 취해 붙인 일본한자 「기라성」을 그대로 들여와서 우리 국어사전에는 「빛나는 별로 순화해야 한다」고만 나와 있다. 「빛나는 별」이라는 번역이 잘못된 것이다.

최근의 예를 몇 가지 더 들어보면 TV프로그램에서 자주 듣는 「예능」「예능인」이란 말도 우리말로는 「연예」「연예인」으로 써야 맞다. 「예능」이라는 말은 일본어 「게노(芸能, げいのう)」를 그대로 들여다 쓰는 일본어투이다.

또한 요즘 KBS 오락 프로그램 개그콘서트에서 과장된 「갸루」 화장과 앞뒤가 전혀 안 맞는 한국어를 구사하는 「갸루상」의 인기가 날로 고공행진을 하고 있다. 그런데 「갸루」란 대체 무슨 말인가? 관련 기사를 쓴 한 기자는 「「갸루」란 영어 단어 「Girl」의 일본어 발음을 사전화한 것으로 짙고 화려한 눈화장에 검게 태닝한 피부, 화려한 헤어와 패션 스타일을 즐기는 일본 여성을 일컫는다.」라는 친절한 설명까지 덧붙인다. 이 국적불명의 「갸루」란 말을 이해하는 한국인은 과연 얼마나 될까?

게다가 근래 젊은이들 사이에 자주 쓰는 「간지난다」나 「간지남」 등도 일본어 동사 「간지루(感じる, 느끼다)」와 명사형 「간지(感じ, 느낌)」에서 유래한 말이다.

이처럼 현재진행형인 한국어에 대한 일본어의 간섭은 오랜 기간에 걸쳐 이루어진 만큼 그 유형 또한 다양하여 한국어의 모든 층위에 걸쳐 나타난다. 송민(1988: 28)에 의하면 1920년대부터 고유 일본어의 간섭이 점차 국어 문장에 구체적으로 노출되기 시작했으며, 고유 일본어의 간섭 현상은 1938년 조선어 금지령과 1939년 창씨개명 등 1940년을 전후하여 절정에 이르렀다고 한다. 1876년(고종 13년) 병자수호조약을 계기로 우리말에 일본어의 간섭이 본격적으로 시작되었고, 19세기 말 이후 한일 양 언어의 접촉과 교류가 빈번하게 이루어지면서 우리말에 일본어가 유입되기 시작하였다. 특히 일본어 및 일본식 표현이 우리말에 들어오게 된 것은 주로 당대에 일본으로 유학 갔던 지식인들에 의해서였다. 그 후 20세기를 거치면서 일본어 간섭 현상은 우리말 구석구석까지 광범위하게 이루어졌다.

2장에서는 오랜 세월에 걸친 일본어의 간섭 및 직역의 일본어 번역투의 영향으로 한국어에 나타나는 주된 일본어 및 일본식 어휘를 살펴보고 일한 번역 실례를 들어 고찰하기로 한다.

2.1 음역 차용어

발음을 통해 들어온 일본어, 즉 음역 차용어는 구어에 많이 남아 있다. 일본어투 용어에서 문제가 되는 대상이 바로 이러한 고유 일본어의 음역 차용어이다. 음역 차용어들은 거부감을 줄 뿐 아니라, 우리말을 비속화하는 경우가 많다. 일본어투 용어를 순화한다는 것은 이러한 음역 차용어를 우리 고유어나 우리 한자어로 바꾸는 것을 뜻하며 우리 한자음으로 바꾸어 읽기만 해도 자연스러운 우리말로 받아들여진다.

음역 차용어는 고유 일본어, 일본식 외래어(일본식 발음의 중국어 및 서구 외래어), 일본식 변조 영어 이렇게 세 가지 유형으로 나눌 수 있는데, 여기서는 음역 차용어의 세 가지 유형에 대해서 살펴보기로 한다.

2.1.1 고유 일본어

(1) 오뎅(おでん): 꼬치, 생선묵5), 오봉(おぼん): 쟁반, 곤색(紺色): 감색(紺色), 진남색, 사시미(刺身): 생선회, 노가다(土方, どかた): 노동자, 노무자, 막일꾼, 막벌이꾼, 도캉(土管): 토관, 하수관, 사라(皿): 접시, 자부동(座布団): 방석, 마호(병)(魔法(瓶)): 보온(병), 뗑깡(癲癇): 투정, 행패, 요지(楊枝): 이쑤시개, 기스(傷, きず): 흠(집), 야미(闇, やみ): 뒷거래, 우와기(上衣, うわぎ): 윗도리, 나가리(流れ, ながれ): 유찰, 깨짐, 이지메(苛め, いじめ): (집단) 괴롭힘, 하코(짝/방)(箱): 상자, 갑, 곽, 궤짝, 무뎃뽀6)(無鉄砲): 무모, 경솔, 막무가내, 후카시(吹

---

5) 「고유 일본어(일본어 한자어, 가나): 순화한 우리말」 순이다.
6) 일본어「むてっぽう(無鉄砲)」의 한글 표기도 외래어표기법 문교부 고시 제85−11호(1986. 1. 7)의 규정을 따르면「무텟포」이지만 국립국어원의『일본어투 용어

かし, ふかし): 과시, 허풍, 티 냄, 폼 잼, 몸빼(もんぺ, もんぺい): 작업복 바지, 허드레 바지, 기지(生地, きじ): 옷감, 기마이(気前, きまえ): 선심 쓰다, 구사리(腐り, くさり): 핀잔, 나라비(並び, ならび): 줄 서기, 삐끼(引き, ひき): (손님)끌기, 에리(襟, えり): 깃, 엔꼬(えんこ): 바닥(남), 와쿠(枠, わく): 틀, 지라시(散らし, ちらし): 선전지, 낱장 광고, 독꾸리(徳利, とっくり): 아가리가 잘록한 술병.

일본어의 유입으로 편리해진 점도 있으나, 우리 언어생활은 왜곡·비속화된 면 또한 많다. 다음 예문(2)는 지금도 일한 번역문뿐 아니라 일상생활에서 가끔 들을 수 있는 고유 일본어의 예이다.

(2) ㄱ. 일러스트 작가, 만화가, 야구팀 만들기까지, 박광수는 지금까지 살면서 본인이 하고픈 걸 모두 다 했다. 「무대뽀」정신의 결과다. 지금 운영하고 있는 소주집 역시 「무대뽀」정신으로 오픈했다. 〈『레이디경향』 2007. 6. 13〉
ㄴ. はい、刺身も良く食べるようになりました。
네, 사시미도 잘 먹게 되었습니다. 〈韓日並列Corpus檢索〉

우리말이 왜곡되고 비속화되는 혼란 속에서도 우리말을 아름답게 지키고 가꾸려고 노력한 경우도 있었는데, 한 가지 예로 「노견路肩」을 들 수 있다. 「노견路肩」이라는 말은 일본에서 영어 「road shoulder」를 직역하여 쓴 말인데, 우리는 이 말을 일본에서 들여와 다시 우리말로 「길어깨」라는 희한한 말로 번역하여 쓰기도 했다. 다행히 1991년 이어

순화 자료집』(2005)을 따라 「무뎃뽀」라 표기한다. 이하 「뗑깡(癲癇), 노가다(どかた)」의 표기도 마찬가지다. 본고에서는 앞의 「만땅(満タン, まんたん)」「이빠이(一杯, いっぱい)」「삐까삐까(ピカピカ)」와 마찬가지로 인용 자료에 나와 있는 표기를 그대로 따르기로 한다.

령 당시 문화부장관이 「길어깨」의 문제점을 지적하고 「갓길」이라는 순 우리말을 만들어 지금은 우리 모두가 「갓길」이라는 아름다운 우리말을 쓰고 있다. 일본 한자어 「노견路肩」을 순화한 우리말로는 「갓길」 외에 도 「길섶」 「길턱」이 있다. 우리가 일상생활에서 알게 모르게 사용하는 「노견」과 같은 수많은 일본어투 용어를 우리말로 고쳐 쓰거나 새로 만들려는 노력과 관심을 기울인다면 「갓길」 같은 아름다운 순우리말이 일본어투 용어를 밀어내고 제자리를 잡아갈 수 있을 것이다.

2.1.2 일본식 외래어(일본식 발음의 외래어)

일본어가 우리말에 끼친 간섭의 한 유형으로 일본식 발음의 서구 외래어가 있다. 일본은 개화기에 근대 중국어, 포르투갈어, 스페인어, 네덜란드어, 영어, 독일어, 프랑스어, 그리스어 등을 많이 받아들였다. 이러한 서구 외래어들이 일본을 거쳐 우리나라에 들어왔다. 외래어란 어느 언어에나 존재하기 마련이며, 외래어를 수용하는 목적은 언어 체계의 공백을 메우고, 학술·문화·문명의 개념을 수용하기 위해서이다. 우리말에 없는 어휘 체계 보완이라는 장점 또한 있기 때문에 일본식 발음의 외래어라 하여 무조건 배척할 필요는 없다. 그러나 비속화하거나 어원을 알 수 없는 모호한 외래어는 언어 순화나 교육적 차원에서도 바로 잡을 필요가 있다.

다음의 말들은 원래 어원이 중국어 및 서구어이지만 우리나라 사람 중에는 일본어인 줄 알고 있는 사람도 많다.

아래 예(3)은 어원별 일본식 외래어의 예이다.

(3) ㄱ. 중국어: 우동うどん(饂飩)[7], 단스たんす(箪笥)[장롱 혹은 옷장],

당면はるさめ(唐麺), 만두まんじゅう(饅頭), 짬뽕ちゃんぽん, 라면ラーメン(拉麺), 고다쓰こたつ(火燵)[난방 장치], 장껜じゃんけん(石拳)[가위바위보], 잉꼬いんこ(鸚哥).

ㄴ. 그리스어: 히로뽕ヒロポン.

ㄷ. 포르투갈어: 카스테라カステラ(pão de castella), 빵パン(pão), 담배たばこ(tabaco), 덴뿌라テンプラ(têmporas), 조끼チョッキ(jaque)[덧웃], 갓빠かっぱ(capa), 자몽ザボン(zamboa), 가루다カルタ(carta)[딱지], 사봉シャボン(sabão)[비누], 비로드ビロード(veludo), 보탄ボタン(botão)[단추], 나사ラシャ(raxa).

ㄹ. 스페인어: 메리야쓰メリヤス(medias).

ㅁ. 네덜란드어: 비루ビール(bier)[맥주], 깡통かん(kan), 고무ゴム(gom), 임파선リンパせん(lymph), 란도셀ランドセルransel)[(초등학생용) 가방], 가라스ガラス(glas)[유리], 고무ゴム(gom), 소오다ソーダ(soda)[탄산소다], 뼁끼ペンキ(pek), 뽐뿌ポンプ(pomp), 렛델レッテル(letter)[라벨], 에키스エキス(extract), 핀트ピント(brandpunt)[초점], 호열자コレラ(cholera)[콜레라].

ㅂ. 영어: 사라다サラダ(salad), 구락부クラブ(club), 빤스パンツ(pants), 빵쿠パンク(puncture), 바께스バケツ(bucket), 추리닝チュレーニング(training), 쓰렛빠スリッパ(slipper), 난닝구ランニング(running shirt), 다스ダース(dozen), 와이셔츠ワイーシャツ(white shirt), 도라쿠トラック(truck), 도나스ドーナツ(doughnut), 빠다バター(butter), 뻰찌ペンチ(pincers), 남포ランプ(lamp), 빠꾸バック(back), 밧데리バッテリー(battery), 칸닝구カンニング(cunning), 구리무クリーム(cream), 도라이바ドライバー(driver), 데파토デパート(department), 도란스ドランス(transformer), 스덴ステンレス(stainless).

ㅅ. 프랑스어: 쎄무セームー(chamois), 낭만ロマンチックromantic), 바리깡バリカン(bariquand), 즈봉ズボン(jupon), 고로케コロッケ(croquette), 부라자ブラジャー(brassière), 오믈렛オムレツ(omelette).

───────────────

7) 「일본식 외래어(원어)[단어 설명]」 순이다.

ㅇ. 독일어: 코펠コッヘル(kocher), 데마デマ(demagogie)[헛소문], 멘스
メンス(menstruation) 스피츠スピッツ(spitz)[개의 한 품종], 니쿠사
쿠 リュックサック(rucksack).

2.1.3 일본식 변조 영어

다음 예(4)의 말들은 영어에서 유래했으나 영어에서는 쓰지 않는 말
들로, 일본을 통해 들어와 우리가 일본식 발음 그대로 차용하여 쓰고
있는 이를테면 「빠꾸」와 「오라이식」으로 굴절된 일본식 변조 영어의
예이다. 영어 사전에도 없고 의미도 모호한 일본식 변조 영어를 아무런
검토나 비판 없이 쓰는 일은 지양해야 하고 뜻이 분명하고 이해하기
쉬운 우리말을 쓰도록 노력해야 한다.

> (4) 골인(reach the goal)[8], 애프터서비스(after sale service), 백미러(rear
> －view mirror), 샤프펜(automatic pencil), 올드미스(old maid), 카레
> 라이스(curry and rice), 플러스알파(plus something, plus extra), 네
> 임벨류 (well－known name), 샐러리맨(salaried worker), 비닐하우
> 스(plastic greenhouse), 와이셔츠(dress shirt), 콘도(condominium),
> 데모(demonstration), 텔레비전(television), 레지(cashier register), 레
> 자(leather cloth), 함박스텍(hamburger steak), 돈가스/돈까스(pork
> cutlet), 비후까스(beef cutlet), 쿨비즈(Cool business), 웜비즈 (Warm
> business), 콘센트(plug socket), 리어카/리야카 (bicycles cart), 하이
> 틴(late teens), 슈크림(cream puff), 스프링코트(topcoat), 밀크커피
> (coffee and milk), 홈인(reach home), 비치파라솔(beach umbrella),
> 블라인드(window shade), 커닝(cheating), 데커레이션케이크(fancy
> cake), 마니아(maniac), 믹서(blender), 오토바이(auto－bicycle), 핸
> 들(steering wheel), 공구리(concrete), 후롯쿠(fluke), 아파트(apart－

---

8) 「일본식 변조 영어(원어)」 순이다.

ment house), 에어컨/에아콘(air conditioner), 인텔리/인테리(intelli
- gentsia), 빠꾸(back), 오라이(all right). .

2.2 일본식 한자어[9]

한자어는 국어 어휘의 50% 이상을 차지하고 있다(김광해, 1993:
112). 우리말에서 한자어가 전체 어휘의 절반 이상을 차지하게 된 데에
는 중국의 한자와 한자로 쓰인 문헌의 영향과 19세기 중엽 이후에는
개화기와 근대화 과정에서 일본과 접촉하면서 일본 한자어나 일본에서
번역된 신문물, 신개념 번역 한자어를 대량 받아들였고, 그 후에는 일제
강점기를 겪으면서 일본 한자어가 우리 국어에 확고하게 자리 잡았기
때문이기도 하다.

문제가 되는 것은 일본식 한자어의 유입으로 우리 고유의 한자어 입
지가 좁아졌거나 사라져버리는 점이다. 다음 예(5)는 그러한 일본식 한
자어의 예이다.

> (5) 미인美人(일색一色)[10], 동년同年(동갑同甲), 외출外出(출입出入),
> 일생一生(평생平生), 낭비浪費(허비虛費), 교제交際(상종相從),
> 열병熱病(염병染病), 화장化粧(단장丹粧), 출산出産(생산生産),
> 방문訪問(심방尋訪), 통지通知(기별寄別), 약속約束(언약言約),
> 결별訣別(작별作別), 여비旅費(노자路資), 원금元金(본전本錢),
> 오전午前(상오上午), 변소便所(측간厠間), 이유理由(곡절曲折),

---

9) 본고에서는 한국에서 사용하는 「일본식 한어(漢語)」를 「한자어(漢字語)」라는 용어
로 쓰고 있지만 일본에서는 「한자어」라는 용어를 쓰지 않고 「한어」라는 용어를
사용한다. 한편 중국에서는 「외국어에 대한 내국어」라는 의미로 「한어」라는 용어
를 사용하므로, 한·중·일의 「한어」용어에는 차이가 있다.
10) 「일본식 한자어(우리의 전통식 한자어)」 순이다.

가족家族(식구食口), 형제兄弟(동기同氣), 부부夫婦(내외內外), 동문同門(동창同窓), 실패失敗(낭패狼狽), 청부請負(도급都給), 망년회忘年會(송년회送年會), 융통融通(변통變通), 악마惡魔(잡귀雜鬼), 친절親切(다정多情), 사고事故(연고緣故), 일요일日曜日(공일空日), 확실確實(적확的確), 도중途中(노상路上).

2.3 번역 차용어

고유 일본어인 훈독하는 일본식 한자어 외에도 일본에서 들어온 번역어로는 다음 예(6)과 같은 말을 들 수 있다. 이러한 번역어는 현대국어의 복합어 체계를 더 풍부하게 해주기도 하였다. 그러나 일본에서 들어온 이런 말들을 대체할 수 있는 우리말이 있다면 우리말을 써야 할 것이다.

(6) 뒷말(後の話, 後の噂, 後書), 돌머리(石頭), 색종이(色紙), 돈줄(金蔓), 벽걸이(壁掛け), 상회하다(上回る), 하회하다(下回る), 짝사랑(片想い, 片恋), 꽃다발(花束), 가로놓기(橫置き).

일본어「上回る」의 번역어인「상회하다」,「下回る」의 번역어인「하회하다」보다는 우리말인「웃돌다」「밑돌다」가 말하기도 편하고 이해하기도 쉽다. 요즘 일기예보나 매스컴에서는 아래 예문(7)처럼 우리말인「웃돌다」「밑돌다」가 제자리를 찾아가는 추세이다.

(7) ㄱ. 당분간은 평년 기온을 웃도는 따뜻한 날씨가 이어지겠습니다.
ㄴ. 낮에는 섭씨 30도를 웃돌다 해가 지면 15도까지 떨어지는 심한 기온 변화 탓에 호흡기 질환을 앓는 이들이 많았다.
ㄷ. 1년 넘게 분양률이 50%를 밑돌다 최근 2달 새 많이 팔린 것이다.

2.4 조어 「~적(的)」

접미사 「~적(的)」은 한·일 양국에서 사용 빈도가 높은 어휘이다. 일본어에서 접미사 「的」은 메이지 초기 번역자들이 영어의 접사 「－tic」을 번역할 때 「－tic」의 일본식 발음과 중국어 「的」의 일본식 발음이 비슷한 것에 착안하여 영어 「－tic」의 번역어로써 한자어에 붙여 번역한 것이 시작이라고 한다. 일본에서 유입된 「的」은 한국어에서는 1896년 재일 한국인 유학생들이 만든 『親睦會會報』에 처음 등장하며 1910년대 이후 소설, 수필 등에서 널리 쓰이기 시작하면서 한국어에 정착·일반화되었다고 볼 수 있다.11)

조어 「~적(的)」은 한일 양국에서 사용 빈도가 높은 어휘로서 「~的」의 남용에 대해 우려를 제기하는 학자도 많다. 일본보다 약 3배 정도 더 많이 사용한다는 일본식 조어 접미사 「~적(的)」의 무분별한 남용은 일한 번역뿐 아니라 아래 예문(8)과 같이 우리말 글쓰기에도 문제가 된다. 예문(8)에서 「~적」을 없애고 다시 고쳐보았다.

> (8) ㄱ. 그는 할아버지의 말씀이라면 <u>무조건적으로</u> 따르고 있다.
>   ⇨12) 그는 아버지의 말씀이라면 무조건 따르고 있다.
> ㄴ. 언론이 <u>가시적인</u> 현상에만 주목하고 있다는 느낌이 든다.
>   ⇨ 언론이 눈에 보이는(볼 수 있는)현상에만 주목하고 있다는 느낌이 든다.

---

11) 鄭英淑(1994)「日本語 接辞「的」의 成立 및 韓國語로의 流入問題 考察」『日語日文學研究』25, 韓國日語日文學會, p.52
12) ⇨ 표시는 필자의 대안 제시, ⇏ 표시는 비문(非文)을 나타낸다.

우리말에서 두루 쓰이고 있는 「~적」을 일본에서 들여온 것이니 무조건 쓰지 말자는 이야기는 아니다. 「~적(的)」의 편리성과 동시에 「~적(的)」을 사용함으로써 오히려 말과 글의 의미를 분명하게 전달할 수 없고 정확하게 이해할 수 없는 요컨대 「~적(的)」이 붙은 말의 불분명한 모호성 때문에 「~적(的)의 남용은 한·일 양국에서 줄곧 경계와 비판의 대상이 되어왔다.13) 따라서 우리말이나 일한 번역에서 꼭 필요한 경우 외에는 뜻이 모호한 「~적(的)」은 되도록 이해하기 쉬운 우리말로 바꿔 쓰거나 풀어 쓸 것을 제안한다. 「~적(的)」을 없애는 방법으로는 「~적」을 아예 빼어버리거나, 「~적」 대신 「의」나 「에서」와 같은 조사를 쓰거나, 「~다운」「~스러운」「~같은」 등으로 풀어주거나, 「~답게」「~스럽게」「~같이」로 바꾸고 뒤에 오는 명사를 동사로 바꿔 쓸 수 있다. 아래 예문 (9)와 (10)은 같은 뜻의 쉬운 표현으로 고쳐 쓴 예로 훨씬 간결하고 쉽게 읽힌다.

(9) 학술적 가치 ⇨ 학술 가치　　　본능적으로 ⇨ 본능으로
　　　보수적인 색채 ⇨ 보수 색채　　본질적으로 ⇨ 본질에서
　　　원칙적으로 ⇨ 원칙의(에서)　　연속적으로 ⇨ 잇달아
　　　노골적으로 ⇨ 드러내놓고　　　일시적으로 ⇨ 한때
　　　감상적 ⇨ 감상에 빠져 있는　　구조적 특성 ⇨ 구조상의 특성
　　　개별적 사건 ⇨ 개개의 사건　　대대적으로 ⇨ 크게
　　　신화적 존재 ⇨ 신화 같은 존재　의식적으로 ⇨ 일부러
　　　노골적으로 ⇨ 드러내놓고　　　일시적으로 ⇨ 한때
　　　설명적 ⇨ 설명이 주가 되는　　상투적인 ⇨ 케케묵은, 식상한
　　　사전적 의미 ⇨ 사전에 나와 있는 뜻

---

13) 藤居信雄(1957), 広田栄太郎(1969), 山田巌(1961), 김용석(1989), 砂川有里子(2004), 오경순(2010)

(10) ㄱ. 言うまでもなく、それは間違った行為だった。激しい爆発があり、
そして奇跡的に炎は消えた。〈「いま、会いにゆきます」:100〉

말할 것도 없이 그건 크게 잘못된 행위였다. 거센 폭발이 일
어났고, 그리고 기적적으로 불길이 꺼졌다. 〈『지금 만나러갑
니다』, p.93〉

⇨ 그리고 기적같이/ 기적처럼 불길이 꺼졌다.

ㄴ. それで九木は初めて知ったのだが、この会は全國規模で
すでに 三十会近く開かれている伝統のある会のようで
ある。〈『失楽園(上)』, p.98〉

구키로서는 처음 안 사실이지만 이 모임은 전국적인 규
모로서 벌써 삼십 회 가까이 시상식을 개최한 전통 있는
모임이라고 한다. 〈『失楽園1』, p.103〉

⇨ 이 모임은 전국 규모로서 벌써 삼십 회 가까이

이처럼 불필요한 「~적(的)」을 없애면 간결하고 뜻이 명확하여 이해
하기 쉬운 표현이 되는 경우가 많다.

따라서 뜻이 모호할 뿐더러 듣는 이에게도 친절하지 않은 「~적(的)」
이 붙은 말은 가급적 줄여 써야 하며 일한 번역에서도 꼭 필요한 경우
외에는 되도록 이해하기 쉬운 표현으로 풀어 쓰도록 노력해야 한다.

2.5 일본식 후치사

일본식 후치사란 일본어 격조사 「に」에 일반 동사의 연용형(連用形)
이나 「~て형」 혹은 동사의 연체형(連體形)이 어울려 문법화·특수화한
형태이다. 후치사는 일본어에서 매우 폭넓게 나타나며, 우리말에도 유

입되어 동일한 형태·의미·기능으로 쓰인다.

예를 들어 일본어 「次の質問に対して答えなさい。」는 「다음 질문에 대해 답하시오.」보다는 「다음 질문에 답하시오.」라고 번역하는 것이 군더더기 없는 바람직한 번역이다. 영어 「for」「about」「as regards」「regarding」「concerning」「in respect of」 등이나 일본어 「~に対して」를 그대로 옮긴 듯한 「~에 대해서/대하여」는 다음 예문(11)의 번역문에서처럼 불필요한 경우에는 아예 삭제하거나 다른 말로 바꾸어주거나 자주 쓰지 않도록 주의할 필요가 있다.

일본식 후치사에는 「~에 대해서(~に対して, ~について)」「~에 관해서(~に関して, ~について)」「~에 있어서(~において, ~における)」「~에 의하여(~によって, ~に依って, ~に因って)」「~에 응하여/따라서(~に応じて)」「~에게 있어서(~にとって)」 등이 있다. 아래 예문(11)은 일본식 후치사를 직역한 번역투 표현 예이다. 번역투를 제거하고 간결한 표현으로 바꾸어 보았다.

(11) ㄱ. 痩せこけた、小柄なエドの<u>挑戦に對して</u>、あの「狂った機械」が、たじろぎ、あとずさりしたのだ。
    앙상하고 몸집이 작은 애드의 <u>도전에 대해</u> 그 「미친 기계」가 기가 질려 뒷걸음을 친 것이다. 〈『중요한 부분』, p.148〉
    ⇨ 몸집이 작은 애드의 <u>도전에</u> 그 「미친 기계」가
   ㄴ. 獨島/竹島研究<u>における</u> 第三の視覚
    독도(다케시마) 연구<u>에 있어서</u> 제 3의 시각
    ⇨ 독도(다케시마) <u>연구의</u> 제 3의 시각
   ㄷ. <u>私にとって</u>最悪とは信仰を失うことだ。
    <u>나에게 있어서</u> 최악이란 신앙을 잃는 것이다. 〈『북국일기』, p.12〉

⇨ 내게 최악이란 신앙을 잃는 것이다.

ㄹ. <u>安代の話によれば</u>この人形たちは嫁入りの度に家から家へと
めぐり、受け継がれてきたのだという。〈『ラブレター』,
p.11〉

<u>야스요의 이야기에 의하면</u> 이 인형들은 며느리를 들일 때마다
물려주는 것이라고 한다. 〈『러브레터』, p.11〉

⇨ <u>야스요의 이야기로는</u> 이 인형들은 며느리를 들일 때마다

아래 예문(12)는 「~によって」의 번역투인 「~으로 인하여」,「~에 의하
면」,「~에 의해」 등을 다양하게 다시 고쳐 쓴 예이다.

(12) ㄱ. <u>죽음으로 인하여</u> 구제받는 경우도 있다. ⇨ <u>죽음으로</u> 구제받
는 경우도 있다.

ㄴ. <u>목격자의 말에 의하면</u> ⇨ 목격자의 말을 따르면

ㄷ. <u>동료들에 의해</u> 소외당하고 있다. ⇨ <u>동료들에게</u> 소외당하고
있다.

3 문체면

「왔다리 갔다리 춤의 대가 남철 씨, 그는 농촌에 있었다.」처럼 요즘
도 가끔 듣거나 쓰는 말 중 「왔다리 갔다리」가 있다. 「왔다리 갔다리」
의 「~다리 ~다리」는 일본어 「行ったり来たり」에서 보이는 일본어 구
문 「~たり~たり」의 차용일 가능성이 짙다. 왜냐하면 우리말로는 「왔
다 갔다」나 「왔다가 갔다가」가 자연스러운 표현이며 「왔다리 갔다리」

외에는 「~다리 ~다리」 표현의 예를 찾아 볼 수 없기 때문이다.

오랜 세월 우리말이 구석구석까지 광범위하게 영향을 받은 주된 일본어 문체는 실로 다양하지만, 3장에서는 「~고 있다」 표현, 피동표현, 사동표현, 이중부정 표현, 「~임에 틀림없다(~に違いない)」 표현, 「~에 다름 아니다(~に他ならない)」 표현에 한정하여 고찰해보고자 한다.

3.1 「~고 있다」 표현

일본어 동사의 기본형은 현재 반복되는 습관이나 진리를 나타내는 경우를 제외하고는 미래 시제를 의미한다. 일본어 동사는 기본형만으로는 현재형을 나타낼 수가 없어 「동사+~ている」 형태가 발달했고, ある, いる, わかる, できる(可能形), 要る 등의 일부 상태 동사를 제외한 일본어 모든 동사의 「동사+~ている」형은 현재형을 나타낸다.

아래 일본어 예문(13)의 「運動をしている」「テレビを見ている」의 번역은 「운동을 하고 있다」「텔레비전을 보고 있다」보다는 「운동을 한다」「텔레비전을 본다」가 자연스럽다.

(13) ㄱ. 運動を<u>している</u>。 ⇨ 운동을 <u>한다</u>.
ㄴ. テレビを<u>見ている</u>。 ⇨ 텔레비전을 <u>본다</u>.

우리말에 「~고 있다」 표현이 증가한 것은 영어의 진행형인 「be + ~ing」 구문과 일본어 「동사 + ~ている」 구문을 가르칠 때 현재형이란 사실을 강조하기 위해 우리말로 「~고 있다」로 해석하던 습관에서 비롯된 것으로 보인다. 특히 동작의 진행이나 상태 결과의 계속을 나타내는 일본어 「동사 + ~ている」 구문에 치우친 직역의 번역투 영향이 크다. 다음 예문(14)가 일한 번역문(14ㄱ, ㄴ)과 우리말 표현(14ㄷ, ㄹ)의 그러한 예이다. 우리말 예문(14ㄷ, ㄹ)의 「~살고 있다」「~하고 있다」 표현을 「~산다」「~한다」로 고쳐도 의미 차이도 없으며 오히려 간결하고 이해도 쉽다.

(14) ㄱ. 「ひどいことになったわ」と呟いたが、もうケン坊は土管のトンネルの 中へと、どんどん進んで行っている。

「기가 막히는군.」 하고 중얼거렸지만 벌써 겐이는 토관 터널 속으로 척척 <u>나아가고 있다</u>. 〈『예약석』, p.117〉

⇨ 토관 터널 속으로 척척 <u>나아간다</u>.

ㄴ. 私は依然として<u>迷っていたし</u>、一日も早く角川書店と契約している長編小説を書きはじめなければと<u>焦っていた</u>が、その一方で生まれてはじめて味わう甘美な生活、好きなひとの子を孕んだ女の幸福を手放したくない という気持に<u>囚われていた</u>。〈『命』, p.10〉

나는 여전히 <u>망설이고 있었고</u>, 하루라도 빨리 〈카도카와〉 출판사와 계약한 장편소설을 쓰기 시작하지 않으면 안 될 텐데 하고 <u>초조해하고 있었으나</u>, 한편으론 난생 처음으로 맛보는 감미로운 생활, 좋아하는 남자의 아이를 가진 여자의 행복을 놓치고 싶지 않다는 생각에 <u>사로잡혀 있었다</u>. 〈「생명」:26〉

⇨ 나는 여전히 <u>망설였고</u>, …… 장편소설을 쓰기 시작해야 할 텐데 하며 <u>초조해했으나</u>, …… 행복을 놓치고 싶지 않다는 생각에 <u>사로잡혔다</u>.

ㄷ. 내 동생은 저 아파트에서 <u>살고 있다</u>.

⇨ 저 아파트에서 <u>산다</u>.

ㄹ. 업무 시간 후 2시간씩 일어공부를 <u>하고 있다</u>.

⇨ 일어 공부를 <u>한다</u>.

그러므로 일한 번역에서 「동사+~ている」 구문을 번역할 때 일본어의 동작의 진행이나 상태 결과의 계속을 나타내는 「동사+~ている」 구문에 치우쳐서 「~고 있다」로 번역하면 우리말 어법에도 어긋나며 뜻도 통하지 않는 직역투 번역이 된다. 따라서 일한 번역이나 일본어 작문에서 종종 오류를 보이는 현재의 상태를 나타내는 일본어 「結婚していますか」의 번역은 「결혼하고 있습니까?」가 아닌 「결혼했습니까?」이며 마찬가지로 「死んでいます」도 「죽고/죽어 있습니다」가 아닌 「죽었습니다」가 올바른 우리말 번역이다.

3.2 피동표현

한국어와 일본어는 주어를 명시하지 않더라도 아래 예문(15)처럼 한국어는 능동문으로 일본어는 피동문으로 표현하는 경향이 강하다.

> (15) 先生にほめられました。
> 선생님한테 칭찬 받았습니다.

한국어는 능동문 주체의 표현, 즉 행위자 중심의 표현을 선호하는 반면, 일본어는 어떤 행위의 영향을 받은 피행위자인 화자 중심의 표현을 선호한다. 따라서 아래 예문(16)(17)처럼 일본어 원문은 피동표현이라도 번역문에서는 능동표현으로 옮겨야 한국어 어법에 자연스러운 번역이 된다.

> (16) 公平は理解した。内田に夕食に誘われたのだ。あるいは、自宅に

招かれ奥さんの家庭料理を振舞われるのかもしれない。〈『空中
ブランコ』, p.26〉
고헤이는 곧바로 상황을 파악했다. 우치다가 저녁식사를 하자고
한 것이다. 아니면 집으로 초대해 아내가 만든 요리를 대접할지도
모를 일이다. 〈『공중그네』, p.91〉

(17) 電光掲示板の最後のあたりに点灯しているあたしの整理番号はな
かなか前に進まず、その間に五冊のサザエさんが<u>讀破された</u>。
〈『ラブレター』, p.78〉
전광게시판의 마지막에 점등해 있는 내 접수 번호는 좀처럼 앞으
로 나아가지 않고 그동안에 다섯권의 만화책을 <u>독파하였다.</u> 〈『러
브레터』, p.71〉

우리말은 피동문이 비교적 덜 발달했을 뿐만 아니라 피동문이라 하
더라도 행위자를 표면화할 수 있는 경우가 극히 적고, 이해 가능한 성분
은 되도록 생략하는 것이 우리말의 특성이다. 또한 우리말은 주어가 능
동적으로 행동할 수 없는 문장 외에는 되도록 피동표현을 쓰지 않아야
자연스럽다.

또한 일본어의 특징이라고도 할 수 있는 피동표현이 많은 점, 즉
「받아들이다」보다는 「받아들여지다(受け入れられる)」, 「주목하다」보다
는 「주목되다(注目される)」, 「생각하다」보다는 「생각되다(思われる, 考
えられる)」, 「느끼다」보다는 「느껴지다(感じられる)」 등의 표현을 선
호하는 것과, 일본어의 자동사 피동표현, 즉 자신이 피해를 입은 경우에
쓰는 피해 피동표현이 우리말에 끼친 영향도 크다고 할 수 있다.

일한 번역을 할 때뿐만 아니라 평소 우리말을 쓸 때도 불필요한 피동
표현은 피해야 하겠지만 특히 이중피동표현인 「~아/어지다」 표현은 되

도록 줄여 쓰는 것이 바람직하다. 다음 예문(18)(19)는 일본어 원문은 피동표현인데 우리말은 이중피동표현으로 번역된 경우이다.

(18) 条約の性質上廃棄又は脱退の権利があると<u>考えられる</u>場合。
조약의 성질상 폐기 또는 탈퇴의 권리가 있다고 <u>생각되어지는</u> 경우. 〈韓日竝列Corpus檢索〉
⇨ 탈퇴의 권리가 있다고 <u>생각되는</u> 경우.

(19) こんな風に<u>見られている</u>ことを、葉子は気づくはずがなかった。
彼女はただ<u>病人に心を奪われていた</u>が、たとえ島村の方へ振り向いたところで、窓ガラスに写る自分の姿は見えず、窓の外を眺める男など目に止まらなかっただろう。〈『雪國』, p.11〉
이런 모습으로 <u>자신이 보여지고 있다는 것</u>을 요코는 전혀 알 리가 없었다. 그녀는 오로지 <u>환자에게 마음을 빼앗기고 있었는데</u>, 설령 시마무라 쪽을 돌아본다고 해도 유리창에 비치는 자신의 모습은 볼 수도 없고, 창밖을 내다보는 남자 따위에겐 눈길도 주지 않았으리라. 〈『설국』, p.13〉
⇨ 이런 식으로 <u>자신을 보고 있다는 사실</u>을, …
그녀는 오로지 <u>환자에게 마음을 주고 있었는데</u>, …

「~아/어지다」는 「끊어지다」「슬퍼지다」「생각되어지다」에서처럼 동사나 형용사 어간에 붙어 피동이나 상태 변화의 뜻을 나타낸다. 그런데 「~아/어지다」 자체가 피동의 뜻을 나타내기 때문에 아래 예문(20)의 「~열려지지 않습니다」「~해석되어져야 한다」도 피동의 의미가 중복된 이중피동표현이다. 이중피동표현은 군더더기 표현으로 삼가는 것이 좋다.

(20) ㄱ. 이 문은 위급상황을 제외하고는 <u>열려지지 않습니다.</u>
　　⇨ 이 문은 위급상황을 제외하고는 <u>열리지 않습니다.</u>
　ㄴ. 이번 선언은 양국 관계에 새로운 전환점으로 <u>해석되어져야</u>
　　<u>한다.</u>
　　⇨ 새로운 전환점으로 <u>해석되어야 한다.</u>

　일한 번역에서 피동형을 전부 배제할 수는 없지만 가능하면 우리말답게 말과 글도 능동형으로 표현하는 것이 바람직하다. 우리는 대부분 행위 주체를 주어로 삼아 말하므로 문장도 능동형으로 쓰는 것이 문장도 간결하고 의미 전달도 쉽다.

　탈미 기본(Talmy Givon)은 각 언어에서 보편적으로 능동표현을 피동표현보다 더 많이 쓰는 이유를 다음과 같이 설명하고 있다.

　　텍스트−담화에 나타난 문장의 일반적인 특성의 하나는 피동문의 빈도수가 능동문의 빈도수보다 훨씬 낮다는 점이다. 이에 대한 설명은 간단하다. 인간은 인간이 아닌 대상에 대해서보다 인간 행위자에 대해서 더 많이 얘기하는 경향이 있기 때문이다. 그리고 주어 자리는 주제의 자리이기 때문에 인간 언어에서 주제의 자리에 행위자가 나타날 가능성이 많은 것이다.14)

3.3 사동표현

　사동법(causativization)이란 일반적으로 주어 자리의 동작자가 다른 동작자에게 어떤 동작을 하게 만드는 것을 말한다. 여기서 동작이란 의

---

14) T. givon 저, 이기동 옮김(1981) 『문법이해론』 범한서적, p.68

지적인 행동뿐 아니라 사태 변화 따위를 일으키는 작용도 가리킨다.[15]

그러나 번역 과정에서 「～하다」로도 뜻이 충분히 통하는 표현을 남으로 하여금 어떤 동작이나 행동을 하게 하는 접미사 「～시키다」, 「～하게 하다」를 남용하는 경향이 있다. 뜻을 분명하게 하거나 강조하기 위해 「～하다」 대신 「～시키다」, 「～하게 하다」를 즐겨 쓰지만 의미가 달라지거나 번역투로 이어지는 어색한 경우가 많으므로 특히 주의하여야 한다.

아래 예문(21)처럼 일본어 원문은 사동표현이지만 「～시키다」가 아닌 「～하다」로 옮겨야 한국어 어법에 맞는 번역이다.

> (21) 達郎はひとつだけ安心した。野村のカツラは、みんなを意識させている。きっと学生たちは、自分の学生時代同様、ギャグにしているはずだ。〈『空中ブランコ』, p.150〉
>
> 다쓰로는 한 가지 사실에 안심이 되었다. 노무라의 가발은 모두가 의식하고 있다. 틀림없이 학생들은 자기 학생 때처럼 농담을 주고받을 것이다. 〈『공중그네』, p.174〉

일본어의 사동표현에는 남에게 「～하게 하다」, 「～시키다」와 같은 강요의 뜻 외에도 허용이나 방임, 유발 등 다양한 뜻이 있다. 또한 우리말에 없는 사동피동표현이 많은 것도 일본어의 특징이다. 사동피동표현이란 말 그대로 사동형 문장에 피동형을 첨가한 표현이다. 「～을 강제로 하게 되다」라는 뜻으로 강한 피해 의식을 나타내기도 하며, 감정이나 감각을 나타내는 동사가 사동피동형이 되면 「저절로～하게 되다」, 「～돼버리다」라는 자발의 뜻이 된다.

---

15) 서정수(1994) 『국어 문법』 도서출판 한세본, p.1069

일본어 사동피동표현은 우리말로 직역하는 것이 불가능하지만, 일본어 피동사동표현은 다소 부자연스럽긴 하나 우리말 직역이 가능하다. 아래 예문(22)는 일본어 사동피동표현의 번역문 예이다. 일본어 사동피동표현은 아래 예문(18)처럼 원문의 의미를 살려 의역할 수밖에 없다.

(22) ㄱ. 私はその本に<u>感動させられた</u>。
　　　⇒ 나는 그 책에서 감동하게 되어졌다.
　　　⇨ 나는 그 책에 <u>감동받았다.</u>
　　ㄴ. 人間と自然のことを<u>考えさせられる</u>。
　　　⇒ 인간과 자연을 <u>생각하게 해졌다.</u>
　　　⇨ 인간과 자연을 <u>생각하게 된다.</u>

다음 예문(23)(24)는 일본어 사동구문을 일본어 원문 그대로 「~시키다」로 잘못 번역한 예이다. 자연스런 우리말 표현으로 다시 고쳐보았다.

(23) 来年の一月までに湯呑みを二つ<u>完成させればいいのだ</u>。私は梨恵たちの結婚祝いに、手作りの夫婦茶碗を贈るつもりだった。〈『明日の記憶』, p.52〉
내년 1월까지 찻잔을 두 개 <u>완성시키면</u> 되는 거다. 나는 리에의 결혼 축하 선물로, 손수 만든 부부 찻잔을 전할 생각이었다. 〈「내일의 기억」:64〉
　⇨ 찻잔을 두 개 <u>완성하면</u> 되는 거다.

(24) 客席からは、今日いちばんの大きな拍手が鳴り響いた。あとはリターンだ。この男、もしかすると<u>成功させるんじゃないのか</u>？公平はすっかり興奮していた。〈『空中ブランコ』, p.56〉
객석에서는 그날 공연 중, 가장 큰 박수소리가 울려 퍼졌다. 이젠

리턴이다. 저 사람, 혹시 성공시키는 거 아냐? 고헤이는 잔뜩 흥분해 있었다. 〈『공중그네』, p.125〉

➪ 저 사람, 혹시 성공하는 거 아냐?

「~시키다」는 「교육시키다」「복직시키다」「입원시키다」「취소시키다」「이해시키다」「진정시키다」「화해시키다」 등에서처럼 서술성이 있는 일부 명사(대부분 한자어)뒤에 붙어 사동의 뜻을 더하는 낱말이다. 하지만 「구속시키다」「소개시키다」「사표를 반려시켰다」「직원을 해고시켰다」「환경을 개선시켰다」「출국을 금지시켰다」 등에서는 대부분 주체가 스스로 행위를 하는 것이므로 남에게 시키는 특별한 경우 외에는 「구속하다」「소개하다」「반려했다」「해고했다」「개선했다」「금지했다」 등으로 써야 한국어 어법에 맞는 표현이다. 아래 예문(25)처럼 「~하다」로도 뜻이 충분히 통하거나 남으로 하여금 그렇게 하도록 하는 것이 아닐 경우에는 「~시키다」를 쓰지 않는 게 바람직하다.

우리말에 사동표현이 많이 나타나는 것은 능동형보다는 사동형을 선호하는 일본어의 영향이라고 볼 수 있다.

(25) ㄱ. 생산 관리 시스템을 <u>구체화시키</u>는 방법 및 제도 정비
　　　➪ 시스템을 <u>구체화하</u>는 방법 및 제도 정비
　　ㄴ. 좋은 사람 있으면 <u>소개시켜</u> 줘.
　　　➪ 좋은 사람 있으면 <u>소개해 줘.</u>

3.4 이중부정 표현

이중부정 표현은 일본어 표현 구조의 큰 특징 중 하나이다. 일본어의 이중부정 표현은 강조의 뉘앙스가 있기는 하나 결국 긍정을 나타내며 일본어에는 우리말처럼 긍정을 강조할 표현 수단이 달리 없는 까닭에 이중부정 표현을 쓴다. 예를 들어 「난 지금쯤 바로 저 버스에 타고 있어야 한다.」를 일본어로 바꾸면 「私は今ごろちょうどあのバスに乗っていなければならないのだ。」가 일반적이며 자연스러운 문장이라 할 수 있다.

따라서 우리말에 이중부정 표현이 증가한 것은 일본어의 이중부정을 글자 그대로 「~하지 않으면 안 된다」식의 직역투의 번역과 영어 교육의 영향을 받았을 가능성이 매우 높다. 아래 예문(26)이 그러한 예이다.

(26) ㄱ. 일찍 집에 <u>가지 않으면 안 됩니다</u>. ⇨ 일찍 집에 <u>가야 합니다</u>.

ㄴ. <u>보고하지 않으면 안 되게 되어 있습니다</u>. ⇨ <u>보고하도록 되어 있습니다</u>.

ㄷ. その頃にはまだ在日外国人の指紋押捺制度があって、十六歳になると、役所の外国人登録課に行き，まるで犯罪人のように<u>指紋を押さなくてはならなかった</u>。〈『GO』, p.73〉

당시 재일 외국인은 지문을 날인해야 하는 제도가 여전히 남아 있었다. 열여섯 살이 되면 구청의 외국인 등록과에 가서 마치 범죄자처럼 지문을 <u>찍지 않으면 안 되었다</u>. 〈『GO』, p.76〉

⇨ 지문을 <u>찍어야만 했다</u>.

ㄹ. いずれにしろ両親には<u>打ち明けなければならない</u>。〈『命』:45 〉

어쨌든 부모님께 사실대로 <u>털어놓지 않으면 안 되겠다</u>. 〈『생명』, p.70〉

⇨ 사실대로 <u>털어놓아야</u> 한다.

ㅁ. あなたは、この千ドルのかたをつけたら、早速、その使途に
ついて、私どもに<u>報告</u>さなければならんことになってお
ります。〈『오 헨리 걸작선』, p.91〉
당신은 이천 달러를 다 쓰면, 즉시 그 용도에 대해서 저희에게 <u>보
고하지 않으면 안되게</u> 되어 있습니다. 〈『오 헨리 걸작선』,
p.137〉
　⇨ 저희에게 <u>보고하도록</u> 되어 있습니다.

　이중부정 표현의 효과는 말뜻을 강조하는 것이므로 강하게 단정하거
나 강조하려는 것이 아니라면 이중부정 표현은 삼가는 게 좋다. 자칫
말마디를 헝클어뜨리거나 말뜻을 엉뚱하게 몰아가기 쉽기 때문이다.

3.5 그 밖의 표현

　3.5.1 「～に違いない」의 우리말 번역인 「～임에 틀림없다」는 틀린 표현
　영어의 특정한 구문이 일본어로 번역되어 사용되다가 그것이 그대로
우리말에 유입된 경우도 적지 않다. 일본어 「～に違いない」의 우리말
번역인 「～임에 틀림없다」는 영어를 번역한 일본어 구문에서 영향을
받아 우리말과 일본어 표현이 유사해진 예라 할 수 있다(정광, 1995).
　아래 예문(27)처럼 「～に違いない」를 「～(임)에 틀림없다」로 번역하
는 것은 직역의 번역투이다. 우리말 「틀림없다」는 형용사나 부사로 쓰
이므로 일본어 「「真面目なこと」だったにちがいない」를 번역한 「진지
한 일이었음에 틀림없다」는 우리말 어법에도 맞지 않는다. 「진지한 일
이었음에 틀림없다」가 아니라 「틀림없이 진지한 일이었다」 혹은 「분명

진지한 일이었다」가 우리말 어법에 맞는 올바른 표현이다.

(27) ㄱ. いいなずけではなかったにしても、彼の療養費を稼ぐために、
ここで芸者に出たというのだから、「眞面目なこと」だった
にちがいない。

약혼자는 아니었다 해도 그의 요양비를 벌기 위해서 여기서
기생으로 나섰다고 하니까 「진지한 일」이었음에 틀림없다.
〈『설국(下)』, p.56〉

⇨ 기생으로 나섰다고 하니까 틀림없이/ 분명 「진지한 일」이었
다.

ㄴ. もちろんこれは、警部の冗談には違いない。ただ英策は、
その言葉のかげに、いま捜査陣全体にみなぎっている焦慮の
感情を見てとった。

물론 이것은 경감의 농담임에 틀림없다. 다만 에사쿠는 그
말의 이면에 지금 수사진 전체에 팽배해 있는 초조감을 간파
했다. 〈『잃어버린 과거』, p.84〉

⇨ 물론 이것은 경감의 농담이 틀림없다.

⇨ 물론 이것은 분명 경감의 농담이다.

ㄷ. それは恐しい絶望に違いない。

⇨ 그것은 또 무서운 절망임에 틀림없다.

⇨ 그것은 또 무서운 절망이 틀림없다.

⇨ 그것은 또 틀림없는 무서운 절망이다.

3.5.2 「~に他ならない」의 우리말 번역인 「~에 다름 아니다」는 틀린 표현

우리말 「~에 다름 아니다」는 일본말 「~に他ならない」를 직역한
번역투이다. 우리는 서술어로 「다름이다/같음이다」를 쓰지 않고 「다르
다/같다」를 쓴다. 이를 부정하는 말도 「다름 아니다/같음 아니다」가 아

니라 「다르지 않다/같지 않다」이다. 「다르다/같다」와 함께 쓰는 조사도 「에」가 아니라 「와/과」이다. 그리고 「견주어 보아 같거나 비슷하다」는 뜻으로 「다름없다」라는 훌륭한 단어가 있다.[16] 따라서 아래 예문(28)의 「~에 다름 아니다」는 마땅히 「~와/과 다름없다/다르지 않다/마찬가지다/같다」 혹은 「바로 ~이다」가 맞다.

(28) ㄱ. その口火を切ったのが<u>他ならぬ</u>山川夫人だった。
　　　그 도화선을 끊은 것이 <u>다름 아닌</u> 야마카와 부인이었다.
　　　〈『유머 걸작선』, p.22〉
　　　⇨ 끊은 것이 <u>바로</u> 야마카와 부인이었다.
　　ㄴ. 자연환경의 오염과 자연 훼손은 인간의 <u>죄악에 다름 아니다.</u>
　　　⇨ 인간의 <u>죄악과 다름없다.</u> / 인간의 <u>죄악이다.</u> / 인간의 <u>죄악과 마찬가지다.</u>

4 마치며

　지금까지 일본어의 간섭 및 일본어 번역 과정에서 나타난 일본어투와 오역과 일본어 번역투가 한국어를 어떻게 잠식하였는지 한국어의 어휘와 문체에 나타난 주된 양상을 고찰하였다. 고찰 범위로는 어휘면에서는 ①음역 차용어인 고유 일본어, 일본식 외래어, 일본식 변조 영어, ②일본식 한자어, ③번역 차용어, ④일본식 조어 「~적(的)」과 ⑤일

---

16) 중앙일보 어문연구소 '우리말 바루기' 팀 『한국어가 있다 2』, p.273

본식 후치사를 중심으로 고찰하였고, 문체면에서는 ①「~고 있다」표현, ②피동표현, ③사동표현, ④이중부정 표현 및 ⑤일본어「~に違いない」와「~に他ならない」를 중심으로 일한 번역문과 한국어 문장을 집중 논의하였다. 고찰 방법으로 일한 번역문과 한국어 문장의 실례(實例)를 들어 문제점을 분석하고 문제 해결이 가능한 경우 가독성을 고려한 자연스런 한국어 표현의 대안도 함께 제시하였다.

한국어와 일본어는 언어 구조상 유사한 점이 많지만 차이점도 많다. 흔히 한·일 양 언어가 유사하다는 선입관 때문에 번역 과정에서 양 언어의 문법 구조와 어법, 화용적 특징, 관용어법, 맥락 등을 고려하지 않은 일대일 대응의 직역의 방법으로 번역한 책들이 쏟아져 나왔다. 이러한 품질이 좋지 않은 대량의 번역서를 읽는 독자들은 자신도 모르는 사이 우리말 어법에 맞지 않거나 부자연스러운 일본식 어휘나 문체, 번역투에 익숙해져 일상생활에서 무의식적으로 일본식 용어나 문체를 남용하면서 우리말이 혼탁해졌다.

2005년 국가보훈처에서는 광복 60년을 맞아「일제잔재 뿌리 뽑기」캠페인을 실시하였다. 이 캠페인은 젊은 세대에게 일상생활에서 사용하는 일본말, 일본문화를 인식시키고 일제잔재 청산을 위해 누리꾼들이 직접 생활 속에 존재하는 일제잔재를 찾는 형식으로 진행되었다.

누리꾼들이 언어생활에서 뿌리 뽑아야할 일제 잔재로 가득이란 뜻의「만땅」,「이빠이」, 12개 묶음을 뜻하는 영어「dozen」의 일본식발음인「다스」, 상처나 흠집을 의미하는「기스」, 짙은 청색이라는 뜻의 일본어「곤색」, 다진 양념을 뜻하는「다데기」와「오케바리(좋다)」,「삐까삐까(번쩍번쩍하다)」,「사바사바(편법을 쓰다)」등을 지적했다.[17]

---

17) 국가보훈처 홈페이지 참조: 국가보훈처 홈페이지에서 인용한 일본어「만땅(満タ

이처럼 우리는 일상생활에서 보고 듣고 읽는 많은 말과 글 속에서도 일본식 용어나 구문, 일본식 한자어, 일본식 변조 영어 등을 쉽게 접할 수 있다.

어느 나라 언어든 어느 정도는 외국말이 들어와 섞이지 않을 수 없다. 오랜 세월 동안 이웃 나라와 교류하면서 문화를 주고받다 보면 언어도 자연스레 영향을 받아 서로 섞이기 마련인 것이다.

그러나 우리 고유의 아름답고 쉬운 말을 제쳐두고 어려운 한자어를 쓰며, 국적 불명의 외래어나 뜻도 통하지 않는 일본식 어휘나 문체를 무턱대고 받아들이는 것은 결코 바람직한 일이 아니다.

일본어의 대량 유입으로 편리해진 점도 있겠으나, 일본어가 일상 대화에서 자연스럽게 쓰일 정도로 우리 언어생활은 왜곡되고 비속화되고 혼란스러워진 면 또한 많다. 이러한 혼란의 큰 흐름을 주도한 요인으로 「번역」을 가장 먼저 거론하는 것은 당연한 결과이다.

번역은 언어에 국한된 것이 아니라 자국어와 자국 문화를 지켜내는 힘이 되며 이문화를 이해하고 수용하는 가교 역할도 한다. 현대 지식사회에서 번역을 문화의 힘으로 간주하는 까닭이다.

그러므로 학자나 작가, 기자, 번역자 등 늘 글을 접하며 생활하는 사람부터 사명 의식을 갖고 우리말을 아름답게 지키고 가꾸는 데 앞장서야 한다.

더욱이 21세기에 접어들면서 전 세계는 교통 통신과 인터넷의 급속한 발달로 다문화·다인종·다언어 사회인 이른바 지구촌 사회로 탈바꿈

ン, まんたん)」「이빠이(一杯, いっぱい)」「삐까삐까(ピカピカ)」등의 한글 표기는 외래어표기법 문교부 고시 제85-11호(1986. 1. 7)규정을 따르면 「만탕」, 「잇파이」 「피카피카」가 올바른 표기이지만, 본고에서는 인용한 일본어의 경우는 인용 자료에 나와 있는 한글 표기를 그대로 따르기로 한다.

하였고, 그 결과 국가 간의 관계 및 교류가 한층 밀접해지고 광범위해졌다. 이러한 시대의 흐름에 부응하고 세계 문화를 주도하는 문화지식국가로서 발 빠르게 대처하며 나아가기 위해서도 새삼 번역의 중요성을 재인식하고 번역 교육에 대한 심도 있는 논의와 연구가 필요한 시점이다.

이 논문은 한국어학회 학회지 『한국어학 53집』(2011년 11월)에 게재된 기획논문 「일본어 번역 한국어의 문체와 어휘」를 본 동아시아연구총서의 주제와 발간 취지에 맞게 내용을 대폭 가필·수정·보완한 것이다

참고문헌

동아시아의 지속 가능한 사회 실현을 위하여 — 마키노 에이지

- 大矢吉芳・古賀敬太・滝田豪編(2006)『EUと東アジア共同体』萌書房
- 加藤尚武(2008)『資源クライシス　だれがその持続可能性を維持するのか？』丸善
- 河田昌東(2011)『チェルノブイリと福島』緑風出版
- 北田暁大(2003)『責任と正義』勁草書房
- 熊本一規(2011)『脱原発の経済学』緑風出版
- 小宮山宏 編(2007)『サステイナビリティ学への挑戦』岩波書店
- 武藤秀太郎(2009)『近代日本と社会科学と東アジア』藤原書店
- 寺西俊一 監修、東アジア環境情報発伝所 編(2006)『環境共同体としての日中韓』集英社
- 戸田清(2012)『核原発を問う3.11後の平和学』法律文化社
- 林勲男 編(2011)『自然災害と復興支援』明石書店
- 広井良典(2001)『定常型社会　新しい「豊かさ」の構想』岩波書店
- 牧野英二(2003)『カントを読む—ポストモダニズム以降の批判哲学』岩波書店
- 牧野英二(2012)「ポスト3.11と＜持続可能性＞のコペルニクス的転換」『持続可能性の危機』第1章, お茶の水書房
- 牧野英二(2013)『持続可能性の哲学への道　ポストコロニアル理性批判と生の地平』法政大学出版局
- 丸山徳次(2011)「持続可能社会と森林コミュニティ」『哲学』62, 日本哲學會
- 三村信男他編(2008)『サステイナビリティ学をつくる』新曜社
- 村田厚生(2011)『福島第一原発事故・検証と提言　ヒューマン・エラーの視点から』新曜社
- 東京大学サステイナビリティ学連携研究機構 編著(2010)『クリーン＆グリーンエネルギー革命 サステイナブルな低炭素社会の実現に向けて』ダイヤモンド社
- 東アジア共生研究会 編(2008)『東アジアの中の日本 —環境・経済・文化の共生を求めて—』富山大学出版会
- ガダマー, ハンスG. 三浦國安 訳(2006)『健康の神秘』法政大学出版局

- サンデル, マイケル(2011)『マイケル・サンデル 大震災特別講義』NHK出版
- セン, アマルティア, 池本幸生 訳(2011)『正義のアイデア』明石書店
- デュピュイ, ジャンーピエール, 嶋崎正樹 訳(2011)『ツナミの小形而上学』岩波書店
- ヌスバウム, マーサ・C. 神島裕子 訳(2012)『正義のフロンティア』法政大学出版局
- バンダジェフスキー, ユーリ, 久保田護 訳(2011)『放射性セシウムが人体に与える医学的生物学的影響』合同出版
- ベック, ウルリック, 鈴木・伊藤 訳(2001)『リスク化する日本社会』岩波書店
- ベル, ダニエル・A. 施光雄・蓮見二郎 訳(2006)『「アジア的価値」とリベラル・デモクラシー 東洋と西洋の対話』風行社
- ベルーベ, デイヴィット(2009)『ナノ・ハイプ狂騒 アメリカのナノテク戦略』上下、みすず書房
- ボク, シセラ(2008)『共通価値』法政大学出版局
- ポッゲ, トマス, 立岩真也 監訳(2010)『世界的貧困と人権 ―なぜ遠くの貧しい人への義務があるのか―』生活書院
- ラトゥーシュ, セルジュ, 中野佳裕 訳(2011)『経済成長なき社会発展は可能か?〈脱成長〉と〈ポスト開発〉の経済学』作品社
- NHK ETV特別取材班(2012)『ホットスポット ネットワークでつくる放射能汚染地図』講談社
- Becker, Lawrence C. *Habilitation, Health, and Agency.A Framework for Basic Justice*, Oxford/New York 2012.
- Beckerman, Wilfred, Sustainable Development: Is it a Useful Concept?, in: *Environmental Values* 3(1994).
- Carlowitz, Hans Carl von, *Sylvicultura oeconomica* 1713.
- Doering, Konrad Ott/Ralf, *Theorie und Praxis starker Nachhaltigkeit*, 2. Aufl.Marburg 2008.
- Ekardt, Felix, *Theorie der Nachhaltigkeit. Rechtliche, ethische und politische Zugaenge―am*
- *Beispiel von Klimawandel, Ressourcenknappheit und Welthandel*, Baden―Baden 2011.
- Evanoff, Richard, *Bioregionalism and Global Ethics. A Transactional Approach to Achieving Ecological Sustainability, Social Justice, and Human Well―being*, New York London, 2011.

- Gosseries, Axel & Meyer, Lukas H.(eds.), *Intergenera lJustice*, Oxford, 2012.
- Jacobs, Michael, Sustainable Development, Capital Substitution and Economic Humility: A response to Beckerman, in: *EnvironmentalValues4*(1995).
- Jonas, Hans, *DasPrinzipVerantwortung*, Berlin, 1984.
- Wallner Regina Maria, *PhilosophiederNachhaltigkeit. Wissenschaftsphilosophische Grunglagenfuereinintegraleres VerstaendnisvonNachhaltigkeit*, Berlin, 2010.

- 권태효(2005) 『한국 구전신화의 세계』지식산업사
- 박경희(2006) 「안성·이천지역의 돌미륵 신앙의 사회문화적 연구」한양대학교 대학원 석사학위논문
- 손진태(1981) 『한국민족설화의 연구』을유문화사
- 임석재(1990) 『한국구전설화 전라북도편 Ⅰ』평민사
- 조현설(2003) 「동아시아의 홍수신화 비교연구 ―신·자연·인간관계에 대한 인식을 중심으로―」『구비문학연구』Vol 26, 한국구비문학회
- 최상수(1984) 『한국민간전설집』통문관
- 市場直次郎(1931) 『豊後傳說集』郷土史跡傳說研究會
- 市場直次郎(1932) 『郷土趣味雑話』金洋堂書店
- 岩瀬博(2007) 「伝説と歴史 沈んだ島」『シリーズことばの世界 第3巻 はなす』三弥井書店
- 小峯和明校注(1999) 『今昔物語(二)』(『新日本古典文学大系31』岩波書店)
- 小山直嗣(1976) 『越佐の傳説』野島出版
- 竹田晃訳(1964) 『捜神記 東洋文庫10』平凡社
- 羽島徳太郎(1985) 「別府湾海岸における慶長元年豊後地震の津波調査」『地震研究所彙報』60
- 福田晃・金賛會・百田弥栄子(2011) 『鉄文化を拓く炭焼長者』三弥井書店
- 三木紀人他校注(1990) 『宇治拾遺物語・古今説話集』(『新日本古典文学大系34』岩波書店)

- 柳田国男(1987)「島の人生」『定本柳田国男集』第1卷, 筑摩書房
- 劉安 撰(1915)『淮南鴻烈解』掃葉山房
- 『韓國口碑文學大系』1-4, 韓國精神文化研究院
- 『韓國口碑文學大系』1-7, 韓國精神文化研究院
- 『韓國口碑文學大系』6-6, 韓國精神文化研究院
- 『韓國口碑文學大系 別冊 附錄 1卷 ―韓國說話類型分類集―』韓國精神文化研究院, 1989.
- 『大分県郷土伝説及民謡』大分県教育会, 1931
- 『沈んだ島 別府湾・瓜生島の謎』「瓜生島」調査会, 1977

일본 괴담물에 나타나는 이류(異類)교류의 흐름과 요괴(妖怪)문화의 형성 ― 박희영

- 박희영(2010)「현실공간과 이공간의 인식과 그 의미에 관하여 ―『우게쓰 모노가타리(雨月物語)』를 중심으로―」『일어일문학』46, 대한일어일문학회
- 박희영(2011)「일본의 이류혼인담(異類婚姻談)의 전승과 그 의미에 관하여」『일어일문학』50, 대한일어일문학회
- 박희영(2012)「일본괴담물 속의 이류(異類)접촉구조를 통해 본 요괴(妖怪)문화」『외국학 연구』22, 중앙대 외국학 연구소
- 오세정(2008)『설화와 상상력』제이앤씨
- 윤혜성(2009)「『쇼코쿠 햐쿠모노가타리(諸国百物語)』고찰 ―서술과 서사구조를 중심으로―」고려대학교 대학원
- 이송희(2011)「에도시대에 나타난 요괴형태 분석연구」중앙대학교 대학원
- 일본고전문학문화연구회(2010)『환상과 괴담』도서출판 문
- 중앙대학교 한일문화연구원편(2005)『일본의 요괴문화』한누리미디어
- 小松和彦, 박전열 역(2009)『일본의 요괴학 연구』민속원
- 池上良正外(2002)『異界談義』角川書店
- 太刀川清(1987)『百物語怪談集成』國書刊行會
- 香川雅信(2005)『江戸の妖怪革命』河出書房新社

- 小松和彦(2003)『異界と日本人』角川選書
- 小松和彦(1984)『怪物退治と異類交婚』名著出版
- 小松和彦(2006)『日本人の異界観』せりか書房
- 篠塚達徳訳(2006)『新釈諸国百物語』ルネッサンスブックス
- 高田衛(1994)『見えない世界の文学誌』ペリカン社
- 中田祝夫(1995)『日本霊異記』『日本古典文學全集』10巻，小学館
- 中村幸彦編・校注(1995)『英草紙 西山物語 雨月物語 春雨物語』『日本古典文學全集』小学館
- 中村博保(1975)『日本文學研究資料叢書 秋成』有精堂
- 中村博保(1999)『上田秋成の研究』ぺりかん社
- 宮田登(1996)『妖怪の民俗学』岩波書店
- 堤邦彦(2004)『江戸の怪異譚』ペリカン社
- 森田喜郎(1979)『上田秋成の研究』笠間叢書
- 森山重雄(1982)『幻妖の文学上田秋成』三一書房
- 柳田国男(1977)『妖怪談義』講談社

근대 일본 내셔널리즘과「구번(舊藩)」의 의의 ― 스즈키 히로타카

- 青森県(1926)『青森県史』旧版，第5巻
- 岩手県(1962)『岩手県史』第6巻
- 板垣退助監修(1910)『自由党史』，岩波文庫版(1957)『自由党史〈上〉』
- 川村欽吾(1976)「外崎覚略伝 ―明治の津軽人〈二〉―」『東奥義塾研究紀要』9
- 今野敏(1973)「津軽藩」豊田武編『東北の歴史〈中〉』吉川弘文館
- 佐々木克(1977)『戊辰戦争 ―敗者の明治維新―』中公新書
- 澁谷浩(1994)「陸羯南の政治批評の論理」『保守政治の論理』北樹出版
- 園田英弘・濱名篤・廣田照幸(1995)『士族の歴史社会学的研究 ―武士の近代―』名古屋大学出版会
- 高木博志(1999)「桜とナショナリズム ―日清戦争以後のソメイヨシノの植樹―」西川長夫・渡辺公三編『世紀転換期の国際秩序と国民文化の形成』柏書房
- 高木博志(2005)「「郷土愛」と「愛国心」をつなぐもの ―近代における舊藩の顕彰―」『歴史評論』659，校倉書房

- 外崎覚(1893)『徳川十五代史中津軽の條を弁論するの書』
- 成田龍一(1998)『「故郷」という物語 －都市空間の歴史学－』吉川弘文館
- 新渡戸稲造(1915)『人生雑感』, 新渡戸稲造全集編集委員会編(1969)『新渡戸稲造全集』第10巻, 教文館
- 新渡戸稲造(1934)『西洋の事情と思想』, 新渡戸稲造全集編集委員会 編(1969)『新渡戸稲造全集』第6巻, 教文館
- 橋川文三(1968)『ナショナリズム』紀伊國屋新書
- 福沢諭吉(1877)『舊藩情』, 慶應義塾(1970)『福沢諭吉全集』第7巻, 岩波書店
- 福沢諭吉(1899)『福翁自伝』慶應義塾編(1970)『福沢諭吉全集』第7巻, 岩波書店
- 牧原憲夫(1998)『客分と国民のあいだ －近代民衆の政治意識－』吉川弘文館
- 真辺将之(2005)「明治期「舊藩士」の意識と社会的結合 －舊下総佐倉藩士を中心に－」『史学雑誌』114－1, 史学会
- 横山俊夫(1976)「「藩」国家への道 －諸国風教触と旅人－」林家辰三郎編『化政文化の研究』, 岩波書店
- Anthony D. Smith, *The Ethnic Origins of Nations*, 1986 [アンソニー・D・スミス 著, 巣山靖司・高城和義他訳(1999),『ネイションとエスニシティ －歴史科学的考察－』, 名古屋大学出版会].
- Benedict Anderson, *Imagined Communities : Reflections on the Origins and Spread of Nationalism*, 1983(Revisededition,1991) [ベネディクト・アンダーソン 著, 白石さや・白石隆訳(1997)『想像の共同体 －ナショナリズムの起源と流行－』NTT出版].
- Ernest Renan, *Que'est－cequ'uneNation?*, 1882 [エルンスト・ルナン 著, 鵜飼哲訳(1997)「国民とは何か」『国民とは何か』インスクリプト].

산동 근대도시의 서구문화 수용과 교육환경 – 김형열

- 김춘식(2008)「독일제국의 중국 교주만 식민지 문화정책(1898-1914) －독증고등교육기관[청도대학]에서의 과학기술교육을 중심으로－」『역사학연구』32, 호남사학회
- 김춘식(2010)「제국주의 공간과 융합 － 독일제국의 중국식민지 도시건설계획과 건축을 중심으로 －」『독일연구』19, 한국독일사학회
- 김형열(2007)「山東 濟南의 商埠 건립과 도시 근대화」『역사와 경계』62, 부산경남사학회

- 『袁世凱奏議』(上), 天津古籍出版社, 1987
- 膠州總督府『膠州地區發展備忘錄』(靑島博物館藏), 1904.10 — 1905.10.
- 謀樂(1912)『靑島全書』靑島印書局
- 林修竹(1920)『山東各縣鄕土調査錄』第一冊, "歷城縣" 敎育部分, 山東省長公署 敎育科印行
- 葉春墀(1922)『靑島槪要』上海商務印書館
- 督辦魯案先後事宜公署編(1922)『靑島』
- 周傳銘(1927)『濟南快覽』第一章 "全省敎育一般之槪況"
- 濟南市社會局(1929)『濟南市社會局十八年度工作報告』
- 丁致聘(1935)『中國近七十年來敎育記事』國立編譯館
- 濟南市政府秘書處(1936)『市政月刊』第8卷 第7,8期合刊
- 倪錫英(1936)『濟南』中華書局
- 楊懋春「濟魯大學校史」『山東文獻』第3卷 第2期
- 淮陰釣叟「靑島茹痛記」『新靑年』第2卷 第3號
- 汪堅强(2004)「近現代济南城市形态的演变与发展研究」清华大学博士學位論文
- 轟家華(2004)「開埠與濟南早期城市現代化(1904-1937)」浙江大學博士學位論文
- 曲琦(1982)「辛亥革命前山東報紙槪述」『山東史志資料』第1輯
- 濟南市志編纂委員會編印(1984)「淸末及民國時期濟南的高等醫學敎育」『濟南 市志資料』第5輯
- 劉新宇・謝均之・于澄濤(1993)「憶濟南育英中學」, 『山東文史集粹』敎育卷, 山 東省政協文史資料委員會編, 山東人民出版社
- 蔡吉昌(1993)「濟南規模最大的私立中學 — 正誼中學」, 『山東文史集粹』敎育 卷, 山東省政協文史資料委員會編, 山東人民出版社
- 陶飛亞・劉天路(1995)『基督敎會與近代山東社會』山東大學出版社
- 濟南市社會科學研究所(1986)『濟南簡史』齊魯書社
- 魯海(2005)『老樓故事』靑島出版社
- 魯海(2008)『話說靑島』靑島出版社
- 靑島市檔案館 編(1986)『帝國主義與膠海關』檔案出版社
- 牛國棟(2003)『濟南乎』山東畵報出版社
- 任銀睦(2007)『靑島早期城市現代化硏究』三聯書店
- 胡汶本・壽楊賓(1983)『帝國主義與靑島港』山東人民出版社

- 王守中・郭大松(2001)『近代山東城市變遷史』山東教育出版社
- 王偉(2008)『青島文化史話』青島出版社
- 王守中・郭大松(2001)『近代山東城市變遷史』山東教育出版社
- 張玉法(1982)『中國現代化的區域研究・山東省(1860-1916)』臺灣中央研究院 近代史研究所
- 張書豊(2001)『山東教育通史』近現代卷, 山東人民出版社
- 東亞研究所 編(1943)『諸外國の對支投資』
- 青島居留民團(1927)『山東に於ける在留邦人の消長』青島日本商業會議所
- 青島守備軍民政府(1921)『民政概況』
- David D. Buck, *Urban Change in China : Politics and Development in Tsinan, Shandong, 1890~1949*(The Univ. of Wisconsin Pr., 1978)
- A.G.Park, *Social Glimpses of Tsinan*(Shantung Christian Univ., 1924)

야마가타현 지역의 「동아시아」 - 고길희

- 김영욱 외(2009)『국경을 넘는 아시아 여성들』이화여자대학교 출판부
- 농림부농림여성정책과(2008)「해외사례 : 일본 야마가타현」『농촌여성 결혼이 민자 가족지원사업 법안연구』
- 유네스코아시아・태평양 국제이해교육원 엮음(2008)『다문화 사회와 국제이 해교육』동녘
- 이화여자대학교 아시아여성학센터 기획, 허라금 엮음(2011)『글로벌 아시아의 이주와 젠더』한울아카데미『MBC News』(2010. 9. 20.)「日농촌 총각과 결혼 '한국 며느리'‥어느덧 중년」
- 浅野豊美 監修・解説, 明田川融 訳(2007)『故郷へ―帝国の解体・米軍が見た日本人と朝鮮人の引き揚げ―』現代史料出版
- 浅野豊美(2008)『帝国日本の植民地法制 ―法域統合と帝国秩序―』名古屋大学出版会
- 朝日町史編纂委員会(2010)「第二節 日中戦争と満州開拓」『朝日町史』下巻

- 安藤純子(2009)「農村部における外国人配偶者と地域社会 ―山形県戸沢村を事例として―」『GEMCjournal: グローバル時代の男女共同参画と多文化共生』
- 一般財団法人アジア・太平洋人権情報センター(2008)『国際人権ひろば』ヒューライツ大阪
- 国際移動とジェンダー研究会 編(2009)『アジアにおける再生産領域のグローバル化とジェンダー再配置』一橋大学大学院社会学研究科伊藤るり研究室
- 志水宏吉・清水睦美 編(2001)『ニューカマーと教育―学校文化とエスニシティの葛藤をめぐって―』明石書店
- 白取道博(1986)「『満州』移民政策と『満蒙開拓青少年義勇軍』」『北海道大學教育学部紀要』47
- 鈴木一代(2004)「国際児の文化的アイデンティティ形成をめぐる研究の課題」『埼玉学園大学紀要(人間学部篇)』4
- 園田博文・中村孝二・碧藤昭子・横山優子(2009)「JSL児童生徒に対する日本語指導の現状と課題 ―散在地域・山形県のケース―」『山形大学紀要(教育科学)』14-4
- 多文化共生キーワード事典編集委員会 編(2004)『多文化共生キーワード事典』明石書店
- 中村尚司(1994)『民衆史としての東北』岩波新書
- 日本社会科教育学会・国際交流委員会 編(2008)『新しい社会科像を求めて―東アジアにおけるシティズンシップ教育―』明治図書
- 藤原書店(2002)『季刊環―満州とは何だったのか』藤原書店
- 藤原書店(2006)『別冊環⑫―満鉄とは何だったのか』藤原書店
- 真壁仁(1976)「序章：化外の風土 東北」『民衆史としての東北』NHKブックス
- 山形県商工観光部観光交流局・経済交流課国際室(2011)『山形県の国際化の現状』
- 蘭信二(2002)「『満州移民』の問いかけるもの」『季刊環―満州とは何だったのか』藤原書店
- 『嗚呼 満州開拓団』http://www.minipara.com/movies2009-2nd/manmo/
- 「映画『嗚呼 満蒙開拓団』とその時代のラジオ」(2009.8.2)
- http://www2u.biglobe.ne.jp/~akiyama/no161.htm
- 外国人集住会議 http://www.shujutoshi.jp/index.html
- 「学生ボランティア団体 Cherish Club Yamagata(CCY)―世界の子どもたちの笑顔のために―」
- http://www.yamagata-npo.jp/modules/d8/index.php?content_id=89
- 「公益財団法人 山形県国際交流協会 IRY: Association for International Relationship in Yamagata) http://www.airyamagata.org/

- 厚生労働省「中国残留邦人の状況」http://www.mhlw.go.jp/bunya/engo/seido02/toukei.html
- 「声明：中国『残留孤児』全員に人間の尊厳の回復を!」(2007.1.30)
- http://www16.ocn.ne.jp/~kojikobe/tokyohanketsuzenkokuseimei.html
- 『日本と中国』(2009.6.15) http://www.j-cfa.com/activity/katsudokikou/ index31.html
- 文部科学省「新学習指導要領, 第4章: 外国語活動」
- http://www.mext.go.jp/a_menu/shotou/new-cs/youryou/syo/gai.htm
- 文部科学省(2011)「「日本語指導が必要な外国人児童生徒の受入れ状況等に関する調査(平成22年度)の結果について」 http://www.mext.go.jp/b_menu/houdou/23/08/__icsFiles/afieldfile/2011/12/12/1309275_1.pdf
- 山形県「こども日本語習得サポートの会」
- http://www.city.yamagata-yamagata.lg.jp/shiseijoho/torikumi/kokusaikoryu/bc1d3pd0423142056.html
- 「山形市たのしい学校」http://www.y-chuo-lions.jp/school/index.htmltml

마오둔(茅盾) 소설론 － 고레나가 슌

- 是永駿(1988)「秦徳君手記『櫻蜃』解説」『野草』42
- 是永駿(1988)「京都高原町調査(1)(2)」『茅盾研究会会報』6,7
- 是永駿(1988)「秦徳君手記に関する二,三の事」『中国文芸研究会会報』81
- 是永駿(1989)「茅盾文学の光と影 －秦徳君手記の波紋－」『季刊中国研究』16, 中国研究所
- 是永駿(1989)「茅盾文学の光と影 －秦徳君手記の波紋－」『季刊中国研究』16
- 是永駿(1995)「茅盾『虹』論」『太田進先生退休記念中国文学論集』
- 是永駿(1997)「茅盾生誕百年シンポジウム余聞」『中国文芸研究会会報』184
- 白水紀子(1985)「文京区に住んだ茅盾と沈沢民・張聞天」『中国語』3月號
- 白水紀子(1986)「日本滞在期の茅盾」『伊藤漱平教授退官記念論文集』
- 武田泰淳訳(1940)『虹』『現代支那文学全集』第3巻, 東成社

- 丸山昇(1976)『ある中国特派員 一山上正義と魯迅一』中公新書
- 邵伯周(197 9)『茅盾的文学道路』長江文芸出版社
- 茅盾(1930)『西洋文学通論』書目文献出版社
- 茅盾(1981)『我走過的道路』上冊, 人民文学出版社
- 茅盾(1983)「抗戦前夕的文学活動」『新文学資料』3期
- 茅盾(1984)『我走過的道路』中冊, 人民文学出版社
- 葉子銘(1978)『論茅盾四十年的文学道路』上海文芸出版社
- 孫中田(1980)『論茅盾的生活与創作』百花文芸出版社
- 沈衛威(1990~91)「一位曾給茅盾的生活與創作以很大影響的女性 一秦徳君対話録一」(1)~(5)『許昌師専学報』社会科学版
- 沈衛威(1991)『艱辛的人生 一茅盾伝一』台湾業強出版社
- 沈雁冰(1922)「自然主義與中国現代小説」『小説月報』13-7, 書目文献出版社
- 沈雁冰(1928)『小説研究ABC』世界書局
- 楽黛雲(1983)「"批評方法与中国現代小説研討会"述評」『読書』4月號
- 呉福輝(1984)「茅盾研究新起点的標識 一評四本論述茅盾文学歴程的専著一」『文学評論』2期
- 李広徳(1988)『一代文豪：茅盾的一生』上海文芸出版社
- 李広徳(1989)「茅盾與孔徳沚, 秦徳君関係初探」『湖州師専学報』哲学社会科学版
- 荘鍾慶(1982)『茅盾的創作歴程』人民文学出版社
- 丁爾綱(1991)「茅盾的"虹"和"易卜生命題"」『茅盾研究』5
- 丁爾綱(1991)「潑向逝者的汚泥應該清洗 一澄清秦徳君関於茅盾的不實之詞一」『茅盾研究』6
- 丁爾綱(1995)『茅盾 孔徳沚』中国青年出版社
- 秦徳君(1985)「手記: 我與茅盾的一段情」『広角鏡』151
- 秦徳君(1988)「手記: 櫻蜃」『野草』41, 42
- 胡蘭畦(1985)『胡蘭畦回憶録(1901~1936)』四川人民出版社
- ウェイン・C・ブース(1991)『フィクションの修辞学』(米本弘一・服部典之・渡辺克昭訳, 書肆風の薔薇)

- 강수길(1990) 「염상섭의 '삼대'연구」경희대학교 대학원 박사학위논문
- 권영민(1987) 『염상섭 문학 연구』민음사
- 김승종(1993) 「염상섭 소설연구」연세대학교 대학원 박사학위논문
- 김윤식(1984) 『채만식』문학과 지성사
- 김윤식(1987) 『염상섭연구』서울대학교 출판부
- 김종균(1974) 『염상섭연구』고려대학교 출판부
- 김충실(1994) 「채만식의 소설 연구」고려대학교 대학원 박사학위논문
- 김홍기(1990) 「채만식 소설 연구」연세대학교 대학원 박사학위논문
- 문학과사상연구회(1999) 『채만식 문학의 재인식』소명출판
- 박영란(1991) 「巴金의 삼부작 연구-작가의 아나키즘과 작품의 관계를 중심으로」고려대학교 대학원 박사학위논문
- 송하춘(1994) 『채만식』건국대학교 출판부
- 신동욱(1982) 『염상섭연구』새문사
- 신상웅(1987) 「'삼대'와 '태평천하'의 구조에 관한 비교연구」중앙대학교 대학원 박사학위논문
- 염상섭(2000) 『염상섭선집·삼대』실천문학사
- 염상섭(1995) 『한국소설문학대계·염상섭』동아출판사
- 염상섭(1986) 『삼대』문학사상사
- 염상섭(1994) 『삼대』두풍출판사
- 염상섭(1993) 『삼대』어문각
- 염무웅(1985) 『채만식』지학사
- 우한용(1991) 「채만식소설 담론의 시학」서울대학교 대학원 박사학위논문
- 유려아(1992) 「채만식과 老舍의 비교연구」한국학 대학원 박사논문
- 이래수(1986) 『채만식 소설연구』이우출판사
- 이효재(1984) 『가족과 사회』경문사
- 장양수(1988) 『채만식의 민족주의 문학 연구』동아대학교 대학원 박사학위논문
- 채만식(1989) 『채만식전집』전10권, 창작과 비평사
- 채만식(1995) 『한국소설문학대계·채만식』동아출판사
- 채만식(1987) 『태평천하』창작사

- 최시한(1993) 『가정소설연구-소설형식과 가족의 운명』민음사
- 미셸바렛 등, 김혜경 역(1984) 『가족은 반사회적인가』여성사
- 프리드리히 엥겔스, 김대웅 역(1985) 『가족의 기원』아침
- 徐揚杰 저, 윤재석 옮김(2000) 『서양가족제도사』아카넷
- 巴金(1970) 『巴金文集』南國出版社
- 巴金(1981) 『創作回憶錄』三聯書店
- 巴金(1981) 『隨想錄』三聯書店
- 巴金(1982) 『巴金論創作』上海文藝出版社
- 巴金(1986) 『巴金全集』人民文學出版社
- 陳思和(1992) 『巴金傳-人格的發展-』上海人民出版社
- 徐開壘(1991) 『巴金傳』上海文藝出版社
- 陳丹晨(1994) 『巴金的夢』中國青年出版社
- 王應果(1985) 『巴金論』上海文藝出版社
- 潭洛非 等(1991) 『巴金美學思想論稿』四川大學出版社
- 老舍(1984) 『老舍文集』人民文學出版社
- 曾廣燦 等編(1985) 『老舍研究資料』十月文藝
- 曾廣燦 編(1987) 『老舍研究縱覽』天津教育出版社
- 王惠運 等(1985) 『老舍評傳』花山文藝
- 宋永毅(1988) 『老舍和中國文化觀念』學林出版社
- 吳小美(1992) 『老舍小說世界與東西方文化』蘭州大學出版社
- 孫鈞政(1992) 『老舍的藝術世界』北京十月文藝出版社

한·일 근대문학에 묘사된 기차 안 승객의 근대화 인식 비교 - 권혁건

- 강송석(2009) 「염상섭의 『만세전』 고찰」동국대학교 교육대학원
- 金志娟(2009) 「일상성을 통해 본 『만세전』의 근대성 연구」단국대학교 교육대학원
- 김윤식(2004) 『염상섭연구』서울대학교 출판부
- 김중철(2005) 「근대 기행 담론 속의 기차와 차내 풍경 -1910~1920년대 기행

문을 중심으로—」『우리말글』33, 우리말글학회
- 매일경제신문, 2011년 09월 22일(목)「대한민국은 지금 분노의 시대, 가난한자 도…부자마저도…아무도 행복하지 않다」기사참조.
- 申良今(1973)「橫步의 抗日文學考 —『萬歲前』을 中心으로—」이화여자대학교 교육대학원
- 송현동(2001)「한국 장묘문화의 변화 요인에 관한 연구」한신대학교 대학원
- 염상섭(2008)『만세전』열림원
- 오준영(2005)「일본에서의『산시로(三四郎)』연구경향과 성과 조명」『나쓰메 소세키의 전기삼부작 연구』제이앤씨
- 윤혜영(2006)「일본 근대화에 대한 소세키(漱石) 고뇌—'動'과 '靜'을 중심으로—」『인문학연구』33-3, 충남대학교 인문과학연구소
- 조선일보, 2011.04.24.「일본 3·11 대지진 사망자와 행방불명자」참조
- 정재정(2004)『일제침략과 한국철도』서울대학교 출판부
- 崔海秀(2004)「나츠메 소오세키(夏目漱石)와 염상섭문학의 영향관계 연구 —『나는고양이로소이다(吾輩は猫である)』와『박래묘(舶來猫)』—」『일본근대문학 — 연구와 비평—』3, 도서출판月印
- 崔海秀(2005)「청년지식인 근대체험의 두 양상 —나쓰메 소세키(夏目漱石)의『三四郎』와 廉想涉의『萬歲前』의 비교—」『日本學報』62, 한국일본학회
- 하일식(2002)『연표와 사진으로 보는 한국사』일빛
- 한국철도기술원(2003)『일본철도의 역사와 발전』도서출판 BG북갤러리
- 허한양(2007)「한국 장사(葬事)제도에 관한 연구—화장 후 유골안치 방법을 중심으로—」한양대학교 행정대학원
- 海老井英次(2001)『開化·戀愛·東京 —漱石·龍之介—』おうふう
- 關川夏央(2004)『漱石と汽車』『夏目漱石と明治日本』文藝春秋
- 世界文化社CULTURE編輯部 編(2006)『さらば日本國有鐵道』世界文化社
- 夏目金之助(1995)「日記」『漱石全集 第19卷』岩波書店
- 夏目漱石(2005)『坊っちゃん』(2) 岩波書店
- 夏目漱石(2003)『草枕』(13) 岩波書店
- 夏目漱石(2005)『行人』(32) 岩波書店
- 夏目漱石(2003)『三四郎』(1) 岩波書店

- 村田好哉(1994)『漱石『三四郎』書誌』翰林書房
- 湯本豪一(1998)『圖說明治事物起源事典』柏書房
- http://theme.archives.go.kr/next/content/listSubjectDescription.do?id=006449 &pageFlag=C참조.(검색일:2011.12.12)
- http://ja.wikipedia.org/wiki/%E9%96%A2%E9%96%80%E9%89%84%E9%81%93 %E3%83%88%E3%83%B3%E3%83%8D%E3%83%AB 참조(검색일:2011.12.04)

 근대일본의 번역전통과 문화변용 - 양호성

- 가노마사나오, 이애숙・하종문 옮김(2009)『근대 일본의 사상가들』삼천리
- 김기협(2008)『밖에서 본 한국사』돌베개
- 김춘미(2005)『21세기 일본문학 연구』제이앤씨
- 마쓰무라 아키라 외(2008)『일본지식』이다미디어
- 박규태(2009)『일본정신의 풍경』한길사
- 박상익(2006)『번역은 반역인가』도서출판 푸른역사
- 이건상(2004)「일본의 근대화에 영향을 끼친 번역문화」『일본학보』58, 한국일본학회
- 한국일본학회(2001)『신일본문학의 이해』시사일본어사
- 河出孝雄(1940)『近代日本の黎明』河出書房
- 司馬遼太郎(1976)『花神(上・中・下)』新潮社
- 丸山正男・加藤周一(1998)『翻訳と日本の近代』岩波新書
- 村上春樹 (1997)『やがて悲しき外国語』講談社
- 柳父章(2004)『翻訳の思想』法政大学 出版局
- 山岡洋一(2001)『翻訳とは何か』日外アソシエーツ
- 山田博雄(2009)『中江兆民 翻訳の思想』慶應義塾大学 出版会

- 남기심·고영근(1995)『표준 국어문법론』탑출판사
- 노대규(1977)「국어 수량사구의 문법(1)」『어문논집』18, 고려대학교 국어국문학연구회
- 서정수(1996)『현대국어문법론』한양대학교 출판원
- 신경숙(2000)『딸기밭』문학과지성사
- 이익섭·이상억·채완(1997)『한국의 언어』신구문화사
- 홍사만(1977)「국어 정도부사와 상태부사의 비교연구」『동양문화연구』4, 경북대학교
- 홍종화(1994)「부사어의 기능」『말』19, 연세대학교
- 황태권(2002『야생초편지』도솔
- J.노먼, 全广镇 옮김(1996)『CHINESE』东文选 文艺新书(94)
- 샤오리밍 저. 안의정 옮김(2010)『신번역학 논고』한국문화사
- 라데군디스 슈톨체 저. 임우영 옮김(2011)『번역이론 입문 —번역학 꿰뚫기—』한국외국어대학교 출판부
- 石毓智(2001)『语法的形式和理据』江西教育出版社
- 任洪彬(1998)「'을/를'助词的语义和句法结构」『國語語法的深层』(2) 太学社
- 勒葆强(2006)「韩汉量词句法语义功能对比」『Modern Chinese』6
- 崔健(2012)「韩汉空间纬度词对比研究」『延邊大学学报』
- 全银花(2012)「韩汉翻译中直译和意译的应用」『考试周刊』49
- 金龙军(2011)「韩汉拟声词语音特征对比研究」中央民族大学朝鲜语言文学学位论文
- 崔美敬(2009)「韩汉定语对比以及韩国学生定语偏误分析」上海师范大学语言学及其应用语言学学位论文
- 苏聪(2012)「韩中拟声拟态词对比研究」青岛大外国语言学及其应用语言学学位论文
- 于清(2011)「韩汉量词对比研究」青岛大学外国语言学及其应用语言学学位论文
- Waltraud Paul.(2012) Why Chinese de is not like French de:A Critical Analysis of the Predicational Approach toNominal Modification. Studies in Chinese Linguistics (SCL). Volume 33 Number 3.

- 김광해(1993) 『국어 어휘론 개설』집문당
- 김광해(1995) 「조망 -국어에 대한 일본어의 간섭-」『새국어생활』5-2, 국립 국어원
- 서정수(1994) 『국어 문법』도서출판 한세본
- 송민(1988) 「국어에 대한 일본어의 간섭」『국어생활』14, 국어연구소
- 송민(1989) 「한국어내의 일본적 외래어 문제」『일본학보』23, 한국일본학회
- 沈在箕(1989) 「漢字語 受容에 關한 通時的 硏究」『國語學』18, 國語學會
- 오경순(2010) 『번역투의 유혹』이학사
- 오경순(2010) 「일한번역의 번역투 고찰 -수동표현 번역문을 중심으로-」『日本近代學硏究』29, 韓国日本近代学会
- 오경순(2011) 「사역표현의 일한 번역과 번역투」『日本文化硏究』38, 동아시아 일본학회
- 윤상인 외(2008) 『일본문학 번역 60년 현황과 분석』소명출판
- 이경규(2002) 「日本 字音語에 관련된 用語에 관한 考察」『日本文化學報』15, 韓國日本文化學會
- 이경규(2004) 「명치기 번역소설에 나타나는 한자표기와 후리가나에 관한 연구」『일본학보』61, 한국일본학회
- 정광(1995) 「일본어투 문장 표현」『새국어생활』5-2, 국립국어원
- 鄭英淑(1994) 「日本語 接辞 "的"의 成立 및 韓国語로의 流入問題 考察」『日語日文学硏究』25, 韓国日語日文学会
- 중앙일보 어문연구소 '우리말 바루기' 팀(2005) 『한국어가 있다』2, 커뮤니케이션북스
- 현영미·이경규(2012) 「二葉亭四迷『新編 浮雲』에 나타난 오노마토피아의 한자표기에 관한 일고찰」『日本語教育』61, 韓國日本語教育學會
- 현영미·이경규(2013) 「二葉亭四迷의 번역 작품에 나타난 오노마토페의 한자표기」『日本文化學報』56, 韓國日本文化學會
- T. givon, 이기동 옮김(1981) 『문법이해론』범한서적
- 대한출판문화협회: http://www.kpa21.or.kr
- 韓日竝列Corpus検索: http://www.transkj.com

- 砂川有里子, 北原保雄 編(2004)「わたし的にはOKです」『問題な日本語』大修館書店
- 広田栄太郎(1969)「『的』という語の発生」『近代訳語考』東京堂出版
- 藤居信雄(1957)「的ということば」『言語生活』71, 国立国語研究所, 筑摩書房
- 山田巌(1961)「発生期における『的』という言葉」『言語生活』120, 国立国語研究所, 筑摩書房

【용례 출전】

- 赤川次郎(2004)『예약석(豫約席)』다락원
- 市川拓司, 양윤옥 옮김(2005)『지금 만나러 갑니다』랜덤하우스중앙
- 岩井俊二, 권남희 옮김(1998)『러브레터』집사재
- 遠藤周作(2002)『유머 걸작선(ユーモア傑作選)』다락원
- 大久保康雄, 송현아 옮김(2007)『오 헨리 걸작선 オー・ヘンリ傑作選』다락원
- 奥田英朗, 이영미 옮김(2005)『공중그네』은행나무
- 金城一紀, 김난주 옮김(2000)『GO』북폴리오
- 川端康成(2001)『설국 하(雪國 下)』다락원
- 川端康成, 유숙자 옮김(2006)『설국』민음사
- 高木彬光(2002)『잃어버린 과거(失われた過去)』다락원
- 荻原浩, 신유희 옮김(2006)『내일의 기억』위즈덤하우스
- 星新一 外(2003)『중요한 부분(重要な部分)』다락원
- 三浦綾子(2001)『북국일기(北国日記)』다락원
- 柳美里, 김유곤 옮김(2000)『생명』문학사상사
- 渡辺淳一, 홍영의 옮김(1997)『실락원』1, 도서출판 창해
- 市川拓司(2003)『いま、会いにゆきます』小学館
- 岩井俊二(1998)『ラブレター』角川書店
- 荻原浩(2003)『明日の記憶』光文社
- 奥田英朗(2004)『空中ブランコ』文芸春秋
- 金城一紀(2003)『GO』講談社
- 川端康成(1968)『雪國』角川書店
- 柳美里(2000)『命』小学館
- 渡辺淳一(1997)『失楽園』上, 講談社

찾아보기

〈ㄱ〉

가(家) ········285, 287, 289, 290, 291,
　　293, 296, 297, 298, 299, 301, 304,
　　305, 306, 309, 310
가구라(神樂) ·············62
가족사 ········283, 286, 287, 292, 306
가토 슈이치 ·············339
간섭 ············142, 305, 397, 399
갑오개혁 ·············46
강송석 ·············330
개 비석 눈에 피가나 섬이 망하다 ···48
개국주의자 ·············355
개부(開埠) ·············179
게이오대학(慶應大學) ·········321, 319
고려관 ·············205
경세통언(警世通言) ·············102
경제활동 ·············22, 145
고려관 ·············206
고려섬 전설 ···34, 35, 62, 68, 69, 70, 79
고려섬(高麗島) ·············34
고려수(高麗水) ·············62
고미야 도요타카(小宮豊隆) ·········320
고지키(古事記) ·············86
곤쟈쿠모노가타리(今昔物語) ·········70
공동묘지법 ·········330, 331, 332, 334
공시적 ·············370

공자 ·············140, 294
과학기술 ····12, 13, 25, 26, 27, 28, 30,
　　31, 154, 157, 160, 188, 372
과학신앙 ·············20
광덕서원(廣德書院) ·············146
광포전설 ·············36, 37
괴담물 ···81, 82, 84, 85, 86, 88, 89,
　　90, 105, 106
교제철로(膠濟鐵路) ·············139, 145
교주만(膠州灣) ····138, 139, 178, 188
교회학교 ····144, 145, 150, 153, 156, 162
구미열강 ·············340, 370
구번정(舊藩情) ·············108, 110
구시나다 히메(櫛稲田姫) ·············90
국제아(intercultural children) ·······218
권태효 ·············37
근대문명 ·····312, 313, 314, 325, 327,
　　333, 334
근대화 ············14, 16, 139, 141, 147,
　　160, 161, 190, 284, 286, 311, 312,
　　313, 314, 316, 320, 328, 333, 334,
　　340, 341, 342, 343, 344, 345, 364,
　　370, 405
기차 ···311, 312, 313, 314, 315, 317, 318,
　　319, 320, 321, 322, 323, 324, 325,
　　328, 333

김윤식(金允植) ·····················315
김치랜드 ·················204, 206

《ㄴ》
나가사키 ·················273, 341
나쓰메 교코 ···················318
나쓰메 소세키(夏目漱石) ··········314
나이토 치소(內藤耻叟) ·······120, 121, 128, 130
난부번(南部藩) ·········117, 124, 128
난부씨(南部氏) ·········117, 120, 121
난학 ·······341, 342, 343, 350, 352, 353, 354
노아의 방주 ·······37, 39, 40, 47, 48, 49, 50, 60
노헤지전쟁(野辺地戦争) ·······117, 128
뉴커머 ··216, 222, 226, 227, 228, 229
능동문 ·····················414, 417
니시 야마네 ···················342
니토베 이나조(新渡戸稲造) ··124, 135
니혼료이키(日本靈異記) ············86

《ㄷ》
다문화 ························426
다문화 공생 ····················222
다언어 ························426
다인종 ························426
다케다 다이준(武田泰淳) ··········251
대가족 ·······284, 285, 286, 288, 293, 294, 295, 297, 298, 301, 303, 305, 309, 310

대관원(大觀園) ··················182
대조언어학 ·····················392
덕화대학(德華大學) ···············157
덕화서원(德華書院) ···············147
데라우치 마사타케(寺内正毅) ·······312
데지마 ·················341, 342
도련님(坊っちゃん) ···············318
도와와류 김치 ···················203
도요토미 히데요시 ···66, 70, 79, 117
도자와 국제교류협회 ···············203
도자와무라 ·······195, 200, 201, 202, 203, 204, 205, 206, 207, 228, 229
德川十五代史 ···················121
도호쿠 지방(東北地方) ···114, 115, 116
돌부처 눈 붉어지면 침몰하는 마을 ···36, 37, 39, 40, 43, 50, 51, 55, 76, 78
돌부처의 피눈물 ··················47
동아시아 ·····12, 20, 21, 29, 30, 33, 34, 36, 76, 80, 139, 141, 193, 194, 195, 196, 198, 207, 222, 224, 225, 228, 230
동아시아 공동체 ··················32
동양 가족주의 ···················286
동일본 대지진 ··············12, 31
동작동사 ······················382
등가관계 ··················391, 392

《ㄹ》
라오서(老舍) ··············283, 285
러일전쟁 ··················325, 326
레오나르도 다 빈치(Leonardo da Vinci) ·····························322

리우위충 ·············243, 245

〈ㅁ〉

마루야마 마사오 ·············339, 366
마사오카 시키(正岡子規) ·············322
마오둔(茅盾) ·············233, 234
만리장성 ·············290, 292, 377
만세전(萬歲前) ·············314
만유인력 ·············366
만주개척민 ·············195, 207, 209, 214, 216, 217, 228
메이싱수(梅行素) ·············240, 243
메이지 정부 ·············313
메이지시대 ·············110, 112, 117, 129, 131, 343, 350, 356, 359, 362, 370
모리 오가이 ·············342, 363, 364
모모가미아르카디아(モモカミアルカディア) ·············205
모범식민지 ·············154
목표어 ·············376, 377, 378, 379, 381, 389, 390
묘지 ·············328, 331
무라카미 하루키 ·············395, 396
무라타 요시아(村田好哉) ·············315
무사도(武士道) ·············135
무지개(虹) ·············234
무지보(穆濟波) ·············243
무진전쟁(戊辰戰爭) ·············110, 113, 114, 115, 119, 132
문명개화 ·············313, 314, 317, 334, 360
문화교류 ·············12, 26, 36

문화변용 ·············337
문화정책 ·············138, 154, 160, 188
문회관(文會館) ·············146
미우라 아야코 ·············395
미즈하노메(罔象女) ·············90
민국(民國) ·············140, 161
민약역해 ·············357, 358, 359

〈ㅂ〉

바진(巴金) ·············283, 285, 287
백낭자영진뇌봉탑(白娘子永鎭雷封塔) ·············102
번벌타파(藩閥打破) ·············110
번역 ·············152, 256, 258, 264, 265, 266, 271, 281, 337, 338, 341, 343, 347, 350, 353, 354, 356, 359, 360, 362, 364, 365, 366, 370, 374, 375, 379, 380, 381, 382, 383, 387, 390, 391, 392, 393, 394, 395, 396, 398, 400, 405, 407, 412, 414, 415, 422, 424, 425
번역 교육 ·············394, 396, 427
번역 차용어 ·············406, 424
번역문체 ·············359
번역문화 ·············341, 343, 356, 370, 371
번역서 ·············83, 350, 356, 357, 358, 360, 361, 394, 395
번역어 ·············351, 362, 406, 407
번역주의 ·············347, 348
번역투 ·············397, 399, 410, 411, 413, 418, 422, 423, 424, 425
변재천신 ·············59, 60, 66, 67, 68

분고 전설집(豊後傳說集) ·············49

〈ㅅ〉

사동표현 ······412, 417, 418, 420, 425
사동피동표현 ·····················418, 419
사세동당(四世同堂) ··········285, 287
사회계약론 ······················356, 358
사회진화론 ·····339, 364, 365, 367
산동관보(山東官報) ·······················183
산동대학당(山東大學堂) ·····147, 149
산동민중교육관(山東民衆敎育館) ··182
산시로 숲(三四郞の森) ···············320
산시로(三四郞) ···························314
삼대 ·······285, 288, 290, 291, 292,
   295, 296, 297, 298, 301, 302, 303,
   304, 305, 307, 309, 310
상부(商埠) ························140, 179
생명윤리 ··································19
생사장제(生事葬祭) ·····················332
서스테이너빌리티(sustainability) ····15
서양문학통론(西洋文学通論) ·········250
선웨이웨이(沈衛威) ············243, 272
성미카엘 대성당 ···············172, 173
세키카와 나쓰오(関川夏央) ·······315
소광한(小廣寒) ·····························181
소비억제 ··························28, 29
소설월보(小説月報) ·······················236
소탕보(掃蕩報) ···························286
손진태 ·······································36
쇼와 공황 ·································209
쇼코쿠햐쿠모노가타리(諸国百物語) ···86

漱石『三四郎』書誌 ······················315
搜神記 ····································51
수조행(水藻行) ···248, 256, 257, 258,
   259, 260, 265, 266
術異記上 ····································53
쉬치쥔(徐綺君) ···········243, 252, 254
스사노오노미코토(素浅鳴尊) ·········90
시간명사 ································382
시바 료타로 ·····················353, 354
식(蝕) ···································234
신·몽예언형(神·夢豫言型) ·····41, 43
신뢰상실 ···································30
신뢰회복 ···································31
신마치(新町) ·····························174
신생활 ···································328
신소설(新小說) ···························318
신양금(申良今) ···························329
신조어 ···························378, 379
심층구조 ································376
쓰가루 다메노부(津軽為信) ·········117
쓰가루번(津軽藩) ·······················124

〈ㅇ〉

아사히신문(朝日新聞) ·····················320
아시아농촌지도자양성학원 ···202, 203
아이즈(会津) ·············113, 114, 132
아편전쟁 ·····142, 340, 344, 352
안도 준꼬 ·································204
안전신화 ···································20
야나기타 구니오(柳田国男) ··········34,
   68, 69, 78

야마가미 마사요시(山上正義) ……258,
　259, 263, 265
야마가타현 국제화 추진계획 ………196
야마가타현국제교류협회 …………219
야마다 다테오(山田楯雄) ……119, 120
양거즈(楊個之) …………238, 239, 243
양선(楊森) ………235, 237, 239, 243
양이주의자 ……………………………355
양학 ……………………………341, 342
언어구조 ………………………376, 377
언어철학 ………………………………392
엄복 ……………………………………374
에고이즘 ………………………………21
에도막부 ………………………………343
에도시대 ……89, 102, 117, 133, 134,
　340, 341, 370
에드먼드 모렐(エドモンド・モレル) ……317
에비스 신사 …………57, 58, 63, 64
에비스(蛭子)신사 ……………………55
에비이 에이지(海老井英次) ‥315, 323
여승예언형(旅僧豫言型) ………………41
역사인식 ………………20, 30, 225
연운집(煙雲集) ………………………256
염상섭 ………283, 285, 288, 307, 313,
　314, 315, 316, 319, 328, 333, 334
영토문제 ………………………………30
오역 …………………………397, 398, 424
오준영(吳俊永) ………………………316
오키노하마 …………56, 63, 64, 65, 66
완전 순환형 …………………………29
왕샤오메이(王曉梅) …………………269

외래문화 ………………………………371
요괴문화 ……82, 83, 84, 85, 86, 87,
　88, 89, 90, 106
요괴학 …………………………………83
요사노 아키코(与謝野晶子) …………246
우게쓰모노가타리(雨月物語) …………86
우류타키에(瓜生多喜枝) ………65, 79
우에다 아키나리(上田秋成) ……86, 102
우지슈이모노가타리(宇治拾遺物語)
　…………………………………73, 75
우푸휘(吳福輝) ………………………257
원문주의 ………………347, 348, 349
웨이슈안요우(魏宣猷) …………239, 243
위안스카이(袁世凱) ……148, 149, 172
원다이잉(惲代英) ………238, 240, 248
육영중학(育英中學) ……………164, 165
윤리학 …………………………12, 27
음역 차용어 …………………400, 424
의도학당(醫道學堂) …………………146
의성어 ………386, 387, 388, 389
의태어 ………………389, 390, 391
이계(異界) …84, 85, 86, 90, 91, 92, 93
이누즈카 다케오(犬塚武夫) …………321
이데올로기 ………………157, 286, 287,
　293, 294, 295, 305
이류(異類) ……81, 83, 85, 86, 88,
　102, 103, 104, 106
이류혼인담 …………………………101
이문화 ………………12, 206, 426
이와세 히로시(岩瀬博) …………35, 65
이와쿠라 사절단 ……………………344

이중부정 표현 ·····412, 421, 422, 425

이중피동표현 ······················415, 416

이치바 나오지로(市場直次郎) ·········34

이타가키 다이스케(板垣退助) ·······132

이토쿠지(威德寺) ·····················61, 62

인문사회학 ·····················14, 20, 23

일본계 국제아 ·························218

일본서기(日本書紀) ···················93

일본식 변조 영어 400, 404, 424, 426

일본식 외래어 ·············400, 402, 424

일본식 표현 ···················397, 399

일본신화 ······························90

일본어투 ·····397, 398, 400, 402, 424

잇펜쇼닌(一遍上人) ···58, 59, 70, 71,

72, 73, 77

〈ㅈ〉

자세이노인(蛇性の淫) ···86, 101, 102, 104

자연도태 ·····························367

장묘문화(葬墓文化) ···330, 331, 332, 334

장연호 ·····························44, 45

장자못 설화 ··························37

장종칭(莊鍾慶) ···········249, 256, 262

저우푸(周馥) ·················147, 149

적자생존 ·····················339, 367

전언예언형(傳言豫言型) ·············41

정보처리과정 ·························392

정의중학(正誼中學) ·············164, 165

정조론(貞操論) ·····················246

제1세대 ·····287, 290, 291, 292, 293,

295, 296, 298, 302, 304

제2세대 ······291, 295, 296, 297, 298,

299, 300, 301, 302, 303, 304

제3세대 ······291, 296, 300, 301, 302,

303, 305, 306

제남일보(濟南日報) ·················183

제로대학(齊魯大學) ·············146, 162

제로문화(齊魯文化) ·················140

조선통신사 ··························344

종군위안부 ···························30

중국귀국자 ·········195, 196, 207, 211,

213, 214, 215, 216, 217, 225, 228

중심동사 ·············380, 382, 383, 385

지구온난화 ·····················13, 24

지구환경 ···························29

지속가능성 12, 13, 14, 15, 16, 17, 20,

21, 22, 23, 25, 26, 27, 28, 29, 30, 31

지속가능학(Sustainability Science) ···16

지속가능한 사회 ···11, 12, 13, 17, 18,

20, 21, 22, 24, 25, 26, 28, 30, 31, 32

직역투 ·····················414, 421

진시황 ···················290, 291, 292

진화론 ·············361, 366, 367, 368

〈ㅊ〉

채만식 ·····················285, 288

천왕다오(陳望道) ·········234, 238, 267

철도 ·········154, 188, 312, 313, 314,

317, 318, 319, 324, 371

철학 ···············11, 12, 27, 369

철학적 논의 ·························21

청소년의용군 ·············207, 208, 210

체르노빌 원전사고 ·······················18
체리클럽 야마가타 ······················220
총독관저 ······················171, 172
총독부청사 ·······················171
최해수(崔海秀) ·······················316
춘양당(春陽堂) ·······················318
출발언어 ···376, 377, 381, 386, 387, 391
친더쥔(秦德君) ····234, 236, 237, 238,
239, 240, 241, 243, 244, 252, 253,
254, 266, 267, 268, 269, 270, 271,
272, 273, 274, 275, 276, 279
칠산(七山)바다 ·······················45
침몰 전설 ·····36, 48, 49, 50, 51, 52,
55, 65, 70, 73, 80

〈ㅋ〉

컬처 쇼크 ·······························315
콩더즈(孔德沚) ············244, 254, 274,
275, 276, 278, 279

〈ㅌ〉

태평천하 ·····285, 286, 288, 290, 291,
292, 295, 296, 297, 300, 301, 302,
304, 305, 308, 309, 310
통사구조 ············381, 382, 384, 385,
386, 388, 390
통사론 ·············378, 379, 384, 392
통사층위 ·······························391
통시적 ···············90, 106, 370
특별고등전문학당 ················156, 157

〈ㅍ〉

표면층위 ·······························378
플베개(草枕) ·····················318, 333
피동문 ·················414, 415, 417

〈ㅎ〉

학생조(学生潮) ·····················246, 247
한국 구비문학 대계 ······················37
한문 훈독식 ·······················370, 371
해군청 ·············154, 155, 156, 188
행간번역 ·······························359
행인(行人) ·····················319, 333
햐쿠모노가타리(百物語) ·········86, 94
호요코지담(豊陽古事談) ················65
호토토기스(ホトトギス) ················318
호후키분(豊府紀聞) ························65
홍수신화 ············37, 40, 49, 50, 60,
61, 64, 76
화혼양재 ·······························371
환경보호 ·······························22
황인명(黃因明) ·····················247, 254
회남홍열해(淮南鴻烈解) ················52
후란치(胡蘭畦) ···········234, 236, 238,
239, 240, 241, 243
후란치회고록 ·····················269, 272
후쿠시마 제1원전 사고 ···12, 17, 19, 20
후쿠자와 유키치(福沢諭吉) ·······108,
129, 131, 350
훈독 ·······················347, 406
히비야 폭동 사건(日比谷燒打ち事件) ··326

〈동아시아연구총서 제1권〉

동아시아 교류와 문화변용
― 사회 · 문화 · 번역으로 본 동아시아 근대상 ―

초판인쇄 2013년 2월 20일
초판발행 2013년 2월 28일

편   자 동의대학교 인문사회연구소
발 행 인 윤석현
발 행 처 박문사
등록번호 제2009-11호
책임편집 김선은

우편주소 132-702 서울시 도봉구 창동 624-1 북한산현대홈시티 102-1106
대표전화 (02) 992-3253(대)
전   송 (02) 991-1285
홈페이지 www.jncbms.co.kr
전자우편 bakmunsa@hanmail.net

ISBN 978-89-98468-05-7   93910   **정가** 32,000원